KB092736

강릉을 담은 역사와 문화

박도식

태학사

朴道植

· 강릉문화원 부설 평생교육원 주임교수 겸 강릉원주대학교 사학과 강사.
· 가톨릭 관동대학교 역사교육과 졸업.
· 경희대학교 대학원 사학과 졸업(문학박사).
· 저서: 『조선전기 공납제 연구』(2012년 대한민국 학술원 우수도서 선정), 『조선전기 공납제
　의 운영』, 『강릉의 동족마을』(2014년 문화관광부 우수도서 선정) 외 다수.
· 논문: 「16세기 國家財政과 貢納制 운영」, 「조선전기 貢物防納의 변천」, 「崔有漣原從功臣
　錄券의 硏究」, 「〈栗谷先生男妹分財記〉의 연구」, 「1541년에 작성된 「李氏分財記」 연
　구」, 「율곡 이이의 공납제 개혁안 연구」, 「강릉의 명칭 유래」, 「조선후기 강릉부 우
　계면의 夢貢 관련 完文 연구」, 「조선전기 守令制의 실태와 심언광의 守令觀」, 「어촌
　심언광의 북방 경험과 국방 개선안」 외 다수.

강릉을 담은 역사와 문화

초판 1쇄 인쇄 | 2017년 12월 4일
초판 1쇄 발행 | 2017년 12월 11일

지은이 | 박도식
펴낸이 | 지현구
펴낸곳 | 태학사
등　록 | 제406-2006-00008호
주　소 | 경기도 파주시 광인사길 223
전　화 | 마케팅부 (031) 955-7580~82 편집부 (031) 955-7585~89
전　송 | (031) 955-0910
전자우편 | thaehak4@chol.com
홈페이지 | www.thaehaksa.com

ISBN 978-89-5966-888-5 93380

이 책을 내면서

현재 우리는 세계화 시대에 적응할 수 있는 사고체계의 확립, 공동체 의식의 결여로 전도된 가치관의 재확립 등 숱한 시대적 과제를 안고 있다. 이러한 과제를 현명하게 해결하기 위해서는 무엇보다도 우리 스스로 공감대를 형성할 수 있는 올바른 역사의식을 확립해야 하는 것이 중요하다고 생각된다.

그러나 최근에 들어 우리의 실정은 세계화라는 미명 아래 우리 문화와 우리 것에 대한 자괴감과 소외감이 오히려 증대되고 있다. 자기 역사와 문화를 부정하고 단절하면서 살아남은 민족이 없다는 것은 세계사의 경험이다. 한 예로 일찍이 동아시아를 석권하였던 거란족과 여진족은 민족의 존재를 잃은 지 이미 오래이다. 그들을 그렇게 만든 것은 군사적으로는 막강한 정복국가를 이루었지만 문화적으로는 자기의 전통문화를 갖지 못했던 것에 기인하는 바이다. 이런 점에서 우리의 전통문화를 냉정하게 자성(自省)해 봐야 할 것이다.

이러한 상황에서 우리가 추진하는 세계화는 서구적 모방이 아닌 우리 것의 세계화가 이루어져야 한다. 그것은 국수적 발상이 아닌 자기의 문화를 근간으로 외국의 선진문화를 적절하게 접목할 수 있는 수준 높은 정신과 자세를 필요로 하며, 현실을 직시할 수 있는 안목과 올바른 역사의식의 확립에 의해서만 가능하다. 세계화를 향해 가는 바른 길은 우리 역사문화에 대한 앎이 우선이라 생각한다.

1945년 8·15해방 이후 한국사 연구는 중앙의 정치사, 경제사, 지배층 중심으로 이루어졌다. 그 결과 역사의 구체성과 현장성을 파악하기가 어려웠고, 중요한 인간들의 삶의 모습이 빠진 채 이루어졌다. 이에 대한 반성으로 1970년대 후반 이후 지역사에 대한 관심이 고조되어 이제는 한국사 연구의 주요한 흐름의 하나로 정착하기에 이르렀다.

본격적인 지방자치시대를 맞이한 지금이야말로 다음 단계의 사회발전을 향해서 지역문화를 한 단계 상승시켜야 하는 바로 그런 시기이다. 문화전승은 저절로 이루어지는 것이 아니라 땀 흘리고 변함없이 가꾸어 가야 열매를 거둘 수 있다. 지역주민들은 지역의 역사전통과 문화를 공유함으로써 그 지역에 대한 자긍심과 애착을 가지게 되고, 지역사회에 대한 연대감과 공동체 의식을 느끼게 된다. 그리고 그것이 자발적인 지역발전의 의지를 고취시키는 힘으로 작동하게 된다. 따라서 지역문화와 역사는 지역발전의 정신적 원동력을 제공하며, 이를 토대로 하여 지역주민의 자치의식도 성숙하고 지방자치도 존재할 수 있을 것이다.

26여 년 전에 처음 강릉지역사 강의를 맡았을 때 이에 관한 개설서가 없어 수년간은 필자 나름대로 정리한 내용을 매주 배포하고 강의하였다. 그러나 강의노트에 의존하는 방식으로는 강의가 충실해지기 어렵고 강의 수준도 답보 상태에 머물게 된다는 것을 절감하였다. 학문적으로 부족한 필자가 만용을 무릅쓰고 2004년에 졸저(拙著),『강릉의 역사와 문화』를 내게 된 것도 여기에 있다고 하겠다. 이 책을 간행한 이후 미진한 부분은 계속 수정 보완하여 이제『강릉을 담은 역사와 문화』를 내게 되었다. 아무쪼록 이 책이 강릉을 아끼고 사랑하는 사람들에게 조금이나마 도움이 된다면 필자로서는 더할 나위가 없는 영광이라 생각된다.

예년에 비해 어려운 경제사정에도 불구하고 이 책이 출판될 수 있도록 흔쾌히 맡아주신 태학사의 지현구 사장님께 감사의 말씀을 드린다. 이 책을 아담하게 꾸며주신 최형필 선생님을 비롯한 편집부 여러분께도 고마움을 전한다.

끝으로 아내 김윤희와 별 탈 없이 잘 자라준 딸 지윤, 지은과 함께 발간의 기쁨을 나누고 싶다. 또한 사진을 제공해준 강릉문화원 정운성 팀장과 매서운 추운 날씨에도 함께 답사하며 사진 촬영을 해준 이원주, 신영희, 정숙교 님께 감사의 말씀을 드린다. 그리고 필자를 진정으로 알아주는 마지막 한 명의 독자에게 무한한 감사의 마음을 담아 이 책을 바친다.

2017년 8월 16일 솔올 서재에서
박 도 식

차례

제1장 강릉의 역사·문화적 환경

1. 자연지리적 환경

오늘날 영동지역이라 하면 고성군·속초시·양양군·강릉시·동해시·삼척시를 말한다. 그 중앙에 위치해 있는 강릉시는 동쪽으로 동해바다, 서쪽으로 평창군과 정선군, 남쪽으로 동해시, 북쪽으로 양양군과 접해 있다. 강릉의 지리적 위치는 동경 128° 35'~129° 04', 북위 37° 27'~37° 54'이고, 동·서의 길이는 40㎞, 남·북의 길이는 76㎞, 해안선의 길이는 39.3㎞이며, 면적은 1,040㎢(서울시 면적의 1.72배)이다.

강릉의 지세를 전체적으로 개관하면, 서쪽은 높고 동쪽이 낮다. 그 이유는 강릉지역이 주로 태백산맥의 동해 경사면에 위치하기 때문이다. 대표적인 산으로는 서북쪽에 철갑령, 북룡산, 두로봉, 노인봉이 있고, 서남쪽의 경계를 따라 제왕산, 칠성산, 옥녀봉, 노추산, 덕구산이 있으며, 남쪽에 대화실산, 석병산, 응봉산, 망덕봉, 피래산, 괘방산, 기마봉이 있다.

주요 하천으로는 남대천, 경포천, 사천천, 연곡천, 신리천, 시동천, 주수천, 군선강, 섬석천 등이 있다. 이 가운데 가장 규모가 크고 긴 하천은 남대천(35km)이다. 남대천은 대관령과 왕산면 목계리 화실산에서 발원하여 강릉시의 중앙을 통과한 후 견소동의 하구 부근에 이르러 섬석천과 합류하여 동해로 흘러든다.

큰 하천이 바다로 유입되는 하구 일대에는 구릉지와 낮은 평지가 넓게 전개되고 있다. 낮은 평지가 가장 넓게 전개되는 곳은 강릉시내와 그 주변을 포괄하는 지역이다. 강릉지역에서 낮은 평지는 남대천과 연곡천 하구 일대에 가장 넓게 전개되고 있으며, 그 외에 신리천과 사천천 하구 일대에도 비교적 넓게 전개되고 있다.

강릉지역의 호수는 모래톱 등이 물굽이 입구를 막아 바다와 분리되어 형성된 석호가 주류를 이룬다. 이러한 호수로는 강릉시 경포천 하구의 경포호, 주문진읍 향호천 하구의 향호를 들 수 있다.

강릉지역은 지형적 특성에 따라 겨울철에 같은 위도에 있는 서해안보다 4℃ 정도 높은 기온을 나타내고 있다. 그것은 강릉지역이 태백산맥을 등지고 동해와 접하고 있어 한랭한 북서계절풍이 태백산맥을 넘으면서 나타나는 푀엔(föhn)현상 때문이다. 강릉지역의 연평균 기온은 지역별로 편차가 있지만, 대략 섭씨 13.4℃로 속초보다 0.6℃, 삼척보다 0.3℃, 대관령보다 6.2℃가 높다. 연평균 강수량은 1,375.8㎜로, 강수량이 제일 많은 8월이 261.7㎜이고 제일 적은 12월이 38.6㎜이다. 여름철에는 지속적인 강우와 저온현상이 나타나는 경우도 있지만, 강수량은 다른 지역에 비해 여름철에 적고 봄·가을·겨울철에 많은 것이 특징이다. 간혹 북동기류가 장기간 머무는 겨울철에는 대설(大雪), 겨울과 봄철에는 강풍현상이 있다.

2. 역사적 변천

강릉은 예로부터 예국(濊國·蘂國), 임둔(臨屯), 하서량(河西良), 하슬라(何瑟羅), 아슬라(阿瑟羅), 명주(溟州), 동원(東原), 임영(臨瀛), 경흥(慶興), 동온(東溫), 명원(溟源), 철국(鐵國), 도원경(桃原京), 북빈경(北

濱京) 등으로도 불렸다.

강릉은 오랫동안 독특한 문화를 간직해 온 유서 깊은 도시이다. 그동안 학계의 역사적 유적·유물에 대한 지표조사와 발굴의 결과를 종합해 보면, 강릉지역에서는 구석기시대부터 사람이 살기 시작하였고 신석기시대를 거쳐 청동기·철기시대의 단계로 발전되어 왔음이 밝혀졌다.

영동지역 일대는 기원전 2세기 초 위만조선에 복속되었다가 기원전 108년 위만조선의 멸망과 함께 한(漢)의 임둔군에 편제되었다. 그러나 군현 경영의 어려움으로 인해 기원전 82년에 임둔군의 15개 현 가운데 일부는 현도군에 이속되고 나머지는 폐지되었다. 그 뒤 기원전 75년에 현도군이 중국 동북지역으로 이동하게 되자, 현도군에 이속되었던 현 가운데 단단대령의 동쪽 영동7현은 새로 설치된 낙랑동부도위의 관할 아래 들어갔다가 낙랑동부도위가 폐지됨에 따라 중국의 통치로부터 벗어나 독립된 정치체를 형성하게 되었다. 이 무렵 강릉에는 동예(東濊)라는 초기국가가 있었다.

삼국이 형성되면서부터 강릉은 신라와 고구려의 영향을 차례로 받기 시작한다. 신라는 일찍부터 이 지역으로 진출해 오기 시작하였다. 강릉이 신라의 영역으로 편입되는 것은 397년(내물왕 42) 이전의 어느 시기로 보인다. 그 후 강릉 일대에서는 남진하는 고구려와 북진하는 신라 간에 빈번하게 충돌하다가 481년(장수왕 69, 소지왕 3)에 고구려가 동해안 일대를 점령하기에 이른다.

신라가 고구려에 빼앗긴 동해안 일대를 다시 수복하는 것은 6세기 초의 지증왕 때 와서이다. 즉 512년(지증왕 13)에 하슬라주(何瑟羅州)를 설치하고 이찬(伊飡) 이사부(異斯夫)를 군주(軍主)로 파견함으로써 강릉은 신라의 확고한 통치영역이 되었던 것이다. 639년(선덕여왕 8)에는 하슬라주를 폐지하고 북소경(北小京)을 설치하였고, 658년(무열왕 5)에는 이 지역이 말갈과 이웃하게 됨에 따라 백성들이 편안히 지내지 못한다는 이유로 소경을 폐지하고 하서주(河西州)를 설치하였다. 무열왕 때부터 시작된 신라의 통일전쟁은 문무왕 때에 이르러 원산만과 대동강을 잇는 이남 지역을 확보함에 따라 685년(신문왕 5)에 전국을 9주 5소경으로 정비하였다. 9주는 원 신라지역에 3개주, 옛 고구려지역에 3개주, 옛 백제지역에 각각 3개주씩 두었다. 오늘날 영동지역은 명주(溟州)에 속해 있었다. 명주는 현재의 강원도 동해안 대부분 지역과 영월·정선·평창군, 그리고 경상북도와 함경남도 일부 지역을 관할하였다. 강릉은 명주의 주치(州治, 혹은 치소[治所])로써 영동지역의 중심지 역할을 하였다.

명주라 불리던 강릉은 고려시대 첫 행정개편이 있던 936년(태조 19)에 동원경(東原京)으로 읍호가 승격되었다. 그러나 940년(태조 23) 군현개편 때에는 어떤 연유에서인지 알 수 없지만 다시 명주로 환원되었다. 성종대에 와서 명주는 4번에 걸친 빈번한 개명을 거듭하다가 1260년(원종 1)에 위사공신(衛社功臣) 김홍취(金洪就)의 본향이라 하여 경흥도호부(慶興都護府)로 승격되었다. 그러나 1268년(원종 9)에 일어난 무진정변 때 김홍취가 김준(金俊)의 당여(黨與)로 몰려 숙청되자 다시 명주로 환원되었고, 1308년(충렬왕 34)에 강릉부(江陵府)로 개칭됨으로써 현재의 이름을 갖게 되었다.

1389년(공양왕 1)에는 강릉대도호부로 승격되면서 영동지역의 중심 역할을 하게 되었으며, 이러한 역할은 조선시대에 들어와서도 계속되었다. 그 관할 구역은 지금의 강릉시, 양양군의 현남면, 동해시의 망상면, 평창군의 대관령(도암)·진부·봉평·대화면, 정선군의 임계면, 홍천군의 내면까지를 그 영역으로 하여 강원도 내 26개 군현 중에서 가장 넓었다.

<표-1> 강릉시의 연혁

연 대	내 용
B.C 108년	한무제(漢武帝) 원봉 2년에 임둔군(臨屯郡) 설치.
82년	현도군(玄菟郡) 관할.
75년	영동 7현 낙랑 동부도위(樂浪東部都尉) 관할.
30년	한(漢)의 통치로부터 벗어나 초기국가 동예(東濊) 형성.
A.D 397년(내물왕 42)	신라의 영역으로 편입.
481년(장수왕 69)	고구려의 영역으로 편입.
512년(지증왕 13)	하슬라주(何瑟羅州) 설치.
639년(선덕여왕 8)	하슬라주를 폐지하고 북소경(北小京) 설치.
658년(무열왕 5)	북소경을 폐지하고 하서주(河西州) 설치.
756년(경덕왕 15)	하서주를 명주(溟州)로 개칭.
936년(태조 19)	명주를 동원경(東原京)으로 승격.
940년(태조 23)	동원경을 명주로 환원.
983년(성종 2)	명주를 하서부(河西府)로 개칭.
986년(성종 5)	하서부를 명주도독부(溟州都督府)로 개칭.
992년(성종 11)	명주도독부를 명주목(溟州牧)으로 개칭.
995년(성종 13)	명주목을 명주로 개칭.
1018년(현종 9)	우계현을 삼척현에서 명주로 이속.
1260년(원종 1)	명주를 경흥도호부로 승격.
1268년(원종 9)	경흥도호부에서 명주로 환원.
1308년(충렬왕 34)	명주를 강릉부(江陵府)로 개칭.
1389년(공양왕 1)	강릉부를 강릉대도호부로 승격.
1457년(세조 3)	강릉대도호부에 진(鎭) 설치, 옥계면과 망상면 설치.
1895년(고종 32)	23부제 실시로 강릉대도호부를 강릉부로 개칭.
1896년(고종 33)	13도제 실시로 강릉부를 강릉군으로 개칭.
1906년(광무 10)	진부면·대화면·봉평면이 평창군, 임계면·도암면이 정선군, 내면이 인제군으로 각각 이속.
1914년	군면 폐합으로 북일리면, 북이리면, 남일리면이 군내면으로 통합.
1916년	군내면을 강릉면으로 개칭.
1931년	강릉면을 강릉읍으로 승격.
1940년	주문진면을 주문진읍으로 승격.
1942년	강릉군 망상면이 묵호읍으로 승격.
1955년	강릉읍을 강릉시로 승격, 강릉군을 명주군으로 개칭
1980년	명주군 묵호읍이 동해시에 통합.
1995년	명주군이 강릉시에 통합

1895년에 8도제가 폐지되고 23부제가 실시되면서 강원도는 강릉부와 춘천부로 나뉘어졌는데, 영동지역은 강릉부에 속하게 되고 영서지역은 춘천부에 속하게 되었다. 그때 강릉부는 강릉군을 비롯하여 통천·흡곡·고성·간성·양양·삼척·울진·평해 등 영동 9개 군을 관할하였고, 춘천부는 춘천군을 비롯하여 양구·인제 등 영서 13개 군을 관할하였다. 23부제는 1896년에 폐지되고 13도제가 실시되면서 강릉부는 강릉군으로 개칭되었다.

1906년에는 강릉군에 속해 있던 일부 면이 분리되는데, 진부면·대화면·봉평면이 평창군에, 임계면·도암면이 정선군에, 내면이 인제군에 속하게 되었다. 1914년에는 행정구역 병합으로 강릉군의 북일리면·북이리면·남일리면이 군내면으로 통합되었고, 1914년 4월에는 남이리면이 성남면으로, 가남면이 하남면으로 개칭되었다. 1916년에는 군내면이 강릉면으로 개칭되었고, 1920년 11월에는 성남면·덕방면·자가곡면(월호평리·신석리) 일부를 병합하여 성덕면으로 개편되었으며, 하남면의 일부가 정동면으로 편입되었다.

1931년에는 강릉면이 강릉읍으로 승격되고, 1938년에는 정동면이 경포면으로 개칭되었다. 1940년에는 주문진면이 주문진읍으로, 1942년에는 망상면이 묵호읍으로 각각 승격되었다. 1955년에는 강릉읍·성덕면·경포면이 통합되어 강릉시로 승격되면서 강릉군이 명주군으로 개칭되었다. 1980년에는 묵호읍이 명주군에서 분리되어 삼척군 북평읍과 통합되어 동해시로 승격되었다. 1995년 1월에는 시·군 통합에 따라 명주군이 강릉시에 통합되면서 오늘날 강릉시가 되었다.

3. 문화적 환경

영동지역에는 천하의 절경인 금강산을 비롯하여 도처에 명승지가 많다. 그리하여 『택리지』 산수조에서는 "산수의 훌륭한 경치는 당연히 강원의 영동이 제일이다"고 하였고, 『동국여지승람』 강릉대도호부 누정조(樓亭條)에서는 "우리나라 산수의 훌륭한 경치는 관동이 첫째이고, 관동에서도 강릉이 제일이다"고 하였으며, 같은 책 형승조(形勝條)에서는 "강릉의 산수가 천하에서 첫째이다"고 하였던 것이다. 강릉지역에 문화 사적지와 천혜의 관광자원이 풍부한 것도 이에 기인한다.

〈표-2〉 강릉시 국가지정 문화재 현황(2017.2 현재)

종 류	지정번호	문화재명	소재지
국 보	제 51호	임영관 삼문(옛 객사문)	강릉시 용강동 58-1
보 물	제 81호	한송사지 석조보살좌상	강릉시 오죽헌시립박물관
	제 82호	대창리 당간지주	옥천동 333-3
	제 83호	수문리 당간지주	옥천동 43-9
	제 84호	신복사지 석조보불좌상	내곡동 403-2
	제 85호	굴산사지 승탑	구정면 학산리 731
	제 86호	굴산사지 당간지주	구정면 학산리 1181
	제 87호	신복사지 삼층석탑	내곡동 403-2
	제165호	오죽헌	죽헌동 201
	제183호	해운정	운정동 256
	제191호	보현사 낭원대사탑	성산면 보광리 산 544
	제192호	보현사 낭원대사탑비	성산면 보광리 산 1171
	제214호	강릉향교 대성전	교동 233
	제602호	이이 수고본 격몽요결	강릉시 오죽헌시립박물관
	제603호	문무잡과방목	강릉시 오죽헌시립박물관
	제1220호	명안공주 관련유물	강릉시 오죽헌시립박물관
	제1625-1호	황기로 초서-이군옥시	강릉시 오죽헌시립박물관
사 적	제388호	강릉 임영관	용강동 58-12 외
	제448호	강릉 굴산사지	구정면 학산리 597
	제490호	강릉 초당동 유적	초당동 84-2

	제 1호	명주 청학동 소금강	연곡면 삼산리 산1-12
명 승	제 74호	대관령 옛길	성산면 어흘리 산2-1
	제106호	용연계곡 일원	사천면 사기막리 산1
	제108호	경포대와 경포호	경포동 일대
천 연 기념물	제166호	장덕리 은행나무	주문진읍 장덕리 643
	제437호	정동진 해안단구	강동면 정동진리 산50-60
	제461호	산계리 굴참나무군	옥계면 산계리 산425
	제484호	오죽헌 율곡매	죽헌동 201
	제520호	방동리 무궁화	사천면 방동리 346
중요무형 문 화 재	제11-4호	강릉 농악	강릉시(강릉농악보존회)
	제13호	강릉 단오제	강릉시(강릉단오제보존회)
중요민속 문 화 재	제5호	선교장	운정동 431

강릉은 예로부터 문장과 덕행이 뛰어난 인물이 많이 났다고 하여 '문향(文鄕)'의 고장이라 한다. 『동국여지승람』 풍속조에 의하면, "우리 고장 자제들은 다박머리 때부터 책을 끼고 스승을 따르고, 글 읽는 소리가 마을에 가득히 들리며, 게으름을 부리는 자는 함께 나무라며 꾸짖는다"고 하였다. 또한 1493년(성종 24) 홍귀달(洪貴達)의 〈향교중수기〉에 의하면, "내가 젊었을 때, '강릉 풍습이 문학을 숭상하여 그들 자제가 겨우 부모의 품을 벗어나게 되면 곧 향교에 들어가 배우고, 시골 구석구석 마을에까지 선비들의 몸가짐이 엄숙하고 조용함은 모두 글을 읽는 사람 때문이다'라는 말을 듣고 아름답게 여겼다"고 하였다. 그리고 1613년(광해군 5)에 강릉부사로 왔던 정경세(鄭經世)는 "강릉부는 선비의 성대함과 풍속의 아름다움이 온 도내에서 첫째가므로 평소에 문헌(文獻)의 고을이라고 칭해져 왔다"고 하였다. 이런 까닭에 강릉에서는 훌륭한 인물이 많이 배출되었던 것이다. 이러한 사실은 과거 급제자를 통해서도 확인된다.

<표-3> 조선시대 영동지역의 과거 급제자

구분 군현	문 과 (文科)	무 과 (武科)	사마시 (司馬試)	음 사 (蔭仕)
흡 곡	2	0	0	1
통 천	4	3	0	7
고 성	13	2	7	5
간 성	3	4	9	5
양 양	22	33	62	27
강 릉	150	72	408	75
삼 척	23	18	22	27
울 진	9	24	36	95
평 해	23	21	34	17
계	249	177	578	249

　　조선시대 관리 진출의 가장 중요한 관문인 문과 급제자수를 보면, 강릉 150인, 삼척 23인, 평해 23인, 양양 22인이다. 문과에 응시하기 전의 관문인 사마시(생원·진사시)의 입격자는 강릉 408인, 양양 62인, 울진 36인, 평해 34인으로 군현별 편차가 더욱 심하다. 무과는 강릉 72인, 울진 24인, 평해 21인이다. 음사는 울진 95인, 강릉 75인, 양양과 삼척이 27인으로 나타난다.[1]

　　강릉은 예로부터 효자·효부·열녀가 많이 나온 곳이라 하여 '예향(禮鄕)'의 고장이라고도 한다. 효자·효부·열녀가 많다는 사실은 유교적인 실천윤리를 실행하는 분위기가 조성되어 있었다는 것을 의미한다. 그 효행의 내용을 살펴보면, 부모가 살아 있을 때 극진히 봉양한 사례, 부모·시부모·남편이 병환이 났을 때 단지수혈(斷指輸血; 손가락을 잘라 피를 내어 먹이는 것)·할고(割股; 넓적다리의 살을 베어

---

1 『강원도지』 권7 및 옥한석, 1994 『향촌의 문화와 사회변동』, 한울, 69쪽. 과거 급제자 중에는 그 지역 출신자도 있지만, 본관이 그 지역으로 되어 있는 자도 상당수에 달한다.

약으로 쓰는 것)·상분(嘗糞; 병세를 살피려고 환자의 변을 맛보는 것)·연종(吮腫; 환자의 종기를 입으로 빠는 것) 등 지극정성으로 간호한 사례, 부모가 위험에 처했을 때 자신의 몸을 돌보지 않고 구한 사례, 부모가 돌아가신 후에 애틋하게 사모하거나 행동을 근신한 사례 등이 있다.

고려 고종 때 강릉의 향리 출신인 김천(金遷)은 효자로 널리 알려진 인물이다. 그의 나이 15세 때 몽골군이 강릉에 쳐들어와 많은 사람들이 포로가 되었는데, 그의 어머니와 동생 덕린도 몽골로 잡혀갔다. 김천은 포로로 잡힌 사람들이 끌려가는 도중에 거의 죽었다는 말을 들은 후 상복을 입고 어머니 장례를 마쳤다. 그런데 14년 후에 어느 날 원나라에서 돌아온 백호(百戶) 습성(習成)이라는 사람을 통해 어머니가 살아있다는 사실을 알게 된다. 그는 개경으로 올라가 몽골의 동경(東京, 지금의 요양성)으로 갈 수 있도록 해달라고 조정에 두 번이나 간청했지만 허락받지 못한다. 어머니의 소식을 들은 지 6년째 되던 해에 천호(千戶) 효지(孝至)를 따라 원나라에 갔는데, 어머니와 동생은 각각 군졸인 요좌(要左)와 천로(天老)의 종으로 있었다. 김천은 주인 요좌에게 애걸하여 은 55냥으로 어머니의 몸값을 치르고 어머니를 모시고 귀국했다. 6년 뒤에 김천은 86냥의 몸값을 치르고 동생도 데려왔다. 두 형제는 종신토록 부모에게 효도를 다하며 우애 있게 지냈다. 훗날 마을 사람들은 김천의 효행을 기리기 위해 옥계면 현내리에 효자각을 세우고 비석에 '효자리(孝子里)'라고 새겼다.

율곡의 외할머니 이씨는 남편 신명화(申命和, 1476~1522)의 병이 깊어 생명이 위태한 지경에 이르렀을 때 밤낮으로 하늘을 우러러 기도하였다. 그러던 어느 날 새벽 몰래 남편의 패도(佩刀)를 가지고 선조의 묘에 올라가 향불 피워 예배하고서 기도하기를 "제가 남편을 따른

지 20여 년이 되었습니다. 그간 남편은 불의한 짓을 하지 않았고 저도 남편의 뜻을 저버린 적이 없습니다. 그런데 하느님께서 어쩌면 이다지도 가혹한 죄를 내리십니까? 저는 이미 어미를 여의었으니 우러를 데라곤 남편뿐입니다. 남편마저 저를 버리게 된다면 저 혼자 구차스럽게 이 세상에 살 수 있겠습니까?' 하고, 드디어 패도를 뽑아 왼손 가운데 손가락을 자르니 피가 철철 흘러 흥건히 괴었다. 이씨는 남편이 이 사실을 알아보아 전혀 내색을 않고 있었는데, 그날 밤 이씨의 꿈에 하늘에서 크기가 대추만한 약이 떨어졌으며 다음날 남편의 병이 씻은 듯이 나았다고 한다.

최시부(崔始溥)의 처 김씨는 성품이 지극히 효성스러웠다. 김씨는 전신을 쓰지 못한 채 9년 동안 병석에 누워 있던 80세 된 할머니가 이가 빠져 음식을 먹지 못하자 젖을 짜서 미음에 섞어 올렸다. 할머니가 임종할 무렵에는 손가락을 잘라 그 피를 입에 넣어드려 7개월을 더 살게 하였고, 상을 당해서는 3년 동안 여묘살이를 하였다.

박증식(朴曾寔)의 처 고씨는 남편이 병이 나자 자신의 몸으로 대신할 것을 하늘에 축원하였고, 넓적다리 살을 베어 약을 지었으며, 손가락을 잘라 그 피를 입에 넣어드려 회생하게 하여 수일을 더 살게 하였으나 끝내 죽고 말았다.

이상과 같은 행실에 대해 1580년(선조 13)에 강원도관찰사로 왔던 송강 정철(鄭澈)은 「관동별곡」에서 "강릉대도호부 풍속이 좋을시고 절효정문(節孝旌門, 충신·효자·열녀 등을 표창하고 그 정신을 기리기 위해 세운 붉은 문)이 골골이 널렸으니, 비옥가봉(比屋可封, 집집마다 덕행이 있어 모두 표창할 만하다는 뜻)이 지금도 있다 할 수 있겠구나"라고 하였다.

강릉지역에는 매년 70세 이상 되는 노인들을 명승지로 모셔다가 위로잔치를 베풀어주는 '청춘경로회(靑春敬老會)'라는 아름다운 풍속이 오랫동안 전해져 왔다. 1481년(성종 12)에 편찬된 『동국여지승람』 강릉대도호부 풍속조에는 "고을 풍속이 노인을 공경하여 매양 좋은 절후를 만나면, 70세 이상된 자를 청하여 경치 좋은 곳에 모아놓고 위로한다. 판부사 조치(趙菑)가 의좋게 여겨서 공용(公用)에서 남은 쌀과 포목을 내어 밑천을 만들어 자제 중에서 부지런하며 조심성 있는 자를 가려서 그 재물의 출납을 맡아 회비로 쓰도록 하고 청춘경로회라 이름하였다. 지금까지 없어지지 않았으며, 비록 하인의 천한 사람이라도 70세가 된 자는 모두 모임에 오도록 하고 있다"고 하였다.

청춘경로회는 국가에서 원로 문신들을 위로하고 예우하기 위해 봄가을에 정기적으로 베푼 잔치인 기로연(耆老宴)과 비슷하였다. 그러나 기로연은 정2품의 실직(實職)을 지낸 70세 이상의 문과 출신의 관원만 참석할 수 있는 경로잔치였음에 반해, 청춘경로회는 관원뿐만 아니라 노비에 이르기까지 모두 참석할 수 있는 신분을 초월한 경로잔치였다는 점이 달랐다. 강릉 노인들의 증언에 의하면 청춘경로회에는 악공들이 초청되어 풍악을 울렸고, 기생들이 동원되어 노인들이 청춘의 마음을 되찾고 유지할 수 있도록 잘 대접하였다고 한다.

강릉에는 역사적 인물에 연유된 지명이 비교적 많이 발견된다. 조선 중기의 효자 박수량은 사천면 미노리에 살았는데, 그의 묘가 있는 산은 그의 아호를 딴 삼가봉(三可峰)이다. 이조참판 김광철 형제에 관한 지명으로는 사천면에 애일당(愛日堂)·이설당(梨雪堂) 등이 남아 있다.

강릉은 우리나라의 중심에서 멀리 떨어져 있을 뿐 아니라 첩첩산중이어서, 옛날에는 교통이 대단히 불편하였다. 그러므로 이 지역에서 어떠한 사건이 발생하더라도 그 사실이 곧 중앙정부에 알려지지 않는 경우가 많았다. 하물며 어느 개인이 이 지역에 거주·우거한다고 해서 그런 일이 중앙정부의 관심사가 되지 못하였음은 말할 나위도 없다. 따라서 개인의 자유를 제약하는 관청의 제재도 그리 심하지 않았다. 그리하여 이 지역에는 지사·은둔자·풍류객 등이 많이 모여들었던 것이다.

참고문헌

가톨릭관동대학교 박물관·강원도·명주군, 1994 『명주군의 역사와 문화유적』.

강릉대학교 박물관·문화재관리국·강릉시, 1995 『강릉의 역사와 문화유적』.

강릉시사편찬위원회, 1996 『강릉시사』(상), 강릉문화원.

박도식, 2002 『강릉시 실록자료집』, 강릉문화원.

_____, 2003 『강릉의 역사인물자료집』(上·下), 강릉문화원.

_____, 2008 「강릉의 명칭 유래」 『강원민속학』 22, 강원도민속학회.

_____, 2009 「강릉과 율곡과의 관계」 『율곡사상연구』 18, 율곡연구원.

옥한석, 1994 『향촌의 문화와 사회변동』, 한울 아카데미.

제2장 삼국시대 전후의 강릉

1. 선사시대의 강릉

강원도는 태백산맥을 중심으로 영동지역과 영서지역으로 구분된다. 영동지역은 태백산맥과 동해안이 길쭉한 형태로 나란히 펼쳐져 있는데, 태백산맥이라는 천혜의 장벽 때문에 영서지역과 접촉이 상당히 어려웠다. 따라서 영동지역은 해안선을 따라 함경도 지역과 경상도 지역을 잇는 교량 역할을 하였다는 점에서 그 특성이 나타난다.

태백산맥의 계곡에서 발원하는 하천유역에는 구릉이 많고 그 사이에 약간의 평야지대가 전개되고 있으며, 해안선 부근에는 호수들이 발달되어 특수한 경관을 이루고 있다. 영동지역에서 선사유적은 주로 이들 하천이나 호수 주변의 낮은 구릉지대에서 발견되고 있다.

우리나라에서 구석기시대는 70만 년 전부터 시작되어 기원전 1만년 전후까지 지속되었다. 영동지역에서는 1980년대 초까지만 해도 구석기유적이 발견되지 않았으나, 1984년에 강릉시 강동면 심곡리와 양양군 손양면 도화리에서 구석기유적이 발견되었다. 이들 유적에서 출토된 유물들은 대개 찍개, 긁개, 밀개, 주먹도끼 등으로 다양하다. 그 후 1995년 동해시 발한동유적을 연결 고리로 하여 고성군, 속초시, 강릉시, 삼척시 등지에서 최근까지 48곳의 유적이 확인되었다. 영동지역의 구석기유적은 해안선을 따라 펼쳐지는 해안단구 지형에 주로 분포하고 있다. 강릉지역에서 구석기유적은 초당동, 안현동, 홍제동, 내곡동, 담산동, 두산동, 하시동리 등지에서 발견되었다.

우리나라에서 신석기시대는 종래 양양 오산리유적을 기점으로 하여 대략 기원전 6,000년에 해당한다고 보아왔으나, 근래 제주 고산리유적이 기원전 1만 년 전까지 올라가는 것으로 본다. 신석기인들은 돌을 갈아 만든 돌도끼[석부(石斧)] 등의 도구와 뼈로 만든 송곳·작살·낚시바늘·장신구·점복구(占卜具) 등도 사용하였다.

신석기문화는 농경의 시작과 토기의 사용을 특징으로 한다. 그러나 우리나라에서 농경은 신석기시대로 접어든지 상당한 시간이 지나서야 시작되었다. 양양군 오산리유적의 경우 농경과 관계되는 유물은 발견되지 않고 낚시바늘과 그물추가 발견되고 있을 뿐이다. 오산리 문화를 남긴 주민들은 바닷가나 호숫가, 냇가의 모래 언덕에 10~15호 정도의 작은 마을을 이루고 살면서 고기잡이를 주업으로 삼고 수렵이나 채취생활을 하였던 것이다. 현재까지 가장 오래된 농경문화의 증거가 되는 황해도 봉산군 지탑리유적에서는 빗살무늬토기에 담겨진 탄화된 조·피·기장과 같은 곡물이 발견되고 있어 늦어도 기원전 3,000년 전반 무렵에 이르러 농경이 시작되었다고 할 수 있다. 토기의 사용은 인간의 식생활에 큰 변화를 가져왔다. 토기는 식량을 운반하거나 저장하고, 음식을 삶거나 찌는 간단한 조리도 할 수 있었다. 한반도에서는 덧무늬토기와 무른무늬토기 등이 발견되었는데, 대표적인 것은 빗살무늬토기이다.

신석기인들은 강가나 하천, 호숫가에서 가까운 낮은 구릉지대에 움집을 짓고 살았다. 강릉지역에서 신석기유적은 초당동, 지변동, 교동, 유천동, 안현동, 사천면 방동리·판교리, 연곡면 영진리·송전리, 강동면 하시동리·안인리, 옥계면 금진리 등지에서 발견되었다. 이들

유적은 경포호·풍호 주변, 강릉 남대천·연곡천 유역에 분포되어 있다.

우리나라에서 청동기시대는 기원전 1,500년경에 시작되는 것으로 본다. 청동은 구리 90%, 주석 10%를 섞어 만든 합금으로 인류가 발명한 최초의 금속이다. 청동을 생산하기 위해서는 먼저 구리 등의 광물질을 채굴해야 하였고, 그 다음에는 원료를 녹여서 원하는 제품을 만들 거푸집을 제작해야 하였으며, 그 거푸집을 이용하여 주조한 청동기는 숫돌로 다시 다듬어야만 완전한 도구가 되었다. 이처럼 청동기를 생산하는 데는 복잡한 공정을 거쳐야 했다. 게다가 청동의 원료는 흔치 않았고, 청동의 생산량도 많지 않았다. 따라서 청동으로 만든 장신구나 공구·무기는 누구나 소유할 수 없었으며, 사회적으로 우월한 지위에 있던 자들이 주로 소유하였다. 특히 청동제 칼·창 등을 소유한 자들은 집단 내부에서 권력을 유지하거나 이웃 집단과 전투를 벌일 때 우위를 차지하였다. 이들은 이러한 장점을 이용하여 활발한 약탈전쟁을 전개하였던 것이다. 그 과정에서 각 세력집단 사이에 지배·예속관계가 형성되었는데, 그러한 사회적 불평등을 반영하는 것이 바로 고인돌이다.

강릉지역에서 고인돌은 경포호수 북쪽에 있는 안현동 일대의 야산지역에서 발견되었는데, 그 대부분이 일정한 구역에 몇 기씩 군집을 이루고 있다. 또한 고인돌이 있는 수 km 이내에는 청동기시대의 주거지들이 취락을 이루고 있는 것을 보게 되는데, 이는 고인돌 군집과 관련되는 부족집단의 정착취락이라 한다. 종래에는 마제석검과 석촉이 주로 고인돌의 부장품으로 출토되었으나, 근래에 와서는 집자리에서도 많이 출토되고 있다. 강릉지역에서 고인돌과 군사적 성격이 강한 무기류가 다량으로 출토되는 것은 그 당시 이 일대에 강력한 세력집단이 있었음을 말해준다. 강릉지역에서 청동기유적은 강릉 연곡천 주변의 방내리, 사천천 주변의 방동리, 경포호 주변의 교동, 남대천 주변의 입암동 등지에서 발견되었다.

우리나라에서 철기시대는 서기전 300년경부터 서기 300년경까지를 말한다. 이 시기에 들어와서는 새로운 변화가 일어나는데, 가장 큰 특색은 철기 제작기술의 유입과 새로운 토기인 경질무문토기와 두들긴 무늬토기[타날문토기]의 사용을 들 수 있다. 그러한 변화를 가져온 요인은 무엇보다도 기존의 석기나 청동기에 비해 강력하고 능률적인 철기의 보급으로 인한 각종 철제 농기구와 무기·목공구의 대량 사용이 가장 컸을 것이다.

강릉시 강동면 안인리에서는 대규모의 철기시대 주거지 유적이 발굴 조사되어 그때 주민들의 살림집의 형태는 물론이고, 방안 내부공간의 용도와 기능 그리고 당시 사회상을 살피는데 중요한 자료가 되고 있다. 안인리에서 조사된 주거지는 37기에 이르는데, 평면 형태에 따라 '여자형(呂字形)'과 '철자형(凸字形)'의 2종류로 구분된다. 양자 간의 시기 차이는 일부에서 관찰된 층위와 중복관계에 근거하여 '여자형'이 선행하는 양식으로 규정하고 있지만, 타 지역과의 연계선상에서 볼 때 동시기일 가능성이 크다.

 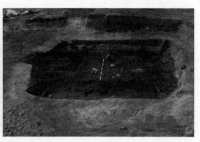

강릉 안인리 여자형(呂字形) 주거지   강릉 안인리 철자형(凸字形) 주거지

'여자형' 주거지는 남북을 장축으로 하여 남쪽에 작은 방이 배치되고 북쪽에 큰방이 배치되는 3칸으로 구성되어 있다. 출입구가 연결된 남쪽의 작은방은 외측 공간이고, 북쪽 큰방은 숙식 등 주요 일상생활에 이용되는 내측 공간으로 그 기능이 명백하게 구분되어 있다. 특히 내측 공간의 안쪽인 북벽 쪽에서는 곡물을 저장하고 조리를 하는 등 주방의 용도로 이용되었음이 확인된다. '여자형' 주거지는 영동지역의 철기시대 주민들이 만들어낸 독특한 형식의 주거문화라고 평가되고 있다. '철자형' 주거지는 방형 또는 장방형의 평면에 남쪽으로 돌출된 출입구가 바닥 쪽으로 비스듬히 연결되어 있다. '철자형' 주거지의 특징은 장축의 길이에 비해 단축의 폭이 넓어진다는 점이다.

안인리유적의 발굴조사 이후 강문동, 병산동, 연곡면 동덕리, 주문진읍 교항리, 사천면 방동리, 옥계면 금진리 등에서도 철기시대의 주거지가 발굴 조사되었다. 특히 강문동에서는 철기시대의 저습지유적이 발굴 조사되었는데, 이는 한반도 동해안지역에서 처음 발견된 것이다. 저습지유적은 호수, 소택지 또는 하천이었던 곳에 퇴적층에 남아있는 유적을 말한다. 강문동유적에서는 경질무문토기·두들긴무늬토기[타날문토기], 망태기, 굽 달린 목재 접시·절구공이·떡메·괭이자루·주걱 등의 목재류, 대합·홍합·투박조개 등의 패각류, 개·돼지·소·말·사슴 등의 동물뼈, 생선뼈, 복골(卜骨, 점을 치는 데 쓰던 뼈) 등이 출토되었다. 이를 통해 당시 강문동 주민들의 일상적 생활용품과 식생활은 물론 수렵, 어로, 채취 등 생활상을 확인할 수 있다. 특히 강문동 저습지유적에서는 12점의 복골이 출토되었는데, 이는 지금까지 확인된 철기시대의 유일한 제사 유적이다.

2. 초기국가 단계의 강릉

청동기·철기시대에 접어들어 생산력이 발전하고 계급분화가 이루어지면서 한반도의 각 지역에서는 정치적 지배자들이 출현하게 되었고, 이들을 중심으로 초기국가들이 형성되었다. 우리나라에서 최초로 세워진 국가는 고조선이다. 그러나 고조선은 한(漢)나라의 침략으로 멸망당하였고, 그 후 한나라는 동방정책의 수행을 위한 전진기지로서 과거 고조선의 세력권 안에 4군(郡)을 설치하게 된다. 즉 한나라는 기원전 108년에 낙랑군·진번군·임둔군을 설치하였고, 이어 기원전 107년에 현도군을 설치하였다.

한사군이 설치되었을 때 영동지역은 처음에 임둔군에 편제되었으나 군현 경영의 어려움으로 인해 기원전 82년에 임둔군의 15개 현 가운데 일부는 현도군에 이속되고 나머지는 폐지되었다. 그 뒤 토착세력의 저항으로 기원전 75년에 현도군이 중국 동북지역으로 이동하게 되자, 현도군에 이속되었던 현 가운데 단단대령의 동쪽 영동7현(동이현·불내현·잠대현·화려현·사두매현·전막현·부조현)은 새로 설치된 낙랑동부도위의 관할 아래 들어갔다.[1] 기원전 30년에 낙랑동부도위가 폐지됨에 따라 영동7현은 중국의 통치로부터 벗어나 독립된 정치체를 형성하게 되었다. 이 무렵 영동지역에는 강릉의 동예(東濊)와 삼척의 실직국(悉直國)이 있었다. 이들 세력은 3세기 중반까지 독자성을 가지면서 진한 연맹체의 일원으로 존재하였다.

---

1 이병도는 동이현은 덕원군 부근, 불내현은 안변이나 통천, 화려현은 영흥, 사두매현은 문천이나 고성, 전막현은 평강이나 회양, 부조현은 함흥 부근에 있는 것으로 보았다(이병도, 1976 『한국고대사연구』, 박영사, 201~208쪽).

1) 동예의 위치와 사회

동예에 관한 가장 오래된 기록은 3세기 후반에 편찬된『삼국지』위서 동이전이다. 이에 의하면 "예는 남쪽으로 진한, 북쪽으로 고구려·옥저와 접하였고, 동쪽으로 큰 바다에 닿았으니, 조선의 동쪽이 모두 예의 땅이다"고 하였다. 동예의 위치는 북으로 함경남도 정평에서 남으로 강원도 영동지역에 걸치는 동해안 일대로 비정하고 있다.

동예는 고구려처럼 그 거주영역을 통합하여 정치세력화 하지는 못하였던 것으로 보인다.『삼국지』위서 동이전 예조에 "대군장(大君長)은 없고 한(漢) 이후로 후(侯)·읍군(邑君)·삼로(三老)가 있어서 그 하호(下戶)를 다스렸다"고 하였다. 이 기록을 보면 동예사회는 적어도 하호라고 부르는 일반인과 후·읍군·삼로라고 지칭되는 지배자로 사회가 서열화되어 있었음을 알 수 있다.

동예를 비롯한 우리나라 초기국가들은 기본적으로 몇 개의 읍락으로 구성되어 있었다. 부여의 경우 각 읍락에는 호민과 하호가 있었다.『삼국지』위서 동이전에 의하면, "읍락에 호민이 있어 하호를 명하기를 모두 노복이라 한대(邑落有豪民 名下戶 皆爲奴僕)"고 하였다. 물론 여기서의 '호민'과 '하호'는 중국적 표현이다. '호민'은 정치적 지배권을 갖고 '하호'를 '노복'으로 이름하고 지배하는 수장층(首長層)이었다. 중국 후한대의 하호는 독립된 가호(家戶)를 구성하는 빈농·소작농·무토빈한지민(無土貧寒之民)을 의미하였으나,『삼국지』에 기록되어 있는 동이사회의 하호는 경제적 신분적으로 호민에게 예속되어 그들의 수탈을 받는 존재였다.

동예의 읍락들은 독자적인 생활권을 유지하는 등, 읍락의 개별성과 폐쇄성을 상당부분 유지하고 있었다. 이 문제를 거론할 때 주목되는 자료는 다음의 기사이다.

그 풍속은 산천을 중요시하는데, 산과 내마다 각기 구분이 있어 함부로 들어가지 않는다. … 읍락을 서로 침범하면 벌로서 생구(生口)와 우마(牛馬)를 부과하는데 이를 책화(責禍)라 한다(『삼국지』 위서 동이전 예조).

여기서 "산과 내마다 각기 부분이 있어"에 보이는 '부분'이란 읍락이 입지한 곳으로 이해된다. 읍락은 읍락민의 생업과 관련한 활동공간으로서 그 안에는 주거지, 농경지, 냇가 및 산계곡을 포함하는 생활영역을 갖고 있었다. 이 영역을 침범했을 시에는 노비와 소·말로 배상하는 '책화'라는 제도가 있었다. 즉 동예의 읍락들은 산천을 경계로 각기 일정한 생존영역을 유지하면서 각 읍락단위로 독자적인 공동체적 경제생활을 영위하였고, 상호간 그 영역을 침범할 경우에 대비한 제도적 장치로서 '책화'라는 읍락단위의 배상제도가 존재하고 있었던 것이다. 이 같은 점에서 볼 때 동예는 개개 읍락을 정치적·경제적 기저 단위로 하는 여러 정치세력들이 병존하는 군장사회(chiefdom) 단계였던 것으로 파악된다.

『삼국지』 위서 동이전에는 동예사회가 고구려나 부여에 비해 후진사회임을 보여주는 자료가 많다. 가령 "보전(步戰)에 능했다"고 한 것이라든지, "주옥(珠玉)을 보배로 여기지 않았다"고 한 것, "도둑질하는 사람이 적다"고 한 것은 동예사회에서 씨족공동체적 생활양식이 존속되고 있음을 보여준다.

동예인들은 농업을 주로 하였는데, 별자리의 움직임을 관찰해 그해 농사의 풍흉을 예견하는 등 그들 나름의 경험에 의한 농사관리를 도모하였다. 동예인들은 농사 이외에도 수공업, 수산업, 수렵에도 종사하였다. 이는 삼베와 누에를 쳐서 명주실을 뽑아낸다고 한 것이라든지, 특산물로서 거론되는 반어피·표범가죽·과하마·단궁의 존재를 통해서 알 수 있다.

동예에서는 10월에 '무천(舞天)'이라는 제천행사를 거행하였는데, 이때에는 "밤낮으로 술 마시고 노래하며 춤을 추었다"고 한다. 이는 농경사회의 추수감사제 전통을 이은 것이다. 이러한 축제는 삼한에도 있었다. 삼한에서는 5월에 파종을 마친 후 신(神)에게 제사를 지내고, 무리를 지어 노래하고 춤을 추었으며, 주야로 술 마시기를 계속하였다고 한다. 이때에 추는 춤은 수십 인이 같이 일어나 서로 따르며 땅을 발로 밟았다가 올리며 손과 발이 서로 응답하였다. 또한 이들은 10월에 농사를 마치고 나서도 이렇게 한다고 하였다. 동예사회에서 이 같은 제천행사의 존재는 당시 농업이 차지하는 비중과 무관하지 않았을 것이다.

고대인들의 축제는 신에게 제사지내는 과정을 통해 진행되었고, 그 과정에서 음주와 가무가 집단적으로 거행되었다. 하늘과 신을 섬기던 이들은 제사의식을 통해 자신들과 신의 관계를 다시 확인하였는데, 이때 신화의 내용을 재현함으로써 자신들 모두가 신의 자녀 혹은 그의 백성임을 확인하면서 강한 공동운명체 의식을 다시금 일깨웠던 것이다. 고대국가가 막 성립될 무렵에는 종족간의 대결이 더욱 치열했던 만큼 같은 종족으로서 일체감이 더욱 절실히 요청되었다. 특히 이때는 내부적으로는 지배층과 피지배층이 나누어져 갈등관계가 심화되고 있었던 만큼 1년을 주기로 하여 모든 성원이 함께 모여 일체감을 확인하는 것은 통합을 위해 매우 의미 있는 일이었다. 공동체적 생활이 와해되는 속에서 계급간의 대립과 갈등이라는 위협에 처한 고대인들은 제사와 축제를 통해 하나가 될 수 있는 가능성을 확인하였던 것이다.

2) 동예사회의 생활양식

『삼국지』위서 동이전에 의하면, 동예사람들은 "호랑이를 신으로 여겨 제사지낸다(祭虎以爲神)"고 하였다. 이는 호랑이를 산신으로 숭배한 최초의 기록으로서, 우리나라에서 호신숭배의 연원이 매우 오래되었음을 보여준다.

호랑이는 우리 민족에게 좀 각별한 의미가 있는 동물이다. 가령 무덤을 쓸 때에는 좌청룡·우백호를 보아 자리를 정하였고, 무덤을 보호하는 능호석에는 12지신의 하나로 호랑이상을 새겼으며, 무덤 앞의 석물에도 호랑이상을 조각하였다. 민화에서도 호랑이는 매우 빈번하게 등장하고 있다. 1988년 서울올림픽 때 호랑이는 마스코트로 선정되기도 하였다.

그러나 예전의 호랑이는 일상생활 가운데 늘 도사리고 있는 위협적인 존재였다. 예컨대『조선왕조실록』에는 1401년(태종 1) 겨울부터 이듬해 봄까지 경상도에서 수백 명의 사람이 희생당했다고 하고, 1734년(영조 10) 여름부터 가을까지 전국에서 보고된 희생자만 140명에 달했다고 한다. 이러한 현상은 조선말기까지 계속되어 러시아 대장성에서 1900년에 간행한『한국지(韓國誌)』에는 델로트케비치(Delotkevicha)의 보고를 빌어 마을 하나가 호랑이의 습격으로 주민의 반이 희생된 사례도 알리고 있다. 특히 산간지역이 많은 강원도에서는 호랑이에게 물려 죽은 사람도 많았다. 1691년(숙종 17) 윤7월 강릉·양양·평강 등지에서는 백주에 무리를 지어 다니는 호랑이에게 희생당한 자가 1개월 동안에만 14인이나 되었다고 한다.

강원도에 '호식총(虎食塚)'이라는 독특한 무덤이 많이 전해지는 것도 호환(虎患)이 심했던 데에 기인한다. 이 무덤은 지금까지 호랑이에게 물려 죽은 사람의 남은 시신을 화장하여 유골을 돌무더기에 묻어두고 그 위에 시루를 엎어놓은 것이다. 이런 독특한 무덤은 태백산을 중심으로 강릉시 옥계면 절골, 동해, 삼척, 태백, 정선, 영월, 봉화, 울진 등지에서 현재까지 160여 개가 발견되었다.

이런 무덤을 만들어 놓은 것은 창귀(倀鬼) 때문이었다. 창귀란 호랑이에게 물려죽은 귀신으로 원혼이 되어 하늘로 올라가지 못하고 호랑이에게 붙어 다니면서 사람이 있는 곳을 호랑이에게 알려주어 다른 사람을 잡아먹게 한 뒤 호랑이에게서 떨어져 나간다는 원귀(冤鬼)를 말한다. 그래서 이 귀신이 호랑이에게 달라붙지 못하도록 돌무더기로 눌러놓고 시루 속에서 빠져 나오지 못하게 하기 위해 호식총을 만들었던 것이다.

호랑이로 인한 피해는 사람에게만 국한된 것이 아니었다. 사람 외에 가장 큰 피해의 대상은 가축이었다. 특히 돼지, 닭, 개 등은 굶주린 호랑이의 좋은 공격목표였다. 이처럼 호랑이는 사람에게 큰 피해를 주었기에 도적과 함께 백성들의 삶을 위협하는 해악 중 으뜸가는 것으로 지목되었다.

이렇듯 호랑이는 무섭고 두려운 존재였지만, 한편으로는 수호신의 상징이기도 했다. 동예에서는 호랑이를 산신(山神)으로 섬겼다. 산신은 산에 살면서 산을 맡고 있는 신이다. 그러나 산신은 산에서만 영향력을 발휘하는 것이 아니라, 산 밑 마을공동체의 모든 길흉화복을 주재하며 마을공동체를 지켜주는 신이다. 산신숭배가 마을신앙의 중심을 이루고 있는 것도 이 때문이다. 그래서 마을신을 모시는 동제(洞祭)에서는 산신에게 여러 가지를 기원하는데, 동제의 축문(祝文)을 분석해보면 풍년의 기원이 가장 많다.

호랑이 자체가 산신이란 관념은 오늘날에도 찾아볼 수 있다. 이러한 사례는 방언에서 호랑이를 산의 임자, 산을 지키는 자라는 의미의 산

대관령국사여성황신

군(山君) · 산왕(山王) · 산지킴 · 산주인으로 부르는 것, 무당 산신도(山神圖)에서 호랑이만을 그려놓고 산신령이라 한 것 등에서 찾아진다. 강릉단오제의 근원설화의 하나인 대관령국사여성황 설화에서 호랑이가 대관령국사성황신의 명령에 따라 정씨 처녀를 업어갔다는 전승[2]은

---

2 정씨녀는 조선 숙종 때 사람인 초계정씨 경방과 완주(完柱, 21세손)의 외동딸로 흥선대원군 때 동래부사를 지낸 정현덕(鄭顯德)의 5대조 고모가 된다고 전해진다. 지금으로부터 약 300년 전에 정씨녀는 창원인 황수징(黃壽徵)과 혼례를 치른 후 시댁이 멀리 있어 알묘를 하지 못한 채 친정 경방(經方)에 머물고 있었다. 하루는 꿈에 대관령국사성황신이 나타나 내가 이 집에 장가를 오겠노라고 청했다. 그러나 정씨댁에서는 사람이 아닌 성황신을 사위로는 삼을 수 없다고 그냥 돌려보냈다. 그런 후 어느 날 정씨녀가 남치마를 입고 툇마루에 앉아 있는데 호랑이가 와서 업고 달아나 버리고 말았다. 정씨녀를 업고 간 호랑이는 대관령국사성황신이 보낸 사자로서 그 처녀를 모셔오라고 분부를 받고 왔던 것이다. 대관령국사성황신은 그 정씨녀를 데려다가 자기의 처로 삼았다. 딸을 잃어버린 정씨댁에서는 큰 난리가 났으며, 마을 사람의 말에 의해 호랑이가 물고 간 것을 알게 되었다. 가족들이 대관령국사성황당을 찾아가 보니 이미 시신이 되어 있었다. 시신을 수습하여 친정어머니 산소 앞에 안장했는데, 지금도 정씨녀의 묘가 강릉교도소 서쪽 산 능선

강릉지역 일대에 호신숭배가 존재했음을 단적으로 보여주고 있다.

동예사회에서 읍락은 읍락인들의 생활권인 동시에 산신의 영역이었다. 따라서 외부인이 다른 읍락에 들어간다는 것은 곧 그 읍락을 지배하는 산신의 영역으로 들어가는 것이 되었다. 동예사회에서 읍락단위의 사회질서가 유지되는 데에는 이러한 산신숭배가 기여한 바가 컸다고 하겠다.

3. 삼국시대의 강릉

삼국이 형성되기 전에 강원도 내의 여러 정치체들은 각 지역마다 독자적인 전통을 유지하고 있었으나, 삼국이 형성되면서부터 백제·신라·고구려의 영향을 차례로 받기 시작한다.

백제는 기원전 6년(온조왕 13)에 영역을 확장하여 북으로 패하(浿河, 예성강), 남으로 웅천(熊川, 안성), 서로 큰 바다, 동으로 주양(走壤, 춘천)에 이르렀다고 한다. 이 기사는 당시의 사실이 아니고 고이왕 또는 근초고왕 이후 백제가 영역을 확장하면서 동쪽으로 춘천지역까지 도달한 것을 건국 시조에 부회하여 나온 기록이다. 그 후 백제는 원주·횡성·홍천·낭천·김화·철원·회양 등지에도 진출하였으나 영동지역과는 직접적인 접촉이 없었다.

신라는 일찍부터 이 지역으로 진출해 오기 시작하였다. 문헌상으로 신라의 영향력이 영동지역에 최초로 미치는 것은 2세기 무렵이다.

(맴소)에 있다. 정씨녀는 사후에 대관령국사성황과 혼배를 하고 대관령국사여성황에 봉안되었다. 현재 여성황사는 옛 홍제1취수장 터에 신축하여 자리 잡고 있는데, 이곳에는 대관령국사여성황신의 화상과 위패 등이 모셔져 있다. 여기에 음력 4월 15일부터 5월 3일까지 대관령국사성황과 여성황을 함께 모신다.

『삼국사기』파사왕 23년(102) 8월 기사에 따르면, 실직국(悉直國, 삼척)과 음즙벌국(音汁伐國, 경주시 안강)이 경계 다툼이 일어나 (파사)왕에게 와서 이를 판결하여 달라고 요청하였을 때, 왕은 이를 판결하는 것이 어려운 일이라 하며 금관국 수로왕은 연로하고 지식이 많으므로 그를 불러서 판결하게 하자고 하였다. 이에 수로왕은 여러 가지를 논의한 결과 그 분쟁지역을 음즙벌국에 속하게 했다. 그러나 신라 6부 내의 갈등에 음즙벌국이 연관되어 신라군의 공격을 받고 항복하자 이에 실직국도 항복하였다고 한다. 이에 대해 혹자는 파사왕 23년조 기사에 나오는 실직국과 음즙벌국의 분쟁을 신라가 동해안 해상권을 장악하려는 과정에서 발생한 것이라 한다. 그러나 고고학 자료를 통해 보면 이 기사를 그대로 믿기는 어렵다. 왜냐하면 신라계 유물이 영동지역으로 대량 유입되기 시작하는 단계는 5세기 초이고 신라고분군이 형성되는 시기는 5세기 중엽이기 때문이다.[3]

강릉 일대가 신라의 영역으로 편입되는 것은 397년(내물왕 42) 이전의 어느 시기로 보인다. 이는 『삼국사기』에 "북쪽 변경의 하슬라(지금의 강릉)에 흉년이 들어 백성들이 굶주리자 왕이 죄수들을 놓아주고 1년간의 세금을 면제해 주었다"고 한 것을 통해 알 수 있다.

내물왕대(재위 356~402)에 신라는 고구려와 친선관계를 유지하였다. 신라는 377년과 381년에 고구려의 도움으로 전진(前秦)에 사신을

---

3 영동지역에 신라세력이 진출하면서 나타나는 가장 특징적인 변화는 신라 고분군의 등장이라 할 수 있다. 영동의 동예사회는 분묘문화라는 것 자체가 확인되지 않았는데 신라가 진출하자마자 대규모로 그리고 각 지역집단마다 신라 스타일의 고분군을 축조하기 시작하였다. 신라 세력이 진출한 이후 고분군 이외에 특징적인 문화의 변동이 있다면 주거의 형태가 바뀐다는 점일 것이다. 영동지역의 주거지는 원삼국시대 중부지역에 광범하게 퍼져 있었던 이른바 '철(凸)자형', 혹은 '여(呂)자형'의 평면형을 가진 형태였다. 이러한 형태의 주거지는 신라의 진출과 함께 방형(方形)의 평면형으로 바뀐다.

파견하였고, 고구려와의 우호의 대가로 실성(實聖)을 볼모로 보냈다. 또한 399년에 왜가 신라에 쳐들어왔을 때 고구려에 사신을 보내 구원병을 요청하자 이듬해에 광개토왕이 보병·기병 5만명을 보내 신라를 구원해주기도 하였다. 이때 고구려는 신라 구원 및 수호를 명분으로 삼아 신라 영토 안에 자국 군대를 주둔시켰던 것으로 보인다. 〈충주고구려비〉에 보이는 '신라토내당주(新羅土內幢主)'는 그 실상을 기록한 것으로 믿어진다. 고구려는 이 주둔군을 기반으로 하여 신라의 내정에까지 간섭하는 등 고구려의 영향력을 확대시켜 나갔다. 그 한 예로 신라 눌지왕의 즉위에 고구려가 개입되었음은 잘 알려진 사실이다.

그러나 양국간의 관계는 눌지왕대(재위 417~458)에 들어와 장수왕의 남진정책과 이에 대비한 나제동맹을 계기로 약간씩 변화해 갔던 것으로 보인다. 이러한 변화 속에서 450년(눌지왕 34, 장수왕 38) 7월에 하슬라성주 삼직(三直)이 실직 들에서 사냥하던 고구려의 변방장수를 살해한 사건이 일어났다. 이 사건으로 인해 신라는 고구려의 침입을 받았으나 신라왕이 사과함으로써 일단락되었으나, 464년(자비왕 7, 장수왕 52)에 신라군이 경주에 주둔하고 있던 고구려 정병(精兵) 100명을 살해한 사건을 계기로 양국간의 관계는 돌이킬 수 없는 상태에 이르게 된다. 고구려는 이에 대한 보복조치로 468년(장수왕 56)에 말갈 군사와 함께 신라 북방의 요충지인 실직성(悉直城)을 공격하였고, 481년(장수왕 69)에 대대적인 공격을 감행하여 동해안 일대를 점령하기에 이른다.

그때 신라와 고구려의 동해안 국경선은 지금의 흥해지역에 해당되는 미질부성(彌秩夫城)이었다. 이러한 사실은 『삼국사기』 지리지에 통일신라 때 명주를 구성한 간성·고성·영덕·흥해·울진·청하 등 동해안 지역과 임하·영월 등 영서 일부지역들이 본래 고구려의 군현이었다고 기술되어 있는 것에서도 확인할 수 있다. 강릉은 하서량(河西良)이라 기술되어 있다.

신라가 고구려에 빼앗긴 동해안 영토를 다시 수복하는 것은 6세기 초의 지증왕 때이다. 지증왕은 고구려가 북쪽의 위(魏)나라와 양(梁)나라에 몰두하고 있는 시기를 이용하여 국력을 신장시켰다. 이어 지증왕은 국호와 왕호를 확정하고, 우경(牛耕) 장려, 순장(殉葬) 금지법, 상복법 시행 등 왕실의 위상과 경제적 기반을 확대하였다. 그리고 505년(지증왕 6)에는 주군현(州郡縣) 제도를 정비하는 과정에서 제일 먼저 삼척에 실직주를 설치하고 거기에 신라에서 가장 명망 있는 인물인 이사부(異斯夫)를 군주(軍主)로 파견하였다. 7년 후인 512년(지증왕 13)에는 강릉에 하슬라주를 설치하고 이사부를 군주로 삼았다. 이로써 강릉은 신라의 확고한 통치영역이 되었던 것이다.

556년(진흥왕 17)에는 안변에 비열홀주(比列忽州)를 설치하고 사찬 성종(成宗)을 그 군주로 삼았다. 이는 신라의 동북변경의 군사중심지가 하슬라에서 비열홀로 이동되었음을 의미한다. 그러나 비열홀주가 설치된 지 12년 후에는 이를 폐지하고 고성에 달홀주(達忽州)를 설치하였다.

639년(선덕여왕 8)에는 강릉의 하슬라주를 폐지하고 정치·문화적 중심지로서 북소경(北小京)을 설치하였다. 그러나 658년(무열왕 5)에 이르러 이 지역이 말갈과 이웃하게 됨에 따라 백성들의 불안한 상태가 계속되자 소경을 폐지하고 군사적인 성격을 지닌 주(州)체제로 환원하여 하서주(河西州)를 설치하였다.[4] 무열왕은 말갈에 대한 군사적

---

4 강릉의 옛 이름은 내물왕대부터 무열왕대까지는 '하슬라'·'하슬라주'로 쓰였고, 문무왕대부터 헌덕왕대까지는 '하서주'로 쓰였다. 그러나 '하서'라는 명칭은 진흥왕대에도 공식 명칭으로 쓰이고 있는 점으로 볼 때 '하슬라'·'하서'는 혼용한 것이 아닌가 생각된다. '하서'를 공식적으로 쓰기 이전의 명칭으로는 '하슬라'였다. 그리고 이곳에 군사적·행

대관령 산신당에 모셔진 김유신 장군　　　　　　화부산사(김유신사)

인 대비책에서 소경의 사신(仕臣)을 주의 도독(都督)으로 교체하여 군사적인 대비를 하였다. 이에 진흥왕 때 삼척에 배치하였던 실직정(悉直停)을 혁파하고 강릉에 하서정(河西停)을 설치하였다.[5]

신라 6정 군단의 하나인 하서정에는 장군(將軍) 2인, 대관대감(大官大監) 4인, 제감(弟監) 4인, 감사지(監舍知) 1인, 소감(小監) 12인, 화척(火尺) 10인, 군사당주(軍師幢主) 1인, 대장척당주(大匠尺幢主) 1인, 군사감(軍師監) 2인, 대장척감(大匠尺監) 1인 등의 군관이 배치되었다. 무열왕 때 국방의 요충지인 실직(삼척)에는 북진(北鎭)을 설치하여 말갈의 침입에 대비하였다.

정적인 중심지 또는 치소(治所)가 설치었을 때 주(州)자를 덧붙여 '하슬라주' 또는 '하서주'라 부르게 되었던 것이다.

5 김유신 장군이 강릉에 파견된 시기도 이 무렵이라 본다. 강릉의 향토지『동호승람』에 의하면, "김유신은 661년(무열왕 8)에 말갈을 북쪽으로 쫓아내라는 왕명에 따라 명주(溟州, 강릉)에 와 화부산 아래에 주둔하였는데, 오대산에서 말 타는 훈련을 하고 팔송정(八松亭)에서 토벌계획을 도모하였다. 이에 (말갈)적이 모두 두려워 도망가니 사방의 백성들이 그를 의지하고 따랐다"고 한다. 강릉에서 김유신은 죽은 후에 대관령산신으로 모셔지게 된다. 그를 산신으로 모신 것은 이곳을 계속 지켜주기를 바라는 염원에서 기인했다고 생각된다.

참고문헌

강릉시사편찬위원회, 1996 『강릉시사』(상), 강릉문화원.

강원도사편찬위원회, 2010 『강원도사』 2(선사시대).

강원도사편찬위원회, 2010 『강원도사』 3(고대).

김택균, 1997 「東濊考-강릉 예국설과 관련하여-」 『강원문화연구』 16, 강원대학교 강원문화연구소.

박도식·장정룡, 2013 『흥무대왕 김유신과 강릉』, 흥무대왕 김유신 선양회.

백홍기, 1992 「원삼국시대 촌락의 구조와 기능-명주군 안인리유적의 예를 중심으로-」 『국사관논총』 35, 국사편찬위원회.

_____, 2002 「강릉시강문동저습지유적 발굴조사개요」 『강원고고학보』 창간호, 강원고고학회.

서영대, 1992 「동예사회의 호신숭배에 대하여」 『역사민속학』 2, 한국역사민속학회.

서영일, 2003 「사로국의 실직국 병합과 동해 해상권의 장악」 『신라문화』 21, 동국대학교 신라문화연구소.

이병도, 1976 『한국고대사연구』, 박영사.

이한상, 2003 「동해안지역의 5~6세기대 신라분묘 확산양상」 『영남고고학』 32.

조동걸, 1968 「강릉지방의 선사사회 연구-강릉 濊地說의 史的背景-」 『춘천교대논문집』 5-1.

홍영호, 2016 『신라의 하슬라 경영 연구』, 경인문화사.

제3장 통일신라 이후의 강릉

1. 통일신라시대의 강릉

1) 신라의 통일과 강릉

무열왕대(재위 654~661)부터 시작된 신라의 통일전쟁은 문무왕대(재위 661~681)에 이르러 마무리되었다. 그 결과 신라는 원산만과 대동강을 잇는 그 이남 지역을 확보하였다. 신라는 백제의 영토 모두와 대동강 이남의 고구려 영토를 차지하게 되어 영토와 인구가 이전에 비해 크게 늘어나게 되었다. 이를 효율적으로 지배하기 위해 신라의 중대 왕실은 신문왕대(재위 681~692)에 전국을 9주 5소경으로 정비하였다. 9주의 편성은 다음과 같다.

〈표-1〉 9주의 편성

구 분	주 이름(괄호 안은 경덕왕 때의 명칭)
본래 신라지역과 옛 가야지역	사벌주(상주, 尙州)·삽량주(양주, 良州)·청 주(강주, 康州)
옛 고구려지역	한산주(한주, 漢州)·수약주(삭주, 朔州)·하서주(명주, 溟州)
옛 백제지역	웅천주(웅주, 熊州)·완산주(완주, 完州)·무진주(무주, 武州)

9주의 편성을 보면, 본래 신라지역과 옛 가야지역에 사벌주·삽량주·청주를, 옛 고구려지역에 한산주·수약주·하서주를, 옛 백제지역에 웅천주·완산주·무진주를 두었다. 9주의 명칭은 757년(경덕왕

16)에 한자식으로 크게 한번 개정하였으며, 776년(혜공왕 12)에 원래대로 복구하였다가 9세기 중엽 이후에 경덕왕 때의 명칭을 다시 사용하였다.

한편 신라는 수도 경주가 한곳에 치우쳐 있는데서 비롯되는 지방통치상의 불편을 보완하기 위해 소경을 설치했다. 소경은 514년(지증왕 15) 아시촌(阿尸村)에 처음 설치한 이후, 557년(진흥왕 18)에 국원소경(國原小京, 충주)을 설치하였다. 이어서 639년(선덕여왕 8) 강릉에 북소경(北小京)을 설치했으나 말갈의 침략으로 백성들의 불안한 상태가 계속되자 658년(태종 무열왕 5)에 폐지했다. 이들 소경 가운데 신라통일기까지 존속된 소경은 국원소경(통일 후 중원소경)뿐이다. 여기에다 678년(문무왕 18)에 북원소경을, 680년(문무왕 20)에 금관소경을, 685년(신문왕 5)에 서원소경과 남원소경을 설치함으로써 5소경제가 완성되었다. 5소경의 위치는 다음과 같다.

〈표-2〉 5소경의 위치

주 이름	소경 명칭	옛 소속 명칭
양주(良州)	금관소경(金官小京, 김해)	본가야 고도(古都)
한주(漢州)	중원소경(中原小京, 충주)	고구려 국원성(國原城)
삭주(朔州)	북원소경(北原小京, 원주)	고구려 평원군(平原郡)
웅주(熊州)	서원소경(西原小京, 청주)	백제 상량현비성(上亮縣臂城)
전주(全州)	남원소경(南原小京, 남원)	백제 고룡군(古龍郡)

5소경의 위치를 보면, 고구려지역에 북원소경·중원소경이, 백제지역에 서원소경·남원소경이, 가야지역에 금관소경이 설치되어 있었다. 5소경의 명칭이나 위치를 통해서 찾아지는 공통적인 특징은 신라의 수도 경주를 중심으로 국토의 동·서·남·북·중에 설치되어 있다는 점과 신라에 새로이 편입된 지역이라는 점을 들 수 있다. 이것은

옛 고구려·백제·가야지역의 이질적 문화요소를 융화시키려 한 의도가 반영된 것이기도 하였다. 그리하여 소경은 점차 지방의 정치·문화적 중심도시로 자리 잡아 갔던 것이다. 왕경의 분신격인 소경이란 명칭이 단순히 경(京)으로 불리게 된 것

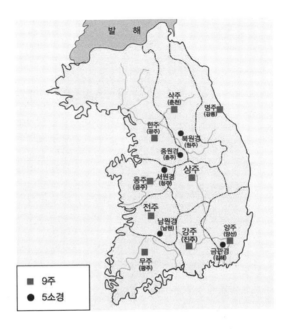

은 이러한 성격 변화를 반영한 것이라 하겠다.

신라의 삼국통일 후 오늘날 강원도에는 수약주(삭주)와 하서주(명주), 그리고 북원소경이 설치되었다. 오늘날 영동지역은 명주에 속해 있었다. 757년(경덕왕 16) 당시 명주의 관할 군현은 군(郡)이 9곳, 현(縣)이 25곳이었고, 직속된 현[영현(領縣)]은 4개였다. 이를 표로 나타내면 다음과 같다.

〈표-3〉 명주의 관할 군현과 영속(領屬)관계

군현 이름	영현수	현재 지명
명주(溟州)	4	강릉시
	정선현(旌善縣)	정선군 정선읍
	동제현(棟隄縣)	정선군 임계면
	지산현(支山縣)	강릉시 연곡면
	동산현(洞山縣)	양양군 현남면 동산리

곡성군(曲城郡)	1	경북 안동시 임하면
	연무현(緣武縣)	경북 청송군 안덕면
야성군(野城郡)	2	경북 영덕군 영덕읍
	진안현(眞安縣)	경북 청송군 진보면
	적선현(積善縣)	경북 청송군 청송읍
유린군(有隣郡)	1	경북 영덕군 영해읍
	해아현(海阿縣)	경북 영일군 청하면 고현리 일대
울진군(蔚珍郡)	1	경북 울진군 울진읍
	해곡현(海曲縣)	경북 울진군 원남면 덕신리 일대
내성군(奈城郡)	3	영월군 영월읍
	자춘현(子春縣)	충북 단양군 영춘면
	백오현(白烏縣)	평창군 평창읍
	주천현(酒泉縣)	영월군 주천면
삼척군(三陟郡)	4	삼척시
	죽령현(竹嶺縣)	정선군 임계면
	만경현(滿卿縣)	삼척시 근덕면 교가리 일대
	우계현(羽谿縣)	강릉시 옥계면
	해리현(海利縣)	삼척시 원덕읍 옥원리 일대
수성군(守城郡)	2	고성군 간성읍
	동산현(童山縣)	고성군 현내면
	익령현(翼嶺縣)	양양군 양양읍
고성군(高城郡)	2	고성군 고성읍
	환가현(豢猳縣)	고성군 외금강면 양진리 일대
	편험현(偏嶮縣)	통천군 임남면 운암리 일대
금양군(金壤郡)	5	통천군 통천면
	습계현(習谿縣)	통천군 송전면
	제상현(隄上縣)	통천군 벽양면
	임도현(臨道縣)	통천군 임남면 외염성리
	파천현(派川縣)	통천군 학일면 패천리 일대
	학포현(鶴浦縣)	통천군 흡곡면 학고리 일대

신라의 주는 현재의 도(道)와 같은 큰 단위의 지역이었다. 명주는 오늘날 강릉을 주치(州治)로 한 직할지역과 곡성군·야성군·유린군·울진군·내성군·삼척군·수성군·고성군·금양군 등 9개 군으로 이루어져 있었다. 지금의 행정구역에서 보면, 영동지역 대부분과 경상북도 북부의 해안 쪽 대부분, 함경남도 일부 지역, 평창군·영월

군·정선군을 관할하였다. 당시 명주의 주치였던 강릉은 명실상부한 영동지역의 중심지 역할을 하였다.

주치에는 행정권과 군사권을 아울러 행사하는 진골귀족 출신의 도독(都督)이, 주 아래 각 군현에는 왕경인 출신의 태수(太守)와 현령(縣令)이 지방관으로 파견되었다. 주사(州司)라고 불린 주의 청사에는 도독을 비롯한 지방관들이 근무하고 있었다. 주사에는 중앙에서 파견된 지방관 외에도 지방인 출신의 이직자(吏職者)들이 있어서 지방행정을 보좌하였다. 이들 지방관과 이직자들은 주사에서 상시적으로 근무하였다. 일본 정창원(正倉院)에서 발견된 〈촌락문서〉는 당시 지방행정이 문서행정을 통하여 이루어졌음을 보여주고 있다. 신라정부는 675년(문무왕 15)에 백사(百司)와 주군(州郡)의 도장[印]을 구리[銅]로 주조하여 나누어 주었는데, 이 또한 당시의 지방행정이 문서행정과 책임행정의 형태로 수행되었음을 의미한다.

신라 통일 후 단행된 군제 개편에 의해 각 주에는 정(停)이 배치되었는데, 명주 관내의 경북 청송에는 이화혜정(伊火兮停)이 설치되었다. 이는 기병 중심 군단으로 지방통치의 거점으로써 국방과 치안을 위한 군사조직이었다. 또한 강릉에는 다른 주치에서와 마찬가지로 보병 중심의 만보당(萬步幢)이 설치되었고, 하서주서(河西州誓)와 하서주궁척(河西州弓尺)이 설치되었다. 신문왕대에는 영동의 강릉과 영서의 춘천 그리고 한강 하류의 광주에 삼변수당(三邊守幢)이 설치되었는데, 이것은 국경지대에 배치된 순전한 국방군이었다.

2) 영동지역의 교통로

신라의 교통로 정비는 교역의 발달과 깊은 관계가 있다. 신라 초기의 교통로는 울산지역을 경유하여 해로로 가거나 낙동강을 이용하는 것이 중심을 이루었다. 이후 신라는 내륙 교통로를 확보하고 이를 확충하는 방향으로 나아가게 된다.

신라는 156년(아달라왕 3)에 계립령로(鷄立嶺路, 문경 새재)를 개척하고, 158년(아달라왕 5)에 죽령로(竹嶺路)를 개척하였다. 하지만 태백산맥 이동의 자연 통로를 이용한 동해안로는 계립령로와 죽령로가 개통되기 이전부터 북방 이민족과의 이동 통로로 다양하게 이용되었다. 일찍이 A.D.5년(박혁거세 53)에는 동옥저 사신이 와서 좋은 말 20필을 바친 것을 비롯하여 북방 이민족들이 조공 전달로로 이용하기도 하였고, 때로는 말갈이 북쪽 변방에 대거 쳐들어와 노략질과 목책(木柵)을 불사르는 등 북방 이민족들이 침략로로 이용하기도 하였다. 이른 시기부터 동해안로를 통한 이동이 빈번했던 이유는 다른 통로보다 하천이나 고갯길 같은 자연 장애물이 많지 않은 자연 통로이기 때문이라 본다.

강원도 동해안 지역은 함경도 지역과 한반도 동남해안 지역을 잇는 교통로로서 중요한 역할을 하였다. 신라가 동해안 지역의 교통로를 열게 된 시기는 이 지역이 신라에 편입된 이후이다. 동해안 지역의 교통로 정비는 487년(소지왕 9) 사방에 우역(郵驛)을 설치하고 관도를 수리할 때 동시에 이루어진 것으로 보인다. 이 시기에 정비된 동해안로는 수도 경주에서 출발하여 영덕-울진-삼척을 거쳐 강릉에 이르는 길이었다. 동해안 지역의 교통로는 6세기 후반인 진흥왕대에 더욱 확대되어 속초-고성-안변-원산-함흥까지 연장되었다.

신라의 교통로는 통일 이후 수도 경주를 중심으로 5통(通)과 5문역(門驛)을 운영하였다. 5통은 북해통(北海通)·염지통(鹽池通)·동해통(東海通)·해남통(海南通)·북요통(北傜通)이었고, 5문역은 건문역(乾門驛)·곤문역(坤門驛)·감문역(坎門驛)·간문역(艮門驛)·태문역(兌門驛)이었다. 여기서 5통은 전 영역을 아우르는 육상 교통망의 다른 이름이고, 5문역은 수도 경주에서 각 통으로 나아가는 출발역이다.

5통은 신라 통일 후 지방통치조직이 9주 5소경으로 정비되면서 9주에 10정과 만보당 등 여러 군사조직을 배치하고 군부대를 효율적으로 연결시키기 위해 재정비된 것이었다. 5통은 왕도를 중심으로 하여 9주의 주치나 소경으로 통하는 행정통로임과 동시에 군사도로인 5개의 간선도로라고 할 수 있다.

5문역은 수도 경주에서 지방으로 나가는 출발점이었다. 출발역의 위치는 문역의 명칭에서 추론해 낼 수 있다. 먼저 건문역의 '건'은 서북방을 의미하므로 서북방면으로 가는 교통로의 주된 출입역이 된다. 이 건문역은 염지통과 연결된다. 곤문역의 '곤'은 서남방을 의미하므로 서남방면으로 가는 교통로의 주된 출입역이 된다. 이 곤문역은 동해통과 연결되며 북요통과도 연결된다. 간문역의 '간'은 동북방을 의미하므로 동북방면으로 가는 교통로의 주된 출입역이 된다. 이 간문역은 북해통과 연결된다. 태문역의 '태'는 정서방을 의미하므로 서방으로 가는 교통로의 주된 출입역이다. 이는 해남통과 연결된다.

명칭으로 미루어 볼 때 북해통은 동해안을 따라 북으로 올라가는 교통로, 동해통은 수도 경주에서 동해안을 거쳐 남쪽 해안으로 가는 교통로, 해남통은 남해안을 바라보는 내륙 교통로, 염지통은 발해만과 연결되는 교통로, 북요통은 북쪽 내륙방면의 교통로로 파악된다.

북해통의 출발점은 경주의 간문역이고 종점은 천정군(泉井郡)이다. 수도 경주에서 천정군으로 가기 위해서는 먼저 형산강을 따라 가다가 안강현을 지나면 의창군에 이르게 된다. 그 길을 『삼국사기』 지리지의 명주 관내의 군현과 연결시켜 보면, 의창군(포항시 흥해읍) - 청하현(포항시 청하면 고현리) - 야성군(영덕군 영덕읍) - 유린군(영덕군 영해읍) - 해곡현(울진군 원남면 덕신리) - 울진군(울진읍) - 해리현(삼척시 원덕읍 옥원리)-만경현(삼척시 근덕면 교가리)-삼척군(삼척시)-우계현(강릉시 옥계면)-명주(강릉시)-지산현(강릉시 연곡면)-동산현(양양군 현남면)-익령현(양양읍)-수성현(간성읍)-고성군(고성읍)-환가현(고성군 외금강면 양진리)-편험현(통천군 임남면 운암리)-임도현(통천군 임남면 외염성리)-금양군(통천군 통천면)-습계현(통천군 송전면)-파천현(통천군 학일면 패천리)-학포현(통천군 흡곡면 학고리)-천정군(강원도 원산시)으로 연결된다.

한편 『신당서』 발해전에 의하면, 발해에는 국도인 상경(上京)을 중심으로 하여 각 방면에 이르는 교통로가 설정되어 있었다. 조공도·영주도·일본도·거란도·신라도가 바로 그것이다. 이 가운데 당시 발해의 수도였던 상경 용천부에서 남경 남해부를 거쳐 신라로 가는 길인 신라도가 명시되어 있음이 주목된다.

『삼국사기』에 인용된 가탐(賈耽)의 『고금군국지(古今郡國志)』에 의하면, 발해의 책성부(柵城府, 혼춘)에서 신라 국경의 천정군까지 39개 역(驛)이 설치되어 있었는데 이 길이 바로 '신라도'이다. 천정군은 신라에서 발해의 책성부로 갈 때 그 출발점이 되는 곳이기도 하였다. 발해인들은 신라도를 이용하여 천정군에 들어온 후 동해안로를 따라 신라의 수도 경주로 갔던 것이다.

당시 동해안로를 신라에서는 '북해통'이라 하였고, 발해에서는 '신라도'라 하였다. 신라 통일을 전후하여 동해안로의 이용과 관련한 대표적인 사례를 들면 다음과 같다.

첫째, 568년(진흥왕 29)에 진흥왕이 황초령과 마운령을 순수(巡狩)하고 경주로 돌아갈 때 함흥에서 안변을 거쳐 동해안을 남하하여 강릉-삼척-울진-영덕으로 귀환한 것에서 확인할 수 있다.

둘째, 동해안 지역에 설치된 군현의 지방관이 임지로 갈 때 이 교통

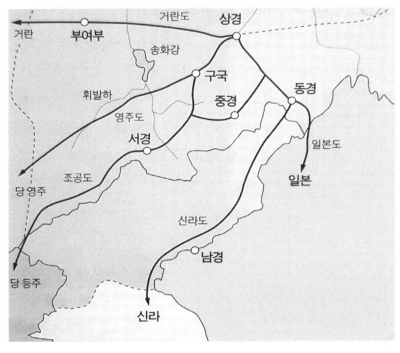

발해의 대외 교통로

로를 이용하였다. 예컨대 지증왕 때 이사부가 실직주와 하슬라주 군
주로 부임하여 올 때, 성덕왕 때 「헌화가」에 등장하는 순정공(純貞公)
이 그의 부인을 대동하고 강릉태수(江陵太守)로 부임하여 올 때 이 교
통로를 이용하였다.

　셋째, 군부대의 이동, 군량의 수송, 군관이나 파발마의 이동 등 명주
관내에 설치된 군부대의 군사도로로도 이용되었다. 명주 관내에 배치된
부대로는 통일 전 6정의 하나인 하서정(河西停), 통일 후 10정의 하나인
이화혜정(伊火兮停), 5주서의 하나인 하서주서(河西州誓) 등이 있었다.

　넷째, 신라와 발해 사이 사신의 왕래나 북쪽에 위치한 나라의 사신
이 신라에 올 때도 이 교통로가 이용되었을 것이다. 791년(원성왕 6)

과 812년(헌덕왕 4)에 신라의 일길찬 백어(伯魚)와 이찬 숭정(崇正)이 발해와의 교섭을 위해 사신으로 갈 때 이 길을 이용하였을 것이다. 신라와 발해는 이 교통로를 이용하여 사신 왕래는 물론, 농산물과 해산물을 교환하거나 부족한 물자를 보충하였을 것이다. 그리고 문화적 교류도 이 길을 통해 이루어졌을 것이다.

신라의 동해안 교통로는 육로에만 한정된 것이 아니라 해로를 통한 교통로도 있었다. 눌지왕 때 박제상(朴堤上)이 고구려에 인질로 가 있던 복호(卜好)를 구출하기 위해 북해지로(北海之路)를 통하여 고구려로 들어갔다가 고성(高城) 해변을 거쳐서 신라로 돌아왔는데, 박제상이 고성으로 들어갈 때 이용한 뱃길은 바로 동해안 해로라고 할 수 있다. 그 출발 항구는 영일만일 가능성이 크다. 왜냐하면 영일만은 연오랑(延烏郎)·세오녀(細烏女)가 바위를 타고 왜에 간 것에서 보듯이[1] 왜와도 연결되는 항구이기도 하였고, 형산강을 따라 안강을 거쳐 가면 경주에도 쉽게 이를 수 있는 곳이기 때문이다.

남북국시대 당시 강릉은 동해안 교통로상의 중요한 길목에 있었다. 여기에는 숙박시설 등 부대시설인 관역(館驛)이 설치되어 있었을 것이다. 따라서 육로든 해로든 이 교통로를 이용하는 자들은 강릉에 머물러 물자를 보급 받는 등 이 관역들을 필요에 따라 이용하였을

---

1 『삼국유사』에 의하면 157년(아달라왕 4) 동해안에 살던 연오랑은 바닷가에서 해조를 따다가 갑자기 바위가 움직이는 바람에 일본에 건너갔다. 이를 본 왜인들은 연오랑을 비상한 사람으로 여겨 왕으로 삼았다. 세오녀는 남편이 돌아오지 않자 그를 찾아 나섰는데 남편의 신이 바위 위에 있었다. 바위에 올라갔더니 바위가 움직여 세오녀도 일본에 가게 되었다. 이에 부부는 다시 만나고 세오녀는 귀비(貴妃)가 되었다. 이때 신라에서는 해와 달이 빛을 잃었는데, 일관(日官)은 우리나라에 있던 해와 달의 정기(精氣)가 일본으로 가버려서 생긴 괴변이라 했다. 왕이 일본에 사자(使者)를 보냈더니 연오랑은 세오녀가 짠 고운 비단을 주며 이것으로 하늘에 제사를 드리면 된다고 했다. 신라에서 그 말대로 했더니 해와 달이 빛을 찾았다고 한다.

것이다.

2. 신라하대의 강릉

7세기 후반에 당과 연합하여 삼국을 통일했던 신라는 신문왕대(재위 681~692)에 체제정비를 거치면서 전제왕권을 수립하게 되었고, 성덕왕대(재위 702~737)에 안정된 전제왕권을 누리게 되었다. 그러나 신라는 하대로 접어들면서 서서히 쇠망의 조짐을 보이기 시작하였다. 그것은 중대의 마지막 왕인 혜공왕 재위 4년(768)에 일어난 대공(大恭)의 난으로부터 비롯되었다.

대공의 난은 전국의 96각간이 석달 동안 서로 얽혀 싸웠다고 전할 정도로 일찍이 보지 못한 대란이었다. 싸움의 양상은 친(親)혜공왕파와 반(反)혜공왕파로 나뉘어 전개되었다. 전자의 대표적 인물이 김지정(金志貞)이었고, 후자의 대표적 인물이 김양상(金良相)·김경신(金敬信)이었다. 여기서 반혜공왕파가 승리하고 김양상이 왕위에 오르니 이가 37대 선덕왕(재위 780~785)이다. 선덕왕은 무열왕계가 아니라 내물왕 10세손이다. 이러한 방계 출신인 선덕왕이 왕위에 오름으로써 무열왕계가 왕위를 계승하던 중대는 종말을 고하고 하대가 시작되었다.

왕위에 오른 선덕왕이 재위 6년 만인 785년에 후사(後嗣, 대를 잇는 자식) 없이 죽자 그의 후계자 자리를 둘러싸고 다시 왕위쟁탈전이 벌어졌다. 이때 진골귀족들은 김주원을 지지하는 세력과 김경신을 지지하는 세력으로 나누어 대립하였다. 김주원은 무열왕의 6세손이었고, 김경신은 내물왕의 12세손이었다.

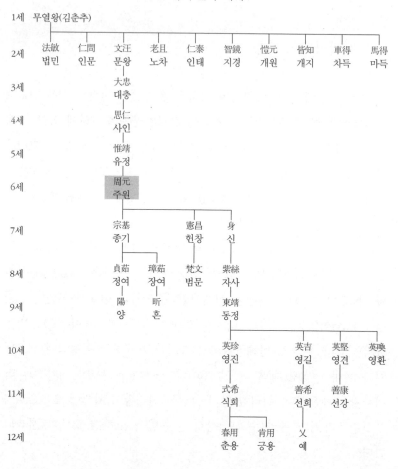

김주원의 가계는 삼국통일의 대업을 이룬 태종 무열왕계이다. 무열
계를 대표하는 김춘추는 선덕여왕과 진덕여왕 재위 연간에 가야 왕실
의 후손인 김유신과 결탁하여 새로운 정치세력을 형성하고, 마침내 비
담(毗曇)·알천(閼川) 등 기존의 상대등 세력을 누르고 왕위에 올랐다. 무
열왕은 법민(문무왕)을 비롯하여 10남 2녀를 두었는데, 김주원의 가계는

무열왕-문왕(文汪)-대충(大忠)-사인(思仁)-유정(惟靖)-주원(周元)
으로 이어진다.

무열계의 왕통은 효성왕·경덕왕을 지나 혜공왕에서 단절된다. 신라
왕위계승의 변화는 김주원 가계에도 큰 영향을 미친다. 그것은 김주원
의 할아버지 사인과 아버지 유정 때부터 나타난다. 유정은 744년(경덕
왕 3) 시중(侍中)[2]에 임명되었고, 사인은 그 이듬해 상대등(上大等)[3]에
임명되었다. 그런데 사인이 상대등에 임명되던 해에 유정은 천재지변
에 대한 책임을 지고 시중에서 물러났고, 사인은 756년(경덕왕 15) 한
화정책(漢化政策)에 대해 비판했다가 상대등에서 밀려났다. 김주원 가
계는 이들 부자가 관직에서 물러나면서부터 정치적으로 약화되어 갔
다. 김주원이 명주(강릉)로 퇴거(退居)하게 되는 것도 이와 무관하지 않
다고 생각된다. 이에 대해서는 다음의 기사가 구체적으로 보여준다.

A-① 원성왕이 왕위에 올랐다. 이름은 경신(敬信)이고, 내물왕의 12세손
이다. … 앞서 혜공왕 말년에 신하들이 반역하여 발호하였는데, 선덕(김양상)
이 그때 상대등의 직에 있어 임금 측근의 악당들을 제거할 것을 앞장서서 주
장하였다. 경신이 이에 동조하여 반란을 평정하는데 공을 세우자, 선덕이 왕
위에 오르면서 바로 상대등으로 임명하였다. 선덕왕이 아들 없이 죽자 여러
신하들이 의논하여 왕의 조카 주원을 왕으로 세우려 하였다. 그때 주원은 서
울 북쪽 20리 되는 곳에 살았는데, 마침 큰비가 내려 알천(閼川)의 물이 불어
나 주원이 건너지 못하였다. 어떤 사람이 "임금의 큰 자리는 본래 사람의 뜻

---

2 신라시대 행정적인 일을 총괄하던 집사부의 장관. 진골 출신만이 취임할 수 있었으
며, 때때로 국왕의 근친이 임명되기도 하였다.
3 신라시대의 최고 관직. 531년(법흥왕 18)에 설치하였으며, 상신(上臣)이라고도 한다.
귀족의 대변자로 정사를 다스리는 한편 화백(和白)과 같은 귀족회의를 주재하기도 하였다.

대로 되는 것이 아니다. 오늘의 폭우는 하늘이 아마도 주원을 왕으로 세우려 하지 않는 것이 아닌가? 지금의 상대등 경신은 전 임금의 아우로서, 본래 덕 망이 높고 임금의 체통을 가졌다"고 하니, 이에 여러 사람들의 의견이 일치되어 그를 세워 왕위를 잇게 하였다(『삼국사기』 권10, 신라본기 원성왕).

A-② 이찬 김주원이 처음에 상재(上宰)가 되고 왕(김경신)은 각간(角干)으로서 이재(二宰)가 되었는데, 어느 날 꿈에 왕은 복두(幞頭)를 벗어 흰 갓을 쓰고 열두 줄 가야금을 들고 천관사(天官寺) 우물 속으로 들어갔다. 꿈이 깨자 사람을 시켜 점을 치게 했더니, "복두를 벗은 것은 관직을 잃을 징조요, 가야금을 든 것은 칼을 쓸 징조요, 우물 속으로 들어간 것은 옥(獄)에 갇힐 징조입니다"라 하였다. 왕이 이 말을 듣자 매우 근심하여 두문불출하였다. 이때 아찬 여삼(餘三)이 와서 뵙기를 청했으나, 왕은 병을 일컫고 나오지 않았다. (아찬이) 다시 뵙기를 청하므로 왕이 이를 허락하자, 아찬이 묻기를 "공이 근심하는 것은 무엇입니까?" 하였다. 왕이 꿈을 점쳤던 일을 자세히 말하니 아찬이 일어나서 절하고 말하기를, "이것은 좋은 꿈입니다. 공이 만약 왕위에 올라서도 나를 버리지 않으신다면 공을 위해 꿈을 풀어 보겠습니다"고 하였다. 이에 왕이 좌우의 사람들을 물리치고 아찬에게 해몽을 청하니, 아찬이 말하기를 "복두를 벗은 것은 위에 앉는 사람이 없다는 것이요, 흰 갓을 쓴 것은 면류관을 쓸 징조요, 12줄 가야금을 든 것은 왕위를 12세손에 전한다는 징조요, 천관사 우물에 들어간 것은 궁궐에 들어갈 상서로운 징조입니다"라 하였다. 왕이 "내 위로 주원이 있는데 어떻게 임금 자리에 오를 수 있단 말인가" 하니, 아찬이 "몰래 북천신(北川神)에게 기도하면 됩니다" 하므로 그대로 따랐다. 얼마 후 선덕왕이 세상을 떠나자 나라 사람들은 주원을 왕으로 모시기 위해 궁으로 맞아들이려 하였다. 그러나 주원의 집이 알천 북쪽에 있었는데 갑자기 냇물이 불어서 건너지 못하자 왕이 먼저 궁에 들어가 즉위하였다(『삼국유사』 권2, 기이2 원성대왕).

A-①은 선덕왕이 죽은 후 김주원이 다수의 중앙귀족들의 지지를 받아 왕위계승 경쟁에서 가장 유리한 입장에 있었음을 말해주며, A-② 역시 김주원이 상재(上宰)에 있었으므로 왕위계승의 서열상 제 1위에 있었음을 말해준다. 이처럼 김주원은 혈통 계보로 보나, 지위로 보나 김경신보다 유리한 위치에 있었다. 그리하여 왕의 선출이나 국가의 중대사를 결정하는 권한을 갖고 있던 화백회의에서도 김주원을 지지하는 세력이 우세하여 그를 추대하려고 하였던 것이다. 그런데 그 때 상대등이었던 김경신은 화백회의의 의장이라는 직책을 이용하여 다수 귀족들의 의견을 무시하고 먼저 왕실에 들어가 즉위식을 올렸다. 김경신이 북천신의 도움으로 즉위하게 되었다고 한 것이라든지, 하늘의 뜻으로 비를 내려 재선출한 결과 왕이 되었다고 한 것은 김경신의 즉위를 합리화하기 위해 후대에 꾸민 것에 불과하다.

그러면 김주원은 왜 명주(강릉)를 퇴거지로 택했을까? 여기에는 어떤 배경이 있었던 것으로 보인다. 「명주군왕 고도기적비문」에는 강릉을 "김주원의 어머니 고향이다"고 하였고, 『강릉김씨세보』에는 "김주원의 어머니는 연화부인 박씨인데 집이 명주의 큰 내 남쪽 연화봉 밑에 있었고, 무월랑이 벼슬로 명주에 왔을 때 인연이 되었다"고 하였다. 이들 기록에 의하면 명주는 김주원의 외가이고, 그의 부모는 무월랑 [유정]과 연화부인임을 알 수 있다.

김주원의 어머니인 연화부인의 설화는 『고려사』·『동국여지승람』·『임영지』 등에도 수록되어 있으나 허균의 『성소부부고』에 수록되어 있는 내용이 가장 자세하다.[4]

---

4 황순원은 이 이야기를 소재로 하여 1963년 7월에 단편소설 『비늘』을 발표하였다.

B-① 강릉부의 남쪽에 큰 내가 있고 그 내의 남쪽에 별연사(鼈淵寺)가 있으며, 그 절의 뒤쪽 언덕은 연화봉이다. 노인들이 전하기를 주원공의 어머니 연화부인이 여기에 살았으므로, 이것을 따서 봉우리의 이름을 삼았으며 절은 곧 그 옛집이라고 한다. 절 앞에는 석지(石池)가 있는데 이름을 양어지(養魚池)라고 한다. 노인들은 또 이렇게 말했다. 명주(溟州) 때에 한 서생(書生)이 있었는데 이곳으로 공부하러 왔다가 처녀와 혼약을 했다. 그 부모는 알지 못하고 장차 시집을 보내려 하니 여자가 편지를 못 속에 던지자, 한 자쯤 되는 잉어가 그것을 물어다가 서생에게 전하여 그 인연을 이루었다고 한다. 『동국여지승람』을 기록한 이가 이를 믿어 고적조에 실어 놓았다. …(중략)…

B-② 병신년(선조 29, 1596) 봄에 한강(寒岡) 정선생(정구)이 관찰사로서 순행하다 평창군에 이르렀는데, 그 군이 동원경 시절에는 강릉부에 속했으므로 군 사람 중에 지금토록 부의 일을 이야기하는 자가 있었다. 선생이 옛 문서를 두루 물어 수리(首吏)에게서 고기(古記)를 얻어 그것을 가지고 와서 내게 보여주었다. 거기에는 부사(府事) 이거인(李居仁)이 기술한 글이 많았는데, 그중에 연화부인의 사적이 매우 자세히 실려 있음을 알게 되었다.

B-③ 신라 때 명주는 동원경이었으므로 유후관(留後官)은 반드시 왕자나 종척(宗戚)·장상(將相)·대신(大臣)으로 하여금 맡게 하고 모든 일을 편의대로 출척(黜陟)하게 하였다. 그 예하 군현에는 왕의 아우 무월랑(無月郎)이란 사람이 있어 어린 나이로 그 직을 맡았는데, 유후관의 업무는 보좌관이 대리하고 자기는 화랑도를 이끌고 산수 간에서 노닐었다.

하루는 혼자 이른바 연화봉에 올랐더니 한 처녀가 있었는데, 용모가 매우 뛰어났으며 석지에서 옷을 빨고 있었다. 낭은 기뻐하여 그 여자를 유혹하였더니, 처녀는 "저는 사족 출신이라, 예를 갖추지 않고 혼인할 수는 없습니다. 낭께서 만약 미혼이시라면 혼약을 행할 수 있으니, 육례(六禮)[5]를 갖추어 맞이하셔도 늦지 않을 것입니다. 저는 이미 낭께 몸을 허락하였으니, 다른 데로 시집가지 않을 것을 맹서합니다"라고 했다. 낭은 이를 허락하고 이후에 안부를 묻고 물건을 선물 보내기를 끊이지 않았다. 임기가 차서 낭이 계림으로 돌아가 반 년 동안 소식이 없자, 그 아버지는 여자를 장차 북평(北坪) 집안 총각에게 시집을 보내기로 하여 이미 날까지 받아놓았다. 부인은 감히 부모에게 아뢰지 못하고 마음속으로 몰래 걱정하다가 자살하기로 결심했다.

하루는 연못에 가서 옛날의 맹서를 생각하고 기르던 연못 속의 황금 잉어에게, "옛날에 잉어 한 쌍이 서신을 전했다는 이야기가 있는데, 너는 내게서 양육을 받은 적이 많았으니 낭이 계신 곳에 나의 뜻을 전할 수는 없겠니?" 하였다. 그러자 갑자기 한 자 반쯤 되는 황금 잉어가 못에서 튀어 올라와 입을 딱 벌리는데, 승낙한다는 것 같았다. 부인은 이를 기이하게 여기고 옷소매를 찢어 글을 쓰기를, "저는 감히 혼약을 위배하지 않을 것이나, 부모님의 명령을 장차 어길 수 없게 되었습니다. 낭께서 만약 맹약을 버리지 않으시고 달려서 아무 날에 이르면 가히 멈출 수 있지만, 그렇지 않으면 저는 마땅히 자살하여 낭을 따르겠습니다"고 하였다. 이것을 잉어의 입 속에 넣어서 큰 내에 던졌더니, 잉어는 유유히 사라졌다.

그 다음날 새벽에 무월랑은 관리를 알천(閼川)에 보내어 고기를 잡아오게 했는데, 관리가 횟거리 생선을 찾다보니 금빛 나는 한 자짜리 잉어가 갈대 사이에 있었다. 관리가 낭에게 갖다 보였더니, 잉어는 펄쩍 뛰면서 재빨리 움직여 마치 호소하는 것이 있는 듯했다. 잠시 후 거품을 한 되쯤 토했는데 그 속에 흰 비단 편지가 들어 있어 이상히 여기고 읽어보니 부인이 손수 쓴 것이

---

5 혼인 때의 여섯 가지 절차. 곧 납채(納采)·문명(問名)·납길(納吉)·납징(納徵)·청기(請期)·친영(親迎)을 말한다. 납채는 남자 측에서 여자측에 청혼을 받아준데 대한 예, 문명은 규수 어머니의 성명을 묻는 예, 납길은 남자 측에서 사당에서 점(占)을 쳐서 길조(吉兆)를 얻으면 규수집에 통지하여 혼사를 정하는 예, 청기는 혼인날을 정하는 예, 친영은 신랑이 신부를 맞아오는 예, 납징은 신랑의 집에서 규수의 집에 폐백을 보내어 혼인을 확정하는 예이다.

었다. 낭은 즉시 그 편지와 잉어를 가지고 왕에게 아뢰었다.

왕은 크게 놀라워하면서 잉어를 궁중의 연못에 놓아주고 빨리 대신 한 사람에게 명해 채색 비단을 갖추게 하고 낭과 함께 동원경으로 말을 달려가게 하니, 밤낮을 가리지 않고 달려가서 겨우 기약한 날짜에 대었다. 도착해 보니 유후관 이하 여러 관리와 고을 노인들이 모두 장막에 모였는데 잔치가 무척이나 성대하였다. 문을 지키는 관리가 낭이 오는 것을 괴상히 여기고, "무월랑이 옵니다" 라고 소리쳐 전하였다. 유후관이 나와 맞이해 주니 대신이 따라왔다. 드디어 사연을 갖추어 주인에게 알리었다. 북평의 신랑이 이미 대창(大昌)에 이르렀으나, 대신이 사람을 시켜 멈추게 했다. 부인은 하루 앞서부터 병을 핑계대고 머리도 빗지 않고 세수도 하지 않았으며 어머니가 강요해도 듣지 않아 꾸지람과 가르침이 한창 더해지는데, 낭이 왔다는 소리를 듣고는 벌떡 일어나 화장을 하고 옷을 갈아입고 나아가, 양가의 혼인을 잘 이루었으므로 온 부중 사람이 다 놀라 신기하게 여겼다(『성소부부고』 권7, 별연사 고적기).

위의 글은 허균이 강릉에 있는 별연사에 전승되던 김주원의 어머니인 연화부인의 일화를 기록한 것인데, 내용은 크게 세 문단으로 나눌 수 있다. 첫째 문단은 양어지 고사와 『동국여지승람』에 전해지는 연화부인 설화를 인용하고 있고, 둘째 문단은 허균이 그간의 전승설화에 대해 의심하여 새 자료를 제시하고 있으며, 셋째 문단은 『평창군고기(平昌郡古記)』에 수록되어 있는 연화부인의 사적을 매우 자세하게 소개하고 있다.

김주원이 785년에 명주로 퇴거한 것은 그의 선대부터 연고가 있었던 것에서 연유한다. 원성왕은 786년(원성왕 2)에 김주원을 명주군왕(溟州郡王)[6]으로 책봉하고, 명주 일대를 식읍(食邑)으로 주었다.

월화정 터

그러면 원성왕은 왜 김주원을 '명주군왕'에 책봉하였을까? 일찍부터 명주는 지리적인 특수성 때문에 변경의 요새지로서 중요시되었다. 그것은 신라의 수도가 경주에 자리함으로써 영동지역의 일방통행적인 도로교통과 남북으로 길게 뻗은 동해의 해안선 그 자체가 변방적 성격을 띠는 것이었기 때문이다.

8세기 후반에 들어 신라에서는 동해안 북방지역에 대한 수비가 중요한 문제로 대두된다. 이 무렵 신라는 지방의 공적 군사력이 기능을

---

6 신라 때에는 명주군이 없었으므로 여기서 명주군왕이란 '명주의 군왕'을 말한다. 즉 명주는 지명이고, 군왕은 관작(官爵)이다. 군왕은 중국의 후위(後魏) 때 처음 봉해진 뒤, 수(隋)의 개황(開皇, 581~600) 연간에 9등제로 완비되었는데, 여러 봉작 중에서 왕의 형제나 왕자 다음 가는 작위이다. 우리나라에서는 신라 중고기 때 처음 시행되었는데, 그 실례가 바로 명주군왕의 책봉이다.

상실해 가는 실정이었고, 더욱이 757년(경덕왕 16)에는 동북변경에 대한 말갈 및 발해의 위협에 대처하기 위해 지금의 삼척에 있던 북진(北鎭)을 천정군으로 옮겼다. 이때 일본은 759년부터 762년까지 추진된 신라침공계획에 신라와 발해의 대립관계를 이용하려 했으며, 786년(원성왕 2) 10월에는 일본왕 문경(文慶)이 신라를 공격하려다 '만파식적(萬波息笛)'[7]이 있다는 소문을 듣고 군대를 철수한 바 있다. 그때 이러한 상황을 인식하고 있던 신라 조정에서는 동북방에 대해 국방상 상당한 위협을 느꼈을 것이고, 특히 발해와 일본의 연결과 침공에 대비해 동해 연안의 방비를 맡을 군사력이 필요했을 것이다. 원성왕이 김주원을 '명주군왕'에 책봉했던 것도 이와 밀접한 관계가 있다고 생각된다.

그리고 김주원은 명주(강릉)·익령현(양양)·삼척군·근을어군(평해)·울진군을 식읍으로 받았다. 식읍이란 왕족, 공신, 봉작자 등에게

---

7 『삼국유사』에 의하면 신라 제31대 신문왕이 아버지 문무왕을 위해 동해변에 감은사를 지어 추모하였는데, 죽어서 바다의 용이 된 문무왕과 천신(天神)이 된 김유신이 합심하여 용을 시켜 동해 바다에 작은 산을 보냈다. 왕이 이견대(利見臺)에 가서 사람을 보내어 그 산을 살펴보게 했다. 그 모양은 거북의 머리와 같았고 그 위에 대나무 한 줄기가 있어 낮에는 둘이 되고 밤에는 하나가 되었다. 다음날 대나무가 하나가 되자 7일 동안이나 천지가 진동하고 비바람이 몰아쳤다. 바람이 자고 물결이 평온해지기를 기다렸다가 왕이 그 산에 들어갔더니, 용이 검은 옥대(玉帶)를 가져와 바쳤다. 왕이 산과 대나무가 갈라지기도 하고 합해지기도 하는 이유를 물으니, 용은 그것이 소리로써 천하를 다스릴 상서로운 징조라고 하며 대나무가 합해졌을 때 베어다 피리를 만들어 불면 천하가 평화로울 것이라고 했다. 왕이 사람을 시켜 대나무를 베어 가지고 나오자 산과 용이 갑자기 사라졌다. 왕은 그 대나무로 피리를 만들었는데, 이것을 불면 적이 물러가고 병이 낫고, 비가 올 때는 개이며 바람과 물결도 잠잠해졌다. 그래서 이 피리를 '만파식적'이라 하고 국보로 삼았다고 한다. 『임영지』 고사조 탑산기(塔山記)에는 "신라 화랑이었던 영랑(永郞)이 불던 만파식적 한 대를 강릉부사(江陵府司)에 보관하고 후세에 보물로 보관해 왔는데, 거란 침입 때 강릉부의 아전 박정장(朴廷章)이 산성에 옮겨 두었다가 마침내 잃어버렸다"고 기록되어 있다.

명주군왕릉

지급했던 영지(領地)를 말한다. 우리나라에서는 삼국시대부터 조선초까지 식읍이 존속했는데, 식읍은 시대에 따라 성격이 달랐다. 삼국시대부터 고려초까지는 대체로 어느 일정한 지역을 식읍으로 주었는데, 신라에서 식읍은 그 지역의 토지뿐만 아니라 주민에 대한 지배도 인정되어서 조세와 공물·요역의 수취까지도 가능했다. 그러므로 그때 양양에서 울진·평해에 이르는 동해안 일대는 김주원계의 관할 하에 있었다고 하겠다.

강릉이 신라 정치사에서 중요시되는 것은 중앙정계에서 물러난 김주원이 강릉에 퇴거하면서부터이다. 그 후 강릉은 경주 다음가는 지방의 정치·문화의 중심지가 되었다.

김주원계는 강릉지역에서 독자세력을 형성하였지만, 여전히 중앙정부에 영향력을 행사하였다. 김주원은 강릉지역으로 퇴거할 당시까지만 하더라도 원성왕과는 대립하였으나, 그의 아들 종기와 헌창은 모두 신라 조정에 참여하였다. 종기는 원성왕 때에 시중을 지냈고, 헌창은 애장왕 때에 시중을 역임하고 웅진주와 청주(菁州, 진주) 도독을 지냈다.

김주원이 강릉으로 퇴거한 뒤에 그 자손 중의 일부는 원성왕의 직계손이 집권하고 있던 신라 조정에 참여하였을지라도 기회가 주어지면 언제라도 중앙정부에 대해 반기를 들었다. 김헌창은 822년(헌덕왕 14)에 그의 아버지 김주원이 왕이 되지 못한 것에 대해 불만을 품고 반란을 일으켜 웅천을 본거지로 국호를 '장안(長安)', 연호를 '경운(慶雲)'이라 하였다. 김헌창의 난에는 무진주·완산주·청주(菁州)·사벌주 도독과 국원경·서원경·금관경 사신(仕臣) 및 여러 군현의 지방관이 가담하였다. 그는 한때 충청·전라·경상도 일대의 넓은 지역을 차지하여 위세를 떨치기도 했지만 관군에게 패하여 자결했다. 김헌창의 난이 진압된 뒤에 그의 종족과 당여는 239명이 처형당하였다. 김헌창의 아들 범문은 825년(헌덕왕 17)에 고달산적 수신(壽神)과 함께 반란을 일으켰다가 살해되었다.

김헌창 부자가 거대한 반란세력을 이루는 데에는 관리로서의 행적은 물론, 김주원계 세력기반이 크게 작용하였다. 김헌창 부자가 거세되는 속에서도 중앙정계에서 김주원계는 여전히 건재하였다. 김종기는 명주지역을 기반으로 오래도록 신라 조정에 영향력을 행사하였다. 김헌창의 난이 일어나기 이전이긴 하지만 종기의 아들 장여(璋如)는 시중을 역임하였고, 장여의 아들 김흔(金昕)과 조카 김양(金陽)은 헌덕왕 이후 조정에서 오히려 중용되었다. 그런데 시중을 역임하였던 김종기의 자손들이 상대등에 임명된 예는 없었다. 김양의 경우는 김우징을 도와 신무왕으로 즉위케 한 뒤에 삼국통일 때의 김유신과 같은 파격적인 대우를 받았는데도 상대등이 되지 못하였다. 그것은 원성왕의 직계손이 왕위는 물론이고 왕위계승에서 우위권을 확보케 하는 상대등직을 독점한 데 반해 김주원의 직계손은 김씨왕족 가운데 방계에 불과하였기 때문이라 생각된다.

김주원이 받은 '명주군왕'의 지위는 그의 후손에게 세습되었다. 즉 김주원의 지위는 그의 아들 종기와 손자 정여에게 세습되었고, 그의 증손 김양은 죽은 후에 '명원군왕(溟原郡王)'에 추봉되었다. 결국 김주원계는 3대에 걸쳐 '명주군왕'의 지위를 세습하였던 것이다.8 이로써 김주원계는 선대 때부터 연고권이 있던 명주 일대를 기반으로 세력을 구축할 수 있었던 것이다.

---

8 강릉시 성산면 보광리에 있는 '삼왕동(三王洞)'이란 지명은 김주원과 그의 지위를 세습한 종기, 정여의 묘가 있는 곳이라는 데서 유래되었다고 한다. 참고로 김주원의 묘는 중도에 실전(失傳)되어 조선중기 강릉부사로 부임한 김첨경(金添慶)이 대관령 아래 성산에 그의 시조묘가 있다는 소문을 근거로 찾아 나선다. 그의 「수보현산고묘기(修普賢山古墓記)」에는 "내가 가정 신유년(명종 16, 1561)에 봉상 첨정(奉常僉正)으로서 강릉부사가 되어 유적 한두 곳을 찾아보았으나 이미 700여 년이 지난 일인지라 그 비슷한 것도 찾지 못했다. 다만 마을사람들이 다듬잇돌을 만들어 방망이질을 하고 부인들이 집을 나설 때 (얼굴을 가리는) 몽두(蒙頭)를 하는 등 신라 때의 풍습을 지키고 있었다. 읍내에 유학자 함헌(咸軒)이라는 사림(士林)이 있는데 그는 주원공의 외손이다. 그가 일찍이 나에게 말하기를 '무덤 하나가 보현산 아래에 있는데, 마을 사람들에 의해 주원공의 무덤으로 전해지고 있다고 하였다. 옛날에는 파손된 비석이 남아 있었는데, 어리석은 주민들이 이를 다른 용도에 사용하였다'고 한다. 내가 여러 촌로들과 김씨 후손들을 만났더니 모두 이같이 말하였다. 3년이 지난 계해년(1563) 여름에 읍인(邑人) 김황(金璜)을 데리고 성산을 둘러보니 산으로 둘러싸여 있고 자리 또한 양지바른 쪽이어서 마치 아름다운 성(城)과 같았다. 앞에는 층계가 있고, 무덤의 사방 역시 돌로 된 층계가 있었다. 층계의 네 모퉁이에는 동자석(童子石)이 세워져 있었는데, 길이는 1척 남짓하였다. 그리고 초동(樵童)이 밀어서 개울가 도랑에다 버린 것들도 있었다. 그 모양은 비록 소박하고 간단하였으나 평범한 무덤은 아니었다. 곧 사람을 시켜서 묘역을 파서 지석(誌石) 등 명문을 확인하고자 하였으나 찾지 못하고 흙을 다시 묻었다. 아무런 증거가 없어서 선조의 무덤이라는 것을 확인하지 못하였다. 읍리(邑吏) 김종년(金終年)으로 하여금 제물을 차리고 제사를 지내게 한 다음 해가 저물어 미처 봉분을 성토하지 못하고 돌아왔다. 얼마 지나지 않아 일 때문에 서울로 올라오게 되어 다시 그곳에 가지 못하였다.…"고 하였다.

김주원의 아들 종기 계열과 헌창 계열은 중앙에서 활약하였지만, 신(身)계열은 명주의 토착세력으로 위세를 떨치고 있었다. 특히 신의 6세손인 예(乂)는 군사적 실력자인 도령(都令)의 지위를 가진 지방세력으로 활동하고 있었다.

3. 명주호족의 등장과 후삼국의 성립

신라는 하대에 들어 150여 년 사이에 20명의 왕이 교체되는 대혼란을 겪게 되었다. 이 과정에서 지배계급의 분열과 대립이 격화되었고, 이에 따라 중앙의 정치기강은 극도로 문란해지고 지방에 대한 통제력도 약화되었다.

이러한 와중에 귀족과 사원은 권력·고리대 등 불법적 수단을 동원하여 백성들의 토지를 탈점해서 전장(田莊)이라 불리는 대토지를 소유하였다. 『신당서』 신라전에는 "재상의 집에는 녹(祿)이 끊이지 않고 노비가 3천 명이나 된다. 무장한 병사[甲兵]와 소·말·돼지 등도 이와 맞먹는다. 가축은 바다 가운데에 있는 섬에 방목을 했다가 필요할 때면 활을 쏘아서 잡는다. 곡식을 남에게 빌려주어서 늘리는데 기한 안에 갚지 못하면 노비로 삼았다"고 한 것은 당시 귀족들의 농장경영 실태를 말해준다.

농장경영은 국가와 왕실, 귀족들의 열성적인 후원을 받으면서 성장해 온 사원세력도 예외가 아니었다. 사원 소유의 토지는 면세의 특전을 누렸다. 사원에서는 여러 곳에 분산되어 있는 토지를 관리하기 위해 이른바 장사(莊舍)를 설치하고 관리인으로 지장(知莊)을 파견하였다. 9세기 전반경에 세규사(世逵寺) 장원(莊園)이 명주 날리군(捺李郡, 영월)에 있었는데, 본사에서 승려 조신(調信)을 보내어 지장을 삼아 장사를 관리하게 했다.

귀족과 사원의 토지 탈점으로 인해 토지를 잃은 농민들이 떠돌아다니면서 정부에 대한 불만의 목소리가 커지기 시작했고, 결국에는 889년(진성여왕 3)에 정부의 조세납부 독촉에 항거하여 농민들이 봉기하였다. 최초의 농민봉기는 사벌주에서 일어난 원종(元宗)과 애노(哀奴)의 난이었다. 그때 농민군의 규모가 얼마나 컸던지 왕명을 받고 출동한 영기(令奇)는 그 위세에 놀라 앞으로 나아가지도 못하였다고 한다.

이들의 기세에 자극을 받은 지방세력가들은 각지에서 연이어 반란을 일으켰다. 이 틈을 타 장보고와 같은 해상세력가가 나타났으며, 성(城)을 쌓고 사병을 지휘하면서 일정한 영역을 다스리는 호족들이 곳곳에서 대두하였다. 그 대표적인 예가 북원(원주)의 양길, 양길의 부하가 된 궁예, 죽주(안성)의 기훤, 완산(전주)의 견훤 등을 들 수 있다. 이러한 상황을 배경으로 900년(효공왕 4)에 견훤이 세운 후백제와 901년에 궁예가 세운 후고구려(태봉), 그리고 종래의 신라가 각축전을 벌이는 후삼국시대가 도래하였다.

1) 명주호족과 궁예와의 관계

9세기말 강릉은 궁예의 수중에 들어가게 된다. 특히 강릉은 궁예가 세력을 구축하는데 기반이 된 곳이기도 하다. 명주호족과 궁예와의 관계를 알기 위해서는 우선 궁예의 생애와 경략로를 살필 필요가 있다.

궁예는 신라의 왕실 출신이었다. 기록에 의하면 그는 47대 헌안왕 또는 48대 경문왕의 아들로 되어 있다. 그는 생년월일에 '오(午)'자가 두 번 들어간 '중오일(重午日)'에 태어났다. 게다가 태어나면서부터 치아가 있었고, 태어나는 날 지붕 위에 상서롭지 못한 광채가 있었다. 5월 5일의 출생, 치아, 상서롭지 못한 광채 등은 모두 불길함을 암시하는 요소였다. 그랬기에 앞날을 예언하는 일관(日官)이 궁예를 죽이도록 아뢰었고, 왕은 이를 받아들여 국왕의 시종인 중사(中使)를 보내 궁예를 죽이라고 하였다. 중사는 포대기에 쌓인 젖먹이를 빼앗아 담장 밑으로 던졌는데, 유모인 여자 종이 그 아이를 몰래 받아 들다가 잘못하여 손으로 눈을 찔렀다. 유모는 아이를 안고 그 길로 달아나 숨어서 고생스럽게 길렀다.

그렇게 목숨을 연명했던 궁예는 10여 세가 되어도 유희하기를 즐기므로 어느 날 유모는 궁예에게 출생의 비밀을 털어놓는다. "네가 태어났을 때 나라의 버림을 받았기에 내가 이를 차마 보지 못하여 오늘날까지 몰래 너를 길러 왔는데, 너의 심한 행동이 이와 같으니 반드시 남들에게 알려질 것이다. 그렇게 되면 나와 너는 모두 화를 면치 못할 것이니 어떻게 하겠느냐?" 유모의 말을 들은 궁예는 흐느끼면서 "만일 그렇다면 제가 이곳을 떠나 어머니의 근심이 되지 않도록 하겠습니다"라고 하였다. 궁예는 그 길로 집을 나와 세달사(世達寺)[9]에 출가하여 법명을 선종(善宗)이라 하였다. 그러던 어느 날 명복을 비는 불공인 재(齋)를 올리러 가는 길에 자신의 머리 위를 몇 바퀴 선회하던 까마귀가 궁예의 바리대에 무엇인가를 떨어뜨렸다. 궁예가 그것을 집어보니 놀랍게도 그 막대 한 복판에는 '왕(王)'자가 새겨져 있었다. 궁예는 기이하게 생각하면서도 비밀에 부치고는 발설하지 않았다.

이 무렵 신라는 매우 혼란스러운 상황이 전개되고 있었다. 『삼국사기』 궁예전에는 "신라 말기에 정치가 황폐해져서 백성들은 흩어지고 경주 바깥에 있는 주현들 중에서 신라 조정에 반대하는 수와 지지하

---

9 지금의 영월군 남면 흥월리 흥교동 대화산에 있던 절. 고려시대에는 흥교사(興敎寺)라 불렸다.

는 수가 반반씩이었다. 도처에서 도적떼들이 벌떼처럼 일어나고 개미같이 모여들었다"고 전한다.

궁예는 이러한 혼란한 틈을 이용하여 무리를 끌어 모으면 자기의 뜻을 이룰 수 있으리라 생각하여 891년(진성여왕 5)에 죽주에 있는 기훤의 휘하로 들어갔다. 그러나 기훤에게서 큰 대우를 받지 못하자, 기훤의 막료인 원회·신훤 등을 포섭하여 이듬해에 더 나은 대우를 받기 위해 북원의 호족인 양길의 휘하에 들어갔다. 양길은 궁예에게 군사에 관계되는 일을 맡길 만큼 궁예의 기대에 부응하는 융숭한 대우를 베풀었다. 거기서 궁예는 기병 100여 기(騎)를 나누어 받아 명주 관내의 주천(영월군 주천)·내성(영월읍)·울오(평창)·어진(울진) 등을 정복하였다. 이들 지역은 궁예가 승려로 있을 적에 인연을 맺은 곳이었다. 궁예는 894년(진성여왕 8)에 명주(강릉)로 들어온다. 이때의 상황에 대해 『삼국사기』에는 다음과 같이 전한다.

C-① 진성여왕 8년(894) 10월에 궁예가 북원에서 하슬라(강릉)로 진입하니, 그 무리가 600인에 달하여 자칭 장군(將軍)이라 하였다(『삼국사기』 권11, 신라본기).

C-② 건녕 원년(894)에 명주(강릉)로 들어가니 군사가 3,500인이나 되었다. 이를 14대(隊)로 나누어 김대검(金大黔)·모흔(毛昕)·장귀평(長貴平)·장일(張一) 등으로 사상(舍上)을 삼고, 사졸과 더불어 즐거움과 괴로움, 어려움과 편안함을 함께 하였고, 상벌에 있어서 공정히 하고 사사로움이 없었다. 이로써 뭇사람들이 마음으로 두려워하고 경애하여 장군으로 추대하였다(『삼국사기』 권50, 궁예전).

위의 기록에 의하면 궁예가 명주에 들어오기 이전과 이후의 군사수에서 엄청난 차이를 보이고 있다. 즉 C-①에는 600명, C-②에는 3,500명으로 각각 기재되어 있다. 이것은 처음 명주에 들어올 때의 군사가 600명이었으나 명주에 도착한 후 증원되어서 3,500명으로 불어났다고 보는 것이 타당할 것이다.

궁예는 이 군사를 14개 대로 나누고, 각 대에 사상이란 지휘관을 두어 250명의 군사를 지휘하도록 하였다. 사상에는 궁예의 측근인 김대검·모흔·장귀평·장일 등이 임명되었다. 14대 3,500명의 군사력은 당시로서는 상당히 큰 규모였는데, 이러한 군사력이 바로 궁예의 강력한 세력기반이 되었던 것이다.

궁예는 명주에서 확보한 군사력을 기반으로 하여 스스로 '장군'이라 칭하였다. 신라하대에 반란의 지도자나 호족세력이 장군의 명칭을 사용한 예를 찾아보면 궁예가 처음이었다. 장군의 명칭은 그 후 24년 동안 거의 나타나지 않다가 918년(경명왕 2)부터 자주 나타난다.

궁예가 다른 호족보다 20여 년 먼저 장군을 자칭했다는 것은 주목할 만하다. 왜냐하면 신라의 장군은 군단인 당(幢)·정(停)의 최고 지휘관으로 진골귀족이 독점하던 무관직이었으므로 함부로 칭할 수 있는 것이 아니었기 때문이다. 궁예가 장군을 자칭한 것은 그가 진골귀족(왕족) 출신이었기에 비교적 손쉬운 일이었을 것으로 추측된다. 그리고 군사들의 입장에서도 궁예의 그러한 신분을 알고 있었기에 그에게 모여들었고, 또 그를 장군으로 추대하였을 것으로 짐작된다.

그러면 궁예는 어떻게 명주를 쉽사리 차지할 수 있었을까? 궁예가 명주에서 대성공을 거두게 된 이면에는 먼저 명주호족의 협조가 있었기에 가능하였다. 그때 명주에는 김순식(金順式)과 김예(金乂)가 있었다.

이들에 앞서 명주의 실력자로 군림한 자는 민규(閔規)였다. 940년(태조 23)에 세워진 「강릉 보현사 낭원대사탑비」에는 889년(진성여왕 3)에 알찬(閼飡)의 위계를 지닌 민규가 명주의 실력자로 존재하였음이 확인된다. 김순식은 민규의 뒤를 이어 명주의 최고 세력가로 군림하였다.

김순식은 고려초에 '지명주군주사(知溟州軍州事)'로서 명주의 군사력을 장악하고 있는 것으로 나타난다. 김순식이 지니고 있던 '지명주군주사'의 직함은 신라로부터 받은 것이라는 견해가 있지만, 순식의 경우는 고려의 태조에게서 대광(大匡)의 관계와 함께 받은 것이라 생각된다. 왜냐하면 「강릉 보현사 낭원대사탑비」에 지명주군주사로 있던 순식을 '왕공(王公)'이라고 한 것을 보면, 순식이 왕씨 성을 하사받은 928년(태조 11)에서 개청이 입적한 930년(태조 13) 사이라고 보이기 때문이다.

김순식의 가계에 대해서는 『고려사』 왕순식전에 '허월→순식→수원·장명'의 3대가 나타날 뿐이다. 현재 전하는 『강릉김씨족보』 중 어느 것에도 그의 가계가 전혀 발견되지 않으므로 김주원의 직계가 아니라는 견해도 있다. 그렇지만 신라하대에 영동지역의 어떤 세력도 김주원의 후손과 연고 없이는 별개로 존재할 수 없었다. 이와 관련하여 『평창군고기』에 김순식이 김주원의 후손이라고 기록[10]되어 있는 것은 그 의미하는 바가 크다고 하겠다. 그러므로 김순식은 김주원의

---

10 『임영지』 전지 고사조에는 "『평창군고기』에 이르기를 주원공의 손(孫)인 순식(順式)이 성조(聖祖) 즉위 천수(天授) 11년 무자 정월에 왕씨를 사성(賜姓)하고 이름을 고쳐 경(景)이라 하였다. 그 후 경이 그의 자손들을 거느리고 내투(來投)하니 왕이 모두 왕씨를 사성하였다. 그의 아우 소장(小將)도 또한 (순식이) 주청하여 명주에 들어왔다. 이 책은 1596년(선조 29) 강원도관찰사 정구(鄭逑)가 지금의 평창에 이르러 마을 사람에게서 얻은 것이다"고 하였다. 위의 내용 가운데 왕건이 순식에게 경(景)이라는 이름을 내렸다고 한 것이라든지, 그의 아우를 소장(小將)이라고 한 것 등은 아마도 『고려사』의 내용을 정리하면서 착오를 범한 것으로 보인다.

직계후손이거나 그와 관계가 깊은 호족세력이었다고 짐작된다. 김예는 군사적 실력자인 도령(都令)의 지위를 가진 지방세력가로 활동하고 있었는데, 그는 김주원의 7세손이다.

궁예가 명주에 들어올 때의 군사는 600명이었으나 명주에 도착한 후에 3,500명으로 불어났다. 그렇다면 명주호족의 휘하에는 적어도 2,900여 명의 군사가 있었다고 할 수 있다. 그것은 태조가 신검(神劍)을 토벌할 때 이승(異僧)이 갑사(甲士) 3,000명을 거느리고 오는 꿈을 꾼 다음 날에 김순식이 왔다는 점에서 그렇다. 이는 왕건이 꿈에서 보았던 대로 김순식이 3,000여 명의 군사를 이끌고 왔다고 해석할 수 있을 것이다. 또한 927년(태조 10)에 김순식의 아들 장명이 군사 600명을 거느리고 와서 태조의 숙위를 맡고 있었는데, 이 600명의 군사는 김순식 휘하 군사의 일부임이 분명하다고 하겠다. 따라서 당시 강릉에는 적어도 3,000명 이상의 군사가 김순식 휘하에 있었다고 하겠다.

당시 세력관계 면에서 볼 때 김순식이 김예보다 훨씬 우세하였던 것으로 보인다. 그것은 고려정부가 명주세력과의 교섭에서 김순식이 주요 대상이 되고 있고, 통일전쟁 시에 김예가 김순식의 휘하에 있는 것에서도 확인할 수 있다. 따라서 당시 명주에는 '지명주군주사' 김순식의 휘하에 김예를 중심으로 한 토착세력이 있었다고 하겠다.

이들은 강릉을 중심으로 한 동해안 일대에서 강력한 세력기반을 가지고 있다가 후삼국시대를 맞이한다. 이에 앞서 김주원은 김경신(원성왕)과의 왕위계승전에서 패배한 후 명주지역으로 퇴거하였다. 비록 김주원이 국왕은 되지 못했으나 그 후 '명주군왕'에 책봉되어 명주지역을 석권하고 있었다. 그러나 그의 후손들 가운데 김헌창 부자는 반란을 일으켰다가 실패하였다. 그러니 김주원의 후손들은 정치적으로 신라 왕실에 짙은 반감을 품었으리라 생각된다. 반(反)신라 왕실적인 정서가 강한 명주세력이 궁예와 연합할 수 있는 배경은 이와 밀접한 관계가 있다고 하겠다.

궁예는 이 지역의 하층 농민들로부터도 환영을 받았다. 궁예가 명주 땅에 입성하기 전까지 이곳에는 '초구(草寇)'라 불리던 농민 반란군이 휩쓸고 다녔다. 그때 사굴산문의 중심도량인 굴산사도 이들에게 여러 차례 습격을 당했다. 물론 명주 땅에는 명주호족 김순식과 김예가 자리를 틀고 있었다. 그러나 이들은 자기 예하의 주민들을 보호하는데 급급한 형편이었다. 그런데 궁예는 이들과는 달리 도적떼를 말끔히 소탕해 주었다.

구세주처럼 등장한 궁예는 미륵불의 하생과 구원, 그리고 이상세계의 도래가 임박했음을 설파하였다. 그러한 궁예의 말은 단순한 꿈이 아니었고 허장성세로 비치지도 않았다. 궁예는 농민들의 고초를 곧바로 해결해 주었기 때문에 그의 말에는 그만큼 무게가 실려 있었다. 그러자 이곳 농민들은 미륵을 가까이서 맞이할 수 있는 궁예의 대오(隊伍)에 다투어 서려고 하였던 것이다.

그리고 궁예는 명주 땅에서 승려 개청(開淸)과 연고를 맺게 된다. 신라말 굴산문은 명주 일대에서 큰 영향력을 갖고 있었는데, 그 중심 사원이었던 굴산사가 바로 명주에 위치하고 있었다. 승려 출신이었던 궁예가 굴산문의 전폭적인 지지를 이끌어 낼 수 있었던 것은 개청을 통해서였다. 궁예는 명주 땅에서 또 한 명의 승려를 만나는데, 그가 바로 명주호족 김순식의 아버지인 허월(許越)이었다. 김순식은 개청이 주지하였던 지장선원(보현사)[11]의 단월(檀越)이었다. 궁예가 명주에 들

---

11 건립초기의 절 이름은 보현산사 지장선원이었으나, 후에 보현사로 개칭되었다. 보현사의 창건에는 다음의 설화가 전해진다. 신라 때 천축국(인도)에서 문수보살과 보현보살이 돌로 된 배를 타고 강릉의 동남쪽에 위치한 남항진 해변에 당도하여 문수사[한송사

보현사   낭원대사탑비

어갔을 무렵 허월은 굴산문 개청계의 승려였을 것으로 여겨지고 있다. 그는 궁예가 명주 땅에서 성공적으로 민심을 수습하는 데 큰 공을 세웠다. 그러한 인연과 공로로 허월은 훗날 궁예가 왕국을 건설한 후에 궁궐 안의 사원인 내원(內院)에 거처하게 된다. 이 내원은 미륵보살이 상주하면서 설법한다는 도솔천의 내원과 관련이 있는 것으로 보인다. 그렇다고 할 때 허월은 미륵불을 자처했던 궁예가 설법을 행하던 성전(聖殿)을 관장하는 요직의 핵심 인물이 되었던 것이다.

궁예의 군사가 5배나 늘어났던 것은 그가 명주 땅에서 호족과 농민, 승려들로부터 지지를 받았기 때문이다. 궁예는 명주를 기반으로 하여 저족(인제)·성천(화천)·부약(김화)·금성(김화)·철원 등을 점령하

를 세웠는데, 이때 보현보살은 "한 절에 두 보살이 함께 있을 필요가 없으니, 내가 활을 쏘아 화살이 떨어지는 곳을 절터로 삼아 떠나겠다"라고 말하며 시위를 당기니 화살이 멀리 날아 지금의 보현사 터에 떨어졌으므로 절을 창건하고 머물렀다고 한다. 이 절은 범일의 제자 낭원대사 개청이 주지로 있으면서 크게 중창하고 참선도량을 이룩하여 사굴산문의 대표적인 선찰로 탈바꿈시켰다. 개청의 시호는 낭원(朗圓), 탑호(塔號, 스님의 별호)는 오진(悟眞)이다. 강릉시 성산면 보광리 보현사에 있는 「낭원대사탑비」(보물 191호)는 개청의 탑비이다.

였고, 얼마 후 송악(개성)의 왕건 부자와 예성강 이북 지역인 패서(浿西) 일대 호족세력의 귀부를 받아 서쪽과 남쪽 방면으로 진출하여 공주에서 영주를 잇는 선의 이북 지역을 거의 차지하는 커다란 세력으로 성장하였다. 궁예는 901년에 스스로 왕이라 칭하고 '고려'를 건국하였다.

집권 초기에 궁예는 사졸들과 침식을 같이하고 상벌을 공정하게 하는 등 바람직한 지도자상을 보이기도 했다. 그러나 얼마 안 가서 전제적이고 급진적인 면모를 보이기 시작했다. 그는 신라에 대한 극심한 적대의식으로 신라를 '멸도(滅都)'라 부르고, 신라에서 항복해 오는 자들을 모두 죽이기까지 했다. 그러자 지식인과 호족들이 서서히 그의 곁을 떠나기 시작했다. 이들은 당시 사회의 중간계층이었기 때문에 급진적인 개혁을 원하지 않았던 것이다. 궁예 휘하에서 동궁기실(東宮記室)로 있던 박유(朴儒)는 궁예의 난정을 보고 산속으로 숨어버렸고, 장주(掌奏)로 있던 최응(崔凝)은 궁예가 왕건에게 관심법(觀心法)으로 모반의 누명을 씌울 때 왕건을 위기에서 구해주었다. 그리하여 궁예는 왕건에게 왕위를 내주게 되었던 것이다.

2) 명주호족과 왕건과의 관계

918년에 궁예의 세력기반을 물려받아 새 왕조의 창시자가 된 왕건은 국호를 '고려'라 하고, 연호를 '천수(天授)'라고 정하였다. 그러나 왕건 앞에는 허다한 난관이 가로 놓여 있었다. 왕건이 즉위한 5일째 되던 날에는 혁명 내부세력 가운데 왕건의 왕위를 넘보고 왕권에 도전한 반(反)혁명 사건이 발생하였고, 얼마 후에는 궁예의 정치적 기반이었던 청주지역의 호족들이 모반을 꾀하여 왕건에 저항하였다. 더욱이 궁예가 장군으로 추대되어 처음으로 독자적인 세력기반을 구축하는데 중요한 군사적 지지기반이 되었던 명주지역의 호족들도 왕건에게 불복하고 있었다.

이러한 상황에서 왕건이 해야 할 일은 먼저 궁예정권 아래에서 궁예와 결합했던 호족들을 회유·포섭하는 것이었다. 이에 왕건은 제도(諸道)의 호족에게 사절을 보내 후한 예물을 주며 말을 낮추고 상대를 높이는 겸양의 덕을 발휘하여 호족들을 포섭하였다. 그러자 각지의 호족들이 해가 거듭될수록 고려에 많이 귀부해 왔다. 왕건은 귀부해 오는 호족에게 토지와 집을 하사하기도 하고, 벼슬을 주고 그 통치권을 인정해 주었다. 왕건은 여기에 그치지 않고 각 지역의 유력한 호족들의 딸들과 결혼하기도 하였다. 이는 왕건이 호족의 딸들과 정략결혼을 통해 집권은 물론, 왕권을 안정시키는데 활용한 측면이 강하다. 이로 인해 정권의 안정은 이루지만 왕건 사후에 피비린내 나는 왕위 쟁탈의 원인을 제공하기도 했다. 또한 중요한 호족들에게는 자신과 같은 왕씨 성을 하사하여 가족과 같은 대우를 하였다. 이러한 정책의 결과 많은 호족들이 귀부해 왔다. 왕건은 명주호족 김순식을 귀부시키기 위해 부단한 노력을 하였다.

왕순식은 명주 사람이다. 본 고을의 장군으로서 오래도록 항복하지 않자 태조가 근심하였다. 시랑 권열(權說)이 아뢰기를, "아버지가 자식을 가르치고 형이 아우를 훈계하는 것은 천하의 이치입니다. 순식의 아버지 허월(許越)이 지금 승려가 되어 내원(內院)에 있으니, 그를 보내어 가서 타이르게 하십시오."라고 하니, 태조가 이를 따랐다. 순식이 마침내 맏아들 수원(守元)을 보내어 귀순 의사를 밝히니, 태조는 왕씨 성을 하사하고 토지와 집도 주었다. 또 순식은 아들 장명(長命)에게 병사 600명을 거느리고 들어가서 숙위하게 하였다. 훗날 순식이 자제들과 함께 무리들을 인솔하여 내조(來朝)하자, 태조가 왕씨 성을 하사하고 대광(大匡) 벼슬을 내렸다. 순식의 아들 장명에게는 염(廉)이라는 이름을 하사하고 원보(元甫) 벼슬을 내렸다. 소장(小將) 관경(官景)에게도 왕씨 성을 하사하고 대승(大丞) 벼슬을 내렸다(『고려사』권92, 왕순식전).

김순식의 귀부는 3차에 걸쳐서 진행되었다. 1차는 922년(태조 5) 7월에 왕건이 순식의 아버지 허월을 보내어 타이르니, 순식은 그의 맏아들 수원을 보내어 귀부하였다. 이때 왕건은 수원에게 왕씨 성을 하사하고 토지와 집을 주었다. 그러나 순식의 이러한 귀부는 왕건에게는 매우 소극적이고 불만스러운 일임이 분명하다. 그래서 왕건은 순식 자신의 완전한 귀부를 위해 더욱 노력하였을 것이다. 이에 순식은 1차 귀부를 한 지 5년이 지난 927년(태조 10) 8월에 다시 아들 장명과 군사 600인을 보내서 고려 궁궐을 숙위하게 하였다. 태조는 순식의 아들 장명에게 염(廉)이란 이름과 원보(元甫)[12]라는 벼슬을 주었고, 순식의 소장 관경에게 왕씨 성과 대승 벼슬을 주었다.

김순식 본인이 몸소 휘하 세력을 이끌고 왕건에게 완전히 귀부하는 것은 928년(태조 11)에 와서이다. 이때 왕건은 순식에게 왕씨 성을 하사하고 대광(大匡)[13]이라는 벼슬을 주었다. 대광은 '크게 나라 일을 바로잡을 만한 위치'라는 뜻으로 풀이할 수 있다. 대광은 살아있는 인물에게 주었던 벼슬 중 최고위였다. 태조대에 대광의 벼슬을 수여한 예

---

12 관인과 구별되는 특별 부류에게 수여한 직. 919년(태조 2)에 처음 두었고, 936년에 후삼국을 통일한 뒤 관계(官階)를 재정비할 때 16등급 중 제8위에 해당되었으며 품계는 4품이었다.

13 문무관에게 수여된 관계 중 최고의 관계. 936년에 후삼국을 통일한 뒤 관계를 재정비할 때 16등급 중 제3위에 해당되었으며 품계는 종1품이었다.

는 재경세력 중에는 몇몇 있었으나, 지방세력 중에서는 순식이 최초였다. 이런 점에서 볼 때 당시 김순식의 세력이 어느 정도였는지 가히 짐작할 수 있다.

한편 명주호족 김예도 왕씨 성을 하사받았다. 김예가 언제 어떻게 해서 왕씨 성을 하사받았는지 알 수 없지만, 앞에서 본 관경이 김순식의 아들 장명과 함께 하사받은 것으로 보아 그 역시 김순식의 귀부와 밀접한 관련이 있다고 본다. 명주호족 세력으로서 왕씨 성을 하사받은 사람은 김순식 3부자와 관경, 김예 등이었다.

왕건은 명주호족 김순식과 김예의 군사적 도움을 받아 929년(태조 12) 12월부터 시작된 고창군(지금의 안동) 전투에서 크게 승리하였고, 이 전투에서의 승리로 강릉에서 울산에 이르는 동해안의 110여 성의 성주와 장군들이 고려에 귀부하여 그의 세력은 크게 강화되었다. 순식은 936년(태조 19)에 신검을 토벌하기 위해 부하장병을 이끌고 강릉을 출발하여 대관령에 이르러 이승사(異僧祠)에서 제사를 지내고 후백제와의 마지막 격전지인 일리천(一利川)으로 향한다. 일리천은 경북 구미시 해평면 낙산리 원촌 마을 앞을 흐르는 낙동강 지류이다. 일리천 전투에 동원된 고려의 군사현황을 살펴보면 〈표-5〉와 같다.

일리천 전투 때 고려의 후백제 정벌군은 87,500명에 달하는 대군이었다. 이들 대군은 왕건을 총지휘관으로 하여 무려 38명의 장수들이 총동원되어 3군 및 원병을 지휘하는 통수체계를 구축하였다. 이 가운데 마군(馬軍)과 지천군(支天軍)·보천군(補天軍)·우천군(祐天軍)·천무군(天武軍) 등 5군은 중앙군의 핵심부대였다. 왕순식 휘하의 군사, 유금필이 거느린 군사, 제성군(諸城軍)은 지방에서 올라온 군사라 이해된다. 여기에 참여한 인물들은 당대를 대표할 수 있는 왕건의 핵심세력이라 할 수 있다.

군편성		병종	병력	성 명(관품)	비 고
3군	좌강	마군	1만	견훤, 견권·박술희·황보금산(大相), 강유영(元尹)	지천군대장군
		보군	1만	능달·기언·한순명·흔악(元尹), 영직·광세(正朝)	
	우강	마군	1만	김철·홍유·박수경(대상), 연주(元甫), 훤량(원윤)	
		보군	1만	삼순·준량(원윤), 영유·길강충·흔계(정조)	보천군대장군
	중군	마군	2만	왕순식(명주대광), 긍준·왕렴·왕예(대상), 인일(원보)	
		정예기병	9,500	유금필(대상), 관무·관헌(원윤)	제번경기
		보병	1,000	정순(원윤), 애진(哀珍), 정조	우천군대장군
			1,000	종희(원윤), 견훤(見萱), 정조	천무군대장군
			1,000		간천군대장군
원병		기병	300	공훤(대상), 조간(원보), 왕함윤(장군)	제성군
		—	14,700		
계			87,500	지휘관(38), 마군(4만), 보군(2.3만), 정예기병(9,500), 원병(1.5만)	

왕순식은 대상 긍준·왕렴·왕예와 원보 인일 등의 지휘관과 마군 2만 명을 지휘하였다. 당시 왕순식의 역할과 비중을 상징적으로 나타내 주는 것이라고 하겠다. 여기서 왕순식 휘하의 군사수가 가장 많다는 것에 주목할 필요가 있다. 물론 왕순식 휘하의 군사 2만 명이 모두 명주 출신의 군사였다고는 할 수 없겠지만, 그 상당수는 본래 명주에서 거느리고 있었던 군사라 생각된다. 그리고 왕렴은 왕순식의 아들이고, 왕예는 김주원의 7세손이다. 나머지 2명은 잘 알 수 없지만, 왕순식·왕렴 부자와 왕예 3명은 모두 명주 출신이다.

이 전투에서 신검은 패배하여 황산군(지금의 논산시 연산면)으로 달아나고 왕건군은 이들을 추격하여 살육하였다. 이로써 왕건은 왕위에 오른 지 19년 만인 936년(태조 19)에 후삼국 통일의 위업을 달성하게 되었다.

그러나 고려의 통일과정에서 큰 공을 세운 왕순식은 얼마 안 가서 중앙정계에서 제거된 것으로 보인다. 왜냐하면 936년 이후부터 왕순식에 관한 자료가 전혀 찾아지지 않기 때문이다. 아마도 그의 가문이 중앙정부에 반기를 들었다가 도태되었거나, 아니면 광종의 호족억압책으로 제거되었을 것으로 생각된다. 반면에 김예 계열은 건재하였다. 그는 왕건의 공신이 됨과 동시에 내사령(內史令)을 역임하였고, 그의 딸은 태조 왕건의 14비 대명주원부인(大溟州院夫人)이 되었다.[14] 김예의 후손들은 그 후에도 중앙정계에서 활약하였다. 이러한 사실은 그의 현손 왕국모(王國髦)가 헌종 때 역신 이자의(李資義)를 제거한 공로로 참지정사(參知政事)와 수사도(守使徒) 등을 역임한 것이라든지, 왕백(王伯)이 충렬왕 때 과거에 급제하여 출사한 것에서 확인할 수 있다.

참고문헌

강원도사편찬위원회, 2010 『강원도사』 3(고대).
강원도사편찬위원회, 2011 『강원도사』 4(고려).
김갑동, 1990 『나말여초의 호족과 사회변동 연구』, 고대민족문화연구소.
김정숙, 1984 「김주원 世系의 성립과 그 변천」, 『백산학보』 28, 백산학회.
김창겸, 1997 「新羅 '溟州郡王'考」, 『사림』 12·13합집, 수선사학회.

---

14 왕건은 29명의 부인을 거느렸는데, 부인들의 출생지를 보면 황해도 9명, 경기도 4명, 충청도 3명, 강원도 3명, 전라도 2명, 경상도 6명, 출생지 미상이 2명으로 나타난다.

김흥삼, 1997 「나말여초 사굴산문과 정치세력의 동향」 『고문화』 50, 한국대학박물관협회.

박도식, 2005 「나말여초 변혁기의 강릉지역」 『강릉문화 산책』(草堂鄭鎬敎院長 古稀紀念論叢).

서영일, 1999 「新羅 五通考」 『백산학보』 52(신형식박사 회갑기념논총).

신호철, 2002 『후삼국시대 호족연구』, 개신.

이경식, 「고대·중세의 식읍제의 구조와 전개」 『손보기박사 정년기념한국사학논총』, 지식산업사.

정청주, 1996 『신라말고려초 호족연구』, 일조각.

제4장 강릉지역의 불교문화와 화랑유적

1. 삼국, 통일신라시대 강릉지역의 불교

우리나라에 불교가 처음 전래된 시기는 삼국이 강력한 중앙집권적 국가로 도약하려고 하던 4세기말이다. 이러한 시기에 불교라는 새로운 종교가 들어와 종래의 씨족중심적 세계관과 종교관을 대체하는 보편적 윤리와 이념을 제공하게 되었던 것이다.

고구려는 372년(소수림왕 2)에, 백제는 384년(침류왕 1)에 국가적으로 공인하여 널리 불교를 믿게 하였다. 신라는 5세기 초에 여러 통로를 거쳐 불교가 수용되었으나,[1] 527년(법흥왕 14)에 이차돈(異次頓)의 순교를 계기로 하여 8년 뒤에 공인되었다.

신라의 경우 불교가 수용되어서 뿌리를 내려가는 과정을 보면 먼저 경주를 중심으로 흥륜사·황룡사·분황사 등의 유명한 절들이 생겨났다. 절에서 가장 중요한 구조물은 불전(佛殿)과 탑(塔)이다. 불전은 본존불(本尊佛)과 보살(菩薩)·호법신중(護法神衆) 등을 봉안하는 사원의 중심건물이다. 인도에서는 부처님을 '금빛 나는 분'이라는 뜻에서 '금

---

1 신라의 불교는 고구려를 통해 수용한 것으로 알려져 있다. 내물왕대에 고구려 광개토왕의 도움으로 왜를 물리쳤으며, 실성왕과 눌지왕의 즉위에도 고구려의 영향력이 작용하였다. 그러한 가운데 5세기 초 눌지왕대 고구려의 교통로였던 일선군(一善郡)을 중심으로 불교가 수용되었다. 이는 묵호자(墨胡子)와 아도(阿道) 등의 설화를 통해 알 수 있다.

인(金人)'이라고 하였는데, 거기에서 파생되어 부처님을 모신 집을 '금당(金堂)'이라 하였다.

불전의 명칭은 종파에 따라 달리 부른다. 화엄종에서는 주존불을 비로자나불을 모시고 대적광전이라 하고, 정토종에서는 아미타불을 모시고 극락전 혹은 무량수전이라 하며, 천태종에서는 석가모니불을 모시고 대웅전이라고 한다.

우리나라의 가람은 금당과 탑을 배치하는 형식에 따라 분류하였다. 즉 탑이 불전과 일직선상에 놓여 있으면 '일탑일금당식' 가람배치이고, 두 탑이 불전 앞 동서로 대칭하여 놓여 있으면 '쌍탑일금당식' 가람배치이며, 탑 하나에 금당이 셋일 경우에는 '일탑삼금당식' 가람배치라 한다. 이는 탑과 불전 중 어느 쪽에 더 비중을 두느냐 하는 차이점에서 생겨난 것이다. 탑이 예배의 주 대상이 될 때에는 일탑식으로 배치하였고, 불상이 주된 예배대상으로 될 때에는 쌍탑식으로 배치하였다. 우리나라의 절은 불전 중심으로 된 가람배치가 대부분이다.

그 다음에는 혜량·원광·자장과 같은 고승이 배출되었고, 절에서는 백고좌회·팔관회·점찰법회 등의 불교의식을 거행하였다. 국가에서는 이런 불교계를 관장하는 제도를 마련하였는데, 이를 승관제(僧官制)라 한다. 진흥왕 때 혜량이 국통에 임명된 것이 그 시초이다. 사찰, 고승, 불교의식, 승관제 등이 바로 불교계를 형성하는 기초 구성요소였다.

신라 법흥왕 때에 불교가 공인된 이후 영동지역에도 불교가 전파되고 절들이 건립되었다. 영동지역에는 북쪽에서부터 금강산, 설악산, 오대산 등의 명산이 남쪽으로 전개되고 있다. 신라 때 이들 명산에 건립된 상원사, 월정사, 낙산사 등은 우리나라의 불교성지로서 전통을 이어오고 있다. 강릉지역과 관계있는 승려로는 자장을 비롯하여 의상,

원효, 조신, 진표, 범일 등을 들 수 있다.

자장(590~658)은 7세기 중반 선덕여왕 때 주로 활동하였던 고승이다. 진골출신인 자장은 일찍이 재상 자리를 마다하고 출가를 단행하였다. 이때 왕명을 거부하면 목을 베겠다는 위협에 대해 "나는 정녕 하루라도 계를 지키다가 죽을지언정 백년 동안 파계하면서 살기를 원하지 않는다"고 한 발언으로 보아, 자장은 철저하게 출가주의를 고집하였음을 알 수 있다. 그러나 그는 7년간 당나라 유학을 통해 불교교단의 성쇠가 국가권력에 좌우되는 현실을 절감하게 된다. 그때 신라왕은 선덕여왕이었는데, 여자로서는 처음 왕위에 올라 그 지위가 자못 위태로웠다. 거기에다 백제의 공격을 받아 신라 서쪽의 대야성(지금의 합천)을 비롯한 40여 성을 빼앗겼다. 따라서 신라왕실의 입장에서 볼 때 매우 어려운 시기였고, 국가적으로 볼 때도 위기 상황이었다. 자장은 선덕여왕의 귀국령에 따라 유학을 중단하고 귀국하였고, 그 후 선덕여왕의 전폭적인 후원 아래 정치 현실에 깊숙이 개입하기 시작하였다. 자장은 대국통(大國統)에 임명되어 전국 불교교단의 기강을 확립하였다.

자장은 신라왕실이 석가모니 종족이기 때문에 여타 신라인들과 다르다는 '진종설(眞種說)'을 주장하였다. 이는 신라왕실이 인도의 석가모니를 탄생시킨 왕실과 같다는 일종의 신성의식을 표현한 것이다. 아울러 '신라삼보설(新羅三寶說)'을 내세웠는데, 이는 진흥왕·진평왕·선덕여왕이 인도의 이상적 정복군주인 전륜성왕이라는 것이었다. 나아가 이러한 석가모니 종족이자 전륜성왕이 다스리는 신라사회야말로 현재 부처나 보살이 머무르고 있는 땅이라는 '신라불국토설(新羅佛國土說)'을 주장하였다. 이렇듯 자장은 신라왕실이나 귀족불교를 대변하였다.

자장은 당나라에서 돌아온 643년(선덕여왕 12)에 오대산이 문수보살이 머무는 성지라고 생각하여 지금의 월정사 터에 초암(草庵)을 짓고 머물면서 문수보살의 진신(眞身)을 직접 뵙고자 했으나 뜻을 이루지 못했다. 만년에 경주를 떠나 강릉 부근에 수다사(水多寺)²를 창건하고 살았다. 어느 날 꿈에 북대(北臺)에서 본 이상한 스님이 나타나 "내일 대송정(大松汀)에서 그대를 볼 것이다"고 하였다. 자장이 깜짝 놀라 일어나 이른 아침 대송정에 가보니 과연 문수보살이 감응하여 와 있었다. 그래서 불법의 요지를 물었더니, "태백산 갈반지(葛蟠地)에서 다시 만나자"고 대답하고는 사라졌다. 자장이 태백산에 가서 찾다가 큰 구렁이가 나무 아래에 서리어 있는 것을 보고, "이곳이 이른바 갈반지다"라고 시종에게 말했다. 그곳에 석남원(石南院, 지금의 정암사)을 창건하고 문수보살이 내려오기를 기다렸다. 하루는 어떤 늙은 거사가 남루한 옷을 입고 칡으로 엮은 삼태기에 죽은 강아지를 담아 지고 와서 시종에게 와서 말하기를 "자장을 만나 보려고 왔다"고 했다. 그러자 시종이 스승의 이름을 함부로 부르는 것을 나무라자, 거사는 "다만 너희 스승에게 고하기만 하라"고 하였다. 시종이 들어가 고하니, 자장은 (거사가 문수보살의 진신이라는 사실을) 미처 깨닫지 못하고 미친 사

---

2 수다사의 소재지에 대해 『한국사찰전서(韓國寺刹全書)』에는 강원도 강릉, 황해도 해주의 청암산, 전북 고창의 도솔산으로 기록되어 있고, 『동국여지승람』에는 경북 선산의 연악산으로 기록되어 있다. 『삼국유사』 자장정률조(慈藏定律條)에 "(자장이) 수다사를 창건하고 거기에 살았다"고 한 것으로 보아 수다사는 강릉 인근지역에 있었음을 알 수 있다. 이에 대해 정순응은 수다사의 위치를 지금의 강릉시 강동면 정동진리의 괘방산에 소재한 낙가사 터로 추정하였다(정순응, 1978 「수다사와 자장률사 소재지를 중심으로 한 고증」, 『임영문화』 2). 그러나 신종원은 일찍이 일본의 불교학자 누카리야 카이텐(滑谷快天)이 『조선선교사(朝鮮禪敎史)』에서 수다사를 진부면 일대로 비정한 사실에 주목하여 수차 그 일대를 탐방해 1983년 진부면 수항리 소재의 폐사지에서 "태백곡수다사(太白谷水多寺)"라고 적힌 명문(銘文) 기와를 발견함으로써 이 절터가 바로 수다사 터임을 확인하였다(신종원, 1983·1984 「수다사지조사」, 『박물관신문』 제148·149호).

람으로 생각하여 만나지 않겠다고 하였다. 시종이 나가서 그를 내쫓으니, 거사는 "돌아가리라, 돌아가리라. 자신의 학문과 지위에 자부심을 가진 재我相가 어찌 나를 볼 수 있겠는가?" 이에 삼태기를 뒤집어터니 강아지가 사자보좌(獅子寶座)로 변하였고, 거사는 거기에 올라타고 빛을 발하며 사라졌다. 자장은 이를 듣고 비로소 예법에 맞는 몸가짐을 갖추고 빛을 찾아 남쪽 고개로 올라갔으나, 벌써 멀리 사라져 도저히 따를 수 없었다. 자장은 그 자리에 쓰러진 채 죽었다. 그 뒤로 오대산에 문수보살이 상주하고 있다는 믿음이 널리 퍼지게 되었다.

자장 이후 영동지역에서 큰 영향력을 끼친 승려로는 의상(625~702)과 원효(617~686)를 들 수 있다. 의상과 원효는 신라 불교계의 쌍벽을 이루는 인물이었다. 화엄종 승려였던 이들은 신라의 이론불교를 성립시키는 한편, 불교신앙을 대중화시키는데 중요한 역할을 담당하였다. 이들은 선후배로서, 동학으로서 매우 절친했는데도 모든 면에서 서로 뚜렷한 차이가 있었다. 의상은 진골귀족 출신이었고, 원효는 6두품 출신이었다. 원효는 유학 도중에 돌아왔지만, 의상은 11년간 당에 유학하였다. 그런 점이 사실은 우리의 흥미를 끈다.

이들이 활동했던 시기에 중국 불교계에서는 새로운 바람이 불었다. 손오공이 나오는 『서유기』의 주인공으로도 유명한 현장법사가 28세에 인도에 유학해서 17년 동안 공부하고 돌아온 때가 7세기 중반이다. 그는 돌아와서 73종의 경전을 새로 번역하였는데, 이를 신역(新譯)이라 한다. 신역은 그 이전에 번역된 구역(舊譯)에 비해 규모가 방대했을 뿐 아니라 여러 면에서 참신한 내용이 많았다. 이를 계기로 당나라 불교계에서는 아주 새로운 학풍이 불었다. 그때 신라 출신의 많은 승려들이 그 문하에 가서 공부하였는데, 유명한 원측·순경·지인 등이 바로 그들이다. 원효와 의상이 중국으로 유학하려고 했던 일차적인 목적도 현장법사의 문하로 가기 위해서였다.

원효는 15세 때 출가하여 34세 되던 650년에 의상과 함께 당나라 유학길에 올랐다가 중도에서 포기하였다. 이에 관해서는 두 가지 계통의 기록이 있다. 하나는 요동에 갔다가 고구려 순찰군에게 잡혀 간첩으로 오인받아 열흘 넘게 고생하다가 그냥 귀국하였다는 설이고, 다른 하나는 우리가 아는 유명한 깨달음의 설이다. 그는 도당 유학길에서 큰 깨달음을 얻고 "모든 것은 마음먹기에 달렸다[一切唯心造]"고 하였다. 책을 통해서 깨달음을 얻지 않고 진지한 인생의 체험을 통해서 깨달음을 얻었다는 것이 매우 인상적이다. 원효의 깨달음은 이런 이론이 밑바탕에 깔려 있었다.

그 후 원효는 왕성한 저술활동을 하였다. 그가 남긴 저술은 대략 77부 150여 권에 달하였다. 대표적인 저서로는 『금강삼매경론(金剛三昧經論)』, 『십문화쟁론(十門和諍論)』, 『대승기신론소(大乘起信論疏)』, 『화엄경소(華嚴經疏)』 등이 있다.

원효의 학문은 대단히 범위가 넓고 관심 분야가 많았다. 중국의 경우 자기 전공 분야가 있었다. 화엄이면 화엄, 유식이면 유식이었다. 이는 중국에 유학했던 신라 승려도 마찬가지였다. 가령 의상은 화엄학에, 원측은 유식학에 정통하였다. 그러나 원효는 한 분야에 국한하지 않고 전통적인 학문과 중국의 현장법사에 의해 일어난 새로운 학풍을 수용하는 입장도 특이하다. 우리가 그를 높이 평가하는 것은 경전의 의미나 글자를 해석하는 훈고학에 머물러 있지 않고 자기의 독창적인 해석을 했다는 점이다. 원효의 학문은 중국과 일본에도 영향을 주었다. 중국 화엄학을 집대성한 현수(賢首)의 화엄학은 원효의 교학을 바탕으로 하지 않고서는 성립하기 어려웠다고 말할 정도이다.

원효는 당시 동아시아 불교권 전체의 기본적 과제였던 대승불교의

2대 조류였던 중관학파와 유식학파 사이의 교리적 대립, 즉 공(空)·
유(有)의 대립을 극복할 수 있는 종합불교로서의 독창적인 교학을 성
립시켰다. 원효는 두 극단을 버리고 양자를 종합하여야 한다는 화쟁
의 논리에 의해서 중관파의 "모든 존재는 (실재하는 것이 아니라) 공
(空)이다"고 하는 부정론과 유식파의 "모든 존재는 (실재하는 것이 아
니라) 오직 인식[識]에 불과하다"고 하는 긍정론을 다 같이 비판하고,
"세계는 오직 한마음[一心]"이라고 하는 독자적인 견해를 제시하였다.
그리고 한마음에는 변하지 않는 진여문(眞如門)과 끊임없이 변하는
생멸문(生滅門)이 있는데, 세상의 온갖 것은 이 두 가지 문에 의해 전
개된다고 하였다. 여기서 진여문은 모든 차별상을 떠난 본체를 보는
관점을 말하는 것이고, 생멸문은 온갖 차별상으로 드러나는 현상의
세계를 말하는 것이다. 원효가 본체와 현상의 관계를 명쾌하게 정리
하면서 인도에서부터 오랫동안 대립하여 오던 중관과 유식이 종합되
었다.

원효는 대단히 깊은 이론적인 추구를 했다는 점에서 높이 평가된다.
나아가 원효를 더욱 높이 평가하는 것은 이론적인 추구에 끝나지 않
고 이를 쉽게 대중에게 전달했다는 점이다. 당시는 자칫 잘못하면 귀
족화되고 형해화되어 말만 있고 실천은 없기가 쉬운 그런 시기였다.
더욱이 삼국 통일전쟁으로 인해서 사람들의 마음이 대단히 거칠고 각
박해진 시기였다. 결국 어떻게 대중을 구제하고 이끌어갈 것인가 하
는 문제가 자연스럽게 대두되었다. 이 문제를 원효는 대중 속에 들어
가서 실천에 옮김으로써 풀어나갔던 것이다.

의상은 종남산 지상사(至相寺)에서 중국 화엄종의 2대 조사(祖師)인
지엄(智儼)에게서 현수(賢首)와 함께 화엄학을 배우고 귀국하여 신라
땅에 화엄종을 뿌리내렸다. 그래서 의상은 '해동화엄의 시조'로 추앙되

고 있다. 의상의 화엄사상은 모든 우주만물이 대립적인 존재가 아니라 서로 조화하고 포용하는 관계를 가지고 있다. 그는 "하나 속에 일체 있고 여럿 속에 하나 있어 하나가 곧 일체요 여럿이 곧 하나로다[一中一切 多中一 一卽一切 多卽一]"라는 이론을 내세웠다. 이 같은 의상의 원융사상과 포용적 조화사상은 통일 직후의 지역적·계층적 갈등과 모순을 정신적으로 승화시키면서 주민의 단결심을 배양하는데 기여하였다.

화엄경을 토대로 해서 민간인에게 나타나는 신앙을 '화엄신앙'이라 한다. 화엄신앙은 신라에서도 여러 형태로 전개되었다. 금강산 1만 2천봉은 금강산 자체가 화엄경에서 유래된 것인데, 1만 2천봉도 1만 2천봉이라서 그런 것이 아니라 금강산에 법계보살이 머물면서 1만 2천명의 제자들을 거느리고 항상 법문하고 있다는 화엄경의 내용에서 비롯되었다. 화엄사상이 일반민에게 전파될 때에는 설화나 균여의 「보원십원가」 같은 향가 등을 통해서 이루어졌다.

원효가 많은 저서를 남겼는데 비해 의상은 거의 저술을 남기지 않았다. 의상이 남긴 글도 주로 짧은 시로 된 게송(偈頌, 부처의 공덕을 찬양한 노래)인데, 오늘날 전해지는 것으로는 「화엄일승법계도」라는 특이한 저술이 있다. 이는 『화엄경』 60권의 내용을 7언 30구로 된 210자의 게송으로 요약하여 사각형의 도형으로 표현한 것이다. 이 짧은 글은 훗날 그의 제자들에 의해서 끝없이 연구되었고, 신라 당대에만 여러 주석서가 나왔다. 고려시대에는 균여(均如)가, 조선시대에는 김시습(金時習)이 주석서를 저술하였다. 이렇게 조선시대까지 연구되고, 일반 불교신자들도 이 글을 줄줄 외울 수 있을 정도로 인구에 회자되었던 것이다.

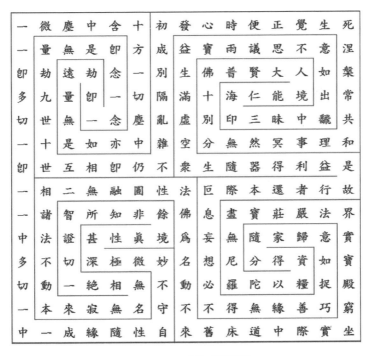

화엄일승법계도(華嚴一乘法界圖)[3]

원효가 교단을 조직하거나 제자를 교육하는 등의 일을 거의 하지 않았던 데 비해 의상은 여기에 심혈을 기울였다. 『삼국유사』에는 오진·지통·표훈·진정·진장·도융·양원·상원·능인·의적 등 의상의 10대 제자들이 거명되고 있는데, 그 가운데서도 진정·표훈·지통에 대한 기록이 상세히 전해지고 있다. 이들은 모두 당시에 크게 평가받았던 고승들이다. 그리고 전국에 화엄종에 소속된 절이 10곳이 있었는데, 이를 '화엄십찰(華嚴十刹)'이라 한다. 이는 의상과 그 제자들에

---

3 한 가운데 '법(法)'자에서 시작하여 왼쪽으로 7자씩 읽어가면 '법'자 아래 '불(佛)'에서 끝난다.

의해서 이루어진 절들이다. 예를 들면 부석사, 해인사, 화엄사, 갑사, 비마라사 등이다.

의상이 당나라에 유학하고 국내에 돌아와서 제일 먼저 세운 절은 양양 낙산사이다. 낙산이란 산스크리트어로 '보타락가(補陀落伽)'에서 유래한 말인데, 관세음보살의 진신이 항상 머무르는 곳이라고 한다. 의상이 낙산사를 세우게 된 내력에 대해서는『삼국유사』에 자세히 전해지고 있다.

의상이 당나라에서 돌아와 관음보살이 낙산 해변의 굴 안에 거주한다는 말을 듣고, 관음보살을 만나기 위해 목욕재개 한 후 7일 동안 기도를 했다. 마지막 날 기도를 끝내고 새벽에 앉았던 방석을 바닷물 위에 띄워 보냈는데, 그때 하늘에서 용천팔부(龍天八部)[4]의 시종(侍從)들이 굴 안으로 인도하였다. 굴 안에서 의상이 공중을 향해 기도를 하니 하늘에서, 수정염주 한 꾸러미를 내려주므로, 의상이 이를 받아 가지고 굴 밖으로 나오다가 동해용으로부터 또 여의주 한 알을 받았다. 그러나 의상은 아직 관음보살을 만나지 못한 데 대해 자신의 정성이 부족하다고 믿고 목욕재개한 뒤 다시 7일간 주야로 기도하고, 굴 안으로 들어가 비로소 관음보살을 직접 만났다. 이때 관음보살이 의상에게 말하기를 "이 굴 위의 산꼭대기에 한 쌍의 대나무가 날 것이니 그곳에 금당을 지으라"고 하였다. 의상이 그 말을 듣고 굴 밖으로 나와 산 위로 올라가니 거기에 과연 한 쌍의 대나무가 솟아나 있었다. 이에 그곳에 금당을 짓고 관음의 소상(塑像)을 만들어 봉안하였는데, 그 형상이 마치 살아있는 관음보살과 같았다. 그러자 그 대나무는 사라져 버렸

---

4 불법을 수호하는 여덟 신장(神將). 곧 천(天)·용(龍)과 야차(夜叉)·건달바(乾闥婆)·아수라(阿修羅)·가루라(迦樓羅)·긴나라(緊那羅)·마후라가(摩睺羅伽) 등이다.

홍련암(강원도청)

으므로 의상은 비로소 그곳이 관음보살이 상주하는 곳임을 알았다. 그래서 절을 지어 낙산이라 하고, 관음보살에게서 받은 수정염주와 용에게서 받은 여의보주를 그곳에 두고 떠났다고 한다.

의상대에서 북쪽을 바라보면 홍련암(紅蓮庵)이 있다. 지금 홍련암 바닥에는 10cm 남짓한 구멍을 통해 관음굴을 들여다 볼 수 있도록 해 놓았는데, 여기가 바로 의상의 전설이 서려 있는 곳이다.

의상의 화엄사상에는 관음보살이 중시되었다. 따라서 낙산사의 주존불은 관음보살이었다. 의상이 화엄종에서 내세운 관음보살은 서민의 사소한 소원을 모두 들어주면서 중생을 아미타불의 정토에 왕생하도록 이끌어준다. 이 점은 문수보살을 내세우는 자장의 귀족불교와 차이를 이룬다.

불교의 대중화를 이끌었던 원효는 낙산사에 이르렀으나 관음보살을 보지 못했다고 한다. 『삼국유사』에 의하면 원효가 관음보살을 직접 만나기 위해 처음에 남쪽 교외에 이르니, 논 가운데 흰옷을 입은 한 여인이 벼를 베고 있었다. 원효가 희롱 삼아 그 벼를 달라고 하니, 여인은 벼가 흉작이라고 희롱하며 대답하였다. 원효가 또 가다가 다리 밑에 이르니, 한 여인이 월수백(月水帛, 생리대)을 빨고 있었다. 원효가 먹을 물을 달라고 청하니, 여인은 월수백을 빨던 물을 떠서 주었다. 원효는 여인이 준 물을 쏟아버리고 다시 냇물을 떠서 마셨다. 이때 들 가운데 서 있는 소나무 위에서 파랑새 한 마리가 말했다. "제호(醍醐, 우유에서 정제한 최상의 음료)를 마다한 화상(和尙)아!" 하고는 재빨리 몸을 숨기고 보이지 않았다. 소나무 아래에는 신발 한 짝이 벗겨져 있었다. 원효가 낙산사에 이르니 관음보살 자리 밑에 전에 보았던 신발 한 짝이 벗어져 있는 것이었다. 그제야 원효는 전에 만났던 여인이 관음보살임을 알았다. 그래서 당시 사람들은 그 소나무를 '관음송(觀音松)'이라 하였다. 원효는 성굴(聖窟, 홍련암)에 들어가서 다시 관음보살의 참모습을 보려고 했으나 풍랑이 크게 일어 굴 안에 들어가지 못하고 그곳을 떠났다고 한다. 이를 통해서 볼 때 당시 명주지역에는 원효계보다 의상계의 화엄종이 중앙으로부터 이식되어 뿌리를 내렸다고 하겠다.

낙산사에는 신라 때 승려 조신(調信) 설화가 전해온다. 『삼국유사』권3, 낙산이대성(洛山二大聖)에 나오는 설화의 대강을 소개하면 다음과 같다.

조신은 영월 세규사에 있다가 명주에 있는 절 소유의 장원을 관리하는 지장(知莊)으로 파견되었는데, 그곳 태수 김흔(金昕)의 딸을 연모하였다. 그는 여러 번 낙산사의 관음보살 앞에 가서 그녀와 인연을 맺어줄 것을 빌었으나, 얼마 후 그녀가 딴 사람에게 출가해 버렸다. 그는 관음보살이 자기의 소원을 들어주지 않았다고 원망하며 날이 저물도록 불당 앞에서 슬피 울다가 깜박 잠이 들었다. 그런데 꿈속에 그녀가 나타나 말하기를 "부모의 말을 거역하지 못하여 결혼은 하였으나 당신을 사랑하여 이렇게 돌아왔노라"고 하였다. 이에 조신은 매우 기뻐하며 그녀와 함께 고향으로 돌아간다. 그녀와 40여 년을 살면서 자녀 다섯을 두게 되는데, 그는 생활이 곤궁하여 끼니도 제대로 잇지 못해 식구들을 이끌고 사방으로 다니면서 구걸하며 지낸다. 이렇게 10년을 지내다 보니 한 아이는 굶주려 죽고, 부부는 늙고 병들어 굶주림에 시달리게 된다. 이에 부인은 "내가 처음 당신을 만났을 때는 얼굴도 아름답고 나이도 젊었으며 입은 옷도 깨끗했었습니다. 한 가지 음식이라도 당신과 나누어 먹었고, 작은 의복이나마 당신과 나누어 입으면서 함께 살아왔습니다. … 아이들이 추위에 떨고 배고파해도 미처 돌봐주지 못하는데, 어느 겨를에 부부간의 애정을 즐길 수가 있겠습니까? 붉은 얼굴과 예쁜 웃음도 풀잎 위의 이슬이요, 백년가약도 바람에 날리는 버들가지입니다. 이제 그대는 내가 있어서 누가 되고, 나는 그대 때문에 더 근심이 되니 헤어지자"고 하였다. 조신이 아내와 헤어지려는 순간 꿈에서 깨어났다.

이 설화의 내용은 의상의 신념에 찬 정진수행에 의한 관음보살이 상주하는 곳에 도량의 개창이나 원효의 이에 대한 확인과 달리, 만나고 헤어지며 부귀와 빈곤 속에 허덕이는 인간사 모든 일들이 한순간 꿈 사이임을 깨닫도록 함으로써 인생무상의 진리를 깨우치고 있다. 마치 지금의 소설과 같은 이야깃거리를 통해 인생의 의미를 되새기게 하는 조신 설화에 관음이 그 사고 전환의 축으로 등장함으로써, 현세이익 신앙의 주재자에게 이제 적극적인 깨우침의 주재자로 역할이 확대됨을 보게 된다. 춘원 이광수는 이것을 소재로 하여 『꿈』이라는 소설을 발표하였다.

명주지역에 교화의 뿌리를 내린 고승으로는 진표(眞表)를 들 수 있다. 그가 수행하였던 옛 백제지역에는 경주를 중심으로 하는 옛 신라지역에 퍼진 원효와 의상의 교학불교와 대조적으로 미래의 부처인 미래불이 지상에 와서 이상사회를 실현해 줄 것을 믿는 법상종의 미륵신앙이 널리 퍼져 있었다. 진표는 명주에서 미륵신앙을 포교하였다.

『삼국유사』에 의하면 김제 금산사에 머물던 진표는 여러 곳을 돌아다니다가 아슬라주(강릉)에 이르러 물고기와 자라에게 불법을 강의하고 계(戒)를 주었다. 진표의 이러한 행적은 널리 알려졌고, 이를 들은 경덕왕은 궁중으로 그를 맞아들여 보살계를 받고 비단 50단과 황금 50냥을 시주하였다. 진표는 금강산으로 들어가 발연사(鉢淵寺)를 세우고 점찰법회5를 열었으며, 그곳에서 7년 동안 머물렀다. 그 후 진표는 부안군 변산에 있는 불사의방(不思議房) 등에서 지내다가 다시 발연사에 돌아가 생을 마쳤다고 한다.

금강산의 발연사를 중심으로 명주지역 일대에서 하층 농민들을 대상으로 한 진표의 포교는 대체로 성공적이었던 듯하다. 이러한 사실은 명주 해변에서 다리를 놓아준 물고기와 자라 떼에게 불법을 강의하여 계를 준 것이라든지, 명주지역에 흉년이 들자 진표가 설한 계법으로 무수한 물고기들이 저절로 죽어 사람들이 이것을 팔아 기근으로부터 벗어날 수 있었다는 일화에서 짐작할 수 있다.

이처럼 진표는 명주지역의 하층 농민들에게 큰 영향력을 행사하였

---

5 『점찰경』의 내용에 따라 개최하는 참회법회. 점찰경은 석가모니의 입멸(入滅) 후 말법시대가 되면 불법을 수행하는 데 어려움과 장애가 많으므로 이때 숙세(宿世)의 선악업보와 현재의 길흉화복을 점찰하고 참회, 반성하여 자심(自心)의 안락을 얻어 대승의 길로 나갈 것을 요지로 한다.

다고 여겨진다. 이에 그들은 자신들이 살던 시대를 말세라고 인식하고, 진표의 가르침에 따라 참회와 계법의 수행을 통해 미륵의 구원을 기대하였을 것이다. 이는 궁예가 말세의 중생들로 하여금 팔관회를 통해 계를 닦아 미륵불의 하생을 준비하도록 하였으리라고 한 것과 어느 정도 통한다고 여겨진다.

2. 신라말 불교계의 새바람

1) 선종 9산문의 성립

우리나라 전국 각지에는 수많은 사찰, 승려, 그리고 수백만의 신도들이 조계종, 태고종이니 해서 종파를 달리하는 다양한 집단이 존재한다. 군소 종파를 합치면 30개 이상에 달한다. 그 가운데 전통을 계승하고 나름대로 활동을 하고 있는 종파로는 조계종, 태고종, 천태종 등이 있다.

불교가 이렇게 다양한 종파로 나누어진 이유는 그 방대한 사상체계만큼 많은 경전이 있기 때문이다. 그렇기 때문에 중국에서는 경전들의 지위와 상호순서를 체계화하려는 노력까지 있었던 것이다. 이를 교상판석(敎相判釋)이라 하고, 줄여서 교상(敎相)·교판(敎判)·판교(判敎)라고 한다. 그런데 대개는 교상판석을 하면서 자기 종파를 중심으로 하기 때문에 자기 종파가 중시하는 경전을 상위에 올려놓는 경우가 많았다. 그래서 중시하는 경전이 무엇이냐에 따라 여러 종파로 나뉘게 되었던 것이다.

이런 경전 가운데서도 화엄경·법화경 등의 몇몇 경전이 특히 중요시되었다. 그리하여 화엄경을 토대로 해서 화엄종이, 법화경을 토대로 해서 천태종이, 열반경을 토대로 해서 열반종이, 해심밀경을 토대로 해서 법상종이, 아미타경을 토대로 해서 정토종이 나오는 등 수많은 종파들이 생겨났던 것이다. 이렇게 형성된 종파들을 통틀어서 '교종(教宗)'이라고 한다.

교종은 아무래도 경전을 중심으로 하기 때문에 교리적인 연구나 이론적인 체계에 중점을 두었다. 이에 비해 선종은 선(禪)을 통해 깨달음의 세계로 들어갈 수 있다는 것이다. 또한 선종은 '염화시중(拈華示衆)의 미소'6라는 말이 있듯이 '이심전심(以心傳心)'으로 '문자 없이 마음에서 마음으로 전달하는' 그런 세계를 토대로 두고 있었다.

역사적으로 선종은 중국에서 크게 발전했고, 우리나라에서는 9세기 전반 이후 본격적으로 수용되어 신라하대에 크게 성행하였다. 선종의 대표적인 사상은 잘 알려져 있는 4구표방(四句標榜)이다. 4구는 불립문자(不立文字)·교외별전(敎外別傳)·직지인심(直指人心)·견성성불(見性成佛)을 말한다.

'불립문자'란 문자를 세우지 않는다는 뜻이다. 문자를 세우지 않는다고 해서 정말 말이나 글을 쓰지 않는 것은 아니다. 여기서 말하는 문자란 교종에서 중시하는 경전을 말한다. 그러니까 교종처럼 어느 한 경전에 얽매이거나 구애받지 않는다는 뜻이다. 이런 뜻을 담고 있는 말이 '교외별전'이다. 이는 '경전 밖에 따로 전함이 있다'는 뜻으로 '이심전심'과 같은 뜻으로 쓰인다. '불립문자'와 '교외별전'의 의미도 두 구절과 같으며, '불립문자'가 강화된 것이 '교외별전'이라 할 수 있다. '직지인심'은 사람의 마음으로 직접 터득하라는 것이며, '견성성불'은 자기의 본성이 곧 부처님의 마음임을 깨닫게 되는 것을 말한다. 4구란

---

6 이 말은 석가가 영산(靈山)에서 설법하면서 말없이 한 송이 꽃을 손에 들어 올렸을 때 그 제자 가운데 가섭(迦葉) 만이 그 뜻을 알고 미소를 지었다는 데서 유래하였다.

"문자를 세우지 않으며 경전의 가르침 외에 따로 전하는 것이 있으니, 사람의 마음으로 직접 터득하고 본연의 품성을 보고 부처가 된다"는 것을 말한다.

신라하대에 선종이 대두할 수 있었던 배경에는 먼저 기존 교종의 한계를 들 수 있다. 교종은 신라중대에 크게 발전했는데, 그중 가장 대표적인 종파는 화엄종과 법상종이었다. 그런데 이 종파들은 지나치게 이론적이고 관념적이었다. 이런 한계를 극복하기 위해서는 보다 실질적이고 구체적인 수행방법을 제시하거나 새로운 종교운동을 전개할 필요가 있었는데, 신라하대에는 이런 점들이 절실히 요구되고 있었다. 선사들이 중국에 유학하여 선종을 수용했던 것은 신라하대의 교학불교가 경전의 의미나 글자를 해석하는 훈고학적 성격을 띠게 되고 신앙이 의례화한 데 대해 불만을 품었기 때문이었다. 따라서 이들은 귀국하여 교종의 기성 사상체계에 의존하지 않고 각 개인이 사색하여 진리를 깨달을 것을 권유했던 것이다.

다음으로는 정치·사회적인 변화를 들 수 있다. 신라하대에 들어 골품제의 붕괴로 중앙정치가 문란해지고 지방통제력이 약화되면서 지방에서는 호족들이 성장하였다. 새로운 사회로 넘어가는 이런 과도기에 선종은 호족들의 호기심을 끌면서 그들의 성장을 뒷받침하는 새로운 사상으로 자리 잡게 되었던 것이다.

교종은 불경을 통하기 때문에 제자라는 것이 학문적으로 계승되었지만, 선종은 곧 바로 스승과 제자의 만남을 통해 마음과 마음을 통해 계승되었다. 선종에서는 도(道)를 전하는 방법도 같은 경전을 공부했느냐 아니냐보다는 '면수(面授)'라고 해서 직접 얼굴을 대면하고 도를 받았느냐 아니냐를 중시하였다. 이때 주고받는 것을 '심인(心印)'이라 한다. 따라서 선종은 문자공부보다 종교적 수양을 더 중시하였던 것이다. 조금 단순화해서 말하면 경전을 안 보아도 된다는 뜻이고, 어려운 교리 공부를 안 해도 된다는 이야기이다. 따라서 선종은 아무래도 문자에 약할 수밖에 없었던 무사적 기질을 지닌 호족들에게 구미를 당기는 매력적인 사상이 되었던 것이다.

당시 호족은 경제적으로나 군사력으로 지방에서 강한 기반을 가졌을 뿐만 아니라 지방민과 쉽게 결합할 수 있어서, 사회의 명망과 권세를 한꺼번에 쥐고 있었다. 즉 한정된 범위에서나마 자기의 세력권 내에서는 왕과 같은 위치에 있었다. 그러나 교종의 '왕이 곧 부처[王卽佛]'라는 논리가 지배하는 한 호족들의 위치는 지배층으로 비집고 들어갈 틈이 없었다. 따라서 호족의 입장에서 보면 선종의 타고난 마음이 곧 부처라는 '자심즉불(自心卽佛)'과 '일문일가(一門一家)'는 하나의 구원의 사상이었던 것이다. 체제와 질서가 중요한 것이 아니라 깨침의 능력이 중요하고 스스로 일가를 이룰 수 있다는 사상은 호족도 곧 왕이 될 수 있다는 생각으로 비약하게 된다. 그리하여 호족들은 다투어 선종 승려들을 후원하여 각처에 독자적인 산문을 개창하였던 것이다. 산문은 대부분 그들을 후원하는 유력한 호족의 근거지와 가까운 지역에 위치하였다.

일반적으로 선종불교는 처음에 북종선 사상이 나타나고, 그 뒤를 이어 남종선 사상이 유행하였다.[7] 신라하대에 남종선 사상의 본격적인 유입은 도의선사(道義禪師)에 의해 이루어졌다. 도의선사는 784년(선

---

7 선종불교는 달마대사로부터 제5조 홍인(弘忍)까지는 한 가지 흐름으로 이어졌으나 홍인의 문하에서 신수(神秀; 606~706)가 북종선을 열었고, 혜능(慧能; 638~713)이 남종선을 열었다. 북종선은『능가경(楞伽經)』을 근거로 단계적 깨달음[漸悟]을 주장하는 데 반하여 남종선은『금강경(金剛經)』을 근거로 행동적이고 즉각적인 깨달음[頓悟]을 주장한다. 이를 가리켜 '남돈북점(南頓北漸)'이라고 하나, 후대에는 남종선이 특히 발전하여 선종이라 하면 남종선을 지칭하는 말이 되었다.

덕왕 5) 당나라에 가서 서당지장(西堂智藏)에게서 심인을 받고 821년(헌덕왕 13)에 귀국하였다. 귀국 후 도의선사는 선(禪)사상을 전파하려 하였으나 당시 교종에 깊숙이 젖어 있던 서라벌의 승려들과 귀족들이 '마귀의 말[魔語]과 같다고 비웃자 양양 진전사로 들어가서 은거하였다. 그 뒤 826년(흥덕왕 1)에 당나라에서 귀국한 홍척(洪陟)이라는 승려가 지리산에서 실상사를 창건하고 설법을 전파하는데 성공하여 실상산문을 개창하였다. 양양 진전사에 은거하던 도의는 그의 제자 염거(廉居)에게 법을 전하였고, 염거는 다시 그의 제자 체징(體澄)에게 법을 전하였다. 체징은 859년(헌안왕 3)에 전남 장흥의 가지산으로 가서 보림사를 창건하고 가지산문을 개창하였다. 이런 식으로 전국에 걸쳐 9산문이 개창되었던 것이다.

이런 산문은 종파와는 다른 것이다. 즉 대표적인 절을 의미하였다. 교종사찰들이 경주 중심인 반면 선종사찰은 전국적으로 분포되어 있었다. 물론 신라하대에 가면 교종사찰도 경주를 중심으로 포진하면서도 도시로부터 지방으로 확산되었다. 분황사·황룡사가 경주 시내에 있는 반면에 해인사·화엄사·부석사 등은 산속에 세워졌다. 결국 사찰들이 전국 각지로

확산되어 가는 것은 교종·선종 할 것 없이 일반적인 추세였으나, 선종의 경우가 특히 현저하였다.

2) 사굴산문과 범일국사

신라하대 명주호족은 9산문 중 사굴산문과 밀접한 관계를 맺고 있었다. 사굴산문의 본산은 굴산사였다. 굴산사가 언제 창건되었는지는 분명하지 않다. 『삼국유사』에는 "범일이 847년(문성왕 9)에 중국에서 귀국하여 먼저 굴산사를 창건하고 전교하였다"고 하였으나, 『조당집 (祖堂集)』[8]에는 "명주도독 김공(金公)이 거듭 굴산사에 주지(住持)하기를 청하였다"라고 한 것으로 보아 범일이 주지하기 이전부터 이미 굴산사가 창건되어 있었다. 굴산사는 범일 이전에 창건되어 있었지만 범일이 주지하면서부터 거대한 선종산문으로 크게 성장하였다.

범일은 810년(헌덕왕 2) 정월에 태어나 889년(진성여왕 3) 5월에 입적하였다. 그의 시호는 통효대사(通曉大師)이고, 탑호(스님의 별호)는 연휘(延徽)이다. 그의 출신에 대해서는 『조당집』에 비교적 자세히 기록되어 있다. 그의 할아버지 김술원(金述元)은 구림(鳩林, 경주의 옛 이름)의 관족(冠族, 대대로 고관을 배출한 집안)으로서 명주도독을 지냈으며, 그의 어머니 문씨(文氏)는 강릉지역의 토착호족 출신이었다고 한다. 즉 범일의 아버지는 명주도독 김술원의 아들이었고, 어머니는 강릉지역의 토착호족의 딸이었다. 범일의 아버지에 대해 특별히 알려

---

8 『조당집』은 석가모니불을 비롯한 과거 7불로부터 당말오대(唐末五代)까지의 선사 (禪師) 253명의 행적과 법어·게송·선문답을 담고 있다. 이 책은 952년 남당(南唐) 천주 (泉州, 현재 복건성 소재) 초경사(招慶寺)에 머물던 선승(禪僧) 정(靜)이 균(筠)이 편찬하였 다. 중국에서는 이 책이 100여 년이 지나 유실되었으나, 다행히도 1912년 일본인 학자 오 노 겐묘(小野玄妙)와 세키노 다다시(關野貞) 등이 합천 해인사에서 8만대장경의 판본을 조사하던 중에 발견하여 세상에 알려졌다.

지지 않은 이유는 자세히 알 수 없지만, 아마도 지방세력으로 고착되었기 때문이라 생각된다.

『조당집』에는 "범일의 어머니가 해를 어루만지는 상서로운 꿈을 꾸고 잉태한 지 13개월 만에 (범일을) 낳았는데, 곱슬머리의 특이한 자태와 정수리가 진주모양을 한 기이한 얼굴상이었다"고 하여 그의 출생과 신체적 특이성이 기록되어 있다. 그러나 『임영지』[9] 전지에는 다음의 내용이 전해진다.

신라 때 양가집 딸이 굴산(堀山)에 살고 있었는데, 나이가 들도록 시집을 가지 못하였다. 어느 날 우물가에서 빨래를 하고 있었는데, 햇빛이 배를 비추자 저절로 태기(胎氣)가 있었다. 그녀는 지아비 없이 아이를 낳자 집안사람들이 이상하게 여길 것 같아 아이를 얼음 위에다 버렸는데, 새들이 날개로 덮어주었고 밤중에 하늘에서 상서로운 빛이 비쳤다. 이에 아이를 도로 데려다 길렀는데, 이름을 범일(梵日)이라 하였다.

위의 기록에 의하면 범일의 부모는 중매를 넣기도 전에 결합하여 임신하였고, 범일을 낳게 되자 갖다 버렸는데 날짐승이 아기를 보호해주어 도로 거두어 길렀다고 한다.

일반적으로 신화나 전설의 속성은 그 사실에 대한 이야기가 후대에 구전(口傳)되면서 첨삭되거나 수식되기도 한다. 범일국사의 신화도 갑자기 이루어진 것이 아니라 오랜 전승을 통해 이루어졌다고 할 수 있

---

9 『임영지』는 전지·후지·속지 세 종류가 있다. 전지는 광해군 연간(1608~1623)에, 후지는 영조 24년(1748)에, 속지는 정조 10년(1786)에 편찬되었다. 이를 『구지(舊誌)』라 한다. 범일국사 탄생설화가 처음으로 등장하는 것은 광해군 연간에 편찬된 『임영지』 전지 석증조(釋證條)이다.

돌우물[石泉]   학바위[鶴岩]

다. 범일의 출생과 관계있는 돌우물[石泉]과 학바위[鶴岩]는 지금도 강릉시 구정면 학산리에 남아 있다.

　범일은 824년(원성왕 16) 15세 때 출가하여 약 5년 동안 입산수도하였다. 그가 출가한 사찰이 정확히 어디인지 알 수 없지만, 아마 강릉 부근의 사찰이었을 것이라 생각된다. 고려시대에 들어와 낙산사에는 범일이 의상(625~702)의 문인이라는 설이 유포되고 있었다. 이에 대해 일연은 『삼국유사』의 세주(細註)에서 "범일은 의상의 문인이라 하나 잘못된 것"이라 주장하였다. 물론 일연의 주장처럼 범일은 의상의 문인이 아님이 분명하다. 그러나 이러한 설이 유포된 것은 나름의 이유가 있을 것으로 생각된다.

　범일이 후일에 주지로 있었던 사굴산문의 본산은 굴산사였지만, 춘천의 건자암을 비롯하여 봉화의 태자사, 오대산의 월정사, 양양의 낙산사, 동해의 삼화사 등에도 그 세력이 미치고 있었다. 즉 사굴산문은 강원도 영동지역뿐만 아니라 영서지역, 경상도까지 세력이 미쳤던 것이다. 이에 낙산사에도 사굴산문의 세력이 부식되어 갔을 것이며, 이 과정에서 의상의 화엄종 계열과의 관계를 염두에 둔 범일 제자들에 의해 "범일이 의상의 문인"이라는 설이 유포되었을 가능성이 있다. 또 범일의 십대제자 가운데 한 사람인 신의(信義)는 자장율사와 신효거사(信孝居士)가 머물던 현재의 월정사 터에 암자를 짓고 살았다. 이 때문에 범일과 그 문인들이 오대산을 중심으로 한 자장계의 화엄 및 의상계의 화엄사상, 문수신앙을 선사상에 수용한 것으로 보기도 한다.

범일은 20세 때 경주에 이르러 구족계(具足戒)[10]를 받고 청정한 수행과 수도가 귀감이 되고 모범이 될 만큼 수도생활에 전념하여 상당히 촉망받고 있었다. 그러다가 831년(흥덕왕 6)에 왕자 김의종(金義琮)을 따라 당나라로 건너가 제안대사(齊安大師)를 만난다. 범일이 "어떻게 해야 성불(成佛)합니까?"라고 묻자, 제안은 "도(道)는 닦을 것이 아니요 단지 오염되지 않도록 하라. 부처라든지 보살이라 하는 소견을 가지지 말라. 평상시의 마음이 도(道)이다"고 대답했다. 범일은 이 말에 크게 깨닫고 그를 6년 동안 섬겼다. 그 후 중국 각지를 다니며 수도하던 중 845년(문성왕 7)에 당나라 무종(武宗) 때 승려들을 죽이고 사찰을 없애는 등 불교탄압이 자행되자, 난을 피해 상산(商山)에 숨어 있다가 나중에 소주(蘇州)에 가서 혜능(慧能)의 탑에 참배를 했다. 범일이 847년에 귀국해 백달산에서 정진하고 있을 때, 851년에 명주도독 김공(金公)이 굴산사 주지로 청함으로써 굴산사에 오게 되었다. 강릉은 범일의 출생지이자 외가였고 할아버지가 명주도독을 지낸 연고관계가 있었기 때문에 명주도독의 초청을 쉽게 받아들일 수 있었을 것이다.

김공이 어떤 인물인지에 대해서는 김주원계의 후예 혹은 그들 세력권 속에 있었던 인물로 보는 견해와 이와 달리 중앙에서 파견된 관리

---

10 출가한 사람이 정식 승려가 될 때 받는 계율을 말함. 비구와 비구니가 지켜야 할 계율이며, 비구에게는 250계, 비구니에게는 348계가 있다. 불교에서 출가하는 것은 사미계(沙彌戒)를 받았다는 뜻이며, 구족계를 받게 되면 정식 승려가 된다.

로 김주원계와는 다른 새력으로 보는 견해가 있다. 신라하대 강릉지역의 정세로 볼 때 명주도독에 임명될 수 있었던 인물은 김주원의 후손이거나 그 계통의 세력권 속에 있었던 인물이었을 것이라 생각된다. 왜냐하면 신라하대에 영동지역의 어떤 세력도 김주원의 후손과 연고없이 존재할 수 없었기 때문이다. 사굴산문과 같은 큰 산문세력의 형성에 이들이 깊이 관여되었음은 주지의 사실이다. 가령 개청이 주지였던 지장선원의 최대 단월(檀越)[11]도 명주호족 김순식이었다. 이처럼 명주호족은 사굴산문의 적극적 후원자였을 뿐만 아니라 그들과 불가분의 관계에 놓여 있었음을 알 수 있다. 범일이 이 지역의 호족과 지방민의 정신적 지도자 역할을 했음은 물론이다.

범일은 굴산사를 중심으로 영동지역 일대에서 활발한 선교활동을 하였다. 그는 낙산사에 정취전을 짓고 정취보살[12]을 모셨다. 낙산사는 676년(문무왕 16)에 의상이 창건한 후 의상계 화엄사상과 관음신앙의 중심지였다. 그러나 786년(원성왕 2)에 대부분 소실되어 858년(헌안왕 2)에 범일이 이를 중건하였다. 범일의 낙산사 중건에 대해서는 『삼국유사』에 다음과 같은 설화가 전해진다.

범일이 당나라에서 유학생활을 하고 있을 때 명주(明州) 개국사(開國寺)에서 양양 출신이라는 왼쪽 귀가 떨어진 한 스님을 만났는데, 그가 사는 곳이 낙산 밑이라고 하였다. 그는 스님께서 본국으로 돌아가시면 자기 집에 찾아가 집을 지어 달라는 부탁을 하였다. 그러나 귀국 후 선교활동을 하는데 여념이 없었던 범일은 그와의 약속을 까맣게 잊고 있었다. 그렇게 10여 년이 지난 어느 날 꿈에 그 스님이 나타나

---

11 절이나 승려에게 물건 따위를 봉양하는 일. 또는 그런 사람.
12 극락 또는 해탈의 길로 빨리 들어서는 길을 일러주는 보살.

"전에 명주 개국사에서 저의 부탁을 승낙하셨거늘 어찌 이렇게 늦으십니까?" 하였다. 잠에서 깬 범일은 곧바로 양양으로 가서 그가 사는 곳을 찾았다. 마침 낙산 밑의 마을에 한 여인이 살고 있었는데, 그녀의 여덟 살 된 아들이 마을 남쪽 돌다리 옆에 금빛 아이가 있다 하여 범일이 찾아보니 돌부처가 물 한가운데 있었다. 범일이 이를 꺼내 보니 당나라에서 본 스님의 모습과 똑같았다. 범일은 그것이 곧 정취보살임을 알아보고 점을 쳐서 길하다는 낙산 위에 불전을 짓고 그 상을 모시었다. 또한 범일은 동해의 삼화사를 창건하기도 하였다.

범일은 사굴산문을 개창한 이래 많은 문도들을 배출하였는데, 그 대표적인 인물이 개청(開淸)과 행적(行寂)이다. 개청의 속성은 김씨이고 경주 출신이다. 8세에 공부를 시작하여 유학을 익히다가 화엄사의 정행(正行)에게 배우고, 강주(康州, 진주) 엄천사에서 구족계를 받은 후에 금산(錦山, 나주)으로 가서 암자를 짓고 3년 동안 불경을 공부하고 선(禪)을 익혔다. 후에 사굴산문의 개산조인 범일의 명성을 듣고 오대산으로 찾아가 범일로부터 심인을 받았다. 889년에 범일이 세상을 떠나자 알찬 민규의 청함을 받고 지장선원으로 와서 불전과 탑을 세우고 도로를 개통하여 많은 사람들을 교화하였다. 경애왕은 개청의 덕이 높음을 듣고 사신을 보내 국사(國師)의 예를 표하였다. 고려 태조는 개청에게 '낭원대사'라는 시호를 내렸다. 개청의 문하에는 신경(神鏡), 총정(聰靜), 월정(越晶) 등 수백 명이 있었다.

행적의 속성은 최씨이고 하남(河南) 출신이다. 그는 어려서 출가하여 명산을 유람하다가 가야산 해인사에서 화엄학을 공부하였다. 847년(문성왕 9) 복천사에서 구족계를 받은 다음, 교종의 한계를 인식하고 선종으로 개종한 후 굴산사에 주석하고 있는 범일을 찾아왔다. 범일의 문하에서 수년 간 수업한 후, 870년(경문왕 10)에 입조사(入朝使)

영은사 범일국사 진영

대관령국사성황신

김취영(金聚榮)을 따라 당나라에 갔다. 885년에 귀국하여 굴산사에 와
서 범일을 만나고 수정사에 머물렀다. 그는 889년 범일의 법을 이어받
아 사굴산문의 제2조가 되었다.

범일은 40여 년간 굴산사에 머물면서 선법을 전파하였다. 그동안 경
문왕·헌강왕·정강왕이 연이어 범일을 국사(國師)로 봉하고 사신을
보내 경주로 모시려했으나 끝내 부름에 응하지 않았다. 이들 왕이 범
일을 부른 이유는 알 수 없지만, 아마 명주지역에서 정신적인 지도자
로 활동하고 있던 범일을 경주로 불러들여 이 지역의 세력을 회유하
고자 하였던 것으로 짐작된다. 효공왕(재위 897~912) 때의 문신·학
자인 박인범(朴仁範)이 쓴 영찬(影贊)에 '범일국사'라 칭하고 있는 것
으로 보아 범일은 사후에 국사로 추봉되었음을 알 수 있다. 그리고
범일은 조선후기에 이르러 '대관령국사성황신'으로 추앙되고 있다.

사굴산문의 본산인 굴산사는 범일의 입적(889)을 계기로 위축된 것
으로 보인다. 이러한 사실은 「보현사 낭원대사탑비」에 굴산사가 여러
차례 초적(草賊)의 침입을 받은 점, 범일이 입적하자 알찬 민규가 개청
을 지장선원의 주지로 청한 점, 명주장군 김순식이 지장선원의 단월이

된 점 등에서 확인할 수 있다.

굴산사가 얼마 동안 존속하였는지는 확실치 않다. 고려 때 강릉지역
은 많은 외침과 초적의 침입을 받았다. 가령 1029년(현종 20)에는 동여
진의 침입을 받은 적이 있었고, 1217년(고종 4)에는 제천 박달재에서
패배한 거란군이 평창을 거쳐 대관령을 넘어 강릉에 쳐들어와 약탈을
자행하였다. 『임영지』에 의하면, 그때 강릉에 쳐들어온 거란군은 수개
월에 걸쳐 인민을 대량 학살하였을 뿐만 아니라 가축 도살과 가옥을
소각하는 등 온갖 만행을 저질렀다고 한다. 1194년(명종 24) 2월에는
초적 김사미(金沙彌) 무리가 침입하였고, 1199년(신종 2)에는 도적이
명주에서 일어나 삼척·울진현을 함락한 후 경주에서 일어난 도적과
합세하여 주군(州郡)을 침략하기도 하였다.

이러한 와중에도 굴산사의 명맥은 유지되었던 것으로 보인다. 이는
1353년(공민왕 2)에 굴산사 주지 혜식(惠湜)이『전등록(傳燈錄)』[13] 발간
에 참여하고 있는 것에서 확인할 수 있다. 『고려명현집』권2, 전등록
간행 서문에 의하면, 공민왕 때 판조계종사(判曹溪宗事) 각운(覺雲)이
병화에 불타버린『전등록』을 중간(重刊)해서 널리 보급하자는 건의에
따라 굴산사 주지 혜식을 비롯하여 광명사 주지 경예(景猊), 개천사 주
지 극문(克文), 복암사 주지 탄의(坦宜) 등이 중간에 참여하고 있다. 그

---

13 송나라의 승려 도원(道原)이 1006년(경덕 3)에 저술한 책. 경덕 연간에 지은 것이라
하여 일명『경덕전등록(景德傳燈錄)』이라고도 한다. 이 책의 내용은 천축(天竺)의 7불(佛)
로부터 달마서래전(達磨西來傳), 법안(法眼)에 이르기까지 역대 선종의 조사(祖師) 5가(家)
52세(世)에 걸친 954인의 법통전록(法統傳錄)의 계보와 법어를 기록한 것으로 모두 30권
으로 되어 있다. 『전등록』이 송나라 사람에 의해 저술되었지만, 신라말 고려초의 선승(禪
僧)이 적지 않게 실려 있다. 그러나 그 내용은 단편적이고 주로 중국승과의 사제관계만
밝히고 있다. 중국에서『전등록』이 편찬된 시기는 고려 목종대(재위 997~1009)에 해당된
다. 따라서『전등록』은 고려 목종 이후 어느 시기에 간행되었던 것으로 짐작된다.

러나 조선초기에 편찬된 『동국여지승람』(1481)에는 굴산사에 대한 기록이 없고, 단지 제영조(題詠條)에 김극기의 시 「굴산종(崛山鐘)」만 기록되어 있다. 이를 통해서 볼 때 굴산사는 여말선초의 역사적 전환기에 폐사된 것으로 보인다.

3. 강릉지역의 화랑유적

1) 화랑제의 실시와 수련내용

신라의 화랑도는 대개 15~18세의 청소년으로 조직된 수양단체였다. 이는 6세기 중엽 진흥왕대에 제정되어 신라가 멸망할 때까지 거의 400년간 존속하였다. 이에 관한 포괄적인 서술로 주목되는 것은 『삼국사기』 진흥왕 37년(576)조 말미의 기사이다. 그 내용은 화랑의 전신인 원화제의 성립, 원화인 남모와 준정의 알력, 그로 인한 원화제의 폐지, 화랑제의 시행 및 수련내용, 그리고 역사적 의의가 간략하나마 서술되어 있다.

진흥왕 37년 봄에 비로소 원화(源花)를 받들었다. 처음에 임금과 신하가 인재를 알지 못함을 유감으로 여겨 무리들로 하여금 떼 지어 놀게 하여 그들의 행실을 살펴본 후에 발탁해서 쓰려고 하였다. 이리하여 마침내 미녀 두 사람을 선발하였는데, 하나는 남모(南毛)이고 하나는 준정(俊貞)이다. 그들을 중심으로 무리 300여 명을 모았다. 그런데 두 여자가 미모를 다투며 서로 시기하여 준정이 남모를 자기 집으로 유인하여 억지로 술을 권하여 취하게 한 후, 그녀를 끌어다가 강물에 던져 죽였다. 이로 인해 준정은 사형에 처해지고 무리는 화목함을 잃어 해산되었다. 그 후에 다시 미모의 남자를 뽑아 곱게 단장하여 이름을 화랑(花郞)이라 하여 받들게 하니 무리들이 구름같이 모여들었다. 그들은 서로 도의로써 연마하고, 노래와 음악으로 서로 즐기며, 산천을 찾아 노닐고 즐김에 멀더라도 이르지 않은 곳이 없었다. 이로 인하여 그들의 나쁘고 나쁘지 아니한 것을 알아 그중에서 착한 자를 택하여 조정에 추천하였다. 그런 까닭에 김대문의 『화랑세기(花郞世記)』에 이르기를, "어진 재상과 충성스러운 신하가 이로부터 나왔고, 훌륭한 장수와 용감한 병사가 이로부터 생겼다"고 하였다(『삼국사기』권4, 신라본기4).

위의 기사에 의하면 진흥왕 37년(576) 봄에 화랑제의 전신이라 불리는 원화제를 시행하였는데, 그 단장인 원화에는 남모와 준정을 뽑아 이들로 하여금 300명에 달하는 무리를 통솔케 하였다. 그러나 얼마 뒤 두 여자 사이에 서로 시기하는 일이 생겨 준정이 남모를 강물에 던져 죽인 사건이 발생함으로써 이 단체는 해산되었다. 원화제가 폐지되었다 하더라도 신라에서는 인재를 양성·확보해야 할 필요성이 그대로 남아 있었다. 특히 6세기 전반기가 되면 신라는 대가야, 나아가서는 고구려·백제 같은 큰 나라를 상대로 활발한 정복전쟁을 벌이게 되었고, 이에 따라 많은 병사를 필요로 하게 되었다. 화랑제는 이 같은 상황에서 진흥왕 때 제정되었던 것이다.

『삼국사기』에는 원화제를 진흥왕 37년 봄에 처음으로 시행했으나 남모와 준정의 사단 끝에 이를 폐지했다가 얼마 뒤에 다시 화랑제를 제정했다고 함으로써, 원화로부터 화랑으로의 변천이 진흥왕 37년 한 해 사이에 있었던 것처럼 서술되어 있다. 그러나 진흥왕 23년(562)의 가야정벌에 화랑 사다함(斯多含)과 그의 낭도들이 참여한 것이라든지, 진흥왕 27년(566)경에 화랑 백운(白雲)이 활동하고 있었던 것으로 보아 진흥왕 37년 이전에 이미 화랑제가 성립되어 있었음을 알 수 있다. 이러한 사실은 『삼국유사』에 진흥왕 때 원화제를 시행하다 사고로 이를 폐지했다가 몇 년이 지난 뒤 다시 화랑제로 개편하게 되었다고 한 것에서도 확인할 수 있다.

화랑제의 시행목적은 "처음에 임금과 신하가 인재를 알지 못함을 유감으로 여겨 무리들로 하여금 떼 지어 놀게 하여 그들의 행실을 살펴본 후에 발탁해서 쓰려고 하였다"고 한 것으로 보아 인재를 양성하여 국가에 등용하려는데 있었음을 알 수 있다. 그래서 김대문이 『화랑세기』에서 "어진 재상과 충성스러운 신하가 이로부터 나왔고, 훌륭한 장수와 용감한 병사가 이로부터 생겼다"고 하였던 것이다.

하나의 화랑집단은 화랑 1명과 승려 1명, 그리고 화랑을 따르는 다수의 낭도로 구성되어 있었다. 화랑은 신라시대를 통틀어 200여 명에 달하였다. 이에 대한 기록은 대부분 『삼국사기』와 『삼국유사』에 수록되어 있다. 두 사서에서 화랑에 대해 포괄적으로 서술하고 있는 부분을 비교해 보면, 여러 가지 면에서 차이를 보이고 있다.

우선 두 사서에서 다루고 있는 화랑 관련 인물들 중에는 거의 중복이 보이지 않는다는 사실을 들 수 있다. 중복되어 나타나는 인물은 김유신과 효종랑, 김응렴 3인에 불과하다. 가령 효종랑 관련 기사를 비교해 보면, 두 사서 사이에 약간의 출입은 있지만 대체적인 내용은 비슷하다. 그러나 김유신에 대해서는 내용상으로 보아 두 사서 사이에 중복되는 부분이 전혀 없다. 이는 두 사서가 이용한 사료 계통이 전혀 다른 것이었음을 뜻한다.

다음은 두 사서에서 강조한 대표적인 화랑이 달리 나타나고 있다는 점이다. 『삼국사기』의 경우, 낭도 김흠운전에 사론(史論)을 덧붙여 화랑에 관해 포괄적으로 언급한 뒤에, "흠운과 같은 사람도 역시 낭도였는데, 나라 일에 목숨을 바칠 수 있었으니 그 이름을 욕되게 하지 않았다고 할 만하다"고 논했다. 즉 『삼국사기』에서는 국가를 위해 목숨을 바친 낭도 김흠운을 자랑스럽게 내세우고 있다. 그러나 『삼국유사』에서 화랑에 관한 서술은 화랑과 불교와의 관계를 돋보이게 서술했다. 두 사서에서 대표적인 화랑을 달리 서술하고 있음은 찬자의 시각 차이에 그 일차적인 원인이 있다고 생각된다.

화랑 가운데 문도가 가장 번성했던 화랑은 효소왕대(재위 692～702)의 사선(四仙)이었다. 각훈은 "원랑(原郎)으로부터 신라말까지 200여 명이 배출되었지만, 그중에서도 오직 사선이 가장 어질었음은 또한 『화랑세기』 중의 설과 같다"고 했다. 이규보(1168～1241)는 "나라에는 사선이 있어 진정으로 옥과도 같은데, 만고에 전하는 명성이 생황(笙簧)처럼 울렸다"고 하였다. 이인로(1152～1220)는 "오직 사선의 문도가 가장 번성해서 비를 세우기까지 했다"고 하였다. 사선이란 4명의 국선(國仙)을 말한다. 고려말 문인학자 이곡(1298～1351)은 4선을 영랑·술랑 등 네 선동(仙童)이라고 했고, 『동국여지승람』에서는 민간에서 전해오는 맬諺傳을 인용하여 술랑·남랑·영랑·안상이라고 했다.

화랑도의 조직 속에서 활동하였던 승려들은 주로 지적·정신적인 방면에서 낭도를 지도하는 입장에 있었다. 일반적으로 지적되고 있듯이 승려는 그 당시 제일의 지식인으로서 화랑과 낭도들의 다종다양한 교육을 담당하는 교사 역할을 하였던 것으로 보인다. 이를테면 그들은 향가를 지어 노래와 음악[歌樂]을 교육하기도 하였다. 가령 월명(月明)이 경덕왕에게 "저는 다만 국선의 무리에 속해 있어서 오직 향가만을 알 뿐, 불교노래에는 익숙하지 못합니다"라고 한 것은 당시 화랑도에 속한 승려들이 향가에 조예가 깊었음을 말해준다. 진평왕 때의 승려 혜숙은 젊은 시절 화랑 호세랑의 낭도로 화랑을 수행했고, 훗날 사냥을 즐기는 화랑 구참공을 질책하여 깨우쳐주기도 했다. 효소왕 때의 화랑 부례랑의 천명 낭도 중에서도 가장 가까이 지냈던 안상은 승려였다. 693년(효소왕 2)에 부례랑이 낭도들과 함께 금란(金蘭, 지금의 통천)에 놀다가 말갈적에게 붙잡혀 가는 사건이 발생했을 때 낭도들이 모두 어찌할 바를 모른 채 돌아왔지만, 오직 안상만이 그를 뒤쫓아 갔을 정도로 친한 사이였다. 낭도인 월명도 승려였고, 응렴(훗날의 경문왕)의 우두머리 낭도인 범교(範敎)도 승려였다. 이상의 혜숙, 안상, 월명, 범교 등은 모두 승려인 동시에 화랑을 수행하던 낭도였다. 그리하여 이들을 '승려낭도'라고 칭하기도 한다.

낭도의 수는 화랑도마다 일정하지 않았으나, 적게는 수백에서 많게는 수천에 달하였다고 한다. 조직에 따라 그처럼 편차가 컸던 것은 화랑의 역량이나 지향하는 바의 성격 차이 등에 있었을 것으로 추정된다.

화랑도는 한 시대에 하나의 집단만이 존재한 것이 아니라 몇 개의 집단이 동시에 존재하였다. 이러한 사실은 진평왕대(재위 579~632)에 제5 거열랑·제6 실처랑·제7 보동랑 등의 3화랑, 효소왕대(재위 692~702)에 사선, 경문왕대(재위 861~875)에 요원랑·예흔랑·계원·숙종랑 등이 활동한 것에서 확인할 수 있다.

김유신이 이끈 화랑도를 '용화향도(龍華香徒)'라 이름한데서 보듯이 이들 각각은 그 성격에 걸맞은 명칭을 가지고 있었다. 화랑에게 소속된 낭도들의 신상을 기록한 명부인 '풍류황권(風流黃卷)'은 각자의 소속을 구별하고자 작성한 것이라 여겨진다. 이는 죽만랑의 낭도 득오가 풍류황권에 이름을 올리고 매일 출근했다는 기록이라든지, 호세랑이 황권에서 이름을 지우자 그의 낭도 혜숙이 적선촌(赤善村)에 은거했다는 기록을 통해서 알 수 있다.

화랑의 수련기간은 통상 3년이었다. 이들의 수련내용은 "도의로써 서로 연마하고[相磨以道義], 노래와 음악으로 서로 즐기며[相悅以歌樂],

산천을 찾아 노닐고 즐김에 멀더라도 이르지 않은 곳이 없었다[遊娛山水 無遠不到]"로 요약된다.

첫째, "도의로써 서로 연마하였다"는 것은 사람 사이의 관계를 가르친 도의교육의 내용을 말한다. 이에 대해서는 진평왕 때 원광법사가 화랑 귀산(貴山)과 추항(箒項)에게 가르쳐준 「세속오계」에 나타난다. 그 내용은 임금을 섬김에 충성으로써 하고[事君以忠], 어버이를 섬김에 효도로써 하고[事親以孝], 벗을 사귐에 신의로써 하고[交友以信], 싸움에 임해서는 물러남이 없게 하고[臨戰無退], 산 것을 죽일 때에는 가림이 있어야 한다[殺生有擇]는 다섯 가지의 계명이었다. 이 가운데 화랑이 특히 귀중하게 여겼던 사회윤리의 덕목은 충(忠)과 신(信)이었다. 이는 비단 화랑집단의 구성원만의 덕목이 아니라 당시의 시대정신이었다. 「진흥왕순수비」에 '충신정신(忠信精神)'을 장려하고 있는 것이라든지, 「임신서기석」에 두 청년이 '충도집지(忠道執持)'를 서약하고 있는 것은 이러한 사실을 말해준다.

세속오계 가운데 앞의 세 가지는 통상적인 불교의 교리에 별로 어긋나는 것이 없지만, '임전무퇴'와 '살생유택'은 불자가 지키기에는 좀 분위기가 다른 주문이었다. 이 문제는 당시 상황이 어떠했는가를 살펴보면 풀릴 수 있을 것이다. 세속오계가 나타난 시기는 삼국이 정복 전쟁을 일삼던 통일전야였다. 그리고 세속오계도 원광법사가 주도했다기보다는 사실 귀산과 추항이라는 두 젊은이가 원광법사에게 찾아가 교훈을 요구해서 만들어진 것이라는 점을 주목해야 할 것이다. 원광법사는 이들의 요구에 "그대들은 세속에 살고 있는 사람이다"는 것을 전제로 하고 지어 주었다. 그러니까 불교도들이 지켜야 할 계율이라기보다는 세속의 사람들이 지켜야 할 세속오계였다. 원광법사는 출가인들을 위한 계율을 주려고 했던 것이 아니라 세속에 필요한 계율을 주려고 했던 것이다. 결국 세속오계는 불자들이 지켜야 할 계율이 아니라 일반민 특히 청소년들에게 필요한 윤리덕목이었던 셈이다.

둘째, 화랑의 수련과정에서 "노래와 음악으로 서로 즐겼다"는 것은 화랑과 가악이 밀접한 관계가 있었음을 말해준다. 본래 노래는 청소년의 의기를 북돋우는 데 크게 이바지했다고 한다. 『삼국사기』 악지에는 신라시대 각 군(郡)에서 유래한 악명(樂名)이 기재되어 있다. 그 중에는 화랑도와 관계가 깊은 악명이 보이는데, 「사내기물악(思內奇物樂)」은 최초의 국선인 설원랑(薛原郞)의 작품이라 한다.[14] 실제로 『삼국유사』에는 화랑과 관련된 향가가 적지 않게 수록되어 있다. 가령 진평왕대의 승려 융천이 거열랑·실처랑·보동랑 등의 3화랑이 풍악(금강산)에 놀러가려던 중 혜성이 나타나 여행을 중지하려고 할 때 지은 「혜성가(彗星歌)」라든지, 효소왕대의 낭도 득오가 그의 화랑 죽지랑을 그리워하며 지은 「모죽지랑가(慕竹旨郞歌)」, 경덕왕대의 승려낭도 월명이 지은 「제망매가(祭亡妹歌)」와 「도솔가(兜率歌)」, 충담이 화랑 기파랑의 덕을 찬양하여 지은 「찬기파랑가(讚耆婆郞歌)」, 그리고 경문왕 때의 요원랑·예흔랑·계원·숙종랑 등이 화랑 출신의 경문왕을 위해 「문군곡(問群曲)」·「대도곡(大道曲)」·「현금포곡(玄琴抱曲)」 3수를 지어 대구화상에게 보낸 것 등은 모두 화랑과 승려와의 깊은 관계를 알게 해 주는 사례이다. 향가 가운데 강릉과 관계있는 것으로는 「한송정곡(寒松亭曲)」이 전해진다.[15]

---

14 혹자는 설원랑을 후대의 사람들이 만든 가공인물이라 하여 그 실재를 부인하기도 한다. 그러나 「사내기물악」을 지은 원랑도(原郞徒)는 설원랑으로 추정된다.

15 『해동가요』·『여창유취』 등에는 전문이 "한송정(寒松亭) 돌 붉은 밤의 경포대(鏡浦臺)예 물결 잔제, 유신(有信)흔 백구(白鷗)는 오락가락 ᄒ것만은, 엇덧타 우리 왕손(王孫)은 가고 안이 오는이"로 된 홍장(紅粧)이 지었다는 시조가 실려 있다.

월백한송야(月白寒松夜)   달 밝은 한송정의 밤에
파안경포추(波安鏡浦秋)   물결 잔잔한 경포의 가을.
애명래우거(哀鳴來又去)   슬피 울며 왔다가 또 날아가는
유신일사구(有信一沙鷗)   소식 지닌 한 마리 갈매기.

『고려사』와『동국여지승람』에 의하면, 이 곡은 원래 거문고 밑바닥에 적혀 있었는데 중국 강남까지 흘러갔다고 한다. 고려 광종 때 장진공(張晉公)이 강남에 사신으로 갔을 때, 그곳 사람들이 이 곡의 뜻을 묻기에 위와 같이 해석해 주었다고 한다. 강남 사람들이 이 곡의 가사를 해석하지 못했던 것으로 보아, 이 곡은 고려초 이전에 이두(吏讀)로 기록된 노래였다고 생각된다.

셋째, 화랑과 낭도는 수련기간 중에 "산천을 찾아 노닐고 즐김에 멀더라도 이르지 않은 곳이 없었다"고 하였다. 일찍이 단재 신채호 선생은 『조선상고사』에서 신라 화랑의 수련과목 중에 수박(手搏), 격검(擊劍), 사예(射藝), 덕견이(택견), 깨금질, 기마(騎馬), 씨름 등이 포함되어 있었다고 하였다. 그가 위의 사실에 대해 어느 문헌에서 인용하였는지 지금으로서는 알 수 없다. 그러나 통일 이전 삼국 간에 각축전이 치열하게 전개되었다는 점을 감안할 때, 화랑과 낭도들이 전쟁에 나가기 위해서는 무예수련이 필수적이었다. 그들이 수련과정에서 익힌 무예는 수박과 검술·활쏘기·말타기·창술 등이었다.

화랑집단은 수련기간이 끝나면 국가의 정규부대인 당(幢)·정(停)에 편입되어 정식 군인으로 활약하였고, 사태가 중대한 때에는 곧바로 군부대에 배속되어 작전에 동원되기도 하였다.

2) 강릉지역의 화랑유적과 유물

화랑은 수련기간 중에 "산천을 찾아 노닐고 즐김에 멀더라도 이르지 않은 곳이 없었다"고 하였다. 이들은 경주 부근의 남산을 비롯하여 금강산, 지리산 혹은 최근에 알려진 울산광역시 두동면 천전리 계곡과 같은 명산대천을 찾아다니면서 도의를 연마하였다. 이들이 산천을 찾아 노닐 때 가장 많이 찾은 곳은 영동지역이었다.

『삼국유사』 권3의 미륵선화 미시랑 진자사조에는 최초의 화랑 국선인 설원랑의 기념비가 명주(지금의 강릉)에 세워졌다고 한다. 이는 영동지역이 화랑과 깊은 연관을 맺고 있었음을 말해준다고 하겠다. 설원랑이 화랑이었을 무렵은 진흥왕대로, 신라의 북방영토는 비열홀주(지금의 안변)까지 이르렀다. 설원랑이 활약하던 진흥왕 때 경주에서 안변까지의 동해안 명승지는 화랑의 수련장으로 널리 알려졌을 것이다. 강릉에 첫 화랑기념비가 세워진 것도 화랑의 순례코스와 무관하지 않다고 본다.

신라의 화랑 중에서 가장 번성했던 사선과 관련된 비문이 동해안의 곳곳에 있었던 것도 이 지역이 화랑의 중요한 순례코스였음을 말해준다. 이인로는 "오직 사선의 문도가 가장 번성해서 비를 세우기까지 했다"고 하였다. 이곡은 1349년(충정왕 1)에 동해안 지역의 여행길에 사선의 유적을 탐방하기도 했는데, 그가 쓴 기행문인 「동유기(東遊記)」에서 사선과 관계있는 비에 대해 다음과 같이 전하고 있다.

옛날에는 (총석정 사선봉) 석벽 위에 비가 있었다고 하나, 지금은 보이지 않고 유적이 있을 뿐이다. 또 동쪽 봉우리에는 옛 비갈(碑碣)이 있는데, 비면이 떨어지고 닳아서 한 글자도 알 수 없으니, 어느 시대에 세운 것인지 알 수 없다. 사람들이 말하기를 "신라 때에 영랑·술랑 등 네 선동이 그의 무리

3천 명과 더불어 바닷가에서 놀았다"고 하니, 이 비갈을 그 무리가 세운 것이 아니겠느냐만, 역시 그것을 상고할 수는 없다. … 사람들이 말하기를 "이 호수가 사선이 놀고 간 36봉이라 하여 봉우리에는 비가 있었는데, 호종단(胡宗旦)이 물속에 넣어 지금은 그 받침대만 남아 있다"고 한다. … (문수당) 동쪽 한송정에 사선비가 있었으나, 호종단이 물속에 넣어버리고 오직 거북 모양으로 만든 비의 받침돌[龜趺]이 남아 있을 뿐이었다(『가정선생문집』권5, 동유기).

이곡은 총석정, 삼일포, 한송정에 사선과 관계있는 비가 있었다고 하였다. 그는 총석정의 동쪽 봉우리에 있는 비갈은 비면이 떨어지고 닳아서 한 글자도 알 수 없어 어느 시대에 세운 것인지 알 수 없지만 사선이 세웠을 것으로 추측하였다. 그런데 총석정 봉우리와 한송정에 있던 사선비는 호종단이 고의로 물속에 던져버렸다고 하였다.

호종단은 원래 송나라 사람으로 고려에 와서 예종·인종 때에 벼슬하였던 자이다. 이곡의 「동유기」에는 "그가 고려에 와서 벼슬하며 5도를 순찰하면서 가는 곳마다 번번이 비갈을 가져다가 그 글자를 긁어버리거나 혹은 부수었고, 혹은 물속에 넣었으며, 쇠북[鍾]·경쇠[磬]로 이름 있는 것들도 혹 쇠를 녹여 틀어막아 소리가 나지 못하게 하였다. 이를테면 한송정·총석정·삼일포의 비와 계림부 봉덕사의 종들에서 볼 수 있다"고 하였다.

사선이 유람했던 동해안 일대의 유적지로는 금강산을 비롯하여 명사(鳴沙), 총석정, 삼일포, 선유담, 영랑호, 경포대, 한송정, 월송정 등이 있었다. 특히 사선과 관련하여 총석정의 사선봉, 삼일포 등의 지명이 생기고, 그중에서도 대표적 화랑인 영랑과 관련된 지명으로 금강산의 '영랑봉'과 속초의 '영랑호'가 생겨나기도 하였다. 이처럼 사선의 발길이 닿았던 유적지가 동해안 일대에 걸쳐 있었음은 화랑이 "산천을 찾아 노닐었는데, 먼 곳까지 가지 않은 곳이 없었다"는 『삼국사기』의 기록을 연상케 한다. 특히 강릉의 경포대와 한송정은 화랑의 필수적인 순례코스였다.16

경포대   한송정

경포대와 한송정에는 화랑들이 차를 달이던 다구(茶具)가 고려말 조선초까지 전해지고 있었다. 이에 대해 이곡은 「동유기」에서 다음과 같이 전하고 있다.

한송정은 사선이 노닐던 곳인데, 고을 사람들이 유람자가 많음을 귀찮게 여겨 집을 헐어 버렸고, 소나무 또한 들불에 타버렸다. 다만 돌아궁이[石竈]와 돌못[石池], 그리고 두 개의 돌우물[石井]이 그 곁에 남아 있을 뿐인데, 이것 역시 사선의 다구(茶具)이다(『가정선생문집』 권5, 동유기).

또한 「동유기」보다 후대의 기록인 조선초기의 『동국여지승람』에도

---

16 원래 경포대는 방해정 뒷산 인월사(印月寺) 옛터에 있었고, 한송정은 강릉 제18전투비행단 레이더 기지 근처에 있었다.

돌절구[石臼]

복원한 돌아궁이[石竈]

다음과 같이 전하고 있다.

① 한송정은 (강릉)부 동쪽 15리에 있다. 동쪽으로 큰 바다에 임했고 소나무가 울창하다. 정자 곁에 차샘[茶泉]·돌아궁이[石竈]·돌절구[石臼]가 있는데, 곧 술랑선인(述郎仙人)들이 놀던 곳이다.

② 경포대는 (강릉)부 동북쪽 15리에 있다. … 서쪽 언덕에는 봉우리가 있고 봉우리 위에는 누대(樓臺)가 있으며, 누대 가에 선약을 만들던 돌절구[石臼]가 있다(『동국여지승람』 권44, 강릉대도호부 누정조).

화랑이 수련할 때 차를 달이던 돌아궁이[石竈]·돌절구[石臼] 등의 다구와 차샘[茶泉]이 경포대와 한송정에 남아 있었다는 것은 화랑의 수련장으로 강릉이 선택되었다는 것을 말해준다고 하겠다. 한송정에는 화랑이 차를 달여 마시던 돌절구[石臼], 돌 아궁이[石竈], 돌못[石池], 차샘[茶泉], 차우물[茶井], 돌샘[石井] 등이 있었다고 하나, 현재는 돌샘과 돌절구만이 남아 있다.[17]

---

17 돌절구[石臼] 한 면에는 '녹두정(綠荳亭)'이라고 새겨져 있고, 상단부에는 직사각형

사선이 유람했던 동해안 일대의 유적지에는 고려시대에 들어 이곳을 구경하려는 문인묵객들로 붐볐다. 이곡의 「동유기」에는 통주의 뱃사공의 말을 인용해 "위로는 원나라의 사신과 본국의 고관대작·방백·수령들로부터 아래로는 유람객들에 이르기까지 귀천을 막론하고 반드시 이곳을 구경하려 하여 매양 저로 하여금 배로 인도하게 하였다"고 한다. 그리하여 고을 사람들은 화랑의 유적지를 훼손하기도 하였던 것이다.

조선초기의 문인학자 서거정(1420~1488)이 편찬한 설화집인 「태평한화활계전(太平閑話滑稽傳)」에는 "한송정에 사신과 손님들의 내왕이 많아 수레가 몰려들었으며, 그들의 접대비가 무척 많이 들어서 고을 사람들이 항상 불평하기를, 한송정은 호랑이가 어느 때 물어 갈꼬"라는 민담이 실려 있다. 「동유기」와 『동국여지승람』 등에 고려후기 조선초 문인들이 남긴 사선 유적에 대한 시(詩)와 기문(記文)이 적지 않게 전해지는 것도 많은 유람자가 이곳을 방문하였기 때문이라 하겠다.

으로 홈이 파여 있으며 양옆으로 '신라선인영랑연단석구(新羅仙人永朗鍊丹石臼)'라고 두 줄로 쓰여 있다. 이 석구의 크기는 가로 1m, 세로 60cm, 높이 60cm이며, 윗면에 가로 40cm, 세로 10cm, 깊이 8cm의 장방공(長方孔)이 파져 있다. 『증수임영지』 누정조에 의하면 이 글씨는 강릉대도호부사 윤종의(尹宗儀)가 새겼다고 한다. 이 석물의 생김새는 돌절구라기보다 빗돌받침이라 생각된다.

참고문헌

김두진, 1995『의상 : 그의 생애와 화엄사상』, 민음사.

_____, 2007『신라하대 선종사상사 연구』, 일조각.

김상현, 1999「화랑 자료의 기초적 검토」『신라의 사상과 문화』, 일지사.

김흥삼, 2002『나말려초 굴산문 연구』, 강원대학교 박사학위논문.

_____, 2003「나말여초 굴산문 개청과 정치세력」『한국중세사연구』15, 한국중세사학회.

박도식, 2005「신라 화랑의 영동지방 순례 연구」『임영문화』29, 강릉문화원.

_____, 2012「범일국사와 강릉단오제」『임영문화』36, 강릉문화원.

유홍준, 1993『나의 문화유산 답사기』(1), 돌베개.

이기동, 1984『신라골품제사회와 화랑도』, 일조각.

정동락, 2001「통요 범일(810~889)의 생애에 대한 재검토」『민족문화논총』24, 영남대 민족문화연구소.

조범환, 2008『나말여초 선종산문 개창 연구』, 경인문화사.

최병헌, 1972「신라하대 선종 구산파의 성립」『한국사연구』7, 한국사연구회.

제5장 고려시대의 강릉

1. 고려시대의 지방제도와 강릉

고려의 지방제도는 처음부터 완성된 형태를 갖추고 출발한 것이 아니다. 그 이유는 호족들이 지방행정과 지방농민들을 장악하고 있었기 때문이다. 그래서 고려초기에는 지방관을 파견하여 중앙정부의 의사를 지방에 직접적으로 관철시키지 못하고 한동안 호족의 자율적 지배를 인정했던 것이다. 다만 서경(西京, 평양)을 비롯한 몇몇 요지에는 군사적 필요성 때문에 관리를 파견하고, 조세수취를 위해 금유(今有)·조장(租藏)과 전운사(轉運使) 등으로 불린 비상주 관원을 파견하였을 뿐이다.

고려 최초로 상주하는 지방관을 파견하는 것은 왕건이 후삼국을 통일하고 50여 년이 지난 983년(성종 2)에 12목(牧)을 설치하면서이다. 12목 설치의 계기가 된 최승로의 상소에는 "국왕이 백성을 다스리는데 집집마다 가서 날마다 살펴볼 수 없습니다. 그러므로 수령을 파견하여 백성들의 이해를 살피게 하는 것입니다. 우리 태조께서 후삼국을 통일한 뒤에 지방관을 두려고 하였으나 대개 초창기였으므로 이를 실행할 겨를이 없었습니다. 그런데 이제 가만히 보건대 지방의 유력자[鄕豪]들이 매양 공무를 빙자하여 백성들을 침해하고 횡포하게 구니 백성들이 견디지 못하고 있습니다. 바라건대 지방관을 두기를 청합니다. 비록 한꺼번에 다 파견하지는 못하더라도 먼저 10여 주현을 아울러 한 명의 지방관을 설치하고 그 지방관마다 두세 명의 관원을 두어 백성을 다스리는 일을 맡기십시오"라 하여 당시의 상황을 전하고 있다.

이때 설치된 12목은 양주·광주·충주·청주·공주·해주·진주·상주·전주·나주·승주·황주 등이었고, 목의 장관인 목사(牧使)와 그 이하의 관원들은 중앙으로부터 임명되어 상주하게 되었다. 이와 동시에 금유·조장 등은 폐지되었다. 12목이 설치된 지역의 위치를 보면, 통일신라 이래 지방행정의 중심지가 되었던 곳이다. 이들 지역에 지방관을 파견한 것은 중앙의 통제력이 지방에 본격적으로 침투가 시작되었음을 의미한다. 그러나 강원도 지역은 12목에서 빠져 있다.

고려의 지방제도는 1018년(현종 9)에 대대적으로 개편된다. 이때에는 전국을 5도와 양계로 나누고, 그 안에 경·도호부·목을 비롯하여 군·현·진에 지방관을 상주시키는 형태로 정비되었다. 특히 현종 9년의 지방제도는 고려시대 지방제도의 기본구조가 완성되었다는 점에서 매우 중요한 의미를 지닌다. 이는 고려 지방제도의 연혁을 기록

5도 양계

하고 있는 『고려사』 지리지가 현종 9년의 것을 기준으로 하여 편성되어 있다는 사실에서도 알 수 있다.

고려의 지방지배는 지역별로 지배방식에 차이가 있었다. 크게 보면 개경을 중심으로 하는 경기, 북방 변경지대인 양계, 그리고 나머지 5도의 지배방식이 각기 달랐다. 행정적으로 볼 때 경기와 5도는 개성부사와 안찰사가 관할하였고, 양계는 병마사가 민정(民政)과 함께 군정(軍政)을 담당하였다. 그것은 수도 인근 지역과 민사적으로 통치하는 지역, 그리고 군사적으로 통치하는 지역으로 나누어 전국을 3원적으로 통치하였음을 의미한다.

5도의 위치와 관할범위는 양광도가 지금의 경기도·충청남북도와 강원도 영서지역의 남부지역 일부를 포함하며, 경상도가 지금의 경상남북도, 전라도가 지금의 전라남북도, 교주도가 지금의 강원도 영동지역을 제외한 영서지역의 대부분, 서해도가 지금의 황해도 지역이었다.

양계 중 북계의 관할구역은 천리장성 이남의 평안남북도 지역이었고, 동계[1]의 관할구역은 지금의 함경남도의 정평 이남에서 경상북도 울진 이북이었다. 오늘날 영동지역은 동계에 속하였다.

동계는 병마사 예하에 1도호부, 9방어군, 10진, 25현(주현 8, 속현 17) 등 모두 45개의 지방관제로 편성되어 있었다. 그 관할구역은 크게 세 부분으로 구분할 수 있다. 첫째는 안변도호부에서 상음현까지로 안변도호부와 그 속현들로 구성되었고, 둘째는 화주에서 애수진까지로 순(純)동계 지역의 군현들로 구성되었으며, 셋째는 금양현에서 울진현까

---

1 동계는 995년(성종 14)에 삭방도, 1036년(정종 2)에 동계, 1047년(문종 1)에 동북면, 1178년(명종 8)에 연해명주도, 1263년(원종 4)에 강릉도, 1356년(공민왕 5)에 강릉삭방도, 1360년(공민왕 9)에 삭방강릉도, 1366년(공민왕 15)에 강릉도로 이름이 바뀌었다(『고려사』 권58, 지리지3).

지로 준(準)남도 지역의 주현들로만 구성되었다. 순동계 지역에는 속현이 없고, 준남도 지역에는 남도 지역과 같이 속현이 두어지고 있다.

〈표-1〉 동계의 관할구역

구 분	소속 군현
안 변 도호부	서곡현(瑞谷縣), 문산현(汶山縣), 위산현(衛山縣), 익곡현(翼谷縣), 고산현(孤山縣), 학포현(鶴浦縣), 상음현(霜陰縣)
순동계 지 역	화주(和州), 고주(高州), 의주(宜州), 문주(文州), 장주(長州), 정주(定州), 예주(豫州), 덕주(德州), 원흥진(元興鎭), 영인진(寧仁鎭), 요덕진(耀德鎭), 진명현(鎭溟縣), 장평진(長平鎭), 용진진(龍津鎭), 영흥진(永興鎭), 정변진(靜邊鎭), 운림진(雲林鎭), 영풍진(永豊鎭), 애수진(隘守鎭)
준남도 지 역	금양현(金壤縣, 속현3; 임도[臨道]·운암[雲巖]·벽산[碧山]), 흡곡현(歙谷縣), 고성현(高城縣, 속현2; 환가[豢猳]·안창[安昌]), 간성현(杆城縣, 속현1; 열산[烈山]), 익령현(翼嶺縣, 속현1; 동산[洞山]), 명주(溟州, 속현3; 우계[羽溪]·정선[旌善]·연곡[連谷]), 삼척현(三陟縣), 울진현(蔚珍縣)

강릉은 동계의 행정구역 가운데 준남도 지역에 속해 있었다. 강릉은 통일신라 경덕왕 이래 명주(溟州)로 불려왔으나, 고려시대 첫 행정개편이 있던 936년(태조 19)에 동원경(東原京)으로 읍호가 승격되었다. 그 배경에 대해 『강릉김씨족보』에는 "후삼국 통일전쟁 때 명주장군 김순식이 가서 도왔더니 명주를 동원경이라 하였다"고 한다.

일찍이 명주세력은 궁예에게 적극적으로 협조하여 궁예가 독자적인 세력을 구축하는데 지지기반이 되었고, 그 뒤 궁예가 국가를 세우는데도 크게 기여하였다. 그러나 궁예가 축출되고 왕건이 왕위에 오르자 명주세력은 적대적인 태도를 취하고 오랫동안 불복하여 왕건에게 커다란 고통을 주었다. 이에 왕건은 명주호족 김순식을 귀부시키기 위해 부단한 노력을 하였다. 그 결과 김순식은 928년(태조 11)에 왕건에게 귀부하게 된다. 왕건은 귀부한 김순식으로부터 군사적 도움을 받아 이듬해 12월부터 시작된 고창군(지금의 안동) 전투에서 크게 승리하였고, 이 전투의 승리로 강릉에서 울산에 이르는 110여 성이 고려에 귀부하여 왕건의 세력은 크게 강화되었다. 김순식은 936년(태조 19)에 후백제를 공멸(攻滅)할 때도 크게 기여하였다. 명주의 읍호가 동원경으로 승격된 것은 이러한 일련의 일과 밀접한 관계가 있다고 본다.

그러나 940년(태조 23)에는 어떤 연유에서인지 알 수 없지만 다시 명주로 환원되었다. 성종대에 들어 명주는 네 차례에 걸친 빈번한 개명을 거듭하였다. 즉 983년(성종 2)에는 하서부, 986년(성종 5)에는 명주도독부, 992년(성종 11)에는 명주목, 995년(성종 14)에는 명주로 개칭되었다. 1260년(원종 1)에는 위사공신 김홍취(金洪就)의 본향이라 하여 경흥도호부로 승격되었다가,[2] 1268년(원종 9)에 김홍취가 김준(金俊)의 당여로 몰려 숙청되자 다시 명주로 환원되었다.[3] 명주는 1308년(충렬왕 34)에 강릉부로 개칭됨으로써 현재의 이름을 갖게 되었다. 1389년(공양왕 1)에는 강릉대도호부로 승격되었다.[4]

고려시대에는 주·부·군·현에 수령을 모두 파견한 것이 아니라

---

2 위사공신(衛社功臣)은 김준 등이 고종 45년(1258)에 일어난 무오정변 때 최의(崔竩)와 그의 일당을 주멸하여 최충헌으로부터 시작된 4대 60년에 걸친 최씨 집권을 종식시키고 국정을 왕에게 돌려준 공로로 책봉되었다. 그런데 공신의 관향 승격이 다른 지역은 모두 고종 46년(1259)으로 되어 있으나, 명주만은 원종 원년(1260)으로 되어 있다. 그것은 다른 공신들과 달리 김홍취가 원종 원년 7월에 추가로 공신에 책봉되었기 때문이다.

3 원종 9년에 일어난 무진정변 때 김홍취가 김준의 당여로 몰려 해도(海島)에 유배됨에 따라 승격된 그의 관향도 취소되었을 것이나 『고려사』 연혁에는 누락되어 있다. 연혁대로라면 명주는 원종 원년 이후부터 강릉부로 개칭되는 충렬왕 34년까지 경흥도호부로 나와야 할 것이다. 그런데 충렬왕 30년(1304)에 있었던 지방관원의 축소 조치를 담고 있는 『고려사』에 강릉의 읍호가 명주로 나오는 것으로 보아, 경흥도호부는 김홍취가 숙청된 후 명주로 환원되었음을 알 수 있다.

4 조선시대에 들어와 대도호부는 건국 초부터 강릉·안동에 두었고, 1426년(세종 8)에 함경도 영흥, 1428년(세종 10)에 평안도의 영변, 1670년(현종 11)에 경상도 창원에 각각 두었다.

중요한 지역에 한해 파견하였다. 고려전기에는 500여 개의 군현 중에서 수령이 파견된 주현(主縣)이 130곳이었는데 반해 수령이 파견되지 않은 속현(屬縣)이 373개나 되었다. 이들 속현은 이웃 주현의 지방관을 통해 간접적으로 중앙의 통제를 받았다.

이처럼 고려의 군현제는 지방관 파견을 기준으로 구성되어 있다는 점이 하나의 특징을 이루고 있다. 즉 군현은 크기가 문제된 것이 아니라 수령이 파견되는 주군·주현이 되느냐, 그렇지 않으면 수령이 파견되지 않은 속군·속현이 되느냐 하는 것이 더 중요하였다.『고려사』지리지에 의하면, 명주는 우계·정선·연곡 등 3개의 속현을 거느리고 있었다.

① 우계현(羽溪縣)은 원래 고구려의 우곡현(羽谷縣)인데 신라 경덕왕이 지금 명칭으로 고쳐서 삼척군의 관할 하에 현으로 만들었다. 현종 9년에 본주에 소속시켰는바 옥당(玉堂)이라고도 부른다.

② 정선현(旌善縣)은 원래 고구려의 잉매현(仍買縣)인데 신라 경덕왕이 지금 명칭으로 고쳐서 명주의 관할 하에 현으로 만들었다. 현종 9년에 그대로 본주에 소속시켰고 후에 군으로 승격시켰는바 삼봉(三鳳)이라고도 부른다.

③ 연곡현(連谷縣)은 원래 고구려의 지산현(支山縣)인데 신라 경덕왕은 옛 명칭대로 두고 명주의 관할 하에 현으로 만들었다. 현종 9년에 지금 명칭으로 부르고 그대로 본주에 소속시켰다[이 현 사람들이 전하기를 옛날의 양곡현(陽谷縣)이라고 한다].

정선현과 연곡현은 원래부터 명주의 관할 하에 있었으나, 우계현은 원래 삼척군 관할 하에 있다가 1018년(현종 9) 삼척군이 삼척현으로 강등되면서 명주에 이속되었다.

군현 아래에는 향(鄕)·소(所)·부곡(部曲)·장(莊)·처(處) 등의 특수행정구역을 두고 있었다. 이들 집단을 통틀어 흔히 부곡제라 한다. 부곡제는 통일신라기부터 국가가 토지경작을 위해 주민들이 산간오지나 벽지에 들어가서 정착한 곳을 향과 부곡으로 파악하여 군현의 하부단위로 묶어 둔 데서 기원하였다. 고려시대에도 농경지 확대를 위한 개간을 정책적으로 장려하였는데, 이러한 개간과정에서 형성된 촌락 역시 향과 부곡으로 파악하였다. 이들 지역은 소규모 촌락으로 국가나 지방세력에 예속되어 일반 군현에 비해 많은 차별을 받았다. 한편 고려시대에는 반(反)왕조적인 세력과 그들의 근거지를 부곡제로 묶어 일반 사람들과 차별하였다. 이들 주민에게는 국가, 왕실, 사원의 토지를 경작하게 하거나, 각종 수공업제품을 생산하도록 하였다.

부곡집단은 고려시대에 통틀어 900여 개나 되었는데, 지역적으로 80~90%가 지금의 경상도·전라도·충청도에 있었다. 군현이 500여 개였던 것에 비하면 훨씬 많은 수치이다. 이들 지역은 군현에 묶여 행정적으로 주현의 지배를 받았다. 『동국여지승람』에 의하면, 명주에는 사동부곡(史冬部曲, 부 남쪽 20리)·오홀부곡(烏忽部曲)·조대산부곡(助大山部曲)·소점부곡(所漸部曲)과 선곡소(船谷所)[5]·죽원소(竹原所)가 있었다.

---

5 『신증동국여지승람』 권44, 강릉대도호부조 고적조에는 반곡소(般谷所)라 되어 있으나, 『대동지지』 권16, 강릉 방리조에는 선명소(船名所)로 되어 있다. 따라서 『신증동국여지승람』의 반곡소는 선곡소의 오류라 생각된다. 그동안 선곡소는 그 실체가 잘 알려져 있지 않은 소 가운데 하나이다. 선곡소는 '배 만드는 골짜기의 소'라는 뜻으로 풀이할 수 있다. 배를 건조하는데 가장 많이 이용된 재목은 소나무였다. 예로부터 선곡소 일대에는 많은 소나무가 산재해 있었다. 그 위치는 오늘날 강릉시 두산동과 입암동 경계지역에 있는 월대산 일대라고 본다. 이러한 사실은 『신증동국여지승람』에 선곡소와 월정산(月正山)은 "강릉부 동쪽 6리에 있다"고 한 것에서 알 수 있다. 월정산은 통상 '월대산(月帶山)'이라 불리는데, 이는 동쪽에 달이 떴을 때 조선시대 강릉부의 관아인 칠사당에서 이 산을 바라보면 달이 산 위에 걸린 것처럼 보인다고 한데서 유래하였다.

2. 고려시대의 군사제도와 강릉

강릉은 일찍부터 지리적인 특수성 때문에 신라 이래 군사 요충지로 중요시되었다. 그것은 신라의 수도가 경주에 자리함으로써 영동지역의 일방통행적인 도로교통과 남북으로 길게 뻗은 동해의 해안선 그 자체가 변경적인 성격을 띠었기 때문이다. 신라 때 하슬라군주·하서정·명주도독을 둔 것은 이러한 사정에 기인한다. 강릉은 고려시대에 들어와서 국방의 요충지인 동계에 속해 있었다.

고려시대 군사제도의 편제는 크게 중앙군과 지방군으로 나눌 수 있다. 중앙군은 2군 6위로 편성되었는데, 그 주된 임무는 왕실과 도성을 경비하는 것이었다. 2군은 국왕의 신변과 궁성을 호위하는 임무를 담당하였고, 6위는 개경을 경비하고 도성 안의 치안을 담당하였다. 중앙군의 또 하나의 임무는 양계지역에 들어가 국경을 방어하는 것이었다. 국경의 수비는 1년을 단위로 교대하였는데, 비상시에는 그 기간이 더 길어졌다. 이들은 외적의 침입이나 내란이 일어났을 때에 이를 진압하는데 동원되기도 하였다.

2군 6위는 군역을 세습하는 전문적인 직업군인으로 특수한 신분집단인 군반씨족(軍班氏族)에서 충당하였다. 그들은 군역을 세습하는 대가로 군인전(軍人田)을 받아 생활기반으로 삼았다. 그러나 이러한 군반씨족제는 얼마 안 되어 무너지고 대신 일반농민으로 중앙군을 충당하게 되었다. 이것은 고려 군인의 질을 저하시켜 뒤에 특수부대인 별무반과 삼별초를 설치한 하나의 요인이 되었다.

지방군은 5도의 주현군과 양계의 주진군으로 편성되었다. 이들은 일반농민들로 구성되어 농사에 종사하면서 군역을 치렀는데, 병종과 부대에 따라 임무에 차이가 있었다. 남방 5도와 경기지역의 병종은 정용군・보승군・일품군・이품군・삼품군 등이 있었다. 이 가운데 정용군과 보승군의 주요 임무는 전투와 방수(防戍)이며, 때로는 중앙과 지방의 군사적인 각종 공역(工役)에 동원되기도 했다. 일품군・이품군・삼품군은 성을 쌓거나 다리를 놓거나 궁궐을 짓거나 제방을 쌓는 등의 각종 노역에 동원되었다.

양계의 주진군은 양계에 축조된 진성(鎭城)을 지키면서 외적의 침입을 방어하였다. 고려가 거란, 여진, 몽골 등 북방으로부터의 침입을 받으면서 이들을 매번 물리칠 수 있었던 저력은 다름 아닌 이 주진군의 활약에서 나왔던 것이다. 동계지역에 주둔한 주진군의 배치를 정리하면 다음 〈표-2〉와 같다.

〈표-2〉 동계지역에 주둔한 주진군의 배치표

부대 지명	별장 (人)	교위 (人)	대정 (人)	행군 (人)	초군 (隊)	좌군 (隊)	우군 (隊)	영새군 (隊)	공장 (梗)	비고
금양	2	4	10	250	4	3	3	1		통천
고성	1	4	9	225	1	1	3	2		
간성	1	5	10	250	4	4	2	1		
익령	3	3	9	225	4	2	4	1		양양
명주	5	10	23	575	8	8	8	4	1	강릉
삼척	1	8	16	400	4	4	9	1	1	
울진	1	3	8	200	2	2	3	1		
계	14	37	85	2,125	27	24	32	11	2	

동계에 소속되어 있는 군사는 초군(抄軍)・좌군(左軍)・우군(右軍)・영새군(寧塞軍)・공장(工匠) 등이 있었다. 이 가운데 초군・좌군・우군・영새군은 전투나 경계근무에 임하는 실질적인 주력 군사였고, 공장은 군수품의 제작・수리 등을 담당하던 부대였을 것으로 보인다. 명주에는 초군 8대, 좌군 8대, 우군 8대, 영새군 4대 등 28대의 병력과 특수부대인 공장 1경이 배치되어 있었다. 이 가운데 초군・좌군・우

군에는 말을 탄 마대(馬隊)와 쇠뇌를 쏘는 노대(弩隊)가 포함된 최고의 정예부대였다. 영새는 보병부대라고 추측된다. 하여튼 이들이 당시 명주 주진군의 기간부대로 상비군이었음은 틀림없다.

주진군은 25명의 행군(行軍)으로 구성되는 대(隊)가 최하의 기본 단위부대였고, 그 장은 대정(隊正)이었다. 그런데 대체로 대정 2명에 교위(校尉) 1명의 비례인 것으로 보아 50명 단위의 부대조직이 예상되며, 그 장은 교위였을 것이라 짐작된다. 또 별장(別將)의 수가 교위의 약 반인 것을 보면, 100명 단위의 부대조직이었음을 알 수 있다.

명주의 주진군을 직접 지휘한 장교로는 최고 지휘관인 별장 5명을 비롯하여 그 아래에 교위 10명, 대정 23명 등이 있었다. 이들 지휘관들은 모두 명주지역의 토호 출신 중에서 선발하여 충당하였을 것으로 보인다. 그런데 이 별장 이하 지휘관들이 비록 주진군을 직접 지휘하였지만, 또한 명주의 지방관인 지명주군사(知溟州郡事)의 지휘를 받아야만 하였다. 왜냐하면 지명주군사가 경내의 군정 전반을 총괄하는 책임을 맡고 있었기 때문이다. 또 지명주군사와 별장 등은 동계의 장관으로 자신들의 상관인 안변도호부 병마사의 지휘를 받았다. 안변도호부 병마사는 동계 주진군의 최고 사령관이었다.

양계 연변지대에는 외적의 침입에 대한 방어를 효과적으로 수행하기 위해 수(戍)가 설치되어 있었다. 수는 본래 중국에서 유래한 것으로 동진·후위 때 '둔병의 국경수비처'를 지칭하였는데, 수·당시대에도 있었다. 당나라 때에는 주현의 하급기관으로 현(縣) 외에 진(鎭)·수(戍)·악(嶽)·독(瀆)·관(關)이 있었다. 이 가운데 진과 수는 주로 변경에 설치한 경비소이며, 수에는 수주(戍主) 이하의 관리를 두었다.

수의 기능은 적군의 동태를 탐지하여 그 정보를 본진(本鎭)에 통보하기도 하였고, 소규모로 침입하는 적을 격퇴하기도 하였다. 이들 수에는 아마도 본진에서 교대로 파견된 병력이 상주하고 있었을 것이다. 『세종실록지리지』에는 안변부의 3개 수에 성씨가 기재되어 있어 주목된다. 수에 수성(戌姓)과 같이 일정한 주민을 갖고 있는 점에서 볼 때, 이는 단순한 국경 수비초소로서 뿐만 아니라 하나의 촌락의 형태를 취하고 있었다. 그것은 역(驛)과 진(津)이 하나의 교통기관인 동시에 각기 일정한 주민을 가졌다는 사실과 유사한 형태였다.

수의 분포지역은 안변·영흥·영원(寧遠)·창주(昌州)·통천·간성·강릉·삼척 등 양계의 장성(長城) 부근과 동해안에 국한되어 있었다. 현 영동지역에는 명주(강릉)에 5곳, 삼척현에 2곳, 열산현(간성)에 1곳, 운암현(통천)이 1곳이 있었다. 『동국여지승람』에 의하면, 명주에는 영평수(寧平戌)·해령수(海令戌, 부 동쪽 10리)·화성수(化城戌)·사화수(沙火戌, 부 북쪽 20리)·철옹수(鐵瓮戌)가 있었다.

3. 이민족의 침입과 강릉

고려시기 동아시아 국제정세의 특징은 한족(漢族) 주변에 복속되어 있던 북방민족인 거란·여진·몽골 등이 대두하여 중원의 한족을 압박하였다. 고려는 건국 후 중국의 역대 왕조와 친선관계를 유지했으나, 북방민족과는 서로 대립정책을 취했다. 고려 전·후기에는 주로 북방민족이 침입해 왔고, 고려말에는 남쪽에서 왜구가 침입해 와서 커다란 피해를 입었다.

1) 여진의 침입과 강릉

여진족은 만주 동부에 살던 퉁구스 계통의 종족이다. 이 종족의 명칭은 시대에 따라 달랐다. 춘추전국시대에는 숙신, 한나라 때는 읍루,

남북조시대에는 물길, 수·당나라 때는 말갈로 불리었다. 고려는 건국과 동시에 북진정책을 수행하였는데, 이에 따라 여진과 일찍부터 관계를 가지게 되었다.

당시 여진족은 크게 만주의 길림성 지역에 거주하는 생여진(生女眞)과 그 서남에 거주하는 숙여진(熟女眞)의 두 갈래로 나뉘어져 있었다. 대체로 전자는 거란의 지배권 밖에서 산만한 부락생활을 하였고, 후자는 거란에 복속되어 있었다. 나말여초에 이르러 이들은 함경도 일대와 서북으로 압록강 남쪽 언덕 및 평안북도 일대까지 흩어져 살았다. 고려에서는 동북방면의 여진을 동여진(東女眞) 혹은 동번(東蕃), 서북방면의 여진을 서여진(西女眞) 혹은 서번(西蕃)이라 불렀다.

서여진은 고려와 거란 사이에 끼어 있다가 강동 6주(흥화진·용주·통주·철주·구주·곽주)가 고려에 편입될 때 고려와 거란의 협공으로 소멸되어 양국에 흡수되었지만, 동여진은 대개 생여진 계통으로 활발한 움직임을 보이면서 고려와 많은 접촉을 가지게 되었다. 따라서 여진의 침입은 서여진보다 동여진에서 많이 나타났다.

동여진의 침입은 1005년(목종 8) 정월 등주(지금의 안변)에 쳐들어와 주진(州鎭)의 마을 30여 곳을 불사른 것이 그 시초라 할 수 있다. 특히 동여진의 해적은 제2차 거란과의 전쟁 이후 거란의 파상적 공격이 계속되면서 동북 변방의 경비가 소홀한 틈을 타 더욱 빈번히 침입하였다. 이 해적은 대개 함흥의 해안지역을 비롯하여 골면(骨面, 홍원)·삼산(三山, 북청)의 해안에 흩어져 살던 여진족이었는데, 고려의 통치권이 미치는 지역과 미치지 않는 지역을 막론하고 바다로 나와 동해안 지역을 침범하였다.

고려정부는 그때 빈번하게 동해안을 침범하던 동여진의 해적에 대비하여 동계 방면에 해군기지사령부라 할 수 있는 도부서(都部署)를

강릉 고려성 전경(강원도청)

설치하였다.[6] 여기에 배치된 군선이 바로 과선(戈船, 뱃전에 짧은 창검을 빈틈없이 꽂아 만든 군선)인데, 원산 부근의 진명구(鎭溟口)에는 과선 75척을 배치하였다. 또한 동여진의 해적 침입에 대비하여 동해안 일대에는 성을 쌓기도 하였다. 강릉시 강동면 정동진리 괘방산 동쪽 경사지에 위치한 고려성은 동해안을 따라 극심하게 피해를 주었던 동여진의 해적을 방어하기 위해 쌓은 성으로 추측된다.[7]

강릉지역에는 1029년(현종 20) 3월에 동여진의 적선 10척이 침략해

---

6 동계지역에 설치한 도부서는 현 원산 부근에 위치한 진명(鎭溟)도부서와 현 함경남도 정평(定平)에 위치한 원흥(元興)도부서이다.

7 옛 기록에는 고려성(高麗城)이 나타나지 않지만 성의 축조 수법과 수습된 유물을 통해서 볼 때 고려초기에 축성된 것으로 보인다. 산 정상부를 중심으로 능선을 따라 축조된 퇴뫼식 석성으로 서·북벽은 8~9부 능선에, 동·남벽은 6~7부 능선에 축조하였다. 성의 평면 형태는 전체적으로 마름모꼴의 형상을 띠고 있다.

왔는데, 이때 병마판관 김후(金厚)가 이를 격퇴하였다. 같은 해 7월에는 삭방도의 등주와 명주 관할 내의 삼척·상음·학포·파천·협곡·금양·벽산·임도·운암·환가·고성·안창·열산·간성·익령·동산·연곡·우계 등 19개 군현을 침략하였다. 동여진의 해적은 1097년 (숙종 2)에 이르기까지 20여 회에 걸쳐 침략하였는데, 그 피해지역은 문천·덕원·안변·통천·고성·간성·양양·강릉·삼척·평해·흥해·청하·영일·경주 등 동해연안 일대였다.

동여진의 해적은 우리나라의 동해안과 울릉도뿐만 아니라 일본의 대마도·일기도·북구주 연안에까지 출몰하였다. 동여진의 해적선단은 100여 척 혹은 50여 척으로 그 규모가 상당하였다. 동여진의 침탈 상황에 대해서는 다음의 일본 기사가 참조된다.

① 적도(賊徒)들의 배는 길이가 혹 12심(尋, 1심은 8尺) 혹은 8~9심이 되며, 한 배에 노[櫂]는 30~40개나 된다. 배에 탔던 50~60인 또는 20~30인이 힘을 뽐내며 육지로 뛰어 오르면, 그 다음에는 활과 화살을 차고 방패를 짊어진 자 70~80명 가량이 서로 따르는데, 이러한 것이 10~20대(隊)나 된다. 그들은 산에 오르고 들을 건너 소·말·개를 잡아먹으며, 노인이나 아이들은 모조리 베어 죽이고 남녀의 건장한 자는 몰고 가서 배에 실은 수가 400~500명이며, 곡식과 쌀을 운반해 간 것은 그 수효를 헤아릴 수가 없다(『朝野群載』 卷20, 〈太宰府解〉 言上刀伊國賊徒或擊取或充却狀尋).

② 전투할 때는 각자가 방패를 지닌다. 앞의 진(陣)에 있는 자는 창(槍)을 갖고, 다음 진에 있는 자는 큰 칼을 가지며, 그 다음 진에 있는 자는 활과 화살 가진다. 화살의 길이가 1척이 넘고 쏘는 힘이 매우 맹렬하여 방패를 뚫고 사람을 맞춘다(『小右記』, 1019년 4월 25일).

위의 기사는 동여진 해적의 병선 규모와 그들의 잔학상, 승선 인원, 그리고 그들이 구사하는 진법(陣法)의 일면을 보여주고 있다. 영동지역에 침입해 온 동여진의 해적도 이와 별 차이가 없었을 것으로 생각된다.

2) 거란의 침입과 강릉

거란족은 4세기 이후 요하(遼河) 상류인 시라무렌(Siramuren) 유역에서 여러 부족으로 분열되어 거주하였는데, 당나라 말기에 통일의 기운이 일어나면서 916년에 야율아보기(耶律阿保機)가 여러 부족을 통합한 후 황제를 칭하고 거란을 건국하였다. 거란은 물자가 풍부한 중원으로 진출하기 위해 926년에 발해를 멸망시키고 화북의 연운(燕雲) 16주를 획득하였다.

거란은 942년(태조 25) 고려에 사신을 보내어 교빙을 요청했으나 태조는 이를 거절하였고, 나아가 〈훈요10조〉에서도 거란을 '금수(禽獸)의 나라'로 단정하여 경계하도록 하였다. 그 후 역대왕은 이러한 태조의 반거란 정책을 계승하였다. 정종은 거란의 침입에 대비하여 30만의 광군(光軍)을 조직하였고, 광종은 서북지역에 여러 성을 쌓아 거란에 대한 경계를 엄하게 하였다. 또한 이 무렵 발해의 유민들은 압록강 중류지역에 정안국(定安國)을 세우고 송·고려 등과 통교하면서 거란을 적대시하였고, 송과 연합하여 거란을 협공하려는 움직임까지 보이고 있었다. 이러한 국제정세에 큰 위협을 느낀 거란은 배후의 강적인 고려를 견제하기 위해 986년(성종 5)에 먼저 압록강 중류지역의 정안국을 쳐서 멸망시키고, 991년(성종 10)에 압록강 하류의 여진족을 경략한 후 고려를 침략하기 시작하였다.

거란과의 전쟁은 993년(성종 12)에 거란장수 소손녕(蕭遜寧)이 고려에 침입해 오면서 시작되었다. 거란은 1010년(현종 1)과 1018년(현종

9)에도 침입해 왔으나, 강원도와는 직접적인 관계가 없었다.

거란족이 세운 요(遼)는 1125년 금나라에게 멸망하게 된다. 금의 지배를 받아오던 거란족은 몽골이 발흥하여 금의 세력이 크게 약화되면서 각지에서 반란을 일으켜 1216년(고종 3)에 '대요수국'(大遼收國)을 세운다. 이들 거란의 유종(遺種)은 몽골군에게 공격을 당해 형세가 불리해지자 압록강을 건너 저항이 약한 고려를 공격하기 시작하였다.

당시 강원도 지역의 피해는 막심하였다. 거란군의 한 갈래는 장단·적성을 거쳐 철원을 함락하고 다시 남하할 기세를 보였다. 그때 최충헌은 국왕에게 아뢰어 전군병마사(前軍兵馬使) 최원세(崔元世)를 중군병마사(中軍兵馬使)에, 상장군 김취려(金就礪)를 전군병마사에 임명하여 진격케 하였다. 동으로 향하던 거란군이 양평을 거쳐 원주로 진입하자, 이곳 지방민은 관군과 합세하여 거란군을 물리쳤다. 거란군은 일단 횡성으로 물러나 있다가 다시 원주를 공격하였다. 고려군과 지방민은 거란군과 오랫동안 대치하며 9차례에 걸쳐 혼신의 힘을 다해 싸웠으나 원주성은 끝내 함락되었다. 그때 원주에는 양평 방면에서 내려온 거란군들까지 합세해 그 횡포가 이루 말할 수 없었다. 그러나 원주에 머물던 거란군은 김취려가 이끄는 관군에 의해 격퇴되었다. 김취려는 이들을 원주와 충주 사이에 있는 법천사까지 추격하여 300여 급을 참획하였고, 제천 박달재에서 또 크게 이겼다. 제천 박달재에서 패배한 거란군은 평창을 거쳐 대관령을 넘어 강릉을 점령하였다.

『임영지』고사조에 의하면, 당시 강릉에 들어온 거란군은 수개월에 걸쳐 노략질하면서 가옥을 불태우고 주민을 마구 학살하는 만행을 저질렀다고 한다. 강릉부 백성 중에는 산성에 피난했다가 거란군의 방화로 죽기도 하였고, 문벌이 높은 집안사람들은 배를 타고 울릉도 방면으로 가다가 뱃길에 익숙하지 못해 바다에 빠져 죽기도 하였으며,

나머지 살아남은 사람들은 정선에 가서 굴속에 피했다가 모두 굶어 죽기도 하였다.

거란군이 강릉에서 북쪽으로 말을 몰아 등주(지금의 안변)에 이르렀을 때, 양양에서부터 금양군(지금의 통천)에 이르기까지 가는 곳마다 남아난 짐승이 없었고 유혈이 천리를 뒤덮었다고 한다. 그러나 영동지역 일대에서 고려군이 거란군을 격퇴했다는 기록은 찾아지지 않는다. 거란군은 함주(지금의 함흥)를 거쳐 여진지역으로 들어갔다. 이때 김취려가 이끄는 고려군은 정주(지금의 정평)에 주둔하여 거란군의 침입에 대비하였다.

거란군은 1218년(고종 5)에 다시 고려에 침입해 왔지만 조충·김취려가 지휘하는 고려군과 수차례 교전을 벌여 크게 타격을 입었다. 고려군은 그들의 주력부대를 평양 동쪽에 있는 강동성(江東城)으로 몰아넣었고, 몽골군 1만과 동진군 2만 명과 합세하여 강동성을 포위하자 거란군이 성문을 열고 나와 항복함으로써 거란 유종의 침입은 막을 내리게 된다.

3) 몽골의 침입과 강릉

몽골족은 원래 지금의 몽골평원에 자리 잡고 있던 유목민족으로 요·금 시대에는 그들의 지배를 받아 왔으나, 1206년 테무진(鐵木眞, 후에 징기스칸)이라는 영웅이 나와 주변의 부족을 정복·통일하여 마침내 광대한 대제국을 건설하였다. 몽골은 유라시아 구대륙의 대부분을 정복하는 과정에서 고려에 쳐들어왔다.

고려가 몽골과 최초로 접하게 된 것은 몽골에게 쫓겨 온 거란군을 강동성에서 함께 협공하면서부터였다. 이 일이 있은 이후 몽골은 고려에 대한 은인으로 자처하며 매년 고려로부터 공물(貢物)을 취하여

갔다. 그런데 그 요구가 지나치게 무거운 것이었기 때문에8 고려정부
가 이에 불응하자, 이를 계기로 고려와 몽골은 사이가 벌어지기 시작
하였다. 그러한 중에 몽골의 사신 저고여(著古與)가 고려에서 귀국하
는 도중에 피살된 사건을 구실로 몽골은 1231년(고종 18)에 제1차 침
입을 해 오게 되었다. 몽골은 전후 30여 년 동안 모두 6차례의 침입을
해왔다.

영동지역이 큰 피해를 입게 된 것은 몽골의 제5차 침입 때이다. 몽
골은 1253년(고종 40) 7월에 야굴(也窟)을 원정군의 원수로 임명하고,
아무간(阿毋侃)과 부원배 홍복원(洪福源)을 부장으로 삼아 고려를 침
입해 왔다. 그때 고려는 동계와 북계를 비롯하여 거의 대부분 지역이
큰 피해를 입었다. 몽골군은 고려의 청야작전으로 말미암아 무인지경
이 되다시피 한 서북계의 남로를 통해 7월 15일 서경에 도착하였다.
이곳에서 부대를 동군과 서군으로 나누어 몽케(蒙哥)의 동생인 쑹주
(松柱)가 지휘하는 동군은 서경에서 동북면의 화주-등주(안변)-동주
(철원)-춘주(춘천)-광주를 잇는 통로를 따라 고려 영내의 동부 내륙
지역을, 원수 야굴이 직접 지휘하는 몽골군의 본대인 서군은 서경에서
황주-봉주-평주-개경을 잇는 통로를 따라 고려 서북계로부터 서북
내륙 일대에 이르는 지역을 종단하면서 유린하려고 하였다.

몽골군 침입 때 강원도에서 벌인 전투 중의 하나는 춘주성에서 야
굴과의 전투였다. 그때 춘주성에는 안찰사 박천기(朴天器)와 문학 조
효립(曹孝立)이 춘주와 인근 제읍의 군민을 거느리고 방어에 임하고

---

8 1121년(고종 8) 8월 몽골 황태제(皇太弟)가 사신 저고여 등을 보내와서 수달피 가죽
1만벌, 가는 명주 3천필, 가는 모시 2천필, 솜 1만근, 용단먹 1천정, 붓 200관, 종이 10만
장, 자초(紫草) 5근, 홍화(紅花)·푸른 대순(藍筍)·주홍(朱紅) 각 50근, 자황(紫黃)·광칠
(光漆)·오동나무기름 각 10근 등을 요구하였다(『고려사절요』 권15).

있었다. 몽골군은 춘주성 주변에 2중의 목책(木柵)을 구축하고, 목책 둘레에 한 길이 넘는 참호를 파서 성내의 고려군이 불시에 성밖으로 출진하여 반격을 가하지 못하도록 하였다. 몽골군의 포위공격이 장기화됨에 따라 우물이 모두 말라 마실 물이 고갈되자, 고려군은 소와 말을 잡아 피를 마시는 형편이었다. 안찰사 박천기는 9월 중순에 600여 명의 결사대를 조직하여 몽골군의 포위를 돌파하려 했으나 몽골군이 파놓은 참호 때문에 전원이 장렬하게 전사하였다. 춘주성을 함락한 몽골군은 최후까지 저항하는 성안의 군민 300여 명을 살육하였다.

한편 동북면에서 남하한 쑹주의 동군은 등주-통천-고성-간성-양양-강릉 등을 공격 대상으로 삼고 약탈을 자행하였다. 쑹주의 동군은 9월에 등주를 포위·공격하고, 10월에 통천을 경유하여 10월 21일에 양양을 함락하였다. 그때 낙산사의 주지였던 아행(阿行)은 낙산사를 지키려다 장렬한 최후를 맞이하였고, 양양 군민들은 권금성(權金城)[9]으로 거점을 옮겨 항전하였다.

당시 강릉지역이 몽골의 침입으로 어느 정도의 피해를 입었는지 구체적으로 전해주는 기록은 별로 찾아지지 않는다. 그러나 다음의 기사를 통해 피해 실태를 유추해 볼 수 있다.

강릉의 향리 출신인 김천(金遷)의 어머니와 동생 덕린(德麟)은 몽골군의 포로가 되어 동경(東京, 지금의 심양)으로 끌려가, 몽골 군졸인 요좌(要左)와 천로(天老)의 종이 된다. 그때 김천의 나이 15세였다. 그

---

9 속초시 설악동에 있는 석축산성. 설악산성·옹금산석성(擁金山石城)이라고도 한다. 둘레는 약 3,500m이고, 성벽은 거의 허물어져 터만 남아 있다. 이 산성의 축조 연대에 대해서는 두 가지 설이 있다. 『동국여지승람』에는 "예전에 권씨·김씨 두 집이 여기에 피란한 까닭으로 이름하였다"고 하였고, 「낙산사 기문」에는 "몽골군이 쳐들어왔을 때 이 마을 주민들이 설악산에다 성을 쌓아서 방어하였다"고 하였다. 이를 통해서 볼 때 권금성은 적어도 고려 말 이전부터 있었던 산성임을 알 수 있다.

로부터 14년 후 원나라에서 돌아온 백호(百戶) 습성(習成)이란 자로부터 김천은 어머니와 동생이 살아있다는 소식을 듣게 된다. 어머니가 세상을 떠난 줄 알고 제사를 지내오던 김천은 빚을 내어 몸값을 치를 은(銀)을 마련한다. 개경에 가서 동경으로 갈 수 있도록 해달라고 간청했으나 허락받지 못한다. 그는 6년 동안 개경에 머물면서 어머니를 만나기 위해 온갖 노력을 한다. 그러던 어느 날 고향에서 알던 승려를 만나 군인이었던 그의 동생이 동경으로 간다는 애기를 듣고 겨우 허락을 받아 어머니가 있는 곳으로 간다. 군졸 요좌의 집에 이르렀을 때 한 할머니가 나와 절을 하는데, 김천은 그 할머니가 자기 어머니임을 알지 못하였다. 고려의 통역인이 누구냐고 묻자 그 할머니가 대답하였다. "저는 명주 호장 김자릉(金子陵)의 딸입니다. 오빠인 진사 김용문(金龍聞)은 과거에 급제하였고, 저는 호장 김종연(金宗衍)에게 시집

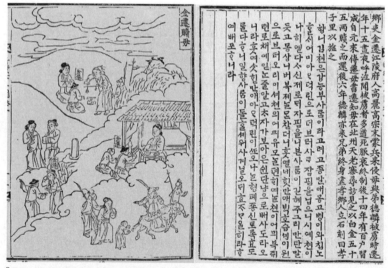

『동국신속삼강행실도』(1614)에 실린 '김천이 어머니 몸값을 치르다'의 글과 그림. 그림은 포로(오른쪽 하단), 상봉(오른쪽 중단), 몸값 치르기(상단), 장례(왼쪽 중단)로 되어 있다.

가서 아들 둘을 낳았는데 이름은 해장(海莊, 김천)과 덕린(德麟)이라고 합니다. 내가 이곳에 온 지 이미 19년이나 되었고, 둘째 아들도 이웃의 종으로 있습니다."

김천은 죽은 줄 알았던 어머니를 20년 만에 찾은 것이다. 그는 주인 요좌에게 애걸하여 은 55냥으로 어머니의 몸값을 치렀으나, 돈이 부족해 동생을 바로 데려올 수 없었다. 홀로 남은 동생은 "만일 하늘이 복을 내리면 반드시 서로 만날 날이 있을 것입니다"라면서 어머니와 형을 전송하였다. 모자는 서로 안고 울었다. 그때 고려 재상 김방경(金方慶)이 귀국길에 이 소식을 듣고 모자에게 증명서를 만들어줘 공로(公路)를 통해 귀국하게 했다. 6년 뒤 김천은 86냥의 몸값을 치르고 동생도 데려왔다.

김천의 어머니가 포로가 되었을 당시 고려는 전쟁으로 엄청난 피해를 입었다. 몽골과의 30년 전쟁에서 최대의 인명 피해를 입은 해가 1254년(고종 41)이다. 『고려사』에는 이 해 원나라에 포로로 끌려간 인원이 약 20만 6,800명이나 된다고 하였고, 사망자는 더 많았다고 한다. 당시 고려 인구는 500만 명 안팎으로 추정되는데, 인구의 약 10%가 한 해 동안에 피해를 입은 것이다. 원나라는 고려인 포로들을 심양과 요양에 거주시켰는데, 이들을 통치하기 위해 안무고려군민총관부(安撫高麗軍民總管府)를 설치한다. 그리고 이곳의 통치자로 심양왕(瀋陽王)을 임명했는데, 고려 국왕과 같은 지위를 부여하였다. 만주의 심양지역에는 두 나라 사이의 전쟁을 계기로 수많은 고려인이 거주하게 되었다.

몽골군은 10월 하순에 강릉을 거쳐 삼척에 이르렀다. 그때 마침 이승휴가 과거급제의 기쁨을 안고 어머니가 머무르고 있던 삼척으로 귀향했는데, 강화정부는 영(令)을 내려 모든 민호를 산성과 해도에 대피케 하였다. 이승휴는 강화로 가는 길이 막혀버리자 삼척의 요전산성

(蓼田山城)에 입보한 채 강화도로 돌아가지 못하고 있었다. 그는 전쟁 외중에 가산(家産)도 몽골군에 의해 소실되어 두타산 녹귀동에 들어가서 몸소 밭을 갈아 어머니를 봉양하며 살았다.

4) 왜구의 침입과 강릉

왜구의 침입은 고려말 내우외환으로 어려운 처지에 있던 고려의 큰 환난 중의 하나였다. 왜구는 『고려사』에 왜적(倭賊)·왜노(倭奴)·해적(海賊)·해도(海盜) 또는 단순하게 적(賊)·구(寇)·적선(賊船)·작구(作寇) 등으로 표현되어 있다. 왜구의 침입이 처음 나타나는 것은 1223년(고종 10)에 "왜가 금주(金州, 지금의 김해)를 노략질하였다"는 기사이다. 그 후 왜구는 충정왕대(재위 1349~1351)부터 본격적으로 창궐하기 시작하여 공민왕대(재위 1351~1374)를 거치면서 점차 침략 횟수가 빈번해졌다.

고려말 왜구의 침입 횟수는 1223년(고종 10)부터 1392년(공양왕 4)까지 169년간 519회에 달하였다. 그 가운데 왜구가 본격적으로 창궐하기 시작한 1350년(충정왕 2)부터 42년 동안은 506회로 연평균 12회에 달하였다. 우왕 연간에는 연평균 27회의 놀라운 숫자를 보이고 있으며, 가장 극심하였던 1383년(우왕 9)에는 50회에 달해 월 평균 4회를 넘고 있다.

왜구는 규모가 적을 때에는 20척, 많을 때는 500여 척에 이르는 대선단을 이루고 침입하였다. 그 인원수를 살펴보면 1387년(공민왕 13) 5월에 경상도도순문사 김속명(金續命)이 왜구 3,000명을 진해현에서 대파한 기록이 있으며, 1379년(우왕 5) 5월에 기병 700명과 보병 2,000명의 침구가 있었다는 기록이 있다. 이러한 규모로 미루어 볼 때 왜구는 단순한 해적의 오합지졸이 아니고 그 배후에 유력한 토호가 있어 직접 조종했다고 할 수 있다. 그 대표적인 조종자는 대마도주 소우씨(宗氏), 일기도주 시사씨(志佐氏), 서부 일본의 오우치씨(大內氏), 구주 풍후(豊後)의 오토모씨(大友氏) 등이었다.

왜구가 약탈하고자 한 주된 대상은 식량이었다. 왜구가 남해안지역의 섬과 경상도의 낙동강, 전라도의 섬진강 곡창지대, 조세로 바치는 쌀을 운반하는 조운선(漕運船)과 이를 보관하는 조창(漕倉)을 습격한 것도 그 때문이었다. 그 외에도 노동력으로 활용할 수 있는 고려의 백성들을 납치하거나, 소와 말 등을 약탈해 갔다.

이러한 왜구 침입의 피해는 정치·경제·사회·문화 등 각 방면에 걸쳐 상상을 뛰어넘을 정도로 매우 심각하였다. 왜구의 침입으로 "연해지역에 사는 백성들이 고향을 등지고 수 백리 내륙지역으로 도피하여 산다"거나, 혹은 "수 천리에 달하는 비옥한 들이 왜구의 약탈이 시작된 후 방치되어 들판에는 잡초가 무성하고 국토는 어염(魚鹽)과 목축, 농산의 이익을 잃을 정도였다"고 한다.

왜구가 영동지역에 처음 출몰하는 것은 1352년(공민왕 1) 6월이다. 이 지역에 왜구의 출몰이 급증하는 것은 1370년대에 들어와서이다. 이는 고려정부가 남해안이나 서해를 이용한 조운을 폐지하고 육로운송으로 전환하면서 왜구들이 서남해안에서 더 이상 조운선의 탈취가 불가능해진 것과 무관치 않다.

1372년(공민왕 21) 6월 6일에는 왜구가 안변·함주·강릉·영덕에 쳐들어왔다. 이때 이옥(李沃)[10]이 아버지 춘부(春富)의 죄에 연좌되어

---

10 이옥은 시중 춘부의 아들이다. 시중이 주살당하자 이옥은 강릉부의 관노로 편입되었다. 이 무렵에 왜구가 동해에 몰려와서 주군(州郡)을 약탈하니, 백성들이 모두 다투어 피하였다. 강릉부의 앞들에 큰 나무가 많았는데, 이옥은 밤사이에 사람을 시켜 화살 수백 개를 나무에 꽂아 놓았다. 이튿날 상복을 벗고 말을 달려 해구(海口)로 나가 여러 개의

강릉부의 관노로 있었는데, 이옥의 용맹성을 알고 있던 안렴사가 그에게 병력을 주어 왜구를 격퇴하게 하였다. 이옥이 용감히 싸워 왜구를 격퇴해 강릉 일대를 재난으로부터 구해내자, 공민왕은 이옥에게 말과 안장을 하사하고 그의 역(役)을 면제해 주었다. 이어 6월 10일에는 안변과 함주를 약탈하였고, 6월 26일에는 다시 안변 등지를 침범하여 부녀자와 미곡 1만여 석을 약탈해 갔다. 1374년(공민왕 23)에는 강릉·양양·삼척·회양에 침입하였다.

1381년(우왕 7)에는 강릉·삼척·울진·평해·영덕 등 동해안 지역을 집중적으로 약탈했다. 이때 조정에서는 첨서밀직 남좌시(南佐時)와 밀직부사 권현룡(權玄龍)을 현지로 보내 왜구를 격퇴하도록 하였다. 그러나 영동지역에 크게 흉년이 들어 왜구 방어에 어려움이 많자, 조정에서는 동지밀직 이숭(李崇)을 교주도에 보내 군사를 거느리고 토벌 작전을 지원하게 하였다. 1382년(우왕 8) 3월에는 삼척·울진·우계 등지에 침입해 왔는데, 이때 강릉도 상원수 조인벽과 부원수 권현룡이 왜구와 싸워 30명을 베었다. 강릉도는 현재 영동지역에 해당된다. 1383년(우왕 9)에는 강원도 내륙지방 깊숙한 영월·정선·양구·홍천·춘천·가평 등지까지 유린하였다. 강원도에서 왜구의 침구는 1385년(우왕 11) 양양과 평해를 마지막으로 자취를 감춘다.

강원지역의 왜구 침구에 대해 고려조정은 국가차원에서 군제개편, 수군재건, 무기체제의 전환 등으로 대응하면서 이성계를 비롯한 장수

화살을 적에게 쏘고는 거짓 패한 척하면서 나무 사이로 달려 들어가니, 왜적이 구름과 같이 몰려왔다. 혼자서 당해 내는데 꽂혔던 화살을 뽑아 쏘며 종횡으로 달리며 치는데 아침부터 저녁까지 고전하기를 마지않았으나, 시위를 헛되게 당기지 아니하여 쏘기만 하면 반드시 맞으니 죽은 자가 즐비하였다. 이로부터 왜적이 군(郡)의 지경을 범하지 못하여 한 도(道)가 그의 힘으로 편안하니 조정에서 가상히 여겨 벼슬을 내렸다고 한다(『용재총화』 권3).

들을 파견하여 왜구를 진압하였고, 동해안 지역의 성곽을 재건하거나 새로 쌓으면서 대응해 나갔다. 강릉지역의 성곽은 석교리토성, 명주성, 칠봉산성, 제왕산성, 삼한성, 고려성, 괘방산토성, 금강산성, 우계산성 등이 있다.

4. 고려말 정국의 변화와 강릉

14세기 말엽을 전후한 시기는 우리 민족사에서 매우 중요한 전환기 중의 하나이다. 이 '전환기'라는 인식은 600년이 지난 오늘날에 와서 그때 이루어진 역사발전을 차분하게 파악함으로써 얻은 결론일 뿐이다. 그러나 당시의 실제 상황은 커다란 민족사적 위기였다고 할 수 있다. 위기를 맞게 된 원인도 여러 가지가 얽혀 있어서 간단치 않다.

당시의 가장 큰 병폐는 토지제도가 정상적으로 운영되지 못하면서 일어난 권력자들의 토지겸병이었다. 권력자가 남의 땅을 빼앗는 현상은 전근대 어느 때나 있었지만, 이 시기보다 심했던 적은 없었다. 그때 권력의 핵심에 있는 자들은 산과 강을 경계로 하는 대농장을 소유하여 농장 소속 농민은 양인(良人)일지라도 노비로 간주하여 토지세는 물론 부역(賦役)도 포탈하였다. 이에 따라 배경이 튼튼하지 못한 신진 관료들은 국가로부터 과전(科田)을 받을 길이 없었고, 각종 부세수입이 크게 줄어 녹봉도 제대로 지급받기 어려웠다. 격변하는 국제정세 속에 전쟁에 대비하여 군량을 비축하는 것은 전혀 불가능하였다.

이러한 사회경제적 난맥상은 장기간에 걸쳐 지속된 전쟁의 피해로 더욱 가중되고 있었다. 이 시기 중국 대륙에서는 원·명 교체기에 홍건적이 두 차례에 걸쳐 고려에 침입해 왔다. 그러나 남쪽으로부터 왜구는 장기간에 걸쳐 침입하여 고려의 정치·경제·사회·문화 등 각 방면에 걸쳐 상상을 뛰어넘을 정도로 심각한 피해를 입혔다. 특히 왜구는 배를 타고 다니며 각지의 해안에 상륙하여 촌락을 노략질하여 남부 해안지역의 고을이 모두 텅비다시피 되고 옥토가 황무지로 변하였다. 농업생산이 격감한 것은 물론, 조운(漕運)마저 끊겨 국가재정이 쪼들릴 수밖에 없었다.

고려정부는 왜구를 막기 위해 수차례에 걸쳐 일본과 외교적 교섭을 벌이기도 했으나 일본정부 자체가 이를 억제할 힘이 없었기 때문에 별 효과를 거두지 못하였다. 이에 고려정부는 국방체제의 정비와 함께 직접 무력을 써서 저들을 응징하는 데 많은 힘을 쏟았다. 특히 최영·이성계 등의 활약으로 왜구의 세력을 약화시키는데 성공하였다. 이들은 전장에서의 활약으로 국민의 영웅으로 부각되면서 정치적 비중이 강화되고 정치권력을 주도하게 된다.

그러던 중에 최영과 이성계 사이에는 외교정책의 문제를 중심으로 날카로운 대립이 생겼다. 원래 외교정책의 문제를 둘러싼 대립은 14세기 후반기의 고려가 당면한 하나의 큰 숙제였다. 그때의 대륙정세는 오랫동안 세계제국을 형성하였던 원나라가 쇠퇴하고 명나라가 흥기하는 등 원·명의 교체가 이루어진 시기였다. 이에 공민왕은 명에 사신을 보내고, 명의 연호를 사용하는 등 친명정책을 쓰는 대신 반원정책을 쓰게 되었다.

그러나 국내에는 아직도 부원세력이 잔존하고 있었으므로 외교정책을 둘러싼 대립이 나타나게 되었다. 이때 친명파가 공민왕을 정점으로 신흥사대부로 구성되었는데 비해, 친원파는 이전부터 원과 연결되고 있었던 권문세족이 주류를 이루고 있었다. 이러한 친원·친명파의 대립 속에서 공민왕이 반대파에 의해 시해된 후 이인임(李仁任)의 추대를 받아서 우왕이 즉위하였다. 우왕이 즉위한 후 실제로 정권을 장악한 자는 이인임이었다. 당시 그는 권력의 중심부에 자리 잡아 실권을 쥐고 있었으며, 국내외 문제 해결의 주도권을 쥐고 있었다. 또한 그는 공민왕 때 이루어진 명나라와의 관계를 계속 유지시키려는 입장에서 명나라에 사신을 파견하는 한편, 북원(北元)에도 사신을 파견하여 국교를 회복하는 등 원·명과 양면외교를 추구하였다.

이때 친원·친명세력의 대립관계에 커다란 변화를 초래한 사건이 일어났는데, 이것이 바로 명나라의 철령위(鐵嶺衛) 설치 통보였다. 그렇지 않아도 명나라는 고려가 북원과 통하는 것을 힐책하고 무리한 공물을 요구하며 고려 사신을 유배하는 등 고압적인 태도를 취하여 고려 조정을 분개하게 하였는데, 그러던 차에 원의 쌍성총관부 관할하에 있던 철령 이북의 땅을 명의 직속령으로 삼겠다고 통고해 왔다. 이때는 이인임 일파가 몰려나고 권력은 최영과 이성계가 장악하고 있었다. 최영은 이 통고를 받고 크게 분개하여 이 기회에 명이 차지한 요동지역까지 회복하려 하였다. 우왕도 이에 동조하여 전국적인 징병을 실시하여 군대를 동원하게 되었다. 우왕은 최영을 8도도통사, 조민수를 좌군도통사, 이성계를 우군도통사로 삼아 출진케 한 후 몸소 평양까지 나가 독전하였다.

그러나 처음부터 국내외의 정세로 보아 요동정벌이 현실적으로 불가능하다고 판단하여 출병을 반대하던 이성계는 위화도에서 회군하여 개경으로 돌아왔다. 이성계는 이 사건으로 정치적 실권을 장악하게 되었고, 장차 고려왕조를 무너뜨리고 새로운 왕조를 건설할 수 있는 중요한 계기를 마련하였다.

이성계는 반대파인 최영을 실각시킴과 동시에 우왕을 폐위시켜 강화도로 안치(安置, 유배지에서 거주의 제한을 가한 유배형벌)하였다가, 얼마 후 여흥군(지금의 여주)으로 안치하였다. 우왕은 다시 1389년(공

제왕산

제왕산성

양왕 1) 11월에 김저(金佇)와 모의해 이성계를 제거하려 했다는 혐의를 받아 강릉 왕산으로 옮겨진 다음에 죽임을 당하였다. 왕산이라는 지명은 우왕이 이곳에 유배되어 갇혀 있었다고 한 데서 유래하였다.

강릉지역에서 우왕과 관계있는 유적지로는 구정면 학산리 왕현에 있는 왕현산성(王峴山城)11과 왕산면 제왕산에 있는 제왕산성(帝王山城)12을 들 수 있다. 이들 성터는 고려말에 우왕이 왕위에서 물러나 한때 이곳에 있을 동안 쌓았다고 전해진다.

고려의 마지막 임금인 공양왕은 조선이 건국되는 1392년(태조 1)에 원주로 방치되었다가 간성군으로 추방되면서 공양군으로 강등되었고,

---

11 왕고개의 남서에서 북동으로 이어지는 산줄기의 해발 50m 정도의 구릉을 따라 축조된 반월형의 토·석 혼축성. 이곳에서는 성의 북서·남동쪽에 전개된 완사면 일대를 조망하기 쉽다. 성의 둘레는 500m 정도이며, 성안에는 건물지로 보이는 평탄지와 남벽 직하에 우물터가 있다.

12 대관령 동쪽 제왕산(840m) 정상의 능선부와 남사면(南斜面)에 발달된 두 개의 작은 곡지(谷地) 위에 축조된 석축산성. 총길이는 3km 정도이며, 현재 성벽이 남아있는 부분은 200m 정도이다. 서벽에는 평평한 기반암 위에 석재로만 축조된 부분이 있으나, 능선부에는 토·석 혼축의 부분도 관찰된다. 성벽에 포함되어 있는 적색 및 흑회색의 와편을 비롯하여 성내에는 토기편들이 산재되어 있는데, 특히 남서쪽의 성벽 주위와 능선부의 건물지로 보이는 평탄지에서 많이 발견된다.

1394년(태조 3) 4월에 삼척부로 옮겨졌다가 왕자 왕석·왕우와 함께 교살(絞殺)되었다.

현재 삼척시 근덕면 궁촌해수욕장 북쪽 언덕에 공양왕릉이 있다. 궁촌리에는 3년마다 해신제(海神祭)를 지내기 전에 반드시 공양왕릉에 가서 제사를 드리는 풍습이 남아 있다. 그리고 이 지역에는 공양왕과 관련된 지명도 전해진다. 임금이 유배된 곳이라 하여 궁촌, 마을 뒷길 고돌산에서 살해되었다고 하여 살해재, 왕자 왕석이 살았다는 궁터, 말을 매던 마리방 등이 바로 그것이다. 삼척의 공양왕릉은 봉분이 모두 4기인데, 가장 남쪽에 있는 것이 공양왕의 무덤, 2기는 왕자 왕석·왕우의 무덤, 나머지 1기는 왕의 시녀 또는 왕이 타던 말의 무덤이라 전한다. 하지만 경기도 고양시 원당에도 공양왕릉이 또 하나가 있어, 삼척의 것이 정확히 공양왕릉인지는 확실치 않다.

참고문헌

강릉시사편찬위원회, 1996 『강릉시사』(상), 강릉문화원.

강원도사편찬위원회, 2011 『강원도사』 4(고려).

나종우, 1996 『한국중세 대일교섭사연구』, 원광대학교출판국.

박도식, 2008 「강릉의 명칭 유래」 『강원민속학』 22, 강원도민속학회.

박종기, 2002 『고려의 지방사회』, 푸른역사.

_____, 2008 『새로 쓴 5백년 고려사』, 푸른역사.

윤경진, 2012 『고려사 지리지의 分析과 補正』, 여유당.

이수건, 1984 『한국중세 사회사연구』, 일조각.

이 영, 2007 『잊혀진 전쟁 왜구-그 역사의 현장을 찾아서』, 한국방송통신대학교
　　　　출판부.

채웅석, 2000『고려시대의 국가와 지방사회』, 서울대학교 출판부.

하현강, 1988『한국중세사연구』, 일조각.

제6장 강릉의 성씨와 본관

1. 성씨와 본관

오늘날 대한민국 국민은 누구나 법률에 의거하여 성씨와 본관을 가지게 되어 있다. 그러나 지금부터 500년 전만 해도 성씨가 없는 무성층(無姓層)의 비율은 전체 인구의 약 40%를 차지하였다. 이들 대부분은 노비를 비롯한 천민층이었다. 모든 사람이 성씨와 본관을 가지게 된 것은 1909년에 일제가 조선 백성들을 한눈에 파악하기 위해 도입한 민적법(民籍法)이 시행되면서부터이다.

성씨란 일정한 인물을 시조로 하여 대대로 이어 내려오는 단계혈연(單系血緣) 집단을 말한다. 우리 역사에서 성씨를 사용하기 시작한 시기는 삼국시대부터이다. 최초로 성씨를 사용한 것은 왕이었다. 고구려는 그 사용 연대를 확실히 규정할 수 없으나 대개 장수왕(재위 413~491) 때 중국에 보내는 국서에 고씨(高氏)를 썼으며, 백제는 근초고왕(재위 346~376) 때 여씨(餘氏)를 쓰다가 무왕(재위 600~640) 때부터 부여씨(夫餘氏)라 썼으며, 신라는 진흥왕(재위 540~576) 때부터 김씨(金氏)를 썼다.

그러나 삼국시대에 귀족들이 성씨를 사용한 흔적은 보이지 않는다. 신라 진흥왕대에 세워진 순수비에는 적지 않은 신료들의 이름이 등장하는데, 이들 가운데 성씨를 가진 인물은 찾을 수 없고 이름 앞에 부명(部名)을 관칭(冠稱)하였다. 예컨대 김유신의 할아버지만 하더라도 사훼부(沙喙部) 출신의 무력지(武力智)라고만 하였을 뿐이다.

귀족들이 성씨를 사용하기 시작하는 것은 삼국통일을 전후한 시기이다. 「문무왕릉비」에는 찬자(撰者, 글을 지은 사람)과 서자(書者, 글씨를 쓴 사람)의 성명이 김□□(金□□)와 한눌유(韓訥儒)라 기재되어있다. 이는 당시 김씨와 한씨를 사용하는 귀족들이 존재하였음을 알려준다. 신라 6부의 성(姓)인 이·최·손·정·배·설씨가 등장하기 시작하는 것도 이 무렵으로 추정된다. 이를 통해서 볼 때 신라의 통일 전후에는 국왕을 비롯해 소수의 귀족들만이 성씨를 사용하였음을 알 수 있다.

성씨가 본격적으로 사용되는 시기는 고려초이다. 조선후기의 학자 이중환(1690~1756)은 『택리지』에서 "고려가 후삼국을 통일하자 비로소 중국식 성씨제도를 전국에 반포함으로써 사람들이 모두 성을 갖게 되었다"고 하여 우리나라의 성씨 보급 시기를 고려초로 잡고 있다. 하지만 일반민과 하층민에게 성씨가 획기적으로 보급된 시기는 조선후기이다.

본관은 성씨가 일반화하는 과정에서 혈족계통을 전혀 달리하는 동성(同姓)이 많이 생겨나 성만으로 동족(同族)을 구별할 수가 없게 되자, 씨족의 출신지 또는 씨족이 대대로 살아온 거주지를 성 앞에 붙여서 사용하게 된 것에서 비롯되었다. 성의 분화와 아울러 본관도 후대에 내려올수록 분관(分貫)·분적(分籍)이 늘어 시조의 발상지 외에 봉군지(封君地)·사관지(賜貫地) 또는 그 후손의 일파가 이주한 곳이 새 본관이 되었다.

고려시대에 본관은 노비와 양수척 등의 천인들을 제외한 양인 이상에게만 주어졌다. 본관의 의미는 시대에 따라 조금씩 다르게 사용되었다. 고려초기에 정착하기 시작한 본관제는 지역사회 내부의 자체적인 질서를 이용하여 향촌사회를 안정시키기 위해 시행된 제도였다. 즉 기존의 지역공동체 관계를 이용하여 백성들을 거주지에서 벗어나지 못하게 하는 대민지배방식의 일환으로서 시행되었던 것이다. 국가는 이러한 지배질서를 유지하기 위해 본관을 벗어나는 거주지 이동을 억제하였던 것이다. 관직 임용이나 국가정책에 따른 이주 외에는 특별한 사정이 없는 한 본관과 거주지가 일치해야 하였다. 관의 허가를 받지 않은 이주는 유망으로 간주하여 발각되면 본관으로 송환하였다.

그러나 고려중기 이후 향촌사회에서 농민층의 분해가 심화되고, 유망이 극심하게 일어나면서 본관과 거주지의 분리현상이 확대되어감에 따라 본관지역을 이탈한 농민들을 원래의 본관으로 되돌리는 것이 현실적으로 불가능해졌다. 또한 지방 토성의 상경종사(上京從仕)와 국가정책에 따른 이주로 인해 본관과 거주지가 일치하지 않은 계층이 증가해갔다.

이와 같이 본관이 우리 사회에서 처음 사용되던 시기에는 해당 인물의 본적지를 의미하였으나, 시간이 흐르면서 대부분의 경우 본관을 벗어나 다른 곳에 정착한 지가 이미 수백 년 또는 천년에 이르렀다. 그리하여 본관이라는 곳은 후손의 입장에서 보자면, 평생 동안 그곳을 찾아가 "단 한번 발을 딛어 보거나, 단 한 차례 구경조차도 해보지 못한(足不一涉 目不一睹)" 경우가 많았다.

우리는 옛 문헌을 볼 때 어떤 인물에 대한 내용 중에 '○○인'이라고 기록된 것을 쉽지 않게 대하게 된다. 예컨대 율곡 이이와 이순신의 본관은 '덕수인(德水人)'이라고 기재되어 있다. 여기서 '덕수'는 율곡과 이순신의 출생지나 거주지를 말하는 것이 아니라 이들 선대에 '덕수'를 기반으로 세거한 적이 있고 그 혈통이 이들에게까지 이어지고 있음을 말하는 것이다. 본관에 대한 이해가 없다면 율곡과 이순신은 같은 고향이라고 오해할 수 있다. 그러나 두 사람은 본관이 '덕수'라는 공통점이 있을 뿐이고, 태어난 곳과 성장한 곳이 각각 다르다. 오늘날 본관은 대개의 경우 거주지와는 아무 상관이 없고, 다만 성씨의 본향을 통해 씨족을 구분하는 것 이상의 의미를 갖지 못한다.

2. 강릉지역의 성씨와 본관

오늘날 우리들이 사용하는 성씨를 봤을 때 가장 두드러진 특징 가운데 하나는 성씨와 함께 본관을 사용하고 있다는 점이다. 그러므로 같은 성씨라 하더라도 그 안에는 본관에 따라 여러 씨족이 존재하게 된다. 가령 같은 박씨라 하더라도 본관이 다른 밀양, 강릉, 반남 등 여러 개의 박씨가 있다.

고려초기 이래 각 군현에 어떤 성관(姓貫)이 존재했는지는 15세기에 편찬된 『경상도지리지』(1425)를 비롯하여 『세종실록지리지』(1454)와 『동국여지승람』(1481)에 성씨 관련 자료가 전하고 있다. 이 가운데 『경상도지리지』에는 지역적으로 경상도 일원에 한정되어 있고, 『동국여지승람』에는 인물조와 고적조에 해당 읍(邑)을 본관으로 한 인물과 각 성씨의 본관이 기재되어 있는 정도이다.

그런데 『세종실록지리지』에는 조선초기 전국 각 군현에 토착하고 있던 토성(土姓)을 비롯하여 각종의 이입성(移入姓)과 망성(亡姓)·속성(續姓) 등을 망라하여 수록하고 있다. 이러한 성씨들은 비록 조선초기에 파악된 것들이지만 이미 고려초기부터 존속해 온 것으로 보인다. 따라서 우리는 『세종실록지리지』에 기재되어 있는 성관체제를 추적하여 고려시대 성관의 유래와 그 존재 양태를 재구성할 수 있다고 본다.

이에 대한 이해를 돕기 위해『세종실록지리지』의 기록을 토대로 현재 영동지역의 성씨를 들면 다음과 같다.

〈표-1〉『세종실록지리지』소재 영동지역 각 군현별 성종(姓種) 일람표

군현명	토성(土姓)	망성(亡姓)	내성(망래성)·입성(망입성)·속성·사성
강릉부	6; 金·崔·朴· 郭·咸·王		속성3; 全(정선)·李(평창)·元(원주)【모두 향리】 사성1; 王(후에 玉)
연곡현	5; 明·李·陳· 申·蔣		속성1; 全(정선)【향리】
우계현	4; 李·邊·沈·盧		속성1; 劉
양양부	2; 金·李	4; 孫·朴· 河·鄭	속성3; 張·林·尹
동산현	4; 朴·金·崔·陳	1; 李	내성1; 林
간성군	2; 宋·李	3; 柳·張· 文	속성11; 金·李(평창), 咸(양근), 尹(영춘), 南(영양), 金(음죽), 全(정선), 張(단양), 安(제천), 孫(평해), 朴(영덕)【모두 향리】
열산현	1; 崔	2; 麻·皇甫	속성5; 金·全(정선), 孫(평해), 朴(보성), 林(울진)【전·손·박·임 4姓, 모두 향리】
고성군	3; 柳·朴·孟	亡次姓2; 俞· 吳(孟)	속성5; 劉·吾·崔(강릉), 鄭(九皐), 金(양양)【최·정·김 3姓, 모두 향리】
안창현			입성3; 李(加恩·川寧), 高(利安)
환가현	3; 崔·朴·皇甫		
통천군	4; 金·李·鄭·俞	1; 張	망래성1; 趙. 來姓2; 林·尹. 속성5; 孟·崔·李(경주), 朴(영해), 孫(평해)【최·이·박·손 4姓, 모두 향리】
임도현			망입성2; 崔(慈仁·拔山入), 太(投化入). 속성1; 林
벽산현	1; 崔	2; 林·孫	
운암현			망입성3; 蔡(金化入), 宋(狼川入), 李(朝宗入). 속성1; 林
흡곡군			망래성3; 孫(碧山來)·劉(金城來)·宋(交州來) 속성3; 申·金·羅
삼척군	4; 陳·金·沈·朴		사성1; 秦

영동지역의 각 군현에는 대개 3~4본의 토성이 존재하였다. 즉 강릉부는 6본, 삼척군·통천군은 4본, 고성군은 3본, 양양부·간성군은 2본이다. 속현 중에서는 연곡현이 5본, 우계현·동산현이 4본, 환가현이 3본, 열산현·벽산현이 1본이다. 이는 조선초기 행정구역을 기준으로 한 것이다. 강릉부의 토성은 김·최·박·곽·함·왕씨이고, 연곡현과 우계현의 토성은 각각 명·이·진·신·장씨와 이·변·심·노씨이다.

토성은 고려초 이래 전해 오던 '고적(古籍)'과 『세종실록지리지』 편찬 당시 각 도에서 올린 '관(關)'에 기재되어 있던 성씨를 지칭했다. '고적'은 고려초 이래 전해오던 중앙에 소장되어 있던 군현 성씨 관계 자료였고, '관'은 지방의 각 읍사(邑司, 향리들의 집무기구)에 비치되어

『세종실록지리지』 강릉대도호부 성씨조

있던 성씨 자료를 수합 정리하여 중앙에 보고한 문서였다.

　현재 학계에서는 고려시대 향리와 같은 향촌 지배계층의 성씨가 바로 토성이었다고 보는 견해가 우세하다. 그들은 신라말 고려초에 성주·장군·촌주 등의 직함을 지내면서 지방세력을 대표하던 이른바 호족의 후예였다. 호족은 고려의 개국과 통일에 적극 참여하여 개국관료와 삼한공신이 되면서 각기 성관을 분정 또는 하사받았다. 이렇게 형성된 각 읍의 토성들은 본관을 떠나 상경종사함으로써 재경관인(在京官人)이 되었고, 그대로 토착하던 토성은 읍사를 중심으로 상급 향리층을 구성하여 지역사회를 자율적으로 지배하고 질서유지를 책임지는 위치에 있었다. 이후 많은 변화와 분화 과정을 겪고 15세기에 지리지가 편찬될 때 이들 성씨가 각종 토성으로 파악되었던 것이다.

　『세종실록지리지』에 수록된 모든 토성이 같은 시기에 형성되었다고는 볼 수 없다. 왜냐하면 토성의 내부구조에서 같은 토성이라도 토성과 차성(次姓), 인리성(人吏姓)과 차리성(次吏姓)이 있는 것은 양자가 시간적 선후를 두고 형성되었기 때문이다. 차성 또는 차리성이라 했던 것은 토성과 인리성 다음에 각각 형성되었던 것에 기인한다. 동계의 북부지역에 위치하였던 흡곡에는 토성이 아예 없다. 그것은 고려초 이래 빈번한 국경선의 신축으로 인해 주민의 집산이 반복되면서 토착세력의 유망이 심하여 미처 토성으로 책정되지 않았기 때문이라 본다.

　망성은 '고적'에 기재되어 있으나 '관'에 없는 성씨를 지칭했다. 망성은 '망토성(亡土姓)'과 같은 뜻으로, 『세종실록지리지』를 편찬할 때에는 이미 소멸된 성씨이다. 이는 토성이 확립된 이래 신분이 상승하여 본관지를 옮겼거나 몰락하여 다른 지역으로 거주지를 이동해 간 경우와 전쟁 등과 같은 비상시에 자신들의 성씨를 관계 기록에 기재하여 놓지 못한 경우에 해당된다. 망성은 대체로 하삼도지역보다는 근기지역에, 대읍보다는 중·소읍에 많았다. 경상도·전라도처럼 수도와 멀리 떨어진 곳은 중앙정계의 변동에 그렇게 민감하지도 않았고, 또 직접적인 영향을 적게 받기 때문에 각 읍 토성이 '고향을 편안히 여겨 다른 곳으로 떠나기를 꺼려한[安土重遷]' 결과 망성의 발생이 적었던 것이다. 왜구의 침입이 심했던 연해지역과 주민의 집산·국경선의 신축이 반복되었던 동계의 북단에 있는 양양부와 간성군은 망성이 많았다.

속성은 '고적'에 없고 그 대신 '관'에 처음 기재된 성씨를 지칭했다. 즉 속성은 종전에 없던 성씨를 『세종실록지리지』 편찬 때에 각 도에서 올린 '관'에 추가 등재된 성씨이다. 『세종실록지리지』에는 속성을 각 읍 성씨조의 맨 끝에 놓였고 반드시 내성 다음에 기재하였다. 속성은 고려후기 이래 '북쪽의 오랑캐와 남쪽의 왜구[北虜南倭]' 침입과 격심한 사회변동 및 거기에 따른 토성이족의 유망에서 군현과 각종 임내(任內, 속현과 향·소·부곡)의 향리 자원이 부족하게 되자, 이를 보충 내지 열읍 간에 향리수를 조정한 결과로 형성되었다. 그때 읍사를 구성하고 있던 향리는 군현의 행정실무를 담당하고 있을 뿐만 아니라 관내의 징세·조역에서 필수불가결한 존재였다. 영동지역에서는 간성군·고성군·통천군 등에 속성이 집중되어 있다. 강릉부의 속성은 정선전씨·평창이씨·원주원씨이고, 연곡현과 우계현의 속성은 정선전씨와 우계유씨이다.

입성(入姓)은 지역적인 이동에서 발생한 성씨를 지칭했고, 입진성(入鎭姓)은 고려초부터 북진정책에 따라 영토확장과 함께 실시되었던 국가의 사민정책에 의해 남부지역에서 양계지역에 사민해 온 정착민의 성씨를 지칭했다.

내성(來姓)은 그 자의대로 다른 지역에서 입래(入來)한 성씨로서, 고려초 이래의 '고적'에도 토성과 함께 기재되었던 성씨를 지칭했다. 토성이 확정된 뒤 그 토성의 유망 또는 소멸에서 망성이 발생하였듯이, 망래성(亡來姓)은 입래한 내성이 그 후 다시 유망하거나 소멸함에 따라 발생한 성씨이다.

사성(賜姓)은 임금이 신하에게 하사한 성씨를 지칭했다. 이는 국가에 특별한 공을 세운 신하에게 임금과 같은 성씨[國姓]인 왕씨를 하사한 것이다.

이상에서 살펴본 바와 같이 고려초기부터 각 군현마다 읍사를 중심으로 깊이 뿌리박고 있던 토성은 상경종사·유리·소멸 등의 과정을 밟아 지역적 이동과 신분적 분화를 계속했다. 그 결과 기존 토성의 유망에서 '망성'이 발생했고, 지역적인 이동에서 '내성'·'입진성'·'입성' 등이 발생했으며, 여말선초 열읍 간의 향리조정책에 의해 '속성'이 대량 발생했던 것이다.

『세종실록지리지』 성씨조는 한국 성관에 관한 자료 가운데 가장 일찍이, 그리고 가장 구체적으로 정리된 것인데도 이 자료는 한말까지 민간에 공개되지 않았다. 그 대신 이를 축약·혼성한 『동국여지승람』이 조선시대 성관의 기본 자료로 인식되었다. 그러나 『동국여지승람』의 성씨조를 보면 『세종실록지리지』에 실려 있는 토성·차성·인리성·차리성·백성성·입주후성·입현후성 등의 용어는 없어지고, 다만 본관을 본읍과 임내로 구분하고 토성과 망성을 혼성해서 기재하였다. 그리고 이주해 온 성씨에 대해서는 본관을 작은 글씨로 주기하되, 본관을 모를 때에는 '성'자 다음에 '내(來)'·'속(續)'·'속(屬)'자를 부기함으로써 고려초 토성분정 이래 성관의 본래 모습이 상실되고 말았다. 다른 한편에서는 인물조와 고적조를 대폭 보강하여 해당 고을을 본관으로 한 인물과 각 성씨의 본관을 구체적으로 파악해 기재함으로써 후대의 족보와 읍지 및 『대동운부군옥』 성씨조 그리고 『증보문헌비고』 제계고(帝系考) 부록 씨족조에서 인용할 수 있는 많은 자료를 제공해 주었고, 『세종실록지리지』에 누락된 군현 또는 향·소·부곡성이 기재되어 있어 이를 보완하는 자료로 이용할 수 있다.

『세종실록지리지』를 편찬하던 15세기 전반에는 토성이라는 용어가 널리 사용되었고, 『세종실록』을 비롯한 공사문헌에도 '토성품관(土姓品官)'·'토성이민(土姓吏民)'·'토성명현(土姓名賢)' 등의 용례가 자주 발견된다. 그러나 『세종실록지리지』보다 약 반세기 후에 편찬된 『동국여지승람』의 성씨조에는 고려 이래 성씨의 대종을 이루었던 토성이란 용어가 일체 보이지 않는다. 그것은 그때 사족의 본관이 거주지와 유리되는 현상이 일반화되면서, 종래 토착적 의미의 토성은 이제 무의미해지고 그 대신 성씨의 출자지, 지위와 명망 내지 가문의 격을 추상적으로 의미하는 본관만이 문제되었기 때문이라 생각된다.

3. 강릉지역 토성의 문벌화와 사족화

고려가 후삼국을 통일한 이후 지방의 호족들은 자신의 출신지나 근거지의 토성으로 자리 잡게 되었다. 이들 토성세력은 고려초기부터 중앙에 진출하여 귀족이 되거나, 일부는 그대로 지방에 남아 있다가 향리가 되었다.

고려초에 토성세력이 중앙에 진출한 경우는 대부분 고려왕조의 창건에 적극 참여하여 태조 때에 공신이 된 경우이다. 그러나 과거제가 시행된 이후부터 토성세력은 이전과는 달리 지방의 과거시험을 거쳐 서울에 유학한 뒤 중앙의 과거에 합격하여 문반관리로 진출하였다.

우리나라에서 과거제도는 958년(광종 9) 중국 후주(後周)의 귀화인 쌍기(雙冀)의 건의에 의해서 시행되었다. 고려의 과거제도는 크게 제술과·명경과·잡과·승과로 분류할 수 있다. 그중에서 제술과와 명경과를 중시해서 '양대업(兩大業)'이라 불렀다. 전자는 유교사상에 입각한 여러 가지 글을 짓는 시험이었고, 후자는 유교경전을 해석하는 시험이었다. 또한 토성세력들은 군인으로 뽑히는 선군(選軍)이나 군사적인 공을 세워 무반관리가 되거나 서리직으로 진출하기도 하였다.

고려시대 관직에 나아가는 길은 문(文), 무(武), 리(吏) 세 종류가 있었다. 문은 과거를 통해, 무는 무예를 통해, 리는 행정 실무를 통해 진출하는 것을 말한다. 이 가운데 토성세력들에게 가장 매력적인 것은 과거를 통해 중앙관료로 진출하는 것이었다. 과거를 통해 중앙관료로 진출한 토성세력 가운데는 문벌을 이루는 가문도 생겼다. 중앙관료층 사이에서 문벌화가 진행되는 것은 성종대에 형성되기 시작하여 문물제도가 완비된 문종대를 거쳐 예종·인종대에 전형적인 모습을 나타냈다. 문벌가문이나 고위관료들의 성관을 살펴보면 모두 토성 출신이었다. 고려전기에 문벌로 현달한 성관은 대략 30개 정도였다.

인종 때 송나라 사신으로 고려를 방문한 서긍(徐兢)은 당시 고려의 인물을 평가하는 기준을 벼슬·족망(族望)·과거 급제의 여부에 두고 있었던 것 같다. 그것은 그가 견문한 내용을 담은 『고려도경』에서 "나라에 벼슬하는 자라야 지위가 높은 신하[貴臣]가 되며, 족망으로 서로 겨루고, 나머지는 진사(進士)를 하여 뽑히거나 혹 재물을 바치고 되기도 한다"라고 적어두었기 때문이다. 그는 특히 족망을 중시했는데, 이는 "고려는 족망을 숭상해서 국상(國相)은 다수가 훈신(勳臣)·척신(戚臣)이 임명되었다"고 한 기록에서 잘 드러난다. 이러한 면모 때문에 고려전기 사회를 문벌귀족제 사회로 이해하기도 한다.

한편 지배세력 가운데 5품 이상의 관료는 과거시험을 거치지 않고 음서(蔭敍)를 통해 그 자손들이 자동으로 관직에 진출하는 것을 제도적으로 보장받았다. 그리고 이들은 일반관료처럼 관직에 나가 일한 대가로 국가로부터 전시과라는 토지를 지급받았을 뿐만 아니라 양반 공음전시라는 토지를 더 지급받았다. 전시과는 관리의 재직기간에 한정하여 지급되었으나 공음전은 자손에게 세습이 허용되었다. 이들은 왕실이나 유력한 가문과 폐쇄적인 혼인관계를 이용하여 귀족가문을 형성하였고, 그러한 가문을 배경으로 자신들의 정치·경제기반을 확고히 하였던 것이다.

고려왕조는 왕건이 궁예의 기반을 인수하면서 확립되어 갔다. 궁예의 세력기반이란 다름 아닌 강릉·철원·청주·충주·개성·평산 등의 군현을 포괄한 지역이었으며, 왕건의 경략에 의해 확보된 예성강에서 나주 일대까지 연결되는 서해 및 남해의 해상세력이 포함된다고 하겠다. 이러한 지역이 궁예→왕건의 세력범위였기 때문에 고려의 건국 및 통일과정에서 주역을 담당하였던 지배세력들은 대개 이 지역 출신이었다. 고려가 후삼국을 통일한 이후까지 존속한 세력들은 공고한 토착기반을 갖고 있었던 지방호족들이었고, 이들이 나중에 토성의 주체가 되었던 것이다.

강릉김씨는 김주원이 명주로 퇴거한 후 그의 후손들이 강릉을 본관으로 삼으면서 경주김씨에서 분관(分貫)되었고, 김주원은 강릉김씨의 시조가 되었다. 김주원의 아들 가운데 맏아들 종기계는 3대에 걸쳐 신라 왕경에서 시중을 역임하다가 자손이 단절된 것 같으며, 둘째 아들 헌창계는 헌창·범문 부자가 반란을 일으켰다가 피살되었고, 셋째 아들 신(身)계는 강릉에 정착하여 강릉김씨를 형성했던 것이다.

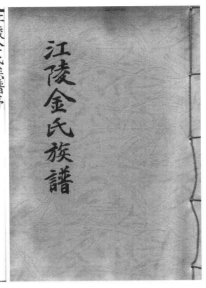

강릉김씨족보(을축보, 1565년)

　강릉김씨 가운데 고려전기 대표적인 문벌귀족으로 성장한 계열은 김인존(金仁存) 가문이었다. 이 가문은 김예 계열과 더불어 상경종사하는 많은 관인을 배출하였다. 6~7대에 걸쳐 고관요직이 세습되다시피 내려오면서 부자가 차례로 재상을 역임하고 형제가 나란히 대정(台鼎)에 재직하였는가 하면, 그 일문에 배향공신(配享功臣)이 2명, 지공거(知貢擧)[1]를 역임한 횟수가 10회나 되는 등 문호의 전성기를 맞이했

---

[1] 고려시대 과거를 주관하던 시험관을 말함. 과거에 급제한 사람은 지공거에 대하여 은문(恩門) 또는 좌주(座主)라 하여 문생(門生)의 예를 지켰다. 시험관인 지공거와 급제자 사이에는 평생동안 좌주·문생이라는 공고한 유대관계가 형성되었다. 좌주가 영달하면 그의 문생 또한 출세하게 마련이어서 급제자들이 관계에 진출하는데 시험관의 영향력이 크게 작용하였다. 또한 같은 해 급제한 사람들끼리는 동년(同年)이라 하여 형제처럼 지내며 유대를 다졌다. 이러한 결속관계는 고려사회를 이끌어 가는데 일정한 역할을 하기도 했지만, 문벌정치로 인해 왕권을 약화시키는 등 많은 폐단을 야기하였다. 좌주문생제는 지공거와 동지공거가 혁파되는 1413년(태종 13)에 들어서야 없어지게 되었다.

다. 왕실과 직접적인 혼인관계는 없었지만, 그때 명문인 인주이씨·수원최씨·해주최씨·정주유씨(貞州劉氏) 등과 중첩적인 인척관계를 맺고 있었다.

강릉김씨인 원융국사(圓融國師)의 세계는 그의 탑비에 의하면, 그의 가문이 부귀를 겸한 대단한 호족의 자손이었음을 엿볼 수 있다. 원융국사는 이러한 가문의 기반 위에서 우뚝하게 일어나 중요 승직(僧職)을 역임하였고, 그 문하에는 고승 대덕이 배출되었는가 하면 문도수가 1,400여 명이나 되었다고 한다.

한편 강릉김씨 가운데 재지이족들은 같은 고을의 토성과 함께 읍사의 호장직을 세습하다가 고려중기 내지 후기에 계속 상경종사하였다. 인종초에 동지추밀원사로서 이자겸의 난 때 순절한 김진(金縝)과 고종때 효자 김천(金遷)은 고려 건국과 함께 중앙정계로 진출한 김인존 계열과는 계파를 달리하는 강릉의 향리 출신이었다. 김천의 부는 호장 김종연(金宗衍)이었고, 모는 같은 고을의 호장 김자릉(金子陵)의 딸이었으며, 그의 외숙 김용문(金龍聞)은 호장의 아들로 과거에 급제하여 사족으로 진출하였다.

고종 연간에도 강릉김씨의 사족과 이족은 본관지에 공존하고 있었다. 우리는 이러한 자료와 경우를 통해 당시 군현 토성의 분화과정을 엿볼 수 있다. 강릉김씨는 고려후기에 접어들면 이족의 사족화 경향이 더욱 활발하였다.

강릉최씨는 본관을 같이 하면서도 상계(上系)를 달리하는 최필달(崔必達)·최흔봉(崔欣奉)·최문한(崔文漢) 3계통이 있다. 강릉최씨는 강릉김씨보다는 상경관인을 적게 배출하였지만, 고려후기에 들어와 향리의 족세가 강하였다. 인종조의 최유(崔濡)는 강릉의 향리에서 출사하여 평장사(平章事)를 역임하였고, 고종조에 출사한 최수황(崔守璜)

계열은 고려후기에 명문으로 성장하였다. 조선초에 출세한 최이(崔迤)도 향리에서 집안을 일으켜 세웠다. 최씨가 중앙정계에 본격적으로 진출하는 것은 1417년(태종 17)에 최치운(崔致雲)이 문과에 급제하면서부터이다. 최이는 흔봉의 후손이고, 최치운은 필달의 후손이다.

강릉박씨는 고려말에 가문을 일으켜 세워 조선시대에 족세가 번창하였다. 이곡(李穀)과 같은 시기에 출사한 박징(朴澄)은 어머니 묘소를 강릉에 모시고 폐사된 염양사(艶陽寺)를 중건하고 토지와 노비를 희사하여 원찰(願刹, 죽은 이의 명복을 빌던 법당)로 삼았다. 이를 통해 강릉박씨의 재지적 기반을 짐작할 수 있다.

강릉함씨는 고려말에 향리에서 사족으로 성장하였다. 함부림은 1385년(우왕 11) 문과에 급제하여 1392년(공양왕 4)에 병조정랑 겸 도평의사사 경력사도사(經歷司都事)를 지냈으며, 이성계를 도와 조선창업의 개국공신 반열에 오르고 대사헌과 형조판서를 역임하였다.

강릉왕씨는 명주호족 김순식과 김예 등에게 고려 태조가 은급(恩給)의 형식으로 사성한 데서 비롯되었다. 『세종실록지리지』 강릉부 성씨조에는 토성왕씨와 사성왕씨가 있는데, 고유명을 가진 순식에게 사성한 계열은 토성이 되고 이미 한자 성씨를 가진 김예 계열은 사성왕씨가 된 것 같다.

토성으로 왕씨가 본관이 된 곳은 개성과 강릉이다. 고려초 명주호족으로 왕씨를 하사받은 인물은 ① 순식 부자, ② 순식의 소장 왕경, ③ 왕예 세 부류로 나눌 수 있다. ①과 ②는 그 후손의 계보를 알 수 없다. 순식은 고려에 귀순하면서 왕씨를 하사받았지만, 그의 세계(世系)에 관해서는 그 족적 계보를 알만한 자료가 없다. 다만 『고려사』 왕순식전에 '허월→순식→수원·장명'의 3대가 나타날 뿐이다. 허월은 승려로 순식이 귀부하기 전에 이미 개경의 내원(內院)에 있었고, 귀부

후에 순식과 그의 아들 수원(守原)·장명(長命) 및 그의 소장(小將) 관경(官景)이 왕건으로부터 각각 왕씨를 하사받았다. 순식은 신라말 고려초에 명주지역을 대표하는 대호족으로서 당시 이곳의 교단을 영도하던 사굴산문의 개청(낭원대사)과 긴밀한 관계를 맺고 있었다. 그는 오랫동안 왕건에게 불복하다가 나중에 귀부하여 왕씨 성과 대광(大匡)이라는 벼슬을 받았고, 후백제를 공멸할 때도 크게 기여하였다. 그러나 936년(태조 19) 이후 왕순식에 관해서는 전혀 자료가 찾아지지 않는다. ③ 왕예는 본래 김주원의 7세손으로 왕씨를 하사받는 한편 왕건의 공신이 됨과 동시에 내사령을 역임하였고, 그의 딸은 태조 왕건의 제14비 대명주원부인(大溟州院夫人)이 되었다. 후백제를 공멸할 때에는 순식과 함께 참전하였다. 그의 현손 왕국모(王國髦)는 헌종 때 역신 이자의(李資義)를 제거한 공로로 참지정사와 수사도 등을 역임하였고, 왕백(王伯)은 충렬왕 때 과거에 급제하여 출사하였다. 왕씨의 사성은 고려왕조의 발전에 따라 은급의 형식으로 계속 주어졌으나 고려가 망하자 김씨로 복성(復姓)하였다.

그러나『증보문헌비고』제계고(帝系考) 부록 씨족조에 의하면, 왕유(王裕)를 시조로 한 강릉왕씨는 개성왕씨에서 분파되었다고 한다. 왕유는 왕건의 아들로 되어 있으나『고려사』에서는 그러한 사실을 찾아볼 수 없다. 다만『강릉김씨세보』의 상계 가운데 김주원의 5세손 영길(英吉)의 딸 옥경대주(玉慶大主)가 왕건의 후궁이 되어 왕술(王術)·왕춘(王春)·왕유(王裕)를 낳았다고 전하고 있다. 왕유는 강릉김씨의 외손으로서 모성(母姓)의 본관을 따라 강릉왕씨가 되었던 것이다. 족보에 의하면 왕유의 후손으로는 왕총지(王寵之, 중서령·문종묘 배향공신)·왕석(王錫, 평장사) 부자가 있다. 이 두 사람은 물론『고려사』문종세가에 나오며, 부자가 고관요직을 역임한 것을 보면 대단한 가문인 것 같다.

강릉의 속현이었던 우계의 토성에는 이씨가 고려후기에 사족과 이족을 구비하였다. 의종조에 장원급제하여 대사성을 역임하다가 최충헌에게 피살된 이순우(李純佑)는 전자에 해당되고 「장인숙호구단자(張仁淑戶口單子)」에 나오는 장인숙의 처가는 후자에 해당된다. 조선의 개국공신이 된 옥천부원군(玉川府院君) 유창(劉敞)은 우계현의 속성인 유씨(劉氏)였다.

무신집권 초기 실력자의 한 사람이었던 문장필(文章弼)은 그의 묘지에 본관이 강릉으로 기재되어 있으나, 『세종실록지리지』 강릉대도호부 토성조에는 나타나지 않는다. 그의 가문은 본래 정선문씨로서 중간에 강릉에 이주한 것으로 보인다. 그는 수사공 좌복야·용호군 상장군을 지낸 아버지의 음덕으로 출사하였고, 견룡반 동궁시위(東宮侍衛)가 되었을 때 명종의 총애를 받아 출세하였다. 그는 1170년(의종 24)에 무신란의 성공으로 중낭장이 된 뒤 공부낭중을 거쳐 벼슬이 중서문하 평장사·상장군에 이르렀다.

문벌 중심으로 운영된 고려중기 사회는 무신정변을 겪으면서 변화되지 않을 수 없었다. 정변을 주도한 무신들은 정국을 문신 대 무신의 대결구도로 운영하였기 때문에 문신 중심의 문벌사회는 큰 타격을 받았다. 이에 신분 계층간의 이동이 더욱 활발해지면서 신진관료층의 성장이 부각되고 삼남지역 토성 출신들의 진출이 활발해지기도 하였다. 물론 고려전기의 문벌이 완전히 몰락하거나 사라진 것은 아니었다. 무신집권에 이어 몽골과의 전쟁도 끝나고 사회가 어느 정도 안정되면서 고려후기 지배세력의 골격이 갖추어졌다. 무신집권기의 변화가 반영되고 원의 간섭을 받으면서 새로운 요소가 덧붙여졌다. 우리는 이렇게 재편된 고려후기의 지배세력을 '권문세족'이라 부른다.

권문세족은 고려전기의 문벌과 마찬가지로 고위관직을 차지하고 음서제도를 중요한 입사수단으로 이용하였으며, 자기들끼리 혼인하고 오랫동안 세력을 누리며 지체를 유지해 온 가문의 양상을 보이는 것도 비슷하였다. 그러면서도 보다 발전적인 새로운 성격을 보였다. 무신정변 이후 원간섭기의 사회변화를 반영하여 새로운 가문을 포함하였다. 그것은 충선왕 복위년인 1308년에 왕실과 혼인할 수 있는 '재상지종(宰相之宗)'을 지정할 때 그 상황이 반영되었다. '재상지종'에 선정된 가문은 모두 15개 성관으로 당대의 최고 벌열(閥閱, 나라에 공을 세우거나 큰 벼슬을 지낸 사람이 많은 집안)이었다. 그 가운데는 현재의 강원도지역을 본관으로 하는 성관이 2개(철원최씨, 평강채씨) 포함되어 있었다. 영동지역을 본관으로 성관은 '재상지종'에 포함되어 있지 않다.

한편 고려후기에는 '신흥사대부'라는 새로운 계층이 등장하였다. 이들은 신진관료의 기반을 가지고 성리학의 학문적 소양을 갖추었다. 이들은 고려말의 사회모순에 대해 개혁적 성향을 보이면서 공민왕대 이후 강력한 정치세력으로 성장하였다.

강릉부의 6개 토성 가운데 김·왕·최씨는 고려전기에, 박·곽·함씨는 고려후기에 각각 사족으로 성장하였다. 강릉김씨는 왕건과의 연결에서 김씨와 왕씨로 분파되었고, 신라 때의 직함을 지닌 채 후삼국시대의 향직(鄕職)을 가지면서 혹은 삼한공신이 되었으며, 혹은 왕건의 비부(妃父)가 되거나 출가하여 대사(大師)·국사(國師)가 되기도 하였다. 또 고려초 이래 본관의 읍사를 장악하는 한편 그 일문에서 재경관인과 재지이족으로 분화되어 갔는데, 사족과 이족의 분화과정을 보면 형제 혹은 숙질 사이에서 나누어져 갔다. 재지이족은 고려왕조의 진전에 따라 파를 달리한 계열이 시간적인 선후를 두고 상경종사하면서 사족화의 길을 걸었다. 상경종사한 왕국모와 김인준 계열은 고려 전기에 문벌귀족으로 발전했다가, 무신란을 계기로 족세가 다소 침체 하였지만 사족의 신분을 유지하여 점차 본관과 개경을 떠나 타도 타 읍으로 확산되어 갔다. 이에 반해 재지이족들은 무신란, 원의 간섭기 및 고려말의 왕조교체기 등 격변기가 있을 때마다 신분향상의 기회를 잡아 차례로 사족화해 갔다.

조선초기까지 재지이족이 재지사족과 신분상에서 차이를 보이고 있 었던 것은 아니었다. 그것은 그들 상호간에 통혼을 이루고 있다는 점 에서도 확인할 수 있다. 또한 1413년(태종 13) 8월에 완공된 강릉향교 의 중수기에는 공사를 감독한 관리, 위판의 감조인과 전서(篆書)를 쓴 사람, 그리고 목수·석수·공장 및 향교의 중건을 진정한 사람의 명단 이 있다. 강릉향교의 중수과정에 적극 동참하였던 자들의 면모를 살 펴보면, 감고는 전 경시서령 안자화와 전 흡곡현령 김지 등의 품관이 고, 색리는 호장 최천과 기관 김상 등이다.[2] 여기서 감고와 색리의 역 할 차이는 분명하지 않다. 양자는 모두 공사 감독을 하는 관리에 해당되 는 것 같다. 즉 품관과 향리는 동등한 업무를 관장하고 있었던 것이다.

그러나 16세기에 접어들면서 품관은 행정적으로도 향리와의 유착관 계에서 상하 명령관계로 변모하는 현상이 일어난다. 이러한 변화는

---

2 감고(監考)는 전 봉훈랑(奉訓郞) 경시서령(京市署令) 안자화(安自和)와 전 선무랑(宣 務郞) 흡곡현령(歙谷縣令) 김지(金輊)이고, 색리(色吏)는 호장(戶長) 최천(崔泉)과 기관(記 官) 김상(金尙)이다. 목수는 승려 덕일(德一)·백정(白丁) 언연(彦連)·관노 영음장(令音長) 이고, 석수는 백성 양의삼(良衣三)이며, 번와색(燔瓦色)은 호장 최림(崔霖)이고, 와장(瓦匠) 은 사노(寺奴) 장신(張信)과 승려 신송(信松)이다. 위판(位板)의 감조인(監造人)은 생원 전 우정(全遇禎)과 전우일(全遇一)이고, 서전(書篆)은 호장 전중권(全仲權)이다. 공장인(供狀 人)은 생원 곽거완(郭居完)·김무(金務)·최유자(崔有滋)·김순생(金順生)·최충의(崔忠義) ·박중실(朴中實)·최치운(崔致雲)·김자갱(金子鏗)·전우정(全遇禎)…진사 어중경(魚仲 卿)이다(『강릉향교지』, 향교중건발).

품관·향리의 역학구도의 재편성을 전제로 하는 것이며, 그 결과는 힘의 균형을 유지하고 있던 품관·향리의 역학 관계가 붕괴되고 품관이 신분적 지배권을 이용하여 향리의 행정적 지배권을 장악함으로써 품관 주도의 지배질서를 구축하였던 것이다.

여말선초 품관과 향리의 지배구조는 다음과 같이 정리할 수 있다. 14세기까지는 향리 주도의 시기, 15세기 초·중반에는 품관과 향리가 세력 균형을 이루는 시기, 그리고 15세기 후반에 이르면서 점차 품관 우위로 이행되는 시기로 정립되어 갔다. 『세종실록지리지』에서 확인되는 향리들이 비록 그때 신분상의 차별은 없었다고 하더라도 후대에 이르면서 중인의 신분으로 고착되어 갔던 것이다.

강릉지역에 거주한 성씨는 『신증동국여지승람』(1530)이 편찬되는 그때까지만 해도 크게 변화되지 않았던 것으로 보인다. 즉 조선중기까지 강릉지역의 성씨는 주로 토성과 속성이 거주하였음을 알 수 있다. 그러나 조선후기에 이르면 다양한 성씨들이 강릉에 입향하여 거주하였다. 이러한 사실은 1759년(영조 35)에 편찬된 『여지도서』의 신증 조항에 안동권씨, 영월신씨, 초계·영일정씨, 여흥민씨, 평해황씨, 제주고씨, 삼척심씨, 간성·영해이씨, 신천강씨 등이 추가로 기재되어 있는 것3과 1871년(고종 8)에 편찬된 『강릉부지』에 가산·영월이씨, 횡성고씨, 연안어씨, 파평·현풍윤씨, 장기배씨, 부안장씨, 진주강씨, 순흥안씨, 장성황씨 등이 추가로 기재되어 있는 것에서 확인할 수 있다.

---

3 『여지도서』보다 앞서 작성된 강릉지역 사족들의 모임 기록인 「임영족회첩(臨瀛族會帖)」에는 그때 참여하였던 사족들의 이름과 성관이 기재되어 있어 이거(移居) 성씨의 현황을 살필 수 있다. 이 회첩에는 『여지도서』 성씨조에 나타나지 않은 화전(花田)·횡성 고씨, 경주·삼척·안동 김씨, 흥양 유씨(柳氏), 창녕 성씨(成氏), 전주 심씨, 연안 어씨(於氏), 함양 여씨(呂氏), 청송 윤씨, 경주·안성 이씨, 동래 정씨, 창녕·하산(夏山) 조씨, 평강 채씨(蔡氏), 삼척·수원 최씨, 진주 하씨(河氏), 청주 한씨가 수록되어 있다.

이들 성씨들이 강릉지역에 입향한 시기는 고려말 이후이고, 입향 사유는 처향이나 외향, 임진왜란 때 피난, 친척의 강릉부사 부임시 동행, 정치적 사건 등이었다. 이들 성씨가 조선후기에 이르러 성씨조 신증 항목에 등재될 수 있었던 것은 입향 후 과거를 통해 출사하였거나, 이를 토대로 지역 내 토성 또는 유력한 가문과의 혼인관계를 형성하였기 때문이다.

참고문헌

김수태, 1981「고려 본관제의 성립」『진단학보』52, 진단학회.
_____, 1999「고려초기 본관연구」『한국중세사연구』8, 한국중세사학회.
박도식, 2013『강릉의 동족(同族)마을』, 채륜.
이수건, 1984『한국중세 사회사연구』, 일조각.
_____, 2003『한국의 성씨와 족보』, 서울대학교 출판부.
이순근, 1981「신라시대 성씨취득과 그 의미」『한국사론』6, 서울대 국사학과.
이종서, 1997「나말려초 성씨 사용의 확대와 그 배경」『한국사론』37, 서울대 국사학과.
채웅석, 1986「고려전기 사회구조와 본관제」『고려사의 제문제』, 삼영사.
_____, 2000『고려시대의 국가와 지방사회』, 서울대학교 출판부.

제7장 조선전기의 강릉

1. 강릉대도호부의 행정구역

조선왕조의 지방행정제도는 태종대를 전후한 15세기에 정비되었다. 이는 고려의 다분히 신분적이고 계층적인 군현체제를 명실상부한 행정구역으로 개편하는 과정에서 속현과 향·소·부곡 등 임내의 정리, 규모가 작은 현의 병합, 군현 명칭의 개정 등 지방제도의 전반적인 개혁을 단행한 것이었다. 이때 정비된 지방행정제도는 그 후에 부분적인 개편이 있었으나 19세기 말까지 500년 동안 큰 변동이 없었다. 다만 향촌사회의 성장에 따른 면리제와 향촌사회의 자치적 행정체계는 특히 조선후기부터 장족의 발전을 한 부분이라고 할 수 있다.

『동국여지승람』에 의하면, 강릉대도호부의 사방 경계는 동쪽으로 바닷가까지 10리, 서쪽으로 평창군 경계까지 159리이고 횡성현 경계까지 190리, 서남쪽으로 정선군 경계까지 90리, 남쪽으로 삼척부 경계까지 94리, 북쪽으로 양양부 경계까지 60리라고 하였다. 즉 강릉대도호부는 동서로 200리, 남북으로 154리에 달하는 상당히 넓은 지역을 관할하고 있었다. 그 관할 구역은 지금의 강릉시, 양양군의 현남면, 동해시의 망상면, 평창군의 대관령(도암)·진부·봉평·대화면, 정선군의 임계면, 홍천군의 내면까지였다.

강릉대도호부는 강원도내 26개 군현 가운데 가장 넓었다.[1] 그리하여 강원도의 도명은 1395년(태조 4)에 도내의 큰 고을인 강릉의 '강'자와 원주의 '원'자를 취하여 명명되었던 것이다. 그런데 강릉과 원주의 읍호 승격과 강등에 따라 도명이 무려 10여 차례의 변경과 복칭이 반복되기도 하였다. 그것은 불효·패륜·역모 등 강상(綱常)의 윤리에 위배되는 중죄인이 생겼을 때 그 죄인만 처벌하는 것이 아니라 그 군현의 등급까지 강등해서 그 지방 명칭의 글자를 도명에 쓰지 않았기 때문이다.

강릉대도호부는 두 차례에 걸쳐 현(縣)으로 강등되었다. 한 번은 1666년(현종 7)에 박귀남(朴貴南)이 전염병에 걸리자 그의 부인이 딸 옥기(玉只)와 사위 말남(末男) 등과 공모하여 그의 아버지를 산골에 생매장한 일이 발생하였는데,[2] 이에 국가에서는 강릉대도호부를 강릉현으로 강등하고 양양을 대도호부로 승격시켜 '원양도'라 하였다가 9년이 지난 1675년(숙종 1)에 강원도로 복칭하였다. 또 한 번은 1782년(정조 6)에 대역부도죄로 죽임을 당한 이택징(李澤徵)이 강릉에 거주하였

---

1 강릉대도호부의 관할 면적은 춘천도호부의 약 2배, 원주목의 약 3배, 흡곡현의 약 40배에 달하였다.

2 강릉에 살던 박귀남(朴貴男)은 옥기(玉只)·연화(連花) 두 딸만 두었는데, 귀남이 탄역(癱疫)을 앓아 온몸이 썩어 문드러지자 옥기의 남편 말남(末男)이 산골짜기에다 초막(草幕)을 지어 그곳에 데려다 두었다. 그런데 그 병이 집안에 전염될까 두려워 한 귀남의 처 난개(難介)가 옥기·말남 및 옥기의 아들 어둔금(於屯金)과 공모하여 귀남을 결박한 다음 단지에 넣어 산골짜기에 묻었다. 연화도 그의 남편 김기(金堅)와 함께 갔었다. 그 뒤 향소(鄕所)에서 이 소문을 듣고 말남과 옥기에게 태형(笞刑)을 가한 다음 이를 숨기고 보고하지 않았다. 사헌부에서 뒤늦게 그 소문을 듣고 당시의 관리를 추고할 것을 청하였다. 이에 관찰사를 추관(推官)으로 하여 철저히 신문하게 하였으나, 오래도록 결말이 나지 않았다. 난개·김기·연화 등은 자복하지 않은 채 죽었고 어둔금 등은 오래되어서야 사건의 전말을 자복하였다. 이에 경차관 박증휘(朴增輝)를 보내어 사실을 조사한 뒤 의금부(王獄)로 잡아오니, 삼성 추국(三省推鞫, 강상 죄인을 임금의 특지(特旨)에 따라 의정부·사헌부·의금부의 관원이 합좌하여 죄인을 심문하는 것)한 뒤 옥기·어둔금을 처형하고 강릉대도호부를 강릉현으로 강등시켰다.

던 사람3이라 하여 강릉대도호부를 강릉현으로 강등하고 '원춘도'라고 개칭하였다가 1791년(정조 15)에 강원도로 복칭하였다.

조선시대의 행정구역은 크게 도→주·부·군·현→면→리로 편성되어 있었다. 이들 구획은 목민관인 수령이 관할하는 군현을 중심으로 위로는 상급 행정구역인 8도로 편성되어 있었고 아래로는 군현의 관내에 하부 행정구역인 면과 리로 편성되어 있었다.

『경국대전』에 의하면 5호(戶)를 1통(統)으로 하고 5통을 1리(里)로 하여 각각 통주(統主)와 이정(里正)을 둔다고 규정하고 있었다. 그러나 실제로 향촌단위로 운용되는 리는 규정과는 많은 차이가 있었다. 자연촌락이 그대로 리로 되는 경우도 있었지만, 대부분 여러 개의 촌락

---

3 이 사건의 발단은 정조 6년(1782) 5월 26일 공조참의 이택징이 "전하께서 등극한 처음부터 요망스러운 난역(亂逆)들이 차례로 주륙당했는데, 이들은 영조 때 교목세가(喬木世家; 대대로 문벌이 높은 신하)들의 태반이 무참하게 참절(斬截) 당하는 속으로 들어가 세도(世道)가 말할 수 없는 지경에 이르러 그 여파의 걱정이 지금도 그치지 않고 있다"는 등의 내용으로 올린 3차례의 상소에서 비롯되었다. 이에 대해 조정 대신들이 연명으로 차자(箚子)를 올려 "이택징의 상소 내용이 비상한 것이었으므로, 너무도 놀랍고 두려워 처분만을 기다리고 있다"고 반발하였으며, 6월에 대사헌 이재협(李在協)이 상소하여 "이택징을 역적을 비호한 죄로 논죄할 것"을 청하였으나, 정조는 "내가 스스로 반성하기에 급급하여 우선 이 일에 대해 흑백을 가릴 겨를이 없다" 하여 더 이상 문제 삼지 말도록 하였다. 그러나 6월 24일 이유백(李有白)이 이택징을 비호하는 상소를 올리자, 영의정 서명선(徐命善)은 "이는 오로지 국본(國本, 세자)을 위태롭게 하려는 계교에서 나온 것으로 지난날 홍국영의 음모와 맥락이 관통되어 있다" 하면서 이유백을 잡아 가두고 철저히 조사하여 그 근저(根柢)를 타파할 것을 강력히 청하였다. 그 다음날인 6월 25일 이유백의 동생 이유원(李有源)이 이유백과 이택징이 공모하여 상소를 올린 것이라고 포도청에 고발하여 체포되기에 이르렀다. 이에 6월 28일 정조는 금상문(金商門)에 임어하여 이유백·이택징을 친히 국문하고, 의금부에 명하여 이유백·이유원과 이유백의 사위 최종악(崔鍾岳), 여관 주인 이몽린(李夢麟)을 추국한 결과 김양순(金養淳)·이최중(李最中)·이명훈(李命勳)·이의익(李義翊)·정성휴(鄭聖休) 등이 이에 연루되었음이 밝혀지게 되었다. 이택징의 결안(結案)에는 택징이 이유백에게 뇌물을 주어 상소를 올리도록 하였으며, 상소내용에서 "호서(湖西)의 유옥(儒獄)이라고 일컫고 교목(喬木)이 참벌(斬伐)되었다고 한 이야기는 모두가 역심(逆心)에서 나온 것"임을 자백함에 따라 7월 22일 이택징이 죽임을 당하고, 그의 가솔을 노비로 삼고 가산(家産)을 적몰함으로써 사건은 마무리되었다.

을 묶어서 리로 운영하는 형태를 취하고 있었다. 1759년(영조 35)에 편찬된 『여지도서』에 의하면, 강릉대도호부에는 21면 86리가 속해 있었다.

<표-1> 조선후기 강릉대도호부의 면리조직

구 분	면 (21)	리 (86)
영동면	북일리면	초당리 · 당북리 · 대창리(3)
	북이리면	홍제리 · 성곡리 · 산황리 · 임당리 · 교동리(5)
	정 동 면	유천리 · 사전리 · 조산리(3)
	가 남 면	경호리 · 일희정리(2)
	사 화 면	일애일당리 · 이애일당리 · 노동리(3)
	연 곡 면	영진리 · 역리 · 현내리 · 마곡리(4)
	신 리 면	사기리 · 교항리 · 향호리 · 주문리(4)
	성 산 면	건금리 · 구산리 · 관음리 · 보광리 · 제민원리 · 위촌리 · 송암리 · 서원리(8)
	남일리면	남문외리 · 김아기리 · 수문리 · 견소진리 · 강문진리(5)
	남이리면	문암리 · 모산리 · 내곡리(3)
	덕 방 면	입암리 · 청량리 · 병산리(3)
	구 정 면	어단리 · 덕현리 · 언별리 · 학산리 · 제비리 · 산북리 · 목계리 · 증음치리 · 고단리(9)
	자가곡면	신석리 · 시동리 · 모전리 · 안인진리(4)
	우 계 면	묵진리 · 북동리 · 현내리 · 산계리 · 천남리 · 오곡리(6)
	망 상 면	망상리 · 만우리 · 대진리(3)
영서면	임 계 면	일리 · 이리 · 삼리(3)
	도 암 면	횡계리 · 도암리(2)
	진 부 면	동구리 · 상리 · 하리 · 거문리 · 속사리(5)
	봉 평 면	봉평리 · 면온리(2)
	대 화 면	신리 · 대화리 · 안미리 · 방림리 · 계촌리 · 운교리(6)
	내 면	일리 · 이리 · 삼리(3)

강릉대도호부에는 영동 15면 65리와 영서 6면 21리가 속해 있었다. 이 가운데 구정면이 9개 리, 성산면이 8개 리, 우계면과 대화면이 각각 6개 리, 진부면이 5개 리의 규모였으나, 가남면 · 봉평면 · 도암면은 각각 2개의 리로 되어 있어 그 규모 면에서 큰 차이를 보이고 있다.

2. 강릉대도호부의 행정체계

조선시대의 행정구역은 토지와 인구의 규모에 따라 주·부·군·현으로 구획되었고, 거기에 대응하여 부윤(종2품)·대도호부사(정3품)·목사(정3품)·부사(종3품)·군수(종4품)·현령(종5품)·현감(종6품)이 파견되었다. 이들 수령은 주로 문과·무과·음서 출신이 임명되었다. 상급 수령에는 문과 출신이 많았고, 연변군현 수령에는 무과 출신이 많았으며, 중소군현 수령에는 음서 출신이 절대다수였다. 강릉대도호부에는 문과 출신인 정3품의 대도호부사가 파견되었다.

수령의 임기는 『경국대전』에 1,800일로 규정되어 있었는데, 정3품 이상의 당상 수령과 가솔을 데리고 가지 않는 미설가(未挈家) 수령은 900일로 규정되어 있었다. 또한 이임하는 수령은 이전 임지에서 재직 기간을 합산하여 다른 자리로 옮길 수 있었다.

수령의 임무는 농업의 장려[農桑盛], 호구의 증식[戶口增], 교육의 진흥[學校興], 군정의 정비[軍政修], 부역의 균등[賦役均], 사송의 간결[詞訟簡], 향리의 부정방지[奸猾息] 등이었는데, 이를 '수령칠사(守令七事)'라 한다. 칠사당(七事堂)은 수령이 7가지 정사를 보았다고 한 데서 유래하였다.

중앙 부처의 관리들은 모든 일을 여러 사람이 의논한 후에 처결하였으나, 외방의 수령은 한 지역의 행정·사법·재정·군정을 총괄하였기 때문에 흔히 "옛날의 제후" 혹은 "한 고을의 주인"이라고 불렀다. 이처럼 수령은 국왕으로부터 지방통치를 위임받은 한 고을의 주인과 같은 최고의 통치자이며 실권자였다. 그리하여 수령은 그 위로 관찰사의 근무수행 평가인 고과(考課)를 받았으며 암행어사의 감찰을 받기도 하였다. 수령에 대한 관찰사의 고과는 근무성적을 평가하는 포폄

칠사당

에 반영되었다. 관찰사는 병마절도사와 협의하여 매년 6월 15일과 12월 15일 두 차례에 걸쳐 수령7사의 실적을 가지고 상·중·하로 평가하여 이를 이조에 보고하였고, 이조에서는 수령의 임기가 만료되면 누적된 성적평가를 통산하여 포폄하였던 것이다. 재직 중의 고과성적이 우수한 수령은 승진되었지만, 고과성적이 불량한 수령은 파직되었다.

군현의 통치체제를 이끌어 가는데 있어 주요 역할을 수행하는 존재는 향리였다. 향리는 수령을 보좌하여 실무를 처리하였던 토착적이고 세습적인 하급관리들로서 백성들과 직결된 중요한 위치를 차지하고 있었다. "강물은 흘러가도 강바닥의 돌은 굴러가지 않는다[江流石不轉]고 표현하듯이 군현의 향리는 고려초기 이래 읍치를 중심으로 장기간 세거하는 지역민들이었다. 격변기마다 수령의 잦은 교체에도 불구하고 행정상의 공백과 혼란이 야기되지 않고 집권체제의 기본 운영체제가 유지된 것은 향리들이 있었기 때문에 가능하였다. 향리의 숫자는 고려시대와 달리 일정한 정원이 없었으며, 각 지역의 사정에 따라 다소의 차이가 있었다.

조선전기 향리의 조직은 크게 호장(戶長), 기관(記官), 장교(將校)로 구성되어 있었다. 이러한 체제를 이른바 삼반체제(三班體制)라 한다. 호장은 전체 향리를 대표하는 중요한 지방 세력자의 하나였다. 그들은 조선초기의 대대적인 향리 억압책에도 불구하고 여전히 집무처인 읍사(邑司)에 주재하면서 업무를 수행하였는데, 그들이 읍사에서 작성하는 공문서에는 반드시 인신(印信)을 사용하였다. 그들이 소유한 인신은 고려시대 이래 국가에서 호장의 지위와 권위를 보장해주는 상징이었다. 호장은 인신을 가지고 고을의 촌락에 명령을 발하고, 주민이 신고한 호적에 대한 인가증을 발급하였다. 또 노비문서의 승인·발급과 조세·요역의 징수와 징발을 하는 등 지방통치에 깊이 관여하였다. 또한 그들은 그 고을의 공동 수호신을 모시면서 매년 제사를 주관하였다. 그들이 강릉단오제를 주관하였음은 이러한 모습을 보여준다. 기관은 원래 수령이 통치업무를 수행하던 지방관아에서 행정업무를 수행하던 자들이었다. 기관은 중앙의 육조 조직을 모방하여 이·호·예·병·형·공의 6방으로 나누어 그 직무를 분담하였다. 장교는 주로 경찰·호위의 임무를 맡았던 것으로 보인다.

강릉대도호부의 중심부에 있는 관아는 수령과 관속들이 상주하면서 행정과 통치를 구현했던 치소의 중심지로 역할을 담당하여 왔다. 그곳에는 국왕의 위패를 모셔둔 객사(客舍), 수령이 정무를 보던 동헌(東軒), 호장이 집무하던 부사(府司), 회계 사무를 관장하던 공수(公須) 등이 있었다.

3. 강릉대도호부의 군사조직

조선시대 군사제도를 보면 국초에는 각 도의 변경·해안 등의 요충지에 진(鎭)을 두었다. 그러나 연해지역에만 설치한 진이 공격을 받아무너지게 되면 속수무책이 된다는 점을 고려하여 1455년(세조 1)에 내류지방에도 거진(巨鎭)을 설치하고 주변의 여러 고을을 분속시키는 군익도체제(軍翼道體制)로 개편하였다. 이는 종래 서북면(평안도)과 동북면(함길도)에 한해 설치하였던 군익도체제가 전국으로 확장한 것이었다. 따라서 전국의 각 도는 다시 몇 개의 군익도로 나누어지고, 각 군익도는 중·좌·우의 3익(翼)으로 편성되었다. 강원도의 군익도 편성은 다음과 같다.

〈표-2〉 강원도의 군익도 편성

강릉도 : 중익 = 강릉 　　　　좌익 = 양양 　　　　우익 = 삼척·평해·울진	회양도 : 중익 = 회양 　　　　좌익 = 김화 　　　　우익 = 금성
원주도 : 중익 = 원주·횡성 　　　　좌익 = 영월·평창·정선 　　　　우익 = 춘천·양구·홍천·인제·낭천	고성도 : 중익 = 고성 　　　　좌익 = 통천·흡곡 　　　　우익 = 간성
철원도 : 중익 = 철원·안협 　　　　좌익 = 이천 　　　　우익 = 평강	

이러한 군사편제는 2년 후에 다시 진관체제(鎭管體制)로 개편되었다. 진관체제는 전국 행정단위의 하나인 군현을 군사조직 단위인 '진'으로 편성해 그 크기에 따라 주진-거진-제진으로 나누고 각 군현의수령이 군사 지휘권을 겸하게 했다. 이는 병마절도사나 수군절도사가관할하는 주진 아래에 첨절제사가 관할하는 몇 개의 거진을 두고, 그

밑에 절제도위·만호 등이 관할하는 여러 진을 두어 유기적인 방어를 이루는 형태이다. 즉 각 지방에 진관조직을 갖추고 지역 내의 군사들을 가까운 진관에 분속시킨 다음 유사시에 각 진관의 군사책임자인 해당 지역의 수령이 그 지역의 방어책임을 맡게 하는 자전자수(自戰自守)체제였다. 조선초기 강원도의 진관 편성을 정리하면 다음과 같다.

〈표-3〉 조선초기 강원도 진관 편성

병마절도사 및 수군절도사 : 관찰사 겸임(감영=원주)				
	진관	첨절제사	동첨절제사	절제도위
육군	강릉진관	강릉대도호부사	삼척·양양부사, 평해·간성·고성·통천군수	강릉판관, 울진·흡곡현령
	원주진관	원주목사	춘천부사, 정선·영월·평창군수	원주판관, 인제·횡성·홍천현감
	회양진관	회양부사	철원부사	양구·낭천·이천·평강·김화·안협현감, 금성현령
수군	진관	첨절제사	만 호	
	삼척포진관	삼척포첨사	안인포·고성포·울진포·월송포 만호	

강원도의 진관 편성을 보면 종래의 5개 군익도체제를 강릉진·삼척진·간성진·회양진·춘천진·원주진 등 6개 진으로 개편하고, 강릉도의 우익이었던 삼척·울진·평해를 독립시켜 삼척진으로 편제하였으며, 철원도는 폐지하고 소속 고을은 모두 회양도에 합하여 회양진으로 편제하였다. 그리고 원주도 관하의 우익을 독립시켜 춘천진으로 편제하였으며, 고성도는 간성진으로 개편하였다. 그리하여 강릉진에는 양양·정선, 삼척진에는 울진·평해, 간성진에는 고성·통천·흡곡, 회양진에는 금성·평강·이천·철원·김화·안협, 춘천진에는 낭천·양구·인제·홍천, 원주진에는 평창·영월·횡성이 소속되었다.

육군은 강릉·원주·회양 진관으로 편성되어 있었고, 각 진 밑에는 부·군·현에 지방군이 배치되었다. 영동지역의 육군은 강릉이 거진이 되어 강릉대도호부사가 겸직하는 첨절제사가 삼척·양양·평해·간성·고성·통천까지 관할하였고, 수군은 삼척이 거진이 되어 삼척포첨사가 첨절제사가 되어 안인포 등의 기지를 관할하였다.

조선전기에 일반 농민이 담당하는 의무병역은 대개 육수군(陸守軍)과 기선군(騎船軍)이었다. 육수군의 범위에 들어갈 수 있는 군사는 번상시위하는 시위패(侍衛牌)와 영진군(營鎭軍) 등이 있었으나, 지방수호에 중추적인 역할을 한 것은 영진군이었다. 이들은 다른 군대와 교대하여 영진에서 당번하였고, 당번이 아닌 때는 농민으로 돌아갔다. 영진군과 같이 지방의 육수군을 이루는 군사는 수성군(守城軍)이었다. 이외에 지방에는 육수군으로 수호군(守護軍)·잡색군(雜色軍) 등이 있었다. 수호군은 왕릉을 비롯한 특수지대를 지키기 위해 마련된 군사였지만, 때로는 수성군과 혼용되는 경우가 있었다. 잡색군은 해안의 요새지대를 중심으로 설치된 영진군의 결함을 메우기 위해 내륙지방을 수호하고, 또 외침에 대비하여 광범위하게 동원해야 할 인원의 충당을 전제로 성립된 군사였다.

영진군을 두어 지방군의 주류를 이룬 지역은 경상도·전라도·충청도·황해도였고, 강원도는 삼척진·간성진에 32명의 진군과 25명의 진속방패(鎭屬防牌)를 편성하는데 불과하였다. 『세종실록지리지』에 기재되어 있는 강원도의 육수군은 시위군이 2,276명, 수성군이 11명, 진속방패가 25명이었다. 강릉대도호부에는 시위군 165명만 있었고, 수성군과 진속방패는 없었다.

전국의 군사조직이 진관체제로 체계화되었지만 진에 항상 무장된 군사가 상주하는 것은 아니었다. 각 고을의 정군(正軍)은 당번이 되면 중앙에 번상하거나 혹은 특수지대에 부방하였고, 평시에는 각종 군사가 대부분 비번인 상태로 거주지에서 자기 생업에 종사하고 있었다. 그리하여 전략상의 특수지역이면서도 군비가 취약한 곳에 제진(諸鎭)을 설정하여 항상 일정한 군사를 체류시켰는데, 이것이 이른바 유방군(留防軍)이다. 『경국대전』에 의하면 강원도에는 강릉과 삼척 두 곳에 각 1려(旅)씩 250명의 유방군이 배치되어 있었다.

한편 수군은 조선초기에 기선군 혹은 선군으로도 일컬어지다가, 『경국대전』단계에 이르러 대개 수군으로 명기되고 있다. 수군은 고려말에 왜구를 격퇴하는데 크게 기여하여 조선초기에도 지속적으로 편제가 정비되었다. 강원도의 수군은 1398년(정종 1)에 동북면의 수군과 함께 모두 폐지되었으나 바다로부터 침입하는 외적의 우려 때문에 6개월 만에 다시 복원되었다. 『세종실록지리지』에는 전국의 수군이 50,169명이었으나 『경국대전』에는 48,800명으로 전보다 다소 감소되었다. 『세종실록지리지』에는 강원도의 수군이 총 1,384명인데, 그 가운데 강릉대도호부의 수군은 250명이었다.

강원도 수군의 기지였던 만호영(萬戶營)은 그 수와 위치가 일정하지 않았다. 세종대에 수군만호가 주둔한 곳은 월송포(평해)·속초포(양양)·강포구(고성)·삼척포(삼척)·수산포(울진)·연곡포(강릉)였다. 그러나 1462년(세조 8)에 속초포(산성포)와 연곡포에 설치하였던 만호영을 폐지하고 울진·삼척에 만호영을 두었다. 속초포(산성포)와 연곡포를 폐지한 것은 포구가 모래에 메워져서 수심이 얕고 암석이 많아 병선의 출입이 원활하지 못하였기 때문이고, 울진과 삼척에 만호영을 둔 것은 사변 발생 시에 수령이 수륙군을 겸하여 지휘해야 하는 문제가 있었기 때문이다. 그 후 삼척포가 수군첨절제사진으로 편성되면서 안인포·고성포·울진포·월송포 등 4개의 만호영을 거느리게 되었다. 안인포의 만호영은 1490년(성종 21)에 양양 대포로 이전하였다.

조선초기 전국의 군선은 『세종실록지리지』에 829척, 『경국대전』에 737척으로 기재되어 있다. 군선은 승선 인원에 따라 대맹선·중맹선·소맹선이 있었다. 정원은 대맹선이 80명, 중맹선이 60명, 소맹선이 30명이었다. 강원도에는 소맹선 14척과 무군(無軍) 소맹선 2척이 배치되었고, 승선 수군은 420명이었다. 즉 울진포에는 소맹선 3척과 무군 소맹선 2척이, 고성포에는 소맹선 3척이, 안인포와 월송포에는 소맹선 2척이 각각 배치되어 있었다.

진관체제는 작은 규모의 전투에는 유리하였지만 큰 규모의 적이 침입할 경우에는 문제점이 많았으며, 15세기 이후 대가(代價)를 받고 군역을 대신 치르는 대역자가 생겨나거나 군역의무자로부터 면포를 거두어 이것으로 군인을 고용하는 제도가 나타나면서 군역제가 붕괴되기 시작하였다. 그리하여 16세기 중엽 이후 제승방략(制勝方略)체제로 전환하였다. 이는 유사시에 각 읍의 수령들이 소속 군사를 이끌고 본진을 떠나 지정된 방위지역으로 가서 서울에서 파견된 장수나 그 도의 병·수사를 기다려 지휘를 받는 체제였다. 그러나 이 체제는 후방지역에 군사가 없어 일차방어선이 무너지면 그 뒤를 막을 방도가 없었으므로 임진왜란 초기 패전의 한 원인이 되었다.

4. 강릉대도호부의 교통과 통신시설

1) 도로와 교통시설

도로는 예로부터 생산과 유통 등 경제적으로나 정치적·문화적으로도 중요한 기능을 다하고 있으며 교통체계 중에서 우리 생활에 매우 중요한 시설이다. 조선의 도로망은 건국과 함께 개성 중심에서 한양 중심으로 재정비하였다. 서양의 격언에 "모든 길은 로마로 통한다"는 말처럼 조선시대의 도로는 모두 한양을 기점으로 사방으로 연결되어 있었다. 도성 내에서 거리의 기준점은 궁궐문으로 하였고, 각 지역과의 거리 기준점은 성문을 기점으로 하였다. 예컨대 흥인문(동대문)·돈의문(서대문)·숭례문(남대문)까지는 경복궁의 광화문 또는 창덕궁의 돈화문이 그 기점이었다. 그리고 전국 각 지역으로 뻗은 의주로·강화로·해남로·통영로 등은 숭례문이 기점이었고, 경흥로·평해로·동래로·봉화로 등은 흥인문이 기점이었다.

지방의 도로는 한양에서의 원근에 따라 대로·중로·소로로 구분하여 관리했다. 대로는 한양-개성, 한양-죽산, 한양-직산, 한양-포천까지의 도로이고, 중로는 한양-광주, 죽산-상주, 진천-성주, 직산-전주, 개성-중화, 포천-회양까지의 도로이며, 중로에서 외지로 향하는 도로망은 소로로 구분했다. 1746년(영조 22)에 편찬된 『속대전』에 의하면 대로는 경기도에 12개 역을 배정하였고, 중로는 강원도 6역을 비롯하여 경기도 9역·충청도 2역·전라도 4역·경상도 5역·황해도 11역·평안도 13역·함경도 37역 등 모두 109역이 속했으며, 나머지는 모두 소로에 속했다.

조선시대의 간선도로망을 구체적으로 알려주는 최초의 자료는 1770년(영조 40)에 신경준이 쓴 『도로고(道路攷)』이다. 신경준은 전국의 간선도로망을 6대로와 각 대로에서 분기한 주요 지선을 체계화하여 기록해 놓았다. 19세기 전반기에 이르면 서울-봉화(태백산)에 이르는 길이 간선도로로 승격되어 7대로, 19세기 중엽에는 9대로, 그 후기에는 10대로가 되었다. 10대로는 ① 의주로(한양-의주), ② 경흥로(한양-경흥), ③ 평해로(한양-평해), ④ 동래로(한양-동래), ⑤ 봉화로(한양-봉화), ⑥ 강화로(한양-강화), ⑦ 수원로(한양-수원), ⑧ 해남로(한양-해남), ⑨ 충청수영로(한양-충청도 수영), ⑩ 통영로(한양-통영) 순이다.

강원도에는 서울을 기점으로 한 10대로 중 2개 노선이 포함되어 있었다. 하나는 한양에서 철원-김화-금성-회양을 지나 함경도 경흥으로 가는 제2로인 경흥서수라로이고, 다른 하나는 한양에서 양근-원주-안흥-진부-대관령-강릉-삼척을 지나 경북 울진군 평해읍에 이르는 제3로인 평해로(관동대로)이다.

도로의 거리 표시는 6척(尺)을 1보(步), 360보를 1리(里), 30리를 1식(息)으로 하였다.[4] 1415년(태종 15)에는 한양의 창덕궁 앞 돈화문을 기점으로 하여 동서남북의 리수(里數)를 정하고 각 도로에는 이정표를 세워 거리를 표시했다. 『경국대전』에는 10리마다 이정표로서 작은 말뚝(小堠)를 세우고, 30리마다 이정표로서 큰 말뚝(大堠)을 세우되 역을 두도록 하였다. 이 소후·대후가 나중에 법수·벅수·장생이라고도 부르는 장승으로 발전하였다. 초기에 장승의 몸통에는 이웃 고을까지의 거리를 새겨 놓았으나, 점차 이정표가 아니라 역귀(疫鬼)와 잡신의 침입을 막는 수호신으로 역할이 바뀌었다.

여행의 편의를 제공하던 시설로는 빈객을 접대하는 각 군현의 객사(客舍)와 공사 여행자의 숙식을 위한 원(院)이 설치되어 있었다. 객사는 지방을 여행하는 관리나 외국사신의 숙소로 사용되었다. 이곳에는 왕을 상징하는 전패(殿牌)를 모시고 매달 초하루와 보름에 대궐을 향해 망궐례를 올렸다. 원은 공적인 임무를 띠고 지방에 파견되는 관리나 상인, 일반 여행자, 과거를 보기 위해 서울로 길 떠나는 사람들에게 숙식을 제공하기 위해 국가에서 설치한 것이었다. 원은 대개 역참

---

4 조선시대에는 주척(周尺) 6척을 1보, 360보를 1리라 하였으므로 10리는 21,600척이 된다. 주척 1척을 20.8cm로 환산하면 10리는 약 4.5km가 된다. 10리를 3.927km로 하는 지금의 리로 계산하면 예전의 90리는 지금의 100리가 된다.

(驛站) 부근, 도(渡)·진(津)의 기슭 및 교량 부근, 산고개 및 산 밑 계곡 입구, 온천 주변 등에 있었다.

고려시대에는 원이 사원에 부속되어 있는 경우가 많아 서로 동일시되기도 했다. 물론 개인이 지은 원이 없었던 것은 아니지만, 교통의 요지에 있는 사원이 숙박처의 기능을 하거나 혹은 하루 정도 걸리는 지점에 원을 세우고 사원의 이름을 따서 원의 이름으로 정하는 경우도 있었다. 그러나 조선 건국 직후인 1392년(태조 1) 9월에 배극렴·조준 등은 조선왕조의 기본정책들을 제시한 시무책 22조를 올리는 가운데 "여행자들이 오고 가는데 민가에서 자야 하는 불편함을 덜어주기 위해 각 도(各道)와 각 주(各州)에 거리를 헤아려 원관(院館)을 수리하여 행인(行人)을 편하게 하자"고 상소하였다. 이를 계기로 고려시대 이래 사적으로 운영되던 모든 원은 국가가 관장하게 된다. 조선시대의 원은 고려시대의 사원 또는 선원이 원으로 전환되거나, 개인 소유의 주택 또는 누정을 개조한 것이 많았다.

수령은 원 부근에 사는 주민을 원주(院主)로 삼아 관리를 맡겼다. 이들에게는 원위전(院位田)을 지급하였는데, 원위전은 역 근처의 토지를 절급(折給)하는 것이 원칙이었다. 『경국대전』에 의하면, 대로에 위치한 원에는 1결(結) 35부(負), 중로에 위치한 원에는 50부, 소로에 위치한 원에는 45부를 지급하였다.

조선시대의 원은 공적인 임무를 맡은 관리들이 이용하던 역에 비해 상인이나 민간여행객들이 주로 이용하였기 때문에 그 수가 훨씬 많았다. 『동국여지승람』(1481)이 편찬된 성종대에는 전국에 1,263개의 원이 설치되어 있었고, 『신증동국여지승람』(1530)이 편찬된 중종대에는 1,310개의 원이 설치되어 있었다. 그 분포를 보면 경기(117개)를 비롯하여 충청도(212개), 경상도(468개), 전라도(245개)에 집중되어 있었다.

강원도에는 성종대에 59개, 중종대에 64개의 원이 설치되어 있었다. 강릉대도호부에는 홍제원(부 서쪽 5리), 제민원(부 서쪽 28리), 대령원(대관령 위), 독산원(부 서쪽 90리), 인락원(부 서쪽 120리), 인부원(부 서쪽 139리), 자인원(부 서쪽 140리), 장연원(부 서쪽 140리), 무응구리원(부 남쪽 75리), 장수원(우계현 서쪽 28리), 대제원(우계현 서쪽 43리), 송현원(우계현 서쪽 70리)이 설치되어 있었다.

조선초기 이래 전국에 걸쳐 설치되어 있던 원은 16세기 중엽 이후 그 기능을 상실하면서 쇠퇴해 갔다. 강원도의 경우 16세기에 64개에 달하던 원이 점차 폐쇄되기 시작하여 18세기 중엽에는 23개, 19세기 말에는 20여 개만 남았다. 강릉대도호부에는 조선전기에 12개의 원이 있었으나 조선후기에 이르러 제민원과 인락원 두 곳만 남았다. 원이 폐쇄된 곳이나 그 인접한 곳에는 민간에서 운영하는 주막(酒幕)이 생겨났다.

점막(店幕)·여점(旅店)·야점(夜店)·여막(旅幕) 등으로 불리는 주막은 상인이나 여행객에게 식사와 술을 팔고 잠자리를 제공하는 사설 음식점 겸 숙박업소였다. 주막은 날이 갈수록 늘어나서 교통의 요지, 장터나 큰 고개 밑의 길목, 역과 역 사이의 인가가 없는 외딴 곳 등 도처에 있었다. 규모가 큰 주막은 방이 수십 개에다 창고와 마구간이 있어 행상들의 물건을 맡아주기도 하고, 마소와 당나귀 등을 관리해주기도 하였다. 규모가 작은 주막은 방 몇 개에 술청이 있는 정도이며, 거리의 간이 주막은 허술한 지붕에 가리개로 사방을 막아놓고 낮 동안에만 장사를 하였다.

주막은 관에서 설치한 원에 비해 그 간격이 훨씬 좁아져서 거의 10～20리 간격마다 있었다. 이는 1913년 강릉김씨 부인이 남편과 함께 서울을 다녀온 후에 남긴 기록인 『셔유록』에서 확인할 수 있다. 이들이 강릉에서 서울로 갔던 길을 정리하면, 강릉 → 횡계 → 월정거리 → 웃진부(상진부) → 아래진부(하진부) → 웃대화 → 아래대화 → 재말랑이 → 웃안흥 → 횡성읍내 → 풍수원 → 양평 → 양근읍내 → 망우리 → 홍릉 → 동대문으로 되어 있다. 이 길은 1975년 영동고속도로가 개통되기 전에 서울로 가는 길과 매우 유사하다. 오늘날에는 하루에 갔다 올 수 있는 거리지만 당시에는 왕복 18일이나 소요되었다. 이들이 서울에 가는 도중에 들렀던 강원도에 소재한 주막은 반정이 주막, 마루 주막, 횡계 주막, 너래 주막, 거커리 주막, 할미골 주막, 운교 주막, 웃안흥 주막, 통골 주막, 오원 주막, 차바우 주막, 배나무정이 주막, 언구베 주막 등이다. 이 가운데 강릉대도호부 관내에 있던 주막은 반정이 주막, 마루 주막, 횡계 주막, 너래 주막, 거커리 주막, 할미골 주막, 운교 주막이다. 오늘날 강릉지역에 주막이 몇 개나 있었는지는 기록이 없어 알 수 없지만, 아마도 수많은 주막이 산재해 있었으리라 여겨진다.

대관령 반정에서 조금 내려 오면 1824년(순조 24)에 세운 '기관이병화 유혜불망비(記官李 秉華遺惠不忘碑)'가 있다. 기관 은 조선시대 지방관청에서 이·호·예·병·형·공의 6방 을 담당하던 향리였다. 『증수임 영지』에 의하면 "기관 이병화는 자혜로운 마음씨를 지닌 사람 이었다. 대관령 30리 가량 되는 길이 험준하여 사람이 살지 않 으나 왕래가 빈번하고, 겨울이

기관 이병화 유혜불망비

면 얼어 죽는 일이 많음을 늘 근심하던 끝에 백금(百金)의 식리전(殖利錢)을 내어 반정에다 주막을 설치하였다. 그 후부터 오가는 여행객들이 묵어가니 행상인들이 그의 은덕을 잊지 않으려고 비를 세웠다"고 한다.

한편 여행자에게 교통의 자연적 장애물이 된 것으로는 강과 하천, 그리고 험한 산고개가 있다. 일반적으로 하천에는 징검다리 혹은 외나무다리 · 돌다리 등을 설치하여 교통의 장애요인을 극복하려고 하였다. 비가 일시에 많이 내리거나 장마철에는 가설된 다리들이 물에 떠내려가거나 잠김으로써 교통이 두절되는 경우가 많았다.

강릉에는 여러 곳에 다리가 설치되어 있었다. 누교(樓橋)는 강릉부 남쪽 10리 되는 곳에 있었는데, 물이 깊고 언덕이 높아 다리 형태가 마치 누정과 같다고 하여 붙여진 이름이다. 강문교(江門橋)는 강릉부 북쪽에서 12리 되는 곳에 있었는데, 경포 호수물이 빠져나가는 출구였다. 장림천교(長林川橋)는 강릉부 서쪽 10리 되는 남대천 상류지역에 있었는데, 다리 주변에 소나무 숲이 길게 이어졌다 하여 붙여진 이름이다. 강릉의 지명 가운데 배다리[船橋] · 너다리[板橋] · 햇다리[白橋] 등은 교량의 형식과 재료에서 비롯된 것이라 하겠다.

말과 사람의 통행에 장애가 되는 험한 산고개에는 선반처럼 매달아서 길을 만든 잔도(棧道)를 설치하여 내왕에 편의를 도모하였다. 강회백(姜淮伯)의 시에는 "길이 구산역으로 접어들자 양의 창자처럼 꾸불꾸불하여 말이 가지 않네. 앞에 선 말몰이꾼은 나무 끝으로 가고, 잔도는 구름 끝에 걸리었네." 하였고, 허균(許筠)의 시에는 "닷새 동안 아스라한 잔도를 타고, 오늘 아침 대관령을 벗어났구려." 하였다.

2) 통신시설

(1) 역참

서울에서 지방에 이르는 전국의 도로에는 대략 30리마다 역참(驛站)이 설치되어 있었다. 역참의 기능은 국가의 명령이나 공문서를 전달하고, 공물과 진상을 운송하며, 변방의 긴급한 군사정보 및 외국 사신의 왕래에 따른 영송과 접대를 담당하였다. 그 외에도 내외인의 왕래를 규찰하고, 심지어 죄인을 체포해 압송하고 유사시에 국방의 일익을 담당하기까지 하였다. 처음에는 우역(郵驛)으로 불리다가, 원나라의 참치[站赤] 제도의 영향으로 참(站) 또는 역참(驛站)으로 통용되었다.

조선시대의 역참제는 고려의 제도를 계승하되 군현제의 개편과 함께 새로 정비되었다. 태종대에 와서 고려의 5도 양계 체제를 8도 체제로 개편하면서 그에 맞추어 새로이 역참을 신설하거나 역도(驛道)를 재편성하였다. 1415년(태종 15) 12월에는 각 역참의 설치 기준이 마련되어 30리마다 역참을 1개씩 설치하도록 하였으나, 이 규정이 그대로 적용될 수는 없었다. 왜냐하면 산이 높고 험한 지형도 문제였지만, 무엇보다도 국가재정이 허락하지 않았기 때문이다. 다만 역과 역 사이의 거리가 지나치게 멀거나 가까운 경우에는 대개 위의 규정에 준해 역참을 증설하거나 옮기는 방법을 모색하였다.

조선시대의 역참제는 역도-속역체계로 편성되어 있었다. 역도는 도로의 상태와 중요도 및 산천의 거리에 따라 수 개 내지 수십 개의 역참을 하나의 도(道)로 묶어 역승(驛丞, 종9품) 또는 찰방(察訪, 종6품)으로 하여금 관리하는 체계를 말한다. 지금의 국도를 예상하면 된다. 조선초기에는 중요한 역도에 찰방을 파견하였고 상대적으로 비중이 떨어지는 역도에 역승을 파견하였다. 1535년(중종 30) 이후에는 역승을 폐지하고 전국의 모든 역도에 찰방을 파견하였다. 『세종실록지리지』에는 전국에 산재한 538개의 역참이 44개의 역도로 편성되어 있었는데, 강원도 지역의 역도-속역 관계를 정리하면 다음과 같다.

〈표-4〉 세종대의 강원도 역도-속역체계

역도(驛道)	속역(屬驛)
보안도(21) 역승 관할	보안(춘천), 인람(춘천), 원창(춘천), 부창(춘천), 천감(홍천), 연봉(홍천), 창봉(횡성), 갈풍(횡성), 오원(횡성), 안흥(횡성), 단구(원주), 유원(원주), 신림(원주), 신흥(원주), 약수(평창), 평안(평창), 양연(영월), 연평(영월), 벽탄(정선), 호선(정선), 여량(정선)
대창도(28) 역승 관할	대창(강릉), 구산(강릉), 횡계(강릉), 진부(강릉), 대화(강릉), 방림(강릉), 운교(강릉), 목계(강릉), 임계(강릉), 고단(강릉), 안인(강릉), 낙풍(강릉), 동덕(강릉), 인구(양양), 연창(양양), 상운(양양), 강선(양양), 청간(간성), 죽포(간성), 운근(간성), 명파(간성), 대강(고성), 고잠(고성), 양진(고성), 등로(통천), 조진(통천), 거풍(통천), 정덕(흡곡)
평릉도(9) 역승 관할	평릉(삼척), 사직(삼척), 교가(삼척), 용화(삼척), 옥원(삼척), 흥부(울진), 수산(울진), 덕신(울진), 달효(평해)
기타(19) 찰방 관할	은계(회양), 신안(회양), 화친(회양), 직목(금성), 서운(금성), 창도(금성), 신화(김화), 생창(평강), 임단(평강), 건천(이천), 방천(낭천), 원천(낭천), 산양(낭천), 수인(양구), 함춘(양구), 부림(인제), 마노(인제), 임천(인제), 남교(인제)

세종대의 강원도 역도체계는 보안도·대창도·평릉도 등이 있었는데, 여기에 속한 역은 모두 77개였다. 당시 강원도에는 1개 찰방과 3개 역승이 관할하는 4개의 역도가 있었다. 역도체계의 중심도시로는 춘천, 원주, 강릉, 회양, 삼척, 양양 등이었다. 이들 지역은 군사적 거점이었을 뿐 아니라 도호부 이상의 군현이었다. 그리고 역로의 입지는 지역간 이동이 용이한 하천 계곡이나 하천 중상류의 침식 분지에 자리잡고 있었다.

세종대의 역도체계는 세조대에 이르러 대폭 개편되었다. 이때의 개편은 1457년(세조 3), 1460년(세조 6), 1462년(세조 8) 등 3차례에 걸쳐 이루어졌다. 1차 개편은 주로 기존의 역도를 통합하는 방향으로 시행되었다. 이때는 강원도의 역로가 피폐하고 역승의 관품이 낮아 역무를 처리하는데 원활하지 못하다 하여 대창도와 보안도를 합하여 대창도라 칭하고 찰방을 파견하도록 하였다. 2·3차 개편은 역 사이의 거리를 조정하여 재편성하는데 목적이 있었다. 이때는 회양의 은계도, 춘천의 보안도, 삼척의 평릉도, 양양의 상운도 등 4개의 역도로 개편되었다. 세조대에 정비된 강원도의 역로망은 『경국대전』에 이르러 4개의 역도와 78개의 속역으로 편성되었다.

<표-5> 『경국대전』의 강원도 역도-속역체계

역도(驛道)	속역(屬驛)
은계도(19) 회양	풍전(철원), 용담(철원), 생창(김화), 직목(금성), 창도(금성), 서운(금성), 신안(회양), 임단(평강), 옥동(평강), 건천(이천), 산양(낭천), 원천(낭천), 방천(낭천), 함춘(양구), 수인(양구), 마노(인제), 부림(인제), 남교(인제), 임천(인제)
보안도(29) 춘천	안보(춘천), 인람(춘천), 원창(춘천), 부창(춘천), 천감(홍천), 연봉(홍천), 창봉(횡성), 갈풍(횡성), 오원(횡성), 안흥(횡성), 단구(원주), 유원(원주), 안창(원주), 신림(원주), 신흥(평창), 약수(평창), 평안(평창), 양연(영월), 연평(영월), 벽탄(정선), 호선(정선), 여량(정선), 임계(강릉), 고단(강릉), 횡계(강릉), 진부(강릉), 대화(강릉), 방림(강릉), 운교(강릉)
평릉도(15) 삼척	동덕(강릉), 대창(강릉), 구산(강릉), 목계(강릉), 안인(강릉), 낙풍(강릉), 신흥(삼척), 사직(삼척), 교가(삼척), 용화(삼척), 옥원(삼척), 흥부(울진), 수산(울진), 덕신(울진), 달효(평해)
상운도(15) 양양	연창(양양), 오색(양양), 강선(양양), 인구(양양), 죽포(간성), 청간(간성), 운근(간성), 명파(간성), 대강(고성), 고잠(고성), 양진(고성), 조진(통천), 등로(통천), 거풍(통천), 정덕(흡곡)

강원도의 4개 역도체계는 이후 큰 변동 없이 조선 말기까지 유지되었다. 다만 소속역의 증감과 찰방 주재역이 바뀐 곳이 있었을 뿐이다. 강원도의 대부분 지역은 서울에서 원주-대관령-강릉-울진-평해까지 연결되는 평해로(관동대로)로 불리는 제3로를 중심으로 많은 지선들이 모여 하나의 역도체계를 형성하였다. 강릉지역의 역로 연결사

항을 살펴보면 대창역을 중심으로 하여 구산-횡계-진부를 거쳐 서울에 이르는 경강 직통로, 구산-목계-고단을 연결하여 정선에 이르는 삽당령로, 안인-낙풍-삼척-울진을 통하여 부산에 이르는 강릉-부산 연결도로가 있었다.

각 역에는 책임 관원인 찰방(또는 역승) 이외에도 역 관련 업무를 수행하는 종사자로서 역장·역리·역노비 등이 배치되었고, 역마가 지급되었다. 역마는 주로 전국의 목장으로부터 공급받았는데, 항상 부족하여 때로는 주인이 없는 말이나 몰수한 난신(亂臣)의 말 그리고 민가의 말을 징발하여 충당하였다. 역마는 용도에 따라 승마용 기마(騎馬)와 운반용 태마(駄馬, 복매卜馬라고도 함)로 구분하였고, 크기에 따라 대마·중마·소마 또는 상등마·중등마·하등마로 구분하여 지급되었다. 또한 역의 등급에 따라 마필수 및 등급의 배속이 달랐던 것으로 파악된다.

『증보문헌비고』에 의하면 전국 40개 역도 535개 역에 소속된 마필수는 5,380필이었다. 각 역에는 정해진 수의 말이 있었다. 전국의 역은 9등급으로 나누어져 1등로는 대마 8필·중마 13필·소마 15필 등 모두 36필을, 2등로는 32필을, 3등로는 28필을, 4등로는 24필을, 5등로는 20필을, 6등로는 16필을 구비해야 했다. 7등로는 대마 2필·중마 4필·소마 6필 등 모두 12필을, 8등로는 대마 1필·중마 3필·소마 4필 등 모두 8필을, 9등로는 대마 1필·중마 1필·소마 2필 등 모두 4필을 구비해야 했다. 역의 대부분은 7~9등로에 속하였다.

강릉대도호부에서 관할하던 역은 대창·동덕·낙풍·안인·임계·고단·목계·구산·횡계·진부·대화·방림·운교 등 모두 13개였다. 그 역마수는 『여지도서』 역원조에 의하면, 대창역에 대마 3필·기마 2필·복마 8필, 동덕역에 대마 1필·기마 2필·복마 6필, 낙풍역에 기마 1필·복마 4필, 안인역에 기마 2필·복마 7필, 임계역에 대마 1필·복마 2필, 고단역에 기마 2필·복마 1필, 목계역에 복마 2필, 구산역에 기마 1필·복마 4필, 횡계역에 대마 1필·복마 3필, 진부역에 대마 1필·기마 1필·복마 3필, 대화역에 대마 1필·복마 3필, 방림역에 기마 1필·복마 4필, 운교역에 대마 1필·복마 3필이 있었다.

이들 말은 이용자의 지위에 따라 차등을 두고 지급되었다. 가령 대군(大君)·의정(議政)에게는 상등마 1필·하등마 3필·태마 3필을, 정2품 이상 관료에게는 상등마 1필·하등마 3필·태마 2필을, 종2품 관료에게는 상등마 1필·하등마 2필·태마 2필을, 3품 이상 당상관에게는 상등마 1필·하등마 2필·태마 1필을, 6품 이상 관료에게는 중등마 1필·하등마 1필·태마 1필을, 9품 이상의 관인에게는 중등마 1필·태마 2필을 지급하였다. 그리고 어사에게는 상등마 1필·하등마 1필·태마 1필을, 관찰사와 절도사의 명령으로 왕에게 보고하고 돌아가는 자에게는 하등마를 지급하였다.

공무로 출장 가는 관인이 역마를 이용하고자 할 때에는 각 역에서 말을 지급받을 수 있는 증표인 마패(馬牌)를 제시해야 하였다. 마패는 원료에 따라 목조 마패·철제 마패·동제 마패로 구분되며, 그 형태는 대부분 둥근 모양이었다. 초기에는 나무로 만들어 썼으나 1434년(세종 16) 이후에는 철로 제조하였으며, 『경국대전』 반포 시기에는 구리로 만들어 상용하였다. 통상 마패의 한 면에는 이용자의 품계에 따라 이용 가능한 마필의 수효를 새겨 넣었고, 다른 한 면에는 자호(字號, 천자문 순서에 따라 번호 부여)와 연월 및 상서원인(尙瑞院印)이라는 글자를 새겨 넣었다. 마패는 상서원에서 발급하였는데, 이를 받기 위해서는 먼저 병조에서 발행하는 증명서를 제시해야 하였다. 중앙에서는 출장관원의 품계에 따라 병조가 문첩(文帖)을 발급하면 상서원이 마패를 내주었지만, 지방에서는 관찰사와 절도사가 마패를 항상 지니고 있다가 중앙에 보고할 일이 있거나 진상품을 올려 보낼 때 수시로 발급하였다.

『경국대전』에 의하면 역마의 이용은 원칙적으로 1일에 3식(90리)을 여행하도록 규정되어 있었다. 만약 이를 어긴 자, 말을 함부로 타고 다닌 자, 말을 지나치게 많이 내어준 자는 장 100 · 유 3천리에 처하도록 하였다. 또한 역마를 반환하지 않은 자는 장 300 · 도 3년에 처하도록 하였다.

역을 운영하기 위해서는 이에 따른 경비가 필요하였다. 이에 각 역에는 토지가 지급되었으며, 역마 충당을 위해 마전(馬田)이 지급되었다. 『경국대전』권2, 호전 제전조(諸田條)의 마전 지급내용을 보면, "대마는 7결, 중마는 5결 50부, 소마는 4결이었다. 긴로(緊路, 교통량이 많은 역로)이면 급주(急走)에게 50부를 더 주고, 대마는 1결을 더 주며, 중 · 소마는 각 50부를 더 준다"고 되어 있다.

(2) 봉수

봉수는 변경지역의 긴급한 상황을 중앙 또는 변경의 진영(鎭營)에 알리는 통신수단으로, 주로 군사상의 목적으로 설치 운영되었다. 우리나라에서는 『삼국사기』 · 『삼국유사』에 거화(擧火) · 봉현(烽峴) · 봉산(烽山) · 봉산성(烽山城) 등이 나타나는 점으로 미루어 볼 때 이미 삼국시대에 봉화에 의한 통신법이 있었음을 보여준다.

봉수의 신호 방식은 낮에는 연기, 밤에는 횃불을 사용하여 소식을 알렸는데, 1419년(세종 1)에 5구분법으로 체계화하였다. 즉 평상시에는 해상과 육상을 막론하고 1개의 홰[炬]를 올리도록 했다. 해안의 경우는 왜적이 해상에 나타나면 2개의 홰, 해안에 가까이 오면 3개의 홰,

우리 병선과 접전하면 4개의 홰, 적이 상륙하면 5개의 홰를 올리도록 했다. 육지의 경우는 적이 국경 밖에 나타나면 2개의 홰, 변경에 가까이 오면 3개의 홰, 국경을 침범하면 4개의 홰, 우리 군사와 접전하면 5개의 홰를 올리도록 했다. 그 후『경국대전』에 이르러 육상적과 해상적의 구별 없이 평상시에는 1개의 홰, 적이 나타나면 2홰, 경계에 접근하면 3홰, 경계를 범하면 4홰, 접전하면 5홰를 올리도록 했다. 그러나 적이 침입했을 때 안개·구름·비바람으로 인해 봉수가 전달되지 않을 경우에는 화포(火砲)·뿔피리[角聲]·기(旗)로써 알리거나, 봉화대에 상주하는 봉수군이 직접 달려가 다음 봉수에 알리도록 했다.

봉수에는 경(京)봉수·연변봉수·내지(內地)봉수 3종류가 있었다. 경봉수는 전국의 모든 봉수가 집결하는 중앙봉수로서 서울 목멱산에 위치하여 목멱산봉수 또는 남산봉수라고도 불렀다. 연변봉수는 바다와 육지 변경의 제일선에 설치되었으며, 내지봉수는 연변봉수와 경봉수를 연결하는 중간봉수로 수적으로 절대 다수를 차지하였다. 각 봉수대의 거리는 산세와 구름·안개 등 자연조건에 의해 차이가 나기도 했지만, 대체로 연변봉수는 10~15리, 내지봉수의 주수(晝燧, 낮에 연기로 신호)지역은 20~30리이고 야화(夜火, 밤에 불빛으로 신호)지역은 40~50리 정도였다.

봉수의 관장은 중앙에서는 병조의 무비사(武備司)에서, 지방에서는 감사·병사·수사와 도절제사·순찰사 등 모든 군사책임자가 이를 감독하였다. 봉수의 임무를 수행하는 요원으로는 봉수군과 그들을 감독하는 오장(伍長, 경봉수는 오원[五員])을 배치하였다. 이들은 봉수대 근방에 거주하는 자로 배속하도록 하였는데, 각 봉수대에 소속된 인원은 다음과 같다. 경봉수에는 군사 4인과 오원 2인, 연변봉수에는 군사 10인과 오장 2인, 내지봉수에는 군사 6인과 오장 2인씩을 배치하였다.

봉수에 의해 상달된 정세는 경봉수에서는 오원이 병조에, 연변봉수와 내지봉수에서는 오장이 관할 진장(鎭將)에게 보고하였다.

전국 봉수망은 5대로가 있었는데, 여기에 간선이 연결되어 있었다. 제1로는 함경도 경흥으로부터 강원도를 거쳐 아차산에 이르러 서울 목멱산 제1봉에, 제2로는 경상도 동래로부터 충청도를 거쳐 광주 천림산에 이르러 서울 목멱산 제2봉에, 제3로는 평안도 강계로부터 내륙으로 황해도를 거쳐 서울 무악동봉에 이르러 목멱산 제3봉에, 제4로는 평안도 의주로부터 해안을 거쳐 서울 무악서봉에 이르러 목멱산 제4봉에, 제5로는 전라도 순천으로부터 충청도를 거쳐 양천 개화산에 이르러 목멱산 제5봉에 각각 응하는 것이었다. 이러한 주요 간선로의 직봉에는 이곳에 포함되지 않은 주요 지역과 연결되는 간선이 설치되어 있었다.

전국의 총 봉수는 『세종실록지리지』에 569기, 『신증동국여지승람』에 743기에 달하였으나, 강원도에는 48기가 있었다. 『신증동국여지승람』에 기록되어 있는 봉수를 기준으로 할 때, 강원도에는 함경도 경흥으로 연결되는 본선과 동해안 지대에 간선이 있었다. 본선은 회양→평강→철원을 거쳐 경기도 영평현의 미로곡 봉수대에 전달되었고, 간선은 북으로 통천의 금란성 봉수대를 통해 추지령으로 연결되고 남으로 평해의 후리산 봉수대를 통해 경상도 영해의 대소산으로 연결되어 청송을 경유, 안동에 이르러 동래본선과 연결되었다.

간선에 위치한 강릉의 봉수대는 주문산(강릉부 북쪽 40리), 사화산(강릉부 북쪽 20리), 소동산(강릉부 동쪽 7리), 해령산(강릉부 동남쪽 15리), 오근산(강릉부 남쪽 30리), 어달산(강릉부 남쪽 80리)에 있었다.

강원도의 봉수는 조선후기에 와서 경흥으로 이어지는 본선에 속한 평강·회양·철원·금성의 봉수대만 존속하고, 동해안으로 이어지는

소동산 봉수대

간선망은 모두 폐지되었다. 그 이유는 조선초기에는 왜구가 동해안에
출몰하는 경우가 있어 이에 대한 경계의 필요성에서 유지되었으나, 임
진왜란과 병자호란을 겪은 후에는 국방정책의 관심이 수도와 남북 변
경지역에 집중되고 동해안에서의 왜구 출몰과 기타의 사변이 거의 없
어졌기 때문으로 볼 수 있다.

(3) 파발

파발은 변방과 중앙 간에 오가는 문서를 신속하게 전달하기 위한
통신수단이었다. 임진왜란 이전에 국경과 중앙을 연결하는 통신체계
로 활용된 것은 봉수제였다. 횃불과 연기로 구체적인 적의 상황을 전
달하는 봉수제는 구름과 안개가 짙게 끼면 잘 전달되지 않는 등 한계
가 있었다. 이러한 봉수제의 기능을 보완하기 위해 1583년(선조 16)에
사람이 뛰어서 전달하는 보발(步撥)이 먼저 시행되었고, 임진왜란이
발발한 1592년(선조 25)에 말을 타고 전달하는 기발(騎撥)이 경상도에
서 시행되었다.

파발제가 체계적으로 정비된 것은 인조 때에 이르러서이다. 파발의 조직망을 보면, 서발은 한양에서 평안도 의주까지 1,050리, 북발은 한양에서 함경도 경흥까지 2,300리, 남발은 한양에서 동래까지 920리였다.

보발은 보통 30리마다 1참을 두었고, 기발은 25리마다 1참을 두었다. 보발의 참에는 발장(撥將) 1명과 군정(軍丁) 2명을 배치하였고, 파발의 참에는 발장 1명과 기발군(騎撥軍) 5명 그리고 말 5필을 배치하였다. '참'은 일종의 중간 연락소라 할 수 있는데, 이곳에서 인원과 말을 교체하여 빠르게 소식을 전달할 수 있었다.

참의 설치 수는 『만기요람』에 따르면 서발에는 직로(直路)에 38참(경기 7참, 황해도 13참, 평안도 18참)을 두고 간로(間路)에 48참(평산에서 해주까지 5참, 박천에서 압록강변 여러 고을까지 43참)을 두었다. 북발에는 직로에 64참(경기도 3참, 강원도 6참, 함경도 55참), 간로에 10참(북청에서 삼수까지 10참)을 두었다. 남발은 직로에 34참(경기 9참, 충청도 5참, 경상도 20참)을 두었다. 이 가운데 중국과의 연락관계로 가장 중요시하였던 서발의 직로만이 기발이었고, 나머지는 보발로 운영되었다. 강릉에는 파발이 설치되어 있지 않았다.

파발은 일의 완급을 나타내는 방울을 달아 전송했는데, 방울 셋을 달면 긴급사태를 나타내는 3급, 둘은 2급, 하나는 1급을 표시하였다. 파발제는 이전의 봉수제와 비교해 볼 때 날씨의 영향을 덜 받았을 뿐만 아니라, 문서로 전달되었기 때문에 보안이 유지되고 자세한 보고를 할 수 있다는 장점이 있었다. 그러나 오히려 전달 속도가 느리고 경비가 많이 드는 단점이 있었다. 파발이 지체된 이유는 발마의 남기(濫騎, 법률이나 규정을 어기고 역마 등을 함부로 타는 것)와 그로 인한 피폐, 심지어는 사문서의 전달까지도 파발을 이용해 발군이 고역에 시달리고 급기야 도망치는 일이 빈번했기 때문이다. 이러한 파발제는 조선후기까지 역참제, 봉수제와 더불어 군사통신체제의 핵심을 이루었으나 전화와 전신체제가 도입되면서 사라지게 되었다.

5. 강릉대도호부의 물산

조선시대 강릉지역의 물산은 『세종실록지리지』·『동국여지승람』·『여지도서』·『임영지』 속지에 수록되어 있다.

〈표-6〉 조선시대 강릉지역의 물산내역

구분	항목	물산 종류
세종실록지리지	토의	오곡, 뽕나무, 삼, 왕골, 모시, 감, 밤, 모과, 닥나무, 옻(漆)
	토공	벌꿀[蜂蜜], 황랍(黃蠟), 시우쇠[正鐵], 잣, 호도, 오배자(五倍子), 미역, 지초(芝草), 백단향(白檀香), 버섯, 사슴포, 여우가죽, 삵괭이가죽, 노루가죽, 담비가죽, 문어, 숭어, 대구, 전복, 홍합
	약재	인삼, 오미자, 당귀, 망초뿌리, 모란뿌리껍질, 복신(茯神), 대암풀[白芨], 긴살모사[白花蛇], 다린송진[白膠香], 북나무진[安息香], 궁궁이[芎藭], 석고(石膏), 일엽초[石韋], 곰쓸개
	토산	가는 대[篠]·왕대[簜]
동국여지승람	토산(土産)	모시[苧], 산뽕나무[弓幹桑], 댓살[竹箭], 잣[海松子], 오미자, 자단향(紫檀香), 회양목[黃楊], 자초(紫草), 송이버섯[松蕈], 인삼, 지황(地黃), 복령(茯苓), 벌꿀[蜂蜜], 긴살모사[白花蛇], 물개[海獱], 소금, 미역, 참가사리[細毛], 김[海衣], 해삼, 전복, 홍합, 문어, 삼치[麻魚], 방어, 광어, 붉돔[赤魚], 고등어[古刀魚], 대구[大口魚], 황어(黃魚), 연어, 송어, 은어[銀口魚], 누치[訥魚], 열목어[餘項魚], 순나물[蓴菜], 세조개[回細蛤]
여지도서	물산(物産)	모시[苧], 산뽕나무[弓幹桑], 댓살[竹箭], 잣[海松子], 오미자, 자단향(紫檀香), 송이버섯[松蕈], 인삼, 지황(地黃), 복령(茯苓), 벌꿀[蜂蜜], 긴살모사[白花蛇], 물개[海獱], 소금, 미역, 참가사리[細毛], 김[海衣], 해삼, 전복, 홍합, 문어, 삼치[麻魚], 방어, 광어, 붉돔[赤魚], 고등어[古刀魚], 대구[大口魚], 황어, 연어, 송어, 은어[銀口魚], 누치[訥魚], 열목어[餘項魚], 순나물[蓴菜], 세조개[回細蛤]
		▶신증; 상어[沙魚], 자호(紫胡), 천궁(川芎), 강활(羌活), 당귀(當歸), 종유석[石鍾乳], 백궁약(白芎藥), 황벽나무[黃柏], 하수오(何首烏), 으름덩굴[木通], 어린탱자열매[枳實]

임영지	산산(山産)	인삼, 잣[海松子], 송이[松蕈], 지황(地黃), 복령(茯苓), 천초(川椒), 댕댕이덩굴[木防已], 봉액(蜂液), 당귀(當歸), 만삼(蔓蔘), 마뿌리[山藥], 자초(紫草), 황벽나무[黃柏], 오미자, 자단향(紫檀香)
	과실(菓實)	배[梨], 대추[大棗], 밤[栗], 은행(銀杏), 감[柿], 능금[來檎], 모과(木瓜)
	수산(水産)	광어, 문어, 홍합, 해삼, 대구, 송어, 연어, 청어, 은어[銀口魚], 올미역[早藿]

즉 『세종실록지리지』에는 토산(土産)·토공(土貢)·약재(藥材)·토의(土宜) 항목에, 『동국여지승람』에는 토산 항목에, 『여지도서』에는 물산 항목에, 『임영지』 속지에는 산에서 산출되는 산산(山産), 과실, 바다·민물에서 생산되는 수산(水産) 항목에 각각 수록되어 있다.

『세종실록지리지』에 수록되어 있는 토의는 해당지역의 토질과 기후에 적합한 작물을, 토산은 해당지역에서 생산되는 토산물을 가리킨다. 약재항목 또한 해당지역에서 생산되는 토산물을 기록한 것이라 할 수 있다. 이상의 토의·약재·토산은 해당지역에서 산출되는 토산물이라는 점에서 같은 종류라고 할 수 있다. 토공항목은 각 군현에서 중앙각사에 납부하는 공물(貢物)을 기록한 것이다.

〈표-6〉에 수록되어 있는 강릉지역의 물종은 곡물, 짐승가죽, 과실, 수산물, 수공업품 및 원료, 약재 등을 망라하고 있다. 이들 물종은 산림(山林)과 천택(川澤)에서 채취하거나 포획한 수렵물이 대부분을 차지하였고, 그밖에 이를 가공한 수공업품과 약간의 농업생산물이었다. 이들 물종은 당시 일상생활 전반에 필요한 것들이었다.

강릉지역의 논과 밭에서 생산된 주요 곡물은 오곡(쌀·보리·콩·조·기장)이었다. 조선초기 전국의 농경지에서 논이 차지하는 비율은 28%, 밭이 차지하는 비율은 72%에 달하였는데, 논의 80% 정도는 경기와 하삼도에 분포되어 있었다. 논농사 지대는 경기와 하삼도에 편중되어 있었고, 강원도를 비롯한 북부지역은 대부분 밭농사 지대였다.

『세종실록지리지』에 의하면, "강릉대도호부는 땅이 메마르며, 개간된 땅이 5,766결로 논이 1/3이 안 된다"고 하였다. 즉 강릉지역은 논농사보다 밭농사가 우세하였음을 알 수 있다.

논에서 재배하는 대표적인 농작물은 벼였다. 조선초기 벼 재배방법에는 물을 채운 논에 미리 발아시킨 볍씨를 파종하는 직파법(直播法), 비료성분을 묻힌 볍씨를 물이 없는 논에 파종하는 건경법(乾耕法), 못자리에서 모를 어느 정도 키워 전체 논으로 옮겨 심는 이앙법(移秧法)이 있었다.

이 시기에는 볍씨를 뿌려 그대로 경작하는 직파법이 일반적이었다. 수리시설이 제대로 갖추어지지 못한 상태에서 강원도와 경상도 일부 지역의 농민들에 의해 시도되던 이앙법은 법으로 금지되고 있던 실정이었다. 따라서 조선초기까지 대부분의 농민들은 그들의 조상들이 했던 것처럼 직파법으로 벼를 재배하였다. 직파법으로 벼를 재배하게 되면 농부들은 이른 봄철 쟁기를 이용하여 논을 한두 차례 갈아 두었다가 4월 중순부터 하순 사이에 써레를 이용하여 논을 고른 다음, 미리 발아시켜 둔 볍씨를 파종하였다. 이후 약 한 달 가량 지난 후부터 호미를 이용하여 김매기를 시작했는데, 추수 때까지 4~5차례 반복하였다. 그러나 이앙법으로 벼를 재배할 경우 농민들은 이른 봄철 쟁기를 사용하여 한두 차례 논을 갈아 두었다가, 그 가운데 대략 1할 정도의 면적에 4월 하순경부터 5월 초순에 못자리를 설치하였다. 모가 모판에서 자라는 동안 떡갈나무의 잎, 연한 버드나무가지 등을 사용하여 만든 거름을 모낼 곳에 뿌려 주었다. 볍씨를 뿌리고 약 한 달이 지난 6월 초순경부터 모내기를 하였는데, 한 그루는 어린 모 4~5포기를 넘지 않도록 하였고, 그루와 그루 사이의 간격을 적당히 남겨 두었다. 김매기는 모를 낸 후 약 20일이 지나서부터 시작하여 추수 때까지 모두 2~3차례 실시하였다. 16세기 초반에 들어서면 이앙법은 정부의 금지에도 불구하고 그 보급이 점차 증대되어 강릉지역에서도 실시되고 있었다.

밭에서 재배하는 대표적인 농작물은 보리, 조, 콩, 기장 등이었다. 적지 않은 농부들은 이미 15세기에 보리를 베어내고, 그 자리에 다시 콩을 심기도 하였다. 이같이 같은 밭에서 1년 동안 보리와 콩을 교대로 경작하는 방식을 그루갈이[根耕法]라고 하였다. 물론 모든 콩이 그루갈이로 재배된 것은 아니었다. 콩은 종류에 따라 봄철에 파종을 해야만 잘 자라는 것이 있는가 하면 초여름에 심는 것도 있었다. 보리, 콩과 달리 조는 모두 봄에 심었다. 봄철 밭에서 보리, 콩, 조가 동시에 자라고 있었기 때문에 이러한 작물을 같은 밭에서 섞어짓는 것은 쉬운 일이 아니었다. 밭작물의 김매기에도 적지 않은 노동력이 필요했기 때문이다. 15세기에는 농지가 적은 농민들에 의해서만 섞어짓기[間種法]가 조금씩 행해지고 있었다.

해안에 위치한 강릉지역에서는 각종 다채로운 어류와 패류가 잡혔다. 어류는 대구·고등어·청어·광어·문어·삼치[麻魚]·방어·붉돔[赤魚]·누치[訥魚]·은어·송어·연어·황어·열목어[餘項魚] 등이, 패류는 홍합·전복·세조개[回細蛤] 등이, 기타 해산물은 해삼·미역·김[海衣]·순나물[蓴茱]·참가사리[細毛]·물개[海獺] 등이 잡혔다.

이상의 물산은 국가에서 공물의 형태로 수취하였다. 조선전기의 공물은 국가재정의 60%를 차지할 정도로 비중이 매우 높았다. 공물에는 각 군현에서 준비하여 납부하는 관비공물(官備貢物)과 각 군현의 민호로부터 수취·상납하는 민비공물(民備貢物)이 있었고, 그 밖에 민호 중에서 종사하는 생업에 따라 정역호(定役戶)를 정해두고 특정한 물자의 규정된 양을 생산·포획·제조하여 납부하는 특수공물이 있었다.

관비공물과 정역호가 담당하던 특수공물은 시대의 추이와 함께 점차 일반 민호에게 전가되었다.

진상은 공물과는 달리 각도 관찰사, 병마·수군절도사를 위시한 지방관이 국왕과 국가의 제사에 쓰이는 예물을 바치는 것이었다. 진상의 종류로는 왕실에 식료품을 바치는 물선진상(物膳進上), 명일(설날·동지·임금의 생일) 혹은 국왕 행차시에 그 지방의 특산물을 바치는 방물진상(方物進上), 국가의 각종 제사에 필요한 물품을 바치는 제향진상(祭享進上), 중앙의 의료기관에 향약을 바치는 약재진상(藥材進上), 응방에 매를 바치는 응자진상(鷹子進上) 등이 있었다. 진상은 형식상으로는 각 도가 단위가 되었으나 실제로는 각 군현에서 분담하였기 때문에 자연히 일반 농민들의 부담으로 전가되었다.

〈표-7〉 강릉의 진상내역

구분	종류	진상 물목 및 수량
약재 (藥材)	춘등 (春等)	모향(茅香) 4근 6냥, 백복령(白茯苓) 14냥 6돈, 적봉령(赤茯苓) 1근 2냥, 복신(茯神) 9냥, 백청(白淸) 4근, 자초(紫草) 8냥, 대암풀[白芨] 1근, 백작약(白芍藥) 9냥, 천궁(川芎) 1근 3냥, 마뿌리[山藥] 10냥, 모란뿌리껍질[牧丹皮] 3냥, 당귀(當歸) 1근 14냥, 황벽나무껍질[黃栢皮] 1근 8냥, 종유석[石鍾乳] 3냥, 시호(柴胡) 1근 1냥, 강활(羌活) 10냥.
	추등 (秋等)	모향(茅香) 2근 5냥, 황벽나무껍질[黃栢皮] 8근 15냥 5돈.
	동등 (冬等)	변두콩[白扁豆] 1근 7냥, 말불버섯[馬勃] 3냥, 백복령(白茯苓) 1근 14냥, 적복령(赤茯苓) 1근 8냥, 당귀(當歸) 2근 6냥, 천궁(川芎) 1근 5냥, 개나리열매[連翹] 9냥, 매미허물[蟬退] 1냥 1돈, 오미자(五味子) 1근 11냥, 하수오(何首烏) 15냥 5돈, 으름덩굴[木通] 1근 15냥, 백작약(白芍藥) 1근, 땅두릅[獨活] 1근 10냥, 어린탱자열매[枳實] 1근, 순비기나무 열매[蔓荊子] 12냥, 방풍(防風) 8냥, 시호(柴胡) 4냥, 칡꽃[葛花] 1냥 1돈, 과루인(苽蔞仁) 5냥 5돈, 강활(羌活) 10냥, 모란뿌리껍질[牧丹皮] 6냥, 천마(天麻) 10냥, 인진쑥[茵陳] 1근, 인동덩굴[金銀花] 6냥, 칡뿌리[葛根] 2근, 자단향(紫丹香) 17근 8냥, 대암풀[白芨] 4냥, 마황(麻黃) 10냥, 은행(銀杏) 3말.
	납등 (臘等)	석청(石淸) 1되, 양귀비[鸎粟殼] 1근 5냥, 영양뿔[羚羊角] 1대, 긴살모새[白花蛇] 1조.

진공 해착 (進貢 海錯)	춘등 (春等)	건문어(乾文魚) 2마리, 생문어(生文魚) 1마리, 올미역[早藿] 3근 【이상 정조진상(正朝進上)】, 올미역[早藿] 24근 【정월천신진상(正月薦新進上)】. 반건대구(半乾大口) 8마리, 건문어(乾文魚) 3마리, 대구고지란 (大口古之卵) 9되 5홉, 올미역[早藿] 4근 【이상 정월삭진상(正月朔進上)】. 건대구(乾大口) 8마리, 건광어(乾廣魚) 8마리, 생홍합(生紅蛤) 1 말 1되, 미역[粉藿] 8근 【이상 2월삭진상】. 생송어(生松魚) 3마리, 미역[粉藿] 2근 【이상 3월삭진상】
	하등 (夏等)	건문어(乾文魚) 2마리, 염송어(鹽松魚) 9마리 【이상 4월삭진상】. 건연어(乾鰱魚) 6마리 【이상 6월삭진상】
	추등 (秋等)	생연어(生鰱魚) 12마리 【종묘의 천신에 바쳤는데, 절기가 빠를 경우에는 장계(狀啓)를 올려 여쭌 후 진봉(進封)】
	동등 (冬等)	생문어(生文魚) 5마리, 생대구(生大口) 10마리 【이상 천신진상(薦新進上)】. 염연어(鹽鰱魚) 3마리, 연어알[鰱魚卵] 1말 【이상 10월삭진상】. 건문어(乾文魚) 2마리, 연어알[鰱魚卵] 3되, 염연어(鹽鰱魚) 2마리 【이상 동지진상(冬至進上)】. 건문어(乾文魚) 3마리, 반건대구(半乾大口) 6마리 【이상 12월삭진상】

위의 표에서 보듯이 『임영지』에는 조선시대 강릉에서 바친 진상품 및 납부시기, 납부액이 수록되어 있다. 강릉의 진상품은 약재와 해산물이 대부분을 차지하였다.

참고문헌

강릉시사편찬위원회, 1996 『강릉시사』(상), 강릉문화원.

고동환, 2016 『한국전근대교통사』, 들녘.

김위현, 1994 「조선후기 영동역참에 대한 일고」 『명지사론』 6, 명지대학교 사학과.

남도영, 1996 『한국마사정』, 한국마사회 마사박물관.

노연수, 2001 「조선전기 강릉대도호부사 업무 연구」 『강원문화사연구』 6, 강원 향토문화연구회.

박도식, 2011 『조선전기 공납제 연구』, 혜안.

이수건, 1989 『조선시대 지방행정사』, 민음사.

이존희, 1990『조선시대 지방행정제도연구』, 일지사.

임용한, 2002『조선전기 수령제와 지방통치』, 혜안.

조병로, 2002『한국역제사』, 한국마사회 마사박물관.

허선도, 1968「봉수」『한국군제사』(근세조선전기편), 육군본부.

제8장 임진왜란과 강릉

1. 임진왜란의 발발과 일본군의 진격 상황

임진왜란은 하루아침에 일어난 것이 아니었다. 전쟁 발발 이전에 꽤 오랫동안 조선과 일본간의 교섭이 있었다. 도요도미 히데요시(豊臣秀吉)가 전국시대를 마감할 때까지 조선과 일본 간의 외교관계는 단절되어 있었지만 대마도주(對馬島主)와는 제한적 교류를 진행하고 있었다. 1587년(선조 20)에 도요도미는 대마도주를 통해서 조선과 교섭하였는데, 그 내용은 조선국왕을 일본에 입조(入朝)하라는 것이었다. 나아가 명나라에 대해서까지 일본에 조공할 것을 주장하였다. 그러나 대마도주는 이러한 요구가 받아들여질 리 없을 뿐 아니라 양국의 외교 관례상 너무나 격에 벗어난 요구임을 잘 알고 있었다. 그래서 대마도주는 이러한 도요도미의 요구를 숨기고 조선정부에 단지 통신사(通信使)를 파견해 줄 것을 요청하였던 것이다.

이듬해인 1588년(선조 21)에 일본에서는 국사(國使)라는 이름으로 사절단을 파견하였으나 소득 없이 돌아가게 되었다. 그때 일본국사가 "조선이 통신사 파견을 거절하였음으로 일본이 전쟁을 일으킬 가능성이 있다"고 밝힘으로써 조선정부는 일본이 전쟁을 일으킬 가능성을 상정하게 되었다. 그 뒤 일본이 왜구에게 잡혀갔던 조선인을 자진해서 송환하자 1590년(선조 23)에 조선정부는 결국 일본에 통신사를 파견하였다. 일본 내에서 전쟁을 반대하던 대마도주와 고니시 유키나가 (小西行長)는 통신사 파견이 곧 조선이 항복한 것을 의미한다고 도요도미를 설득하였다. 그러나 도요도미는 조선 통신사에게 명나라를 정벌할 테니 조선이 길잡이가 되어 달라고 요구하였다. 1591년(선조 24) 3월에 돌아온 정사 황윤길과 부사 김성일의 각기 다른 보고에 대해 논란을 벌이던 중, 일본 사신으로부터 "1년 뒤에 길을 빌어 명나라에 들어갈 것"이라는 통고를 받았다. 조선정부는 비로소 일본군이 쳐들어올 것이라는 사실을 확인한 셈이다.

조선정부는 하삼도의 관찰사를 새로 임명하여 성지(城池)를 수축하고 병기(兵器)를 수리하게끔 독려하였다. 또한 남해 연안의 국방요지에는 유능한 군사지휘관을 배치하여 유사시에 대비하도록 조치하였다. 그러나 이를 능가하는 조치는 취해지지 않았다. 그 이유는 조선정부가 일본의 의도를 정확히 파악하지 못하였고 대규모의 왜구가 약탈을 목적으로 침입할 것이라는 정도로 사태를 인식하였기 때문이다.

한편 도요도미는 중앙집권적인 군사지휘체제를 확립하고 병력동원체계와 전투부대를 재편하였다. 일본은 왜란 직전에 이미 1천여 척의 전선을 보유하고 있었다. 또 출정부대의 군량을 확보하고, 총 병력 33만을 동원할 수 있는 만반의 준비태세를 갖추고 있었다. 당시 일본군은 조총을 비롯한 개인무기뿐만 아니라 오랫동안의 전투경험을 아울러 갖추었지만 조선군은 전쟁 준비부터 지고 있었다. 조선 수군의 경우 488척의 전선과 약 5만의 병력을 보유하고 있었으나 실전 경험이 전혀 없는 군대였다. 게다가 육군은 명부상으로만 존재하거나 무력한 대역인(代役人)만으로 편성되어 있었다.

임진왜란은 1592년(선조 25) 4월 13일 일본군이 부산에 상륙함으로써 시작되었다. 그때 일본의 조선 침략군은 9개 부대로 편성되어 있었느데, 각 부대를 지휘한 주장과 병력은 다음과 같다.

〈표-1〉 일본군의 부대 편성과 분담지역

부대	주장(主將)	병력 수	지역
제1대	고니시 유키나가(小西行長)	18,700명	평안도
제2대	가토오 기요마사(加藤淸正)	22,800명	함경도
제3대	구로다 나가마사(黑田長政)	11,700명	황해도
제4대	모리 요시나리(森吉成)	14,700명	강원도
제5대	후쿠시마 마사노리(福島正則)	25,000명	충청도
제6대	고바야카와 다카카게(小早川隆景)	15,700명	전라도
제7대	모리 데루모토(毛利輝元)	30,000명	경상도
제8대	우키다 히데이에(宇喜多秀家)	10,000명	경기도
제9대	하시바(羽柴秀勝)	11,500명	기 타
총계		147,300명	

4월 13일 고니시가 이끄는 일본군은 700여 척의 대선단을 이끌고 오전 8시에 오우라항(大浦港)을 떠나 오후 5시에 부산 앞바다에 도착하였다. 다음날 일본군이 부산진성을 공격하였는데, 이곳을 사수하던 부산진첨사 정발(鄭撥)은 사력을 다해 적과 싸웠으나 중과부적으로 전사했다. 이튿날 동래성을 지키던 동래부사 송상현(宋象賢)도 군민과 더불어 항전했으나 전사했다.

대마도에 대기하고 있던 일본군의 후속부대는 제1대가 부산상륙에 성공했다는 보고를 받고 계속 상륙해 왔다. 19일에는 가토오가 이끄는 제2대 병력이 부산에, 구로다가 이끄는 제3대 병력이 다대포를 거쳐 김해에 각각 상륙하였다. 이틀 만에 부산포를 비롯해 경상도 바닷가 일대를 장악한 일본군은 4월 18일부터 계속 도착하는 후속군을 맞이하여 전열을 정비하고 병력을 강화한 다음 곧바로 세 갈래로 나누어 한양을 향해 북상하였다.

<표-2> 일본군의 북상 침공 루트

일본군	도로	주요 경로
제1군(고니시)	중로	동래-양산-청도-대구-인동-선산-상주-조령-충주-여주-양근-용진나루-한양
제2군(가토오)	좌로	동래-언양-경주-영천-신녕-군위-용궁-조령-충주-죽산-용인-한양
제3군(구로다)	우로	김해-성주-무계-지례-등산-추풍령-영동-청주-한양

조선 조정에서는 일본군의 침략 사실을 전쟁이 발발한 지 4일째 되는 4월 17일에야 전해 들었다. 전쟁 초기에 조선의 조정과 백성들은 관군을 파견하면 북상하는 일본군을 저지할 것으로 믿어 의심치 않았다. 조정에서는 임시변통으로 이일을 순변사로 삼아 조령·충주 방면의 중로를, 성응길을 좌방어사로 삼아 죽령·충주 방면의 좌로를, 조경을 우방어사로 삼아 추풍령·청주·죽산 방면의 우로를 방어하도록 하였다. 또한 유극량을 조방장으로 삼아 죽령을 지키게 하였고, 변기를 조방장으로 삼아 조령을 지키게 하였다. 그리고 신립을 도순변사로 삼아 이일의 뒤를 이어 떠나게 하였고, 좌의정 유성룡을 도체찰사로 삼아 장수들을 감독하게 하였다. 그러나 관군은 일본군의 막강한 병력과 화력 앞에 절대적으로 열세에 놓여 있어 잇달아 패배하였다. 게다가 상당수의 지방관과 변방 장수들은 일본군이 쳐들어온다는 소문만 듣고서도 도망하기에 급급하였다. 따라서 몇몇 애국적 인사와 삶의 터전을 지키려는 백성들의 처절한 저항으로서는 전세를 만회할 수 없었다.

일본군이 북상한다는 급보가 조정에 계속 날아들었으나 서울 도성을 사수하겠다는 중신들의 결의는 변함이 없었다. 그러나 충주의 탄금대에 배수진을 치고 싸웠던 신립의 패퇴소식이 전해지자 대신들도 임금의 거처를 평양으로 옮길 것을 논의하기 시작했다. 유성룡은 왕자를 여러 도에 파견하여 근왕병(勤王兵)을 불러 모아 회복을 도모하게 하고 세자(광해군)는 어가(御駕)를 따라갈 것을 청하니 선조도 이에 응하였다. 마침내 4월 30일 새벽에 선조와 광해군은 피난을 떠나고, 임해군과 순화군 두 왕자는 함경도와 강원도로 근왕병을 모집하러 갔다. 선조가 항전을 포기하고 백성을 남겨둔 채 도성을 빠져나가자 분노한 일부 백성들이 궁궐(경복궁·창덕궁)과 관청(장례원·형조) 등을 부수고 불을 질러 도성은 혼란의 도가니였다.[1]

그때 한양에는 도원수 김명원이 방어선을 구축하고 있었으나 적의 조총탄이 지휘본부인 제천정(濟天亭)에 떨어지자, 김명원은 한강 수비가 어려움을 깨닫고 임진강으로 퇴각하였다. 또 유도대장 이양원도 도성의 방어가 불가능함을 알고 서울에서 철수하였다. 4월 13일 부산에 상륙한 일본군은 파죽지세로 북상하여 불과 20일 만에 서울을 점령하였다.

---

1 경복궁이 불탄 시점을 4월 30일로 보는 『선조수정실록』에는 "선조의 거가(車駕)가 떠나려 하자 도성의 간민(奸民)이 먼저 내탕고에 들어가 보물을 훔쳤고, 거가가 떠나자 난민(亂民)이 크게 일어나 먼저 공사노비 문적이 있는 장례원과 형조를 불태우고 궁성의 창고를 약탈하고 방화하여 경복궁·창덕궁·창경궁이 일시에 모두 없어졌다'고 하여 방화의 주체를 도성의 간민과 난민으로 보고 있다. 그러나 『선조실록』에는 선조가 서울을 떠난 4월 30일이 아닌 일본군이 서울에 들어온 5월 3일 기사에 일본군의 동태를 매우 상세히 기술하는 중간에 "이때 궁궐이 불탔다"는 기사가 기재되어 있다. 이는 궁궐을 불태운 주체가 일본군이라는 의미를 강하게 함축하고 있는 것으로 해석할 수 있다. 또 고니시 휘하의 장수인 오오제키(大關)의 전기인 『조선정벌기(朝鮮征伐記)』에는 그가 처음 본 경복궁의 모습에 대해 "궁궐은 구름 위에 솟아있고 누대는 찬란한 빛을 발하여 그 아름다운 모습은 진궁(秦宮)의 장려함을 방불케 하더라"고 묘사되어 있다. 가토오 부대의 종군승이었던 제타쿠(是琢)의 『조선일기(朝鮮日記)』에는 그가 처음 서울에 들어와서 청기와로 이은 궁궐의 모습을 보고 경탄하였던 경험을 기록하였다. 그러나 고니시 부대의 종군승이었던 덴케이(天荊)의 『서정일기(西征日記)』에는 "5월 7일에 금중(禁中)에 들어가니 궁전은 모두 초토로 변해 있었다"는 서술이 발견된다. 이런 기록들에 의하면 궁궐은 5월 4일에서 7일 사이 어느 때 불에 타서 파괴되었음을 알 수 있다. 궁궐이 불에 탄 시점이 일본군이 서울을 점령한 직후라면 궁궐의 파괴한 주범도 일본군이라는 추정이 가능하다.

도성을 떠난 선조 일행은 개성을 거쳐 평양에 이르렀다가 결국 의주까지 도망쳤는데, 전쟁이 발발한 지 약 두 달 만이었다. 선조와 조정 중신들은 향후 대응에 대해 논란을 거듭하였다. 요동지역으로 건너가자는 의견과 함께 압록강 중류의 창성으로 가자는 의견, 바닷길로 전라도로 내려가자는 의견 등이 제시되었다. 요동지역으로 가는 것은 중국의 허락이 필요하기도 했지만, 국왕이 나라를 떠나서는 안 된다는 명분론이 우세하여 결국 의주에 머물기로 하였다.

한편 조선정부는 전쟁이 일어나자 관례에 따라 요동에 공문을 보내 일본군의 침입 사실을 알렸다. 이때 북경에 가 있던 조선 사신이 개인적으로 원병을 요청했지만, 왕명으로 원병을 요청하지는 않았다. 이후 5월 중순 임진강 방어선이 무너지면서 비로소 명나라에 정식으로 사신을 통해 원병을 요청하였다. 또 최악의 경우 요동으로 피난할 수 있도록 배려해 줄 것을 함께 요청하였다.

명나라는 전쟁이 조선을 넘어 요동지역에 확대되는 것을 사전에 막아야 한다는 인식에서 요동에 주둔하던 병력 일부를 조선에 파견하였다. 그러나 조선에 들어온 명군은 잘못된 정보를 믿고 방심한 탓에 매복한 일본군의 습격을 받아 궤멸되고 말았다. 1차 파병군의 패전을 통해 명나라는 남방의 군사가 필요함을 알게 되었다. 남방 군사는 잦은 왜구의 침탈로 이들에 대비한 전술을 익히고 있었다. 이에 새로 파견된 대규모의 명군은 조선군과 합세하여 어렵지 않게 평양성을 탈환할 수 있었다.

일본군이 대동강 유역까지 진출하였을 무렵 전선은 넓어지고 보급로는 길어짐으로써 군수 보급의 어려움이 발생하였다. 특히 조선 수군이 남해의 제해권을 장악함으로써 선박을 통한 대량의 물자수송이 불가능하였다. 게다가 각지에서 일어난 의병이 그들의 후방을 교란함에 따라 병력을 분산시키지 않을 수 없었다. 이 때문에 전쟁은 장기화되었고, 그럴수록 일본군의 사정은 더욱 악화되어 갔다.

수세에 몰린 일본은 명과의 강화회담을 통해 대동강 이남의 조선을 지배한다는 선에서 전쟁을 끝내고자 하였다. 명군이 조선에 출병한 이래 일본의 회담 상대는 명나라였다. 명나라와 일본은 3년에 걸쳐 강화회담을 진행했으나, 일본군의 무리한 요구로 회담은 결렬되었다. 일본군은 1597년(선조 30) 1월에 다시 조선을 침략해 왔는데, 이를 정유재란이라 한다.

그때 도요토미는 기존의 잔류군을 포함해서 모두 14만여 명의 병력을 투입하였다. 일본군은 전라도를 철저히 공략하라는 명령에 따라 군량미를 현지에서 조달하기 쉬운 가을에 곡창지대인 호남을 장악하려 하였다. 일본군의 첩보전에 농락당한 조선정부는 삼도수군통제사 이순신을 해임하고 원균을 그 자리에 기용하였지만, 원균은 칠천량해전(漆川梁海戰)에서 대패하고 말았다. 이로써 3도 수군은 일시에 무너지고 일본군은 남해 일원의 제해권을 장악해 서해로 진출할 수 있게 되었다. 이후 우키타 히데이에·고니시 유키나가·모리 히데모토 등은 쉽게 남원·진주 등지로 침범하게 되었던 것이다.

조선정부는 이순신을 다시 기용해 수군을 정비하고자 했지만 전선은 12척 밖에 남아 있지 않았다. 이순신은 명량해전(鳴梁海戰)에서 지형적 조건과 함포를 이용한 전술로 130여 척의 일본함대를 격파하였다. 이순신은 조수간만의 차와 다도해 일대의 지형지물을 잘 활용하여 전투력의 극대화를 꾀할 수 있었다. 게다가 근접전을 벌이는 육전에서는 일본군의 조총이 위력을 발휘할 수 있었지만, 해전에서는 커다란 위협이 되지 못하였다. 조선 수군은 거북선을 개발한 데다 고려말 이래 개발한 포를 전선에 탑재하여 화력에서도 일본군을 압도할 수 있었다.

조선 수군은 명량해전에서 승리함으로써 전라도 해안의 제해권을 회복하였다. 이로써 서해안으로 북상하면서 지상군과 수륙양면작전을 전개하려던 일본군의 의도는 차질을 빚게 되었다. 때마침 일본군의 사기가 떨어진 시점에 도요도미가 사망하였다. 이에 도요도미의 측근들은 철병을 결정하고 그 명령을 조선에 주둔하고 있는 일본군에 내렸다. 조·명 연합군은 뒷날의 경계를 위해서 일본군에 대해 대대적인 소탕작전을 펼쳤지만, 1598년(선조 31) 11월 일본군이 조선에 대한 침략전쟁을 완수하지 못한 채 서둘러 귀국함으로써 전쟁은 종식되었다.

2. 일본군의 강원도 침략

전쟁 초기 조선의 각 지역을 점령한 일본군은 조선사회의 혼란에 편승해서 마치 해방군 같은 행동을 보였다. 예컨대 "이번 출병은 조선 민중에게 고통을 주고 있는 지배자를 징벌하기 위함이다"라고 선전하고, "일본군의 난폭 행위, 방화, 사람 사냥, 과역(課役) 등 불법행위는 엄중히 금지"시킬 것이기에 조선 민중은 안심하고 살던 집으로 돌아가 생업에 힘쓰도록 포고하였다. 그들은 전쟁의 원인을 조선의 폐정(弊政)으로 돌리면서 지배층과 피지배층 사이의 적대적 의식을 부각시키는 한편, 국가와 양인 농민층, 양반과 상인층 사이에 형성된 모순을 해소시키는 역할을 스스로 맡고 나섰다.

이에 대해서는 고니시 부대의 종군승이었던 덴케이(天荊)의 『서정일기(西征日記)』에서 엿볼 수 있다.

선내에 있는 백성이나 환과고독(鰥寡孤獨)[2]들은 들으시오. 본인이 우리 전하의 명을 받들어 우리 경내를 위무(慰撫)함은 요컨대 가혹한 정치를 배제하고 선정(善政)을 베풀어 백성을 도탄에서 구제하자는 것이니, 속히 옛집으로 돌아와서 각자 가업(家業)에 충실할 것이요, 의심은 하지 마시오.

일본군이 조선인들에게 내린 위의 포고 내용을 볼 때, 그들이 일반인들에게 안도감을 주는데 노력하였음을 알 수 있다. 일본군은 점령지에서 백성들의 생업을 보장해주는 한편 관아의 곡식을 나누어주기도 하였고, 수세액을 1/3 정도로 낮출 것을 약속하면서 농민들을 안정시키는데 많은 노력을 기울였다. 이처럼 일본군의 선무공작이 점령지 곳곳에서 추진되면서 빈곤과 억압에 고통을 받던 조선 백성들은 새 시대가 도래했음을 반기는 분위기였고, 일본군에 빌붙어 나라를 해롭게 하는 백성도 적지 않았다. 관리들에게 내린 포고문은 일반 백성들에게 내린 것보다 다소 정중한 태도로 회유하였다.

일본군의 선무공작 결과 그 계층은 농민·상인·노비와 일부 양반·관리조차도 포함될 정도로 광범위하였다. 특히 적극적으로 일본군에 협력하여 길 안내를 하는 자, 관창·관물의 소재를 알려주는 자까지 있어 조선정부에서도 이를 통탄해 할 정도였다.

임진왜란 당시 강원도는 26개 군현 모두가 일본군으로부터 침범과 점거를 당하였다. 강원도에 진주하였던 모리는 '강원감사'라 자처하면서 백성들에게 적극적으로 타이르기 시작하였다. 이러한 사실은 흡곡을 함락한 뒤 내건 포유문(布諭文)인 「일본차래사신풍신길성보(日本差

---

2 의지할 데 없는 사람을 말함. 곧 환은 늙고 아내가 없는 홀아비, 과는 늙고 남편이 없는 과부, 고는 어리며 부모가 없는 고아, 독은 늙어서 자식이 없는 늙은이를 말한다.

來使臣豊臣吉成報)」에서 확인할 수 있다.

　이 나라(조선)의 왕은 하늘의 벌을 받아 일본 성장(聖將)이 정벌하자 군대는 격파당하고, 이기지 못해 이미 성중(城中)에서 도망하였다. 그런즉 이 나라의 땅은 일본에 속하게 되었고 경외(京外)의 사족(士族)·촌민(村民) 등도 일본에 복속되었다. 이런 까닭에 이제 한 관리를 보내 강원도를 다스린다. 그런데 무지하고 어리석은 백성이 새처럼 놀라 사방으로 흩어져 혹은 산에 오르고, 혹은 바다를 건너 도망하였다. 도망하여 이기지 못하니 가소롭고도 애처롭다. 전에 신문(信文)을 써 보내 김화·금성의 육백(六伯)을 부른 즉 재빨리 토민(土民)을 거느리고 집으로 돌아왔기에 곡식을 주도록 명하였다. 이제 흡곡의 육백은 그 문서를 보고도 하나도 와서 현신(現身)하는 자가 없으니 애석한 일이다. 이제 천만번 의심하지 말고 인민을 영솔하여 본가(本家)로 돌아간다면 관창(官倉)의 곡식을 지급할·계획이다. 화급히 달려와 현신하는 것이 어떠한가. 행여 현신하지 않으면 어떻게 다시 말하겠는가. 나머지는 선처하여 이 지역 사람으로 누구 한 사람이라도 먼저 현신하면 농토와 집을 하사하여 완호(完戶)를 이루도록 하겠다. 이 뜻을 다 알기 바란다.

　일본군은 자신들의 침략을 '성전(聖戰)'이라 정당화하였고, 강원도를 점령함에 따라 관리도 파견하였다. 그리고 그들은 각 고을 내에서 영향력이 큰 향리를 회유의 대상으로 삼았다. 회유의 방법은 신문(信文)을 발급하여 백성들의 귀부를 종용하였는데, 귀부할 경우 의식주의 보장을 공언하였다. 또한 흡곡에 이르기 전에 점령한 김화·금성에서도 이런 일을 시행하였음을 알 수 있다. 이는 일본군이 치밀한 계획을 가지고 조선인들에 대한 회유를 시도하였음을 시사한다.
　일본군의 회유정책으로 강원도 사람들 중에는 부역하는 자도 생겨났다. 1592년 6월초에 모리의 군이 금성에 들어와 노략질을 할 때 배준(裵俊)이라는 자의 가족이 금성현의 서운역 앞에서 붙잡혔는데, 이튿날 배준의 형제는 투항하여 일본군이 주는 표첩(票帖)을 받고 그 가속을 되돌려 받았으며 소·말과 비단 등을 받았다. 이 말이 전해지자 경내의 백성들이 다투어 투항하였다. 이는 일본군의 점령지에 대한 대민 복속정책이 어느 정도 성공을 거두고 있었음을 의미한다. 또한 단순 부역에서 나아가 일본군에 적극 가담하는 자까지도 나타났다. 이들 중에는 일본군이 조선의 관군과 접전할 때 앞장서서 싸우는 등 적극성을 띠기도 하였다. 그러나 차츰 일본군의 약속은 공약(空約)에 그쳤다. 전세가 점차 불리해지자 일본군의 수탈은 더욱 가혹해졌다. 처음에 일본군은 '사공육민(四公六民)'의 원칙에 따라 수확의 4할을 거두어간다고 발표하였으나 실제로는 이보다 훨씬 많이 거두어갔다. 특히 일본군의 수탈은 주둔지와 경유지를 중심으로 집중적으로 이루어졌다.

전쟁 초기에는 일본군에게 전 국토가 유린되었으나 해전에서의 잇단 승리와 때를 같이 하여 나라를 구하기 위해 전국 곳곳에서 의병(義兵)이 일어났다. 강원지역에서는 원주의 김제갑, 고성의 사명대사, 삼척의 박걸남·최원흘, 영월의 고종원·고종길·고종경 형제가 활약했을 뿐이고, 의병보다는 현직관리들이 백성을 불러 모아 구성한 관군의 활약이 두드러졌다. 강원지역에서 의병활동이 활발하지 않았던 것은 영·호남처럼 일정한 학맥을 형성한 사림세력이라든지, 관직에서 물러나 은거하던 명망 있는 인사와 같은 구심이 될 수 있는 인물이 부재했던 점이 한 요인이었다.

그리고 강원지역에서는 경상도처럼 일본군의 기습을 받지 않고 한달 정도 관군이 정비할 기회가 있기도 했지만, 광해군의 분조(分朝)[3]라는 구심점이 있었기 때문에 독자적인 의병활동을 하기보다는 그들과 합세하는 것이 효율적이었을 것이다. 분조의 활동 시기는 1592년 6월 14일부터 10월까지였다. 이 기간 중 7월말까지는 강원도 이천(伊川)에서, 그 후부터 10월까지는 황해도 성천(成川)에서 활동하였다. 『선조실록』에는 광해군의 분조활동에 대해 다음과 같이 평하고 있다.

안개와 이슬을 무릅쓰고 가시나무를 헤치고서 평양·황해를 나가 동쪽으로 강원도 이천현에 이르렀는데, 지나가는 곳마다 격문을 전달하여 불러 모아서 대의(大義)로써 타이르니, 숲속으로 도망하여 숨었던 백성들이 소문을 듣고 모여들어 열흘 사이에 대중 수만을 얻었다. 드디어 북쪽으로 함경도를 엿보고 남쪽으로 경기도와 통하며 또 황해도의 여러 길을 막아서 평양의 적이 뒤를 돌아 곧 서쪽으로 향하지 못하게 하였다(『선조실록』 권70, 28년 12월 갑자).

강원도 이천은 함경도에 진격한 가토오와 평안도에 진격한 고니시의 중간에 위치한 후방지역이었으며, 언제라도 경성으로 진격할 수 있는 지리적 요충지였다. 이천에 도착한 광해군은 분조의 최고관직인 섭정국사(攝政國事)의 직임을 띠고 관직 제수·관작 수여·상벌 수여 등 인사권을 행사하였고, 종묘·사직의 신주를 받드는 일, 실지(失地) 수복과 국가 부흥을 위한 군국기무를 수행하였다.

분조활동의 의의는 첫째, 인심이 흉흉하였던 경기 북부와 강원 영서 지역을 비롯한 전국을 안정시켰다. 선조의 호종 대열에서 이탈하였던 관리들과 그들의 가족 그리고 피난민들이 이천으로 모여들어 분조 자

---

3 분조는 임시로 세운 조정으로, 조정을 둘로 나눈다는 의미이다. 당시 선조가 머물던 의주의 행재소를 원조정(元朝廷)이라 하였고, 세자 광해군이 있는 곳을 분조라 하였다.

체가 활기를 띠었다.

둘째, 의병의 소집[召募]과 독군(督軍)을 통해 전국적으로 의병장들을 직접 지휘할 수 있는 토대를 마련하였다. 이천 분조에 창의사(倡義使) 김천일의 의병활동이 전해지자, 광해군은 손수 쓴 서찰을 내려 격려하고 의병을 일으켜 근왕(勤王)하라는 서찰을 김천일을 통해 도원수 김원명에게 보냈다. 이 서찰은 곧 전국의 의병들에게 전달되어 행궁(行宮, 선조가 머물던 의주 행재소)과 분조의 명령이 전국을 통하게 되었다. 이에 따라 전국적으로 의병 봉기가 적극 권장되었고, 공을 세운 사람에게는 벼슬을 내리고 포상이 이루어졌으며, 의병에게는 군량이 지급되었다. 또한 관군과 의병의 합동작전도 이루어지게 되었다.

셋째, 이천에 분조가 자리하여 고니시와 함경도에 주둔한 가토오의 연락을 차단하고 배후인 경성을 위협함으로써 일본군이 더 이상 진격하지 못하도록 하였다. 특히 이천 분조에는 이일(李鎰)의 휘하 군사 3천명이 주둔하여 이 지역에서 군세를 떨칠 수 있었다.

광해군은 이천에서의 분조활동이 어느 정도 성공을 거두자 8월 4일 이후 성천·영변 등지로 옮겨 적극적으로 일본군을 견제하고자 했다. 분조는 1592년 10월에 이르러 해체되었다.

3. 영동지역에서의 항전

영동지역에 침입한 일본군은 제4대였던 모리 요시나리 부대였다. 이 부대는 모리 요시나리 휘하에 2천명, 시마즈 요시히로(島津義弘) 휘하에 1만명, 시마즈 요시히로의 종속적 지위에 있는 다카하시 모토타네(高橋元種) 휘하에 1천명, 아키즈키 타네나가(秋月種長)·이토 스케타카(伊藤祐兵)·시마즈 다다토요(島津忠豊) 휘하에 1천명 등 총 1만 4

■ 의병·관군 주요활동지
— 조·명 연합군 진격로
— 일본군 침입로
✗ 격전지
● 강원지역 격전지

백두산
회령
경성
길주
의주
묘향산
평양
동해
금강산
연안 개성
철원
춘천
한양
행주
평창
수원
원주 영월 삼척
충주
서해
상주
옥천
금산
고령 경주
합천 창녕
담양 의령
광주 진주
나주 동래
명량해협 한산도

임진왜란 전투상황도(강원도청)

천명으로 편성되어 있었다.

모리 휘하의 제4대는 제3대와 함께 4월 18일 김해지역에 상륙하여 북상하였고, 시마즈 부대는 경성이 함락되던 5월 3일 부산에 상륙하여 북상하였다. 5월 중순에 이르러 경성에서 각 도 분거를 결정한 후 이들은 1·2·3대와는 별도로 강원지역에 침공한 것으로 추측된다.

모리 휘하의 제4대는 가토오의 제2대와 함께 경성을 떠나 6월 1일 철원·김화·금성 등지를 함락하고 흡곡으로 진격하였는데, 김화지역에는 모리의 잔여 병력이 주둔하고 있었다. 모리의 주력부대는 철원·김화·금성군을 거쳐 동북 방향으로 진격한 다음 6월 5일에 회양부를 함락하였다. 그때 회양부사 김연광(金鍊光)은 부임한 지 10여 일만에 관내의 상황을 점검할 사이도 없이 일본군과 대적하게 되었다. 그는 주위에서 피하라는 권유를 물리치고 동헌에 나아가 직접 전투를 지휘하다가 장렬하게 전사하였다.

회양부를 함락한 모리의 주력부대는 얼마 후 강원도와 함경남도의 경계인 철령(鐵嶺)에 이르렀다. 이 일대를 지키고 있던 함경남병사 이혼(李渾)은 6월 12일 함경도 방면으로 진격 중인 가토오와 모리 부대를 방어하였으나 그들의 공격에 밀려 철령을 버리고 갑산으로 퇴각하였다. 이어 모리의 주력부대는 가토오 부대와 함께 6월 17일 안변부에 입성하였다. 가토오 부대가 함경도를 담당하게 되자, 모리의 주력부대는 안변에서 흡곡을 거쳐 그 길로 동해안을 따라 남하하였다. 그때 시마즈는 모리의 뒤를 따라 진격하였으나 영동지역으로 진격하지 않고 김화에 주둔하였고, 이토 스케타카와 시마즈 다다토요는 모리의 행로를 따라 철령을 넘어 간성에 이르렀다.

일본군은 간성에 침입했을 때 간성향교의 명륜당을 마굿간으로 사용하였다. 이에 분개한 간성의 유생 김자발(金自發)·김자택(金自澤)·김자용(金自溶)·박응렬(朴應烈)·박응훈(朴應勳)은 목숨을 걸고 적진에 뛰어들어 성현(聖賢)의 위패를 찾아내 해상리 승덕골 굴바위에 안치하였다. 이들은 2~3년 후에 사재(私財)를 들여 해상리에 충헌사를 짓고 위패를 옮겨 안치하였다.

한편 모리의 일부 부대는 양양에서 설악산을 우회하여 한계령을 넘어 인제로 쳐들어갔고, 주력부대는 동해안을 따라 남진하여 7월 12일을 전후하여 강릉에 들어와 5일 동안 머물렀다. 이때 일본군에게 대항하다가 순절하는 사람도 속출하였다. 당시 강릉에서의 순절 기사를 살펴보면 다음과 같다.

① 심명(沈莫)의 처 최씨는 임진왜란 때 산골짜기로 피난 가서 한 곳에 온 가족이 숨어있는데 적이 문득 이르러 최씨를 찾아냈다. 적들이 최씨의 아리따운 용모를 보고 끌고가 욕보이려고 하자, 최씨는 화를 면하지 못할 것을 알아채고 집안사람들을 불러 말하기를 "내가 몸으로 막을 테니 틈을 엿보아 부모님을 모시고 도망을 가라" 하고는 큰 소리로 "나를 빨리 죽여라! 나를 빨리 죽여라!"고 외쳤다. 적이 그녀의 미모에 반해 갑자기 간음하려고 하자 최씨는 적의 얼굴을 마구 후리치며 저항을 하였다. 그러자 적은 칼을 그의 목에 들어대고 통역하는 사람으로 하여금 대신 말하게 하였다. "네가 내 말을 듣기만 하면 죽이지 않을 뿐더러 푸짐한 대접을 하겠다"고 하자, 최씨가 꾸짖어 말하기를 "나는 재상집의 며느리인데 너에게 욕을 당하고 무슨 낯으로 살겠느냐!"고 하며 발길로 적의 다리를 걸어찼다. 적이 화가 나서 최씨의 한쪽 가슴을 베었다. 그래도 듣지 않음으로 한쪽 가슴을 마저 베었다. 최씨가 더욱 저항하며 소리를 지르자 적은 끝내 굴복하지 않음을 알고 마침내 죽여 버렸다. 이 틈에 가족들은 도망을 가서 모두 살아났다(『임영지』, 열녀조).

② 권처직(權處直)의 처 김씨는 적을 피해 산골짜기로 들어가다 적을 만났다. 적이 김씨를 욕보이려고 하자 김씨는 칼을 빼앗아 자결하려고 하였다. 적이 김씨의 팔을 붙들고 말리려고 하자 김씨는 있는 힘을 다해 대항하며 꾸짖었고, 끝내 굴하지 않았다. 적은 성을 내며 김씨를 베고 가버렸다(위와 같음).

전쟁에서 부녀자들이 당한 피해는 매우 컸다. 일본군은 반상(班常)을 가리지 않고 부녀자들을 폭행, 강간, 살상하는 등 매우 잔혹한 행위를 저질렀다. 이러한 일은 조선 전 지역에서 일어났다.

강릉을 거쳐 삼척으로 내려간 모리의 주력부대는 그곳에서 둘로 나누었는데, 모리가 이끄는 부대는 삼척에 주둔하고 시게타가 이끄는 부대는 남하하여 울진·평해 등지를 분탕한 후 다시 삼척으로 돌아와 모리와 합류하였다. 이때 두타산성에는 많은 피난민과 삼척부사 기령(奇笭)이 이끄는 지방군 및 박걸남·최원홀이 이끄는 의병들이 집결해 있었다. 이곳에 집결해 있던 관군과 의병들은 두타산 계곡의 험준한 지형을 이용하여 초우신장(草偶神將)을 만들어 남북 15리 절벽 사이에 세워 놓았다. 이는 적에게 많은 군인이 있는 것처럼 위장하기 위한 것이었다.

이에 일본군은 두타산성의 공격을 포기하고 삼화사를 불태우고 정선으로 향하려고 할 때, 두타산성의 지형을 잘 알고 있는 마고(麻姑)할미를 만나 길을 안내하게 한다. 일본군은 이기령(耳基嶺)을 넘어 중봉(中峯)을 거쳐 연칠성령(連七星嶺) 뒤로 돌아 두타산성을 기습하였다. 이때 갑자기 기습을 받은 관군과 의병들의 많은 사상자가 발생하였는데, 죽은 사람의 피가 계곡물을 붉게 물들였고 흘러내리는 피가 모여서 연못을 이룰 정도였다고 한다.

모리 부대는 7개월간 강원도에 주둔하면서 문묘와 관청을 방화하였고, 명나라를 침략하기 위한 군수물자의 조달량을 채우기 위해 가혹한 수탈을 자행하였다. 일본군이 주둔하였던 김화군의 경우 전쟁이 끝난 다음해인 1599년(선조 32)에 폐읍(廢邑)을 논의할 정도로 일본군의 수탈이 심하였다.

강원도에 주둔하던 모리 부대는 명나라의 참전과 한양에서 일본군의 주력부대가 철수하자 동해안을 따라 남하하였다.

경상좌도 의병장 유종개(柳宗介)가 적을 만나 패하여 전사하였다. … 이때 가토오 기요마사가 안변에 있으면서 경주의 적과 서로 응하고 있었는데, 한 갈래의 군사가 영동의 고성·강릉을 따라 지나는 곳마다 노략질하며 평해의 지경에 이르러 횡행하며 노략질하였다. 유종개가 갑자기 이 적을 만나 패하여 전사하였는데, 왜적도 퇴각하여 경주로 향하였다(『선조수정실록』권26, 25년 8월 무자).

모리 부대는 영동지역의 고성-강릉-평해를 따라 남하하면서 곳곳에서 노략질을 하였다. 이에 앞서 일본군은 주둔지나 경유지를 중심으로 강원도 전 지역에 걸쳐 방화와 약탈을 자행하였다. 일본군의 침탈은 매우 가혹하였을 것으로 추측되지만 기록이 없어 자세한 상황을 알 수 없다. 다만 1592년 6월 경상도 상주에 주둔하였던 일본군은 관청·영청·객사 등과 성 밖의 큰집들을 방화하였고, 성 안팎에 흩어져 매일 노략질을 하면서 마필은 남김없이 징발하여 약탈한 물건을 수송하였으며, 닭·개·소 등은 모조리 잡아먹었다고 한다. 이러한 점으로 미루어 보아 당시 강원도의 상황도 이와 별로 다르지 않았을 것으로 본다.

참고문헌

강원도사편찬위원회, 2012 『강원도사』 5(조선전기).

박재광, 2001 「임진전란기 일본군의 점령정책과 영향」 『軍史』 44, 국방부 군사편
　　　찬연구소.

이상훈, 1996 「임진왜란기 강원 지역의 항전과 역할」 『아시아문화』 12, 한림대
　　　학교 아시아문화연구소.

이장희, 1975 「임진왜란」 『한국사론』 4, 국사편찬위원회.

＿＿＿, 1999 『임진왜란사 연구』, 아세아문화사.

조원래, 『새로운 관점의 임진왜란사 연구』, 아세아문화사.

제9장 조선시대 강릉의 유교문화

신라·고려시기에는 불교문화가 융성하여 많은 사찰이 건립되고 승려들의 활동이 활발하였다. 그러나 조선시기에는 유교가 불교를 대신하게 되면서 유학자·선비들이 정치와 사회를 이끌어나갔다. 불교를 밀어내고 유일한 지도이념·지배사상의 자리를 차지한 조선의 유교는 성리학이었다.

성리학은 우주와 인간을 관통해서 설명하는 이기론(理氣論)과 인성론(人性論)의 철학체계를 완성하고 있는 점에서 단순히 정치론과 윤리 도덕론에 머물러 있던 종래의 유교와 달랐으며, 또 그 때문에 불교의 논리와 한계를 극복할 수 있었다. 말하자면 불교와 유교는 다 같이 우리나라 중세사회를 이끌어간 사상이었지만 사회가 발전해감에 따라 불교보다는 유교, 특히 성리학이 더 새롭고 적절한 사상으로 자리 잡아갔던 것이다.

강릉지역의 유교문화와 관련 있는 곳으로는 향교와 서원이 있다. 향교와 서원은 조선사회의 유교문화를 이끌어가는 구심체였으며, 또 그 특징을 잘 드러내는 곳이기도 하였다. 향교와 서원은 교육 기능과 유교 성현에 대한 제사 기능을 함께 지니고 있었다.

1. 향교

향교는 글자 그대로 고을에 있는 학교를 의미하였다. 우리나라에서
향교가 언제 설립되었는지는 다양한 견해가 있지만, 1127년(고려 인종
5) 3월 전국의 주(州)에 향학(鄕學)을 세우도록 조서를 내린 것이 그
시초이다. 이는 1142년(인종 20) 2월에 판(判)한 "동당감시(東堂監試, 본
시험인 동당과 예비 시험인 국자감시를 아울러 이르던 말)에 응시하
려는 지방에 있는 생도들은 각기 계수관과 향교의 도회에서 증명서를
발급받아 시험에 응시한다"고 한 것에서 확인할 수 있다. 이로부터 향
교의 보급이 확대되었지만 고려중기 이후 무신란, 몽골의 침입과 원의
간섭기, 왜구의 침입 등으로 침체되었다가 고려말에 지방관과 유생들
에 의해서 복구되고 중수되면서 기능을 점차 회복하게 된다.

향교가 전국적으로 확산되는 것은 조선시대에 들어와서이다. 조선
왕조는 '새 술은 새 부대'의 기치를 들고 성리학을 치국의 이념으로 삼
고 신왕조의 통치이념인 성리학을 민간에 보급시키고 유교적인 교양
을 갖춘 관리를 양성할 필요성이 있었다. 신왕조 개창의 주역들은 불
교적인 향촌질서가 자리 잡고 있던 향촌사회를 성리학적인 향촌질서
로 바꾸고자 하였다. 이를 위해서는 무엇보다도 성리학을 보급시킬
교육기관의 확충이 급선무였다. 정도전이 "때로는 정치의 득실이 학교
의 흥폐(興廢)에 좌우된다"고 한 것이라든지, 조준 등이 "학교는 풍화
의 근원이니 국가의 치란(治亂)과 정치의 득실(得失)이 이에 말미암지
않은 것이 없다"고 한 것은 그만큼 학교교육을 중시하였기 때문이다.
태조 이성계는 즉위교서에서 중앙에는 성균관을, 지방에는 향교를 설
치하여 생도(生徒)를 증치하도록 하는 조치를 취하였고, 태종은 수령
칠사(守令七事)에 '학교를 일으키고 밝힐 것[修明學校]'을 넣어 그 중요

성을 강조했다. 그리하여 성종대에 이르면 전국 330여 군현에 향교가 설립되어 '일읍일교(一邑一校)'의 체제를 갖추게 되었던 것이다.

강릉향교가 언제 건립되었는지는 확실하지 않다. 「강릉향교실기(江陵鄕校實記)」 향교연혁조에 의하면, "강릉에는 옛날에 강릉부 동남쪽 광정리(廣汀里)라는 곳에 향교가 있었는데, 병화(兵火)로 불타버린 지 거의 200년이 되도록 중창을 하지 못하다가 1313년(충선왕 5)에 강릉 도존무사 김승인(金承印)이 현재의 위치에 향교를 건립하였다"고 한다. 즉 강릉향교는 김승인이 건립하기 200년 전에 이미 있었음을 알 수 있다. 그러나 1411년(태종 11)에 화재를 당해 소실되자, 2년 뒤에 강릉대도호부 판관 이맹상(李孟常), 전 흡곡현령 김지(金輊), 생원 곽거완을 비롯한 강릉유생들이 발의하여 향교를 중건하였다. 당시 발의에 참여한 강릉유생은 생원(生員) 9명, 진사(進士) 1명, 유학(幼學) 58명이었다.[1] 이들은 강릉향교에서 수업을 받던 교생 내지는 이미 수업을 받은 자들이었다. 이때 중건한 강릉향교는 서원이 건립되는 16세기까지 이 지역에서 유일한 교육기관이었다.

향교의 설립과 운영에 관한 사항은 조선왕조의 기본 법전인 『경국대전』에 규정되어 있다. 향교에는 지방민의 교육과 교화를 담당하는 교관(敎官)을 파견하였다. 부·대도호부·목에는 종6품의 교수(敎授)

---

1 생원은 곽거완·김무·최유자·김순생·최충의·박중실·최치운·김자갱·전우정 이고, 진사는 김취우이며, 유학은 김윤명·최효문·이흥문·이선종·전유·박전·최광유·최숭·장구성·최종경·최온·최백종·최오·최인비·최천용·김옥음·함녕·어종선·김홍례·최유수·이양무·김괴·이산해·박중신·최방·이운례·오신지·최복해·김홍지·이지무·장구서·최치우·최경수·김귀수·김자정·곽용수·심천은·최이섭·김제건·함한·최득우·최영경·곽무·함자예·전유명·곽충효·김자장·김익수·이경·함경문·최득로·어맹경·김유의·김익공·심천경·김자감·어중경이다(『강릉향교지』, 향교중건발).

를, 군·현에는 종9품의 훈도(訓導)를 파견하였다. 강릉향교에는 교수가 파견되었다. 이렇게 파견된 교관들은 향교의 교육과 운영을 책임지고 있었으나, 임무의 원활한 수행을 위해 교생(校生) 중에서 대표를 선발하여 향교의 운영과 활동을 돕도록 하였다.

교생은 원칙상 평민 이상이면 입학할 수 있었지만, 양반자제를 우선하되 일부 재주 있는 서민자제들도 대상으로 하였다. 교생들은 대개 16세부터 40세가 될 때까지 향교의 학생신분을 유지하면서 사장(詞章, 시가와 문장)과 경학(經學, 경서를 연구하는 학문)의 여러 교과목을 공부할 수 있었다. 교생의 정원은 각 군현의 인구비례로 배정하였는데, 부·대도호부·목에는 90명, 도호부에는 70명, 군에는 50명, 현에는 30명으로 규정되어 있었다. 강릉향교의 교생수는 90명이었다. 그러나 실제로 교생의 수는 정원보다 훨씬 많은 사람들이 향교에 적을 두고 있었다. 그래서 교생은 신분에 따라 양반은 정원 내 교생인 액내교생(額內校生)과 서얼·평민은 정원 외 교생인 액외교생(額外校生)으로 구분되어 있었다.

향교의 설립 목적은 유교이념에 입각한 인재 양성에 있었다. 강릉향교는 유교적 교양을 갖춘 관리를 선발하는 과업교육(科業敎育)의 측면에서 큰 기여를 하고 있었다. 이러한 사실은 다음의 기사를 통해서 확인할 수 있다.

1480년(성종 11) 4월 경연에서 세종이 경연관들과 의논하여 하삼도·경기·강원도의 향교에 학전(學田)을 지급하라고 하였을 때, 일찍이 강원도관찰사로 재임하였던 이극기(李克基)가 "강릉과 원주만은 선비가 많기로 이름이 났으며, 향교에서 학업을 익혀 과거에 급제한 사람이 서로 잇따랐으나 다른 고을은 없었다"고 한 것이라든지, 1493년(성종 24) 홍귀달(洪貴達)의 〈향교중수기〉에 "내가 젊었을 때, '강릉 풍습이 문학을 숭상하여 그들 자제가 겨우 부모의 품을 벗어나게 되면 곧 향교에 들어가 배우고, 시골 구석구석 마을에까지 선비들의 몸가짐이 엄숙하고 조용함은 모두 글을 읽는 사람 때문이다'라는 말을 듣고 아름답게 여겼다. 성화 임진년(성종 3, 1472) 봄에 내가 시어사(侍御史)로서 시원(試院, 과거 시험장)에 참여하였는데 유학자 3~4명이 있었다. 그들의 얼굴에는 예스러운 운치가 있고 의관은 남루하나 그들의 강설(講說)은 매우 정숙하였다. 물으니 모두 강릉 사람이었다. 그 후 14년이 지나서 절월(節鉞)[2]을 잡고 관동에 오게 되었다. 처음 임영관에 가서 강릉부 아전과 군졸의 예(禮)를 받은 다음, 여러 학생을 불러서 경전의 뜻을 물으니 마음속에 성현의 뜻을 통한 자가 거의 수십 여 명이었다. 또 제목을 내어 문예를 시험하도록 명하였더니, 시부(詩賦)와 의의(疑義)에 합격한 자가 또 50여 명이었다. 이에 또 지난 임진년 시원에서 강(講)하던 자의 학업이 그 유래가 있음을 알았다"고 한 것에서 알 수 있다.

향교의 설립 목적은 유교이념에 입각한 인재 양성에 있었으나, 이것만이 그 전부는 아니었다. 이미 고려중기인 11세기 말부터는 공자·맹자를 비롯한 유교의 선현(先賢)들을 제사지내는 전통이 생겨나고 조선시기에 들어와서는 교화를 펼쳐서 풍속을 바로잡아 문명한 정치를 실현하는데 앞장서야 하는 기능까지 겸하게 되었다.

향교의 건물배치는 강학공간과 제향공간의 위치에 따라 전학후묘(前學後廟), 전묘후학(前廟後學) 그리고 병립식(竝立式)이 있다. 경사지 향교일 경우에는 명륜당이 앞에 있고 대성전이 뒤에 있는 전학후묘의 구조이고, 평지 향교일 경우에는 대성전이 앞에 있고 명륜당이 뒤에

---

2 관찰사·유수·병사·수사들이 지방에 부임할 때에 임금이 내주던 도끼.

있는 전묘후학의 구조이며, 병립식은 대성전과 명륜당이 좌우로 나란히 배치되어 있는 구조이다.

화부산을 배경으로 경사지에 건립된 강릉향교는 강학공간이 앞에 있고 제향공간이 뒤에 있는 전학후묘의 구조이다. 강학공간은 교생의 강의실인 명륜당과 그들이 기숙하는 동재·서재가 있고, 제향공간은 공자를 비롯한 5성·공문 10철·송조 6현을 모신 대성전을 중심으로 중국과 우리나라의 현인을 모신 동무·서무가 있다.

강릉향교의 대성전은 정면 5칸·측면 3칸, 동무와 서무는 정면 5칸·측면 1칸, 명륜당은 정면 11칸·측면 2칸, 동재와 서재는 정면 4칸·측면 2칸, 월랑(月廊)은 정면 9칸·측면 1칸, 재방(齋房)은 정면 3칸·측면 1칸, 신고(神庫)는 정면 3칸·측면 1칸이다. 강릉향교는 전국에서 가장 규모가 크고 오래되었다.

강릉향교 전경(강원도청)

대성전은 대성(大成)을 의미하는 공자의 위패를 모시던 건물에서 유래하였다. 중국에서는 당나라 때 공자가 문선왕으로 추봉됨에 따라 '문선왕묘(文宣王廟)'라 하였으나 원나라 때 '대성지성(大成至聖)'이라는 시호가 추숭되면서 '대성전'이라 하였다. 대성전에는 시대가 지나면서 4성과 공문 10철, 송조 6현도 함께 봉안하게 되었다. 오늘날 전국의 향교 대성전에는 '대성지성문선왕'인 공자와 4성, 공문 10철, 송조 6현, 우리나라의 18현을 모시고 있다. 그러나 강릉향교의 대성전과 동무·서무에는 중국과 우리나라의 명현을 합하여 모두 136위를 모시고 있다.[3]

우리나라 18현은 신라의 최치원과 설총이 1020년(현종 11)과 1022년(현종 13)에 각각 종사(從祀)된 후 고려의 안유가 1319년(충숙왕 6)에 종사되었고, 정몽주 이하 15위가 중종대부터 고종대까지 모두 8차례에 걸쳐 종사되었다. 그것은 조선의 학자들을 모시는 문제를 둘러싸고 도학(道學)의 계승에 대한 논란이 계속되었기 때문이다.

정몽주는 조선왕조 개창에 끝까지 반대했지만, 왕조 개창에 공을 세운 허다한 성리학자들을 다 제치고 1517년(중종 12) 문묘에 종사되었다. 정몽주가 문묘에 종사된 것은 그가 조선 성리학의 기초를 닦았을 뿐 아니라 절의를 끝까지 실천했기 때문이다. 1610년(광해군 2)에는 김굉필·정여창·조광조·이언적·이황 등 이른바 5현이 문묘에 종사

---

3 원래 대성전에는 공자와 4성·공문 10철·송조 6현을 모셨으며, 동무·서무에는 중국의 역대 94현과 우리나라의 18현을 모셨다. 1949년 6월 전국유림대회에서 우리나라의 문묘에 공자의 제자 72현과 한·당·송·원 22현을 봉안하는 것은 사대사상의 표현이라 하여 공자와 4성, 송조 2현(정호·주희)만을 남기고 나머지를 땅속에 묻는 한편, 우리나라의 18현을 대성전으로 옮기고 동무·서무의 종향을 폐지하기로 결의하였다. 그 후 1961년에 공문 10철과 송조 4현을 복위시킴으로써 대부분의 향교가 이를 따르고 있다. 그러나 현재 강릉향교는 계성사(啓聖祠)에 봉안하였던 증자의 아버지 증석(曾晳)과 자사의 아버지 공리(孔鯉)를 동무에, 안자의 아버지 안무유(顏無繇)를 서무에 봉안하여 예전의 133위보다 3위가 많다.

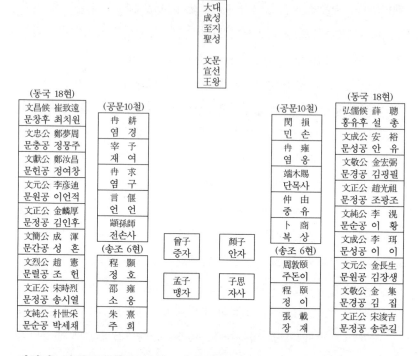

〈표-1〉 대성전의 배향인물

되었다. 광해군대에 확정된 5현의 문묘종사 논의가 주로 남인 중심의 지식-권력에 의해 주도된 것이었다면, 이후의 문묘종사 논의는 주로 서인과 노론의 지식-권력에 의해 주도되었다.

서인세력은 1623년에 광해군을 폐위시키고 인조반정에 성공한 후 1635년(인조 13)부터 이이와 성혼의 문묘종사를 주장하기 시작하였다. 서인들은 이이와 성혼이 앞서 문묘에 종사된 5현에 이어 정주성리학의 적통을 이은 인물들이라 주장하였으나, 이들의 문묘종사에 반대하는 남인의 논점은 정반대였다. 남인들은 우선 이이의 경우에는 일찍이 불교에 귀의했던 전력을 문제 삼아 도학적 순정성의 하자를 지적하였고, 성혼의 경우에는 1589년(선조 22)에 정여립 모반으로 일어난

'기축옥사' 때 동인인 최영경의 억울한 죽음을 방관했다는 점과 임진왜란 때 임금의 거가(車駕)가 자기 집 앞을 지나는데도 나와 보지도 않은 점을 지적하였다. 그 후 서인과 남인의 권력투쟁이 반복되면서 해결의 실마리를 찾지 못하다가 1680년(숙종 6)에 경신환국으로 남인 세력이 몰락하고 서인세력이 재집권하게 되자, 이이와 성혼의 문묘종사 논의가 급물결을 타고 재개되어 마침내 1682년(숙종 8)에 서인들의 오랜 숙원이 해결되었다. 그러나 1689년(숙종 15)에 기사환국으로 남인세력이 재집권하게 되자 남인계 유생들은 이이의 학문적 순정성과 성혼의 정치적 행보를 문제 삼아 그들의 출향(黜享)을 주장하고 나섰다. 특히 이이에게는 이전과 달리 당여(黨與)를 결성한 붕당의 책임까지 추궁되자, 숙종은 결국 이이와 성혼의 출향을 받아들였다. 1694년(숙종 20)에 갑술환국으로 서인이 재집권하면서 이이와 성혼의 복향(復享)이 단행됨으로써 서인 중심의 문묘종사가 확정되었다.

한편 경신환국 이후 남인들의 처벌에 관한 논쟁을 둘러싼 서인세력 내부의 분열은 문묘종사의 성격 변화를 초래하였다. 특히 송시열이 1681년(숙종 7)에 김장생의 문묘종사를 청원한 이후 그 주도권은 서인에서 노론 중심으로 옮겨가기 시작하였다. 그리고 1717년(숙종 43)에 김장생의 문묘종사가 성공함으로써, 김장생으로부터 송시열로 이어지는 노론의 학맥이 정치적·학문적 정통으로 공인되는 계기를 맞았다.

김장생의 문묘종사는 곧바로 송시열·송준길의 종사를 요청하는 상소의 신호탄이 되어 1756년(영조 32)에 마침내 이들의 종사가 성사되었다. 그리고 영조는 노론과 소론의 대결을 조정하려 했던 박세채의 조제론(調劑論)이 자신의 탕평론에 부합한다고 판단하고 소론세력이 주장한 박세채의 문묘종사를 특지(特旨, 임금의 특별한 명령)로 승인하였다. 영조대에 단행된 송시열·송준길과 박세채의 문묘종사는 붕당과 탕평의 정치적 소용돌이 속에서 취해진 지식-권력적 투쟁의 산물이었다.

영조대에 송시열·송준길의 문묘종사가 결정된 이후 곧바로 조헌과 김집에 대한 문묘종사 건의가 시작되었지만, 영조는 더 이상의 문묘종사에 관한 일체의 논의를 금지시켰다. 그 후 1796년(정조 20)에 노론 측으로부터 조헌과 김집의 문묘종사가 잇달아 건의되자, 정조는 오히려 김인후가 대상자에서 누락된 것을 문제 삼으며 김인후의 문묘종사만을 승인하였다. 정조에 의해 거부되었던 조헌과 김집의 문묘종사는 1883년(고종 20)에 노론의 주도 하에 성사되었다.

2. 서원

16세기 후반부터 세워지기 시작한 서원은 옛 성현을 제사하고 지방민의 유학교육과 풍속을 바로잡아간다고 하는 점에서 향교와 다를 바가 없었다. 다만 제향 대상이 주로 우리나라의 선현과 학문적으로 연고가 있는 그 지역 출신 인물을 선정한 점, 설립의 주체가 국가가 아닌 향촌사림이라는 점, 그리고 거기에 다시 학연·문벌·지연·당색 등 저마다의 사정이 개입되어 있는 점이 향교와 달랐다. 말하자면 서원은 각 지역에 근거를 둔 사림들의 서로 다른 정치·사회적 견해를 예민하게 반영하면서 설립된 사림의 정치·교육기관이었다.

우리나라 최초의 서원은 1543년(중종 38)에 풍기군수 주세붕이 세운 백운동서원이다. 그 후 1550년(명종 5)에 퇴계 이황이 풍기군수로 재직하면서 백운동서원의 사액(賜額)을 요청하자 명종이 '소수서원(紹修書院)'이라고 친필로 쓴 편액을 써서 하사하였다. 사액은 편액뿐만 아니라 서원의 유지 관리를 위한 토지와 노비, 다량의 서적이 부수되는 것이었다. 이로 인해 서원은 단순한 사설 교육기구에 머무르지 않고 국가공인 하에서 발전하고 보급되는 계기가 되었다.

1) 오봉서원

오봉서원은 백운동서원이 세워진 지 13년 후에 세워진 강원도 최초의 서원이다. 그 밖의 서원들은 17세기 이후에 설립되었다.

〈표-2〉 강원도내 서원의 현황

지역	서원명	설립 연대	봉안인물	소재처	사액연도
강릉	오봉서원	1556년(명종 11)	공자, 주자, 송시열	강릉시 성산면 오봉리	
	송담서원	1624년(인조 2)	율곡 이이	강릉시 강동면 언별리	1660년 (현종 1)
원주	칠봉서원	1612년(광해군4)	원천석, 원호, 정종영, 한백겸	원주시 호저면 산현리	1673년 (현종 14)
	도천서원	1693년(숙종 19)	허후	원주시 지정면 안창리	1693년 (숙종 19)
춘천	문암서원	1610년(광해군2)	이황, 김주, 조경, 이정형	춘천시 신북면 용산리	1648년 (인조 26)
	도포서원	1650년(효종 1)	신숭겸, 신흠, 김경직	춘천시 서면 신매리	
양양	동명서원	1628년(인조 6)	조인벽, 조사	양양군 양양읍 조산리	
동해	경행서원	1639년(인조 17)	김효원, 허목	동해시 송정동	
	용산서원	1705년(숙종 31)	이세필	동해시 쇄운동 357	
삼척	산양서원	1824년(순조 24)	황희	삼척시 원덕읍 산양리	
영월	창절서원	1685년(숙종 11)	박팽년, 성삼문, 이개, 하위지, 유성원, 유응부, 김시습, 남효온, 박심문, 엄흥도	영월군 영월읍 영흥리	1698년 (숙종 24)

오봉서원의 건립에 주도적인 역할을 한 사람은 강릉 출신의 함헌(咸

軒)이다. 본 서원은 함헌이 병으로 인해 이천부사(伊川府使)를 사임한 후 강릉교수로 재임하고 있을 때, 강릉유생 최운우(崔雲遇)·최운원(崔雲遠) 등과 함께 발의하여 강원도관찰사 윤인서(尹仁恕)와 강릉대도호부사 홍춘년(洪春年)의 적극적인 협조를 얻어 1556년(명종 11)에 건립되었다.

건립 당시의 오봉서원은 퇴계 이황과 밀접한 관계를 맺고 있었다. 이러한 사실은 함헌이 퇴계와 성균관에서 함께 공부한 인연으로 서원을 완공한 후에 서원 건립의 전말을 적은 편지를 퇴계에게 보내「서원기(書院記)」를 써 달라고 부탁했을 때 퇴계가 서원을 찬양하는 시를 써 보내온 것이라든지,4 서원을 창건할 때에 발의했던 최운우가 퇴계 문인이라는 것에서도 확인할 수 있다.

서원을 구성하고 있는 건물은 크게 선현의 영정 또는 위패를 봉안하고 제사를 지내는 묘우(廟宇), 선현의 뜻을 받들어 교육을 실시하는 강당, 원생들이 숙식하는 동재와 서재로 이루어진다. 그밖에 문집이나 서적을 펴내는 장판고(藏版庫), 책을 보관하는 서고(書庫), 제사에 필요한 그릇을 보관하는 제기고(祭器庫), 서원의 관리와 식사준비 등을 담당하는 고사(庫舍), 시문을 짓고 대담을 하는 누각 등이 있다.

오봉서원의 규모는 숙종 때 민정중(閔鼎重)이 지은「오봉서원급칠봉

---

4 함헌(1508~?)의 자는 가중(可中), 호는 칠봉(七峯), 본관은 강릉이다. 조선 개국공신인 함부림(咸傅霖)의 5세손으로 강릉부 성산면 건금리(建金里)에서 태어났다. 1531년(중종 26)에 24세의 나이로 생원시에 합격한 후 성균관에 입학하여 이황과 교유하였다. 퇴계가 오봉서원을 찬양한 시의 내용은 다음과 같다. "인재가 많이 나는 옛 임영 고을에[人材淵藪古臨瀛], 산골 물 맑게 흐르는 구산에 학교를 열었네[闢學丘山澗石淸]. 서원의 그림을 보니 아름다운 이름을 알겠고[看圖知院稱嘉名], 병을 핑계로 학문을 펴지 못한 내처지 부끄럽네[病謝鋪張愧不情]. 성인이 태어나신 지 천년에 이름 가까워져[降聖千年名已近], 오늘 명성 빌렸으니 가르침 장차 빛나리[乞靈今日敎將明]. 그대들의 굳건한 배움의 자리에 한마디 부치니[寄語諸君須堅坐], 오가는 길에 방해나 되지 아니할지[從來出入害功程]."

사병원기(五峰書院及七峰祠倂院記)」에 의하면, 공자를 모신 사당인 성묘(聖廟) 3칸, 전랑(前廊)과 신문(神門) 5칸, 좌우재랑(左右齋廊) 6칸, 강당 10칸, 풍영루(風詠樓) 10칸, 서책고(書册庫) 1칸, 칠봉사(七峰祠) 1칸, 대문 1칸이었다. 현재는 맞배지붕인 정면 3칸·측면 2칸의 집성사(集成祠)와 정면 1칸·측면 2칸의 칠봉사(七峯祠)가 있고, 집성사 담장 넘어 좌측으로 팔작지붕인 정면 4칸·측면 2칸의 오봉강당 건물이 남아 있다.

집성사의 중앙에는 공자의 영정과 위패를, 왼쪽에는 주자의 위패를, 오른쪽에는 송시열의 위패를 각각 봉안하고 있다. 처음에는 공자만을 봉안하였으나 1782년(정조 6)과 1813년(순조 13)에 주자와 송시열을 각각 봉안하였다. 별묘인 칠봉사에는 함헌의 위패를 봉안하고 있다. 오봉강당에는 율곡이 지은 원규(院規), 이황과 윤증이 지은 서원도시(書院圖詩) 현판이 걸려 있다. 오봉강당은 마루방과 온돌방으로 되어 있는데, 원내의 여러 행사와 유림의 회합 및 학문강론 장소로 사용되고 있다.

『증보문헌비고』 서원조에 의하면, 전국의 서원 가운데 공자를 배향하고 있는 곳은 강릉의 오봉서원, 함흥의 문회서원, 단천의 복천서원

오봉서원 전경

집성사

뿐이다. 서원에 공자의 배향이 희귀한 것은 성균관과 향교의 대성전에 공자를 배향하고 있었기 때문이다. 따라서 서원에는 특별히 공자를 배향할 계기가 있지 않으면 배향하지 않는 것이 당시의 현실이었다.

오봉서원에 공자를 배향한 것은 서원이 건립된 강릉시 성산면 구산리의 지명이 공자가 태어난 '구산(丘山)'과 같았고, 이 서원의 건립에 공이 큰 칠봉 함헌이 동지사(冬至使)의 일원으로 기록을 담당하는 서장관이 되어 중국에 다녀오던 길에 당나라의 오도자(吳道子)가 그린 공자의 화상이 보관되어 있었기 때문이다.

오봉서원에 주자 영정이 봉안되는 것은 1782년(정조 6)이지만, 그의 영정이 강릉지역에 전해진 것은 1778년(정조 2)이다. 주자 영정은 원래 성균관에 보존되어 있었으나, 이 무렵에는 충주의 운곡서원(雲谷書院)에 옮겨 봉안하고 있었다. 그런데 강릉지역에 세거해 온 삼척심씨 일문에서는 자신들이 1684년(숙종 10)에 세운 하남영당(河南影堂)을 문중서원으로 발전시키려는 의도에서 주자 영정을 모셔왔다. 이에 강릉 출신의 선비 김형진(金衡鎭)은 그 영정이 진상(眞像)이 아니라며 명륜당에서 재회(齋會)를 열어 권학준(權漢準)·김미(金佯)·박한소(朴漢紹)를 경원장(京院長)에게 보내어 그 진위를 판명해 달라고 요청하였다. 당시 경원장은 송덕상(宋德相)이었고 향원장은 이택징(李澤徵)이었다. 그 후 강원감사 김희(金熹)가 강릉부사 이진규(李晋圭), 춘천부사 이방영(李邦榮), 간성군수 조한진(趙漢鎭)을 조사관으로 파견하여 조사한 결과 진상이 아닌 것으로 판명되어 하남영당은 훼철되고 주자 영정은 오봉서원에 봉안되었던 것이다.

집성사에 봉안된 공자의 영정

한편 강릉과 직접적인 연고가 없는 송시열을 봉안하는 과정에서 논란이 일었다. 1806년(순조 6)에 제기된 송시열의 봉안 논의는 오봉서원을 공자-주자-송시열의 적통을 잇는 서원으로서의 위상을 갖게 하기 위한 것이었다. 그러나 송시열의 봉안은 당시 당론에 합당하지 않는다 하여 거절되었다. 그 후 1813년(순조 13)에 권한룡(權漢龍)이 연천 임장서원(臨漳書院)의 예를 제시하며 송시열의 위패를 봉안하였다. 이에 대해 김학두(金學斗)·조석헌(曺錫憲) 등이 적극 반대하였지만, 삼척심씨·안동권씨(죽헌)·강릉김씨(금산)·영월신씨·강릉함씨·강릉박씨 등이 주축을 이루는 지역 노론계에 의해 봉안되었다.

오봉서원이 건립될 당시에는 퇴계의 영향권 아래에 있었으나 17세기 이후부터는 노론의 영향권 아래에 놓이게 된다. 그러나 『여지도서』에는 소론의 영수인 윤증(尹拯)의 현판이 있었다고 하였고, 「오봉서원실기」에는 강릉부사의 당색에 의해 퇴계나 윤증의 시편들이 반복적으로 내걸리거나 떼어지기도 하였다고 한다. 또한 1806년(순조 6)에 소론이 주축이 되어 세운 '기적비(紀蹟碑)'가 있는데도 1856년(철종 7)에 노론이 다시 '묘정비(廟庭碑)'를 세운 사실을 미루어 볼 때, 오봉서원의 운영은 당색과 밀접한 관계가 있었음을 알 수 있다. '묘정비'에는 공자 진영의 봉안과 과정, 서원의 건립과정, 주자와 송시열의 제향 등에 대한 내용이 기술되어 있다.

서원의 경제적 기반은 토지, 노비, 현물, 서적 등이었다. 사액서원의 경우에는 국가로부터 토지·노비·서적을 지급받았고, 면세·면역의 특권까지 누렸으므로 관학인 향교를 학문에서 뿐만 아니라 세력과 권위 면에서도 능가하였다. 숙종은 오봉서원이 비록 사액서원은 아니라 해도 공자의 진영을 모시는 곳이니 사액서원과 같이 예우하라고 하였다. 그리하여 1681년(숙종 7)에 위전(位田) 3결과 모속인(募屬人) 20명

오봉서원 묘정비

을 하사하였다. 또한 지방관들은 서원의 원생들에게 쓰이는 일용 잡물과 어획물, 식염을 공급하였다. 오봉서원의 원생은 20명이었다.[5]

오봉서원은 1868년(고종 5)에 흥선대원군의 비사액서원 철폐령으로 철거되었다. 이에 따라 공자의 영정은 향교에 옮겨 봉안하고 주자와 송시열의 영정은 이듬해 정월에 연천 임장서원에 옮겨 봉안하였다. 현재 남아 있는 건물은 1903년 강릉지역의 유림들이 건립한 것이다.

2) 송담서원

송담서원은 율곡 이이를 봉안한 서원이다. 율곡은 1536년(중종 31) 강릉부 북평촌에 있는 외가(현 오죽헌)에서 아버지 이원수와 어머니 신사임당 사이의 7남매 중 셋째 아들로 태어났다. 6세 때까지 강릉 오죽헌에서 보낸 율곡은 아버지가 관직에 나가게 되자 어머니를 따라 서울로 올라와 외할머니 이씨로부터 상속받은 수진방(壽進坊, 지금의 종로구 청진동 일대)에서 살게 된다.

율곡은 한양으로 올라온 후 본격적으로 어머니에게서 유교 경전을 공부하게 되었고, 13세가 되던 1548년(명종 3) 진사 초시에 합격하였다. 그러나 얼마 후 그는 가눌 길 없는 엄청난 슬픔과 맞닥뜨려야 했다. 율곡의 나이 16세 때 어머니 사임당께서 세상을 떠났던 것이다. 그때 율곡은 어머니의 임종도 지켜보지 못했다. 그것은 그해 여름에 맏형 선(璿)과 함께 수운판관(水運判官)이었던 아버지를 따라 평안도에 갔을 때 사임당이 갑자기 세상을 떠났기 때문이다.

---

5 서원에 소속된 원생들은 군역이 면제되는 특전을 누렸다. 그러자 군역면제를 위해 많은 사람들이 서원으로 몰려들면서 큰 사회문제가 되었다. 그래서 1710년(숙종 36) 문묘에 종사한 유현을 제향하는 서원은 30명, 사액서원은 20명, 비사액서원은 15명으로 인원을 제한하였다.

오죽헌 몽룡실 　　　　　　　　　　　　문성사

　율곡은 『주자가례』에 의해 어머니의 상장례를 정중히 마쳤다. 3년 간의 여묘생활은 지극하기 이를 데 없었고, 율곡 자신이 몸소 제사에 쓰는 음식을 준비하고 밥을 지었다고 한다. 율곡에게 어머니에 대한 애절함과 절망이 너무나 컸기에 3년상을 치른 뒤에도 마음을 정하지 못하고 방황하고 있었다. 그러던 어느 날 율곡은 한강 건너 봉은사(奉 恩寺)에 가서 불경을 읽다가 삶과 죽음에 관한 이론에 큰 감명을 받고, 또 그 학설이 간명하면서 오묘함에 끌려서 시험 삼아 속세를 떠나 불 법을 연구해 보고자 19세 때 입산을 결심하게 된다.

　입산한 율곡은 불교에 관한 서적을 읽는 등 불교에 아주 심취한 듯 하더니 1년 만에 하산하였다. 그 이유는 불교의 진면목을 이해하고는 불교가 현실성이 약하고 윤리성이 희박하여 문제가 있음을 판단하였 기 때문이다.[6] 율곡은 외조모가 계신 강릉으로 돌아와 자신을 반성하 는 〈자경문(自警文)〉을 지었다. 총 11항으로 이루어진 이 글은 글자 그

---

　6 실록에는 "…율곡의 나이 16~17세 때 한 중이 망령(亡靈)을 위해 천복(薦福)한다는 설(說)로써 그를 유혹하므로, 그가 가인(家人)에게 알리지도 않고 곧 의복을 정돈하여 금 강산으로 들어갔다. 수년 만에 그 허황함을 알고 돌아왔다"고 하였다(『명종실록』권32, 21 년 3월 을묘).

대로 "스스로 경계하는 글"이라는 뜻이다. 이는 앞으로 걸어 나갈 인생의 이정표를 정립하고, 그 목표를 실천하기 위한 구체적인 방법을 세워 좌우명을 삼고자 하는 것이었다.

율곡은 1년여 간 강릉에 머물다가 이듬해인 1556년(명종 11) 봄에 서울로 돌아와서 한성시의 대책(對策)에서 장원했다. 하지만 문과의 최종시험에는 급제하지 못했는데, 응시하지 않았는지 아니면 응시했다가 낙방했는지 알 수 없다. 이 무렵 율곡은 성균관에 입학하여 알성시에 응시했는데, 율곡이 과거시험장에 들어서려고 하자 유생들은 그가 한때 출가했다는 이유를 들어 시험장에 들어서지 못하도록 항의하였다. 이 문제에 대해 율곡은 누이 매창(梅窓)이 일러준 지혜로 망건을 벗고 유생들 앞에서 긴 머리를 풀어 보이면서 의연히 대처했다. 이로써 금강산에 입산하였던 것은 삭발하고 중이 된 것이 아니라는 것을 입증시키기에 충분했다.

율곡은 22세 되던 1557년(명종 12) 9월에 성주목사 노경린의 딸과 혼인하여 가정을 이루었다. 이듬해 성주목사인 장인을 찾아갔다가 강릉으로 돌아오는 길에 예안의 도산(陶山)에 들러 당대의 석학인 퇴계와 역사적인 만남을 갖게 된다. 율곡의 명성을 익히 듣고 있었던 퇴계는 율곡에게 이르기를 그대는 장래가 촉망되는 젊은이로 더욱 노력하고 공부하여 서로가 새로워질 수 있기를 당부하고 있다. 퇴계는 그 후 그의 제자 조목(趙穆)에게 보낸 편지에서 '후생가외(後生可畏, 후배가 두려워할 만하다는 뜻)'란 말로 율곡을 칭송하였다.

두 사람의 만남은 2박 3일에 불과했지만 서로 존중하는 것을 아끼지 않았다. 그리고 퇴계는 헤어진 후에도 율곡에게 너무 사장(詞章, 시가와 문장)에 힘쓰지 말 것을 당부하고 도덕에 힘써 감사하다는 말과 잠시 금강산에 입산한 과오를 뉘우치고 용감하게 유학으로 되돌아온 것

그리고 성리학 연구에 대한 것을 격려하고 있다. 그 후 두 사람은 10여 차례 서신왕래를 하면서 서로 아끼며 칭찬하였다.

한양으로 돌아온 율곡은 그해 겨울에 별시문과 초시에 응시하여 〈천도책(天道策)〉이란 유명한 답안지로 장원급제하면서 세상에 알려지게 된다. 그때 시험관이었던 정사룡과 양응정 등은 그의 답안지를 보고 율곡을 천재라고 불렀다. 그러나 별시문과의 최종시험에 급제하지는 못했다.

율곡이 26세 때인 1561년(명종 16) 5월에는 아버지 이원수가 세상을 떠났다. 향년 61세였다. 율곡은 형제들과 함께 파주의 자운산 선영에 먼저 가신 어머니와 합장을 하고 3년 동안 여묘살이를 하였다. 그때의 효성에 대해 『명종실록』에는 "부친이 몰한 뒤 지나칠 정도로 슬퍼하였고, 3년 동안 죽을 먹으며 제물을 손수 준비했다"고 전하고 있다.

율곡은 28세에 탈상을 마치고 29세가 되던 1564년(명종 19) 생원시와 진사시에 입격하고 이어 식년문과에도 급제했다. 이때 율곡은 문과의 예비시험인 생원시 초시와 복시에서 모두 장원하였고, 문과시험인 초시의 초·중·종장, 복시의 초·중·종장 모두 장원으로 합격했다. 그리고 최종시험인 전시에서도 장원을 차지함으로써 사람들이 '구도장원(九度壯元)'이라 불렀다고 한다.[7]

문과에 장원급제한 율곡은 정6품직인 호조좌랑에 임명되어 첫 벼슬길에 오르게 된다. 이듬해 봄에 예조좌랑으로 옮겨갔다가 행정능력을 인정받아 이조좌랑에 제수된다. 1568년(선조 1) 2월 사헌부 지평에 제

---

7 이이(李珥)가 생원시의 초시·회시(복시)에 모두 1등으로 뽑히고, 문과에서도 또 초시·회시(복시)·전시의 세 차례 시험에서 1등으로 뽑혀 1년 사이에 아홉 번이나 시제(試製)에 1등으로 합격하니, 사람들이 그를 구도장원(九度壯元)이라고 불렀다(『임하필기』권 23, 문헌지장편).

수된 율곡은 그해 5월에 명나라 황태자 생일을 축하하는 천추사(千秋使)의 일원으로 기록을 담당하는 서장관이 되어 중국에 다녀온 후 11월에 다시 이조정랑에 임명된다. 그러나 율곡은 강릉에 계신 외조모 이씨의 병환이 위독하다는 소식을 듣고 벼슬을 버리고 강릉에 내려가 뵈었다. 이때 사간원에서는 "외조모를 가 뵙는 것은 법전에 없다"고 하여 율곡을 탄핵하였지만, 선조는 "비록 외조모라도 정이 간절하면 어찌 안 가볼 수 있겠는가? 효행한 일을 가지고 파직시킨다는 것은 지나치다"고 하여 이를 받아들이지 않았다.

이듬해 6월에 홍문관 교리에 임명되어 임금의 부름을 받고 7월에 다시 서울에 올라왔다. 율곡은 이전에도 여러 번 요직을 사양한 바 있었는데, 이때에 이르러서는 "외조모는 양육해 준 은혜가 있는데, 강릉에 살면서 늙고 병든 데다 자식이 없으니 벼슬을 내놓고 돌아가 봉양하길 원하오며, 또 학문이 진취될 때를 기다려 벼슬에 나오려 합니다" 하였다. 이에 대해 선조는 "몸은 비록 조정에 있다 하더라도 왕래하면서 보살필 수 있으니 반드시 벼슬을 내놓아야만 하겠는가" 하고는 이내 이조에 명하기를 "외조모를 가 뵙는 것이 아무리 법에 없다고 하나 교리 이이 만은 특별히 가 뵙도록 하는 것이 좋겠다"고 하여 외조모를 간병할 수 있게 하였다.

율곡은 이같이 어려운 여건에도 불구하고 외할머니를 극진히 간병했지만, 이씨는 1569년(선조 2) 향년 90세로 20여 명의 외손만 남긴 채 운명을 달리하였다. 율곡은 자신을 보살펴주신 지난날의 은혜를 생각하면서 영전에 오로지 애도의 정을 다하였다. 율곡은 외조모의 상을 마친 후 상경하여 1570년(선조 3) 4월에 다시 홍문관 교리로 복귀하였다.

율곡은 6세 때까지 강릉에서 어린 시절을 보냈지만, 성장해서도 외가의 대소사가 있을 때마다 강릉을 방문하곤 하였다. 그때마다 강릉의 사류들과도 긴밀한 관계를 유지했던 것으로 보인다. 강릉의 사류 가운데 율곡과 교유 관계를 가진 인물로는 최운우(崔雲遇)와 김열(金說), 심장원(沈長源) 등이 있다.

율곡은 49세를 일기로 세상을 떠났다. 율곡 사후에 강릉지역에서의 추모활동은 먼저 서원건립으로 나타난다. 강릉유림들은 율곡의 학문과 덕행을 추모하기 위해 석천묘(石泉廟)를 건립하였다. 석천묘는 1592년(선조 24)에 강릉유림 김경시(金景時)의 발의로 서원 건립을 위한 공론이 모아졌으나 임진왜란으로 성사되지 못하였다. 1617년(광해군 9)에 다시 논의되었으나 뜻을 이루지 못하였다. 1624년(인조 2)에 와서 강릉유림 김몽호(金夢虎)·이상필(李尙祕) 등 30여 명이 향론을 모아 강원감사 윤안성(尹安性)과 강릉부사 강주(姜紬)의 협조를 얻어 6년간의 공정으로 1630년(인조 8)에 완공하였다. 이 해에 강릉유생 최언침(崔彦琛) 등이 소장을 올려 사액을 요청하였으나, 조정에서는 해주의 석담서원(石潭書院)에 이미 사액하였는데 강릉에 또다시 사액하는 것은 타당하지 않다고 하여 받아들이지 않았다.

석천묘 건립 당시의 위치는 강릉시 구정면 학산리 왕고개[王峴]였다. 그 후 1652년(효종 3)에 강원감사 김익희(金益熙)와 강릉부사 이만영(李晩榮)의 협조를 얻어 현재의 위치인 강동면 언별리로 이건하면서 '송담서원(松潭書院)'이라 개칭하였다. '송담'은 언별리의 옛 지명인 송계리(松溪里)의 '송'자와 황해도 해주에 있는 석담서원(石潭書院)의 '담'자를 따서 지은 것이다. 「송담서원묘정비」에는 "서원 건물이 퇴락하여 새로운 서원 터를 찾아 이건하였다"고 하였고, 「송담서원이창시통문(松潭書院移創時通文)」에는 "그 땅이 매우 깊숙하고 앞뒤가 자못 척박한데다, 하물며 풍수가들이 과거급제에 방해가 된다고 운운하니 영구한 곳이 아니다"라는 이유를 들어 현재의 위치로 옮기게 되었다고 한다.

송담서원은 강릉유생 김속(金涑) 등이 1659년(효종 10)에 재차 사액을 요청하는 상소를 올려 이듬해인 1660년(현종 1)에 사액되었다. 이때 국가로부터 위토 3결과 모속인 20명을 하사받았다. 송담서원의 건물 규모는 묘우(廟宇) 6칸, 월랑(月廊) 7칸, 동재·서재 각 3칸, 강당 10칸, 광제루(光霽樓) 3칸, 서책고(書冊庫) 3칸이었다. 송담서원의 원생은 30명이었다.

송담서원은 1804년(순조 4) 3월에 동해안 지역에서 발생한 대형 산불로 인해 건물 대부분이 소실되고 묘우만 남았다.[8] 송담서원에는 신사임당이 손수 그린 초충도 병풍 8폭과 율곡의 아우 옥산 이우(李瑀)가 쓴 글씨가 보관되어 있었다고 한다. 신사임당이 그린 초충도는 이 서원에 화재가 발생하였을 때 서원에 있던 박기수가 들고 나와 후손에게 대대로 물려주었고, 박기수의 5세손인 박영균이 보관해 오던 것을 이우의 16세 종손인 이장희가 입수하여 보관하다가 1965년에 강릉시에 양여하여 현재 강릉시 오죽헌시립박물관 내에 있는 율곡기념관에 전시되어 있다.

송담서원이 소실된 지 11년 후인 1815년(순조 15)에 강릉유생 및 각지 유림의 도움으로 강당을 비롯한 광제루·서책고 등을 원래 모습으로 복원했다. 그러나 본 서원이 1871년(고종 8)에 흥선대원군의 사액서원 철폐령으로 철거됨에 따라 율곡의 위패는 뒷산에 묻고 현판은 태워버렸다. 1905년 봄에 유림들의 모금으로 묘우 1칸을 건립하고, 그후 중수를 거듭하여 오늘에 이르고 있다. 현재 경내의 건물로는 송담

---

8 『순조실록』에는 "이달 3일 사나운 바람이 크게 일어나 산불이 크게 번졌는데, 삼척·강릉·양양·간성·고성에서 통천에 이르는 바닷가 여섯 고을에서 민가 2,600여 호, 원우(院宇) 3곳, 사찰 6곳, 창사(倉舍) 1곳, 각종 곡식 600석, 배 12척, 염분(鹽盆) 27자리[坐]가 불에 타고 타 죽은 사람이 61명이었다."고 전한다.

송담서원

사(松潭祠)를 비롯하여 강당, 동재·서재, 삼문이 있다.

참고문헌

강릉시사편찬위원회, 1996 『강릉시사』(상), 강릉문화원.

강원도 편, 2009 『2006년도 문화재수리보고서』(도지정문화재), 강원도.

박도식, 2006 「1541년에 작성된 「이씨분재기」 연구」 『율곡사상연구』 13, 율곡연
구원.

_____, 2009 「강릉과 율곡과의 관계」 『율곡사상연구』 18, 율곡연구원.

박양자, 1993 「오봉서원 설립배경과 그 유학적 성격」 『인문학보』 15, 강릉원주
대학교 인문과학연구소.

윤희면, 1996 『조선후기 향교연구』, 일조각.

_____, 2006 『조선시대 서원과 양반』, 집문당.

이규대, 2009 『조선시기 향촌사회 연구』, 신구문화사.

_____, 2010 「강릉 오봉서원의 설립과 院任조직의 운영」『율곡사상연구』 20, 율
곡연구원.

제10장 조선시대 강릉의 인물, 12향현

예로부터 강릉은 문장과 덕행이 뛰어난 인물이 많이 난 고장이다.
『동국여지승람』 풍속조에 의하면, "우리 고장 자제들은 다박머리 때부
터 책을 끼고 스승을 따르고, 글 읽는 소리가 마을에 가득히 들리며,
게으름을 부리는 자는 함께 나무라며 꾸짖는다"고 하였다. 그러나 16
세기에 들어 강릉지역은 문풍(文風)이 다소 쇠약해져 있었고, 사회기
강마저 해이해져 있었던 것으로 보인다. 중종대 강릉교수로 재임하고
있던 이 고장 출신인 함헌(咸軒)은 "근래에는 풍속이 세속에 물들어 오
히려 옛날과 같지 않아 글로써 세상을 울리는 자가 드물다. 고을에 학
식이 있는 자는 학식의 대소를 막론하고 항상 부끄러워하고 한탄스러
움을 품어온 것이 한 두 해가 아니다"[1]라고 탄식하였다. 허균 또한 임
진왜란을 전후한 시기에 강릉사회의 문풍이 많이 쇠약해져 있었다고
하였다.[2] 강릉지역에 향현사를 건립하게 된 것은 쇠약해진 문풍을 진
작시키기 위해서였다.

조선후기에 들어 강릉에서 향현사를 세우자는 논의는 오랫동안 있
어 왔으나 그 뜻을 이루지 못하다가, 1645년(인조 23) 8월에 강백년(姜

---

1 「오봉서원실기(五峯書院實記)」 및 『칠봉함선생유고』 권1, 구산서원구조서(邱山書院
求助書).

2 『학산초담(鶴山樵談)』. 이 책은 허균의 나이 25세(1593) 때 강릉에 머무르면서 지은
것으로, 시평(詩評) 및 시화(詩話) 등 모두 108칙(則)이 실려 있다.

栢年)이 강릉부사로 재임하고 있을 때 전 목사(牧使) 이상험(李尙馦)과 전 직장(直長) 김충각(金忠慤) 등이 논의하여 읍성(邑城)의 동문 밖에 건립하였다. 그 후 1867년(고종 4) 3월 강릉에 큰 화재가 일어나 소실되자 곧바로 중건하였으나, 그 이듬해에 대원군의 비사액서원 철폐령으로 철거되었다. 현재의 건물은 1921년에 향현의 후손들이 건립한 것이다.

강릉 향현사에는 조선전기 강릉지역에서 배출된 인물 가운데 이 지역민들로부터 추앙을 받는 12현의 위패가 모셔져 있다. 이들은 일시에 배향된 것이 아니라, 4차례에 걸쳐 배향되었다. 1645년(인조 23)에는 최치운·최응현·박수량·박공달·최수성·최운우를, 1682년(숙종 8)에는 최수를, 1759년(영조 35)에는 이성무·김담·박억추를, 1808년(순조 8)에는 김윤신·김열을 각각 배향하였다.

강릉 향현사

이 름	字	號	본관	생몰년대	생 진 시	문 과	최종관직	배향 추이
최치운	伯卿	釣 隱	강릉	1390~1440	태종 8(1408)	태종17(1417)	참 판	1차 배향
최응현	寶臣	睡 軒	강릉	1428~1507	세종 30(1448)	단종 2(1454)	대사헌	〃
박공달	大觀	四休堂	강릉	1470~1552	연산군 1(1495)	현량과(중종14)	병조좌랑	〃
박수량	君擧	三可堂	강릉	1475~1546	연산군10(1504)		현 감	〃
최수성	可鎭	猿 亭	강릉	1487~1521				〃
최운우	時中	蹈 景	강릉	1532~1605	명종 7(1552)		현 감	〃
최 수	道源	春 軒	강릉	1443~1472		세조14(1468)	현 감	2차 배향
이성무	聖始	訥 齋	영해	1370~1436			사헌부감찰	3차 배향
김 담	譚之	葆眞齋	강릉	1522~1605	중종 34(1539)			〃
박억추	德叟	聾 軒	강릉	1523~1590		효렴과(명종18)	부 사	〃
김윤신	德叟	槐 堂	강릉	1444~1521	세조 14(1468)	성종 7(1476)	목 사	4차 배향
김 열	說之	臨鏡堂	강릉	1506~ ?		효렴과(중종)		〃

1. 12향현의 인물

1) 최치운(崔致雲)

자는 백경(伯卿)이고, 호는 조은(釣隱)·경호(鏡湖)이다. 고려 왕건 때 삼중대광 삼한벽상 찬화공신(三重大匡三韓壁上贊化功臣)에 책봉된 필달(必達)의 후손으로, 부친은 생원 안린(安麟)이고 모친은 정선전씨 낭장 인구(仁具)의 딸이다.

1408년(태종 8) 19세 때 생원시에 입격하였고, 1417년(태종 17) 27세 때 문과에 급제하여 승문원 정자(정9품)를 시작으로 저작(정8품), 박사(정7품), 부교리(정6품), 집현전 수찬(정6품), 공조·예조·이조 참판, 예문관 제학(종2품) 등을 거쳐 세자(후일의 문종)의 학문을 가르치는 우빈객(정2품)을 역임하였다.

최치운이 중앙정계에 진출한 이후의 활약상을 살펴보면, 1433년(세종 15)에 평안도 도절제사 최윤덕(崔閏德)의 종사관으로서 야인 이만주(李滿住)를 토벌하는데 공을 세웠고, 1439년(세종 21) 이후 명나라에 모두 5차례에 걸쳐 사신으로 가서 외교적 공적을 쌓았다. 또한『무원록(無寃錄)』을 주석하고 율문을 강해(講解)하는 등 형벌과 옥사에 관해 왕의 자문에 응하기도 하였다. 그리고 예학에도 밝아『상례고정편(喪禮考正篇)』을 저술하기도 하였다.

(1) 승문원·집현전에서의 관직생활

최치운은 관직에 나아가 주로 승문원·집현전에서 근무하였다. 승문원은 명(明)과의 사대와 일본·여진과의 교린에 관한 문서를 관장하였고, 명과의 외교문서에 쓰이는 이문(吏文)3의 교육을 담당하였다. 최치운은 외교문서 관장의 적임자로 논의될 정도로 중국 이문에 정통하였다. 최치운은 승문원에서 집현전으로 옮기면서 수찬(정6품)에 임명되었다.

집현전이라는 명칭은 1136년(고려 인종 14)에 연영전을 집현전이라 개칭한데서 비롯되었다. 고려시대 이래 조선 건국 초기까지 집현전은 별다른 활동이 없었다. 그러나 조선 건국 이래로 표방해 온 유교주의 국가로서 갖추어야 할 유교주의적 의례·제도의 확립은 오랜 기간을 필요로 하는 과제였고, 대명 사대관계 또한 어려운 과제였다. 이 두 과제를 원만히 수행하기 위해서는 무엇보다도 이를 감당할 수 있는 인재가 필요하였다. 이에 세종은 1420년(세종 2)에 집현전을 궁중에 설치하였던 것이다.

---

3 중국과 주고받는 외교문서 및 우리나라의 관청 공문서 등에 사용되던 독특한 한문의 문체. 한문의 골격에 중국의 속어(俗語) 또는 특수한 용어 등을 섞어 쓴 공문서식을 가리킨다. 중국의 속어로는 즘마(怎麼, 무슨)·저리(這裏, 여기)·나시(那廝, 이놈) 등이 그 예이고, 특수한 용어로는 조회(照會)·해용(該用)·정걸시행(呈乞施行)·합행이자(合行移咨) 등이 그 예이다.

집현전의 직제는 겸임관으로 영전사(정1품) 2명, 대제학(정2품) 2명, 제학(종2품) 2명과 전임관으로 부제학(정3품) 1명, 직제학(종3품) 1명, 직전(정4품) 1명, 응교(종4품) 1명, 교리(정5품) 1명, 부교리(종5품) 1명, 수찬(정6품) 1명, 부수찬(종6품) 1명, 박사(정7품) 1명, 저작(정8품) 1명, 정자(정9품) 1명이 있었다. 그 인원은 몇 차례 변경되면서 운영되었으나 1436년(세종 18)에 20명으로 확정되었다.

집현전은 문관 가운데서 재주와 행실이 있고 나이 젊은 사람을 택해서 이에 충원하여 오로지 경사(經史)의 강론을 일삼고 임금의 자문에 대비하는 기관으로 설치된 것이었다. 세종 자신의 말로도 "집현전은 오로지 경연을 위해 설치한 것"이라 하였다. 즉 집현전의 기능은 학문활동과 국왕의 자문에 대비하는 것이었다. 이 기능은 집현전이 혁파될 때까지 변동 없이 계승되었다. 특히 집현전에서의 옛 제도 연구와 편찬 사업은 세종대는 물론이고 조선초기 유교문화 융성의 원동력이 되었다.

집현전 관원은 당대의 일류학자가 임명되었다. 최치운이 집현전 관원에 임명될 수 있었던 것도 학문적인 깊이가 있었기에 가능하였다고 본다. 이는 현재 전해지고 있는 40여 편의 시(詩), 부(賦)·표(表)·사(詞)·제문(祭文)·기(記)·서(書) 등을 통해서 알 수 있다. 최치운이 세상을 떠났을 때 성삼문·신석조·하위지 등 30여 명이 애도하는 만시(輓詩)를 보냈는데, 이들과는 집현전에서 근무할 때 만났다.

(2) 여진정벌 참전

조선초기의 대여진정책은 회유정책을 근본으로 삼았다. 태조 이성계는 즉위한 직후에 이들 대소 여진족의 추장들에게 만호·천호의 벼슬을 새로 주었다. 또 여진 출신의 개국공신 이지란(李之蘭)을 동북면으로 보내어 여러 여진족들을 회유하여 미개한 예속을 바로잡고 조선인과 여진족을 서로 혼인하게 하였으며, 납세와 복역의 의무를 부과하여 조선의 백성과 다름없게 하였다. 그러나 태종대에 와서 조사의(趙思義)의 난을 계기로 조선과 여진과의 관계는 악화되기 시작하였다.

안변부사 조사의는 '왕자의 난'으로 이방석 세력이 몰락하고 이방원이 등극하자, 1402년(태종 2)에 반란을 일으켰다. 이때 동북면 일대에 있던 이성계의 사병 집단인 가별초(家別抄)뿐만 아니라 여진족의 오도리족·오랑캐족 세력들이 난에 가담하였다. 이로 인해 조선과 여진과의 관계가 악화되었고, 여진이 조선을 침략하기 시작하였다.

조선에서 최초로 여진정벌을 단행하는 것은 1410년(태종 10) 두만강 중류 일대에 살던 오랑캐 정벌이었다. 그러나 이는 오히려 이들을 자극해서 동맹가첩목아(童猛哥帖木兒)의 세력을 뭉치게 하여 조선에 더 큰 위협이 되었다. 태종은 동맹가첩목아를 회유하여 조선에 복속시키고, 그 지역 일대를 조선의 세력권 아래에 두었다. 한편 명 영락제(永樂帝)는 동가강(파저강) 유역의 오랑캐를 복속시켜 건주본위(建州本衛)를 설치하고, 다시 동맹가첩목아를 위협하여 그 지역에 건주좌위(建州左衛)를 설치하였다. 그때 오도리족의 건주좌위는 조선에 비교적 우호적이었으나 오랑캐의 건주본위는 조선과 사이가 좋지 않았다. 조선에 침입한 여진은 대부분 건주본위였는데, 조선에서는 이들을 '파저야인(婆猪野人)'이라 불렀다.

조선은 몇 차례에 걸쳐 파저야인의 소규모 침입을 받았으나, 1432년(세종 14) 11월 파저강의 오랑캐 임합라(林哈剌) 등이 여연지역을 침입하여 조선 군민(軍民) 53명을 살해하고 77명의 농민과 우마를 노략해 가는 대사건이 발생하였다. 조선정부에서는 여연 사건의 중요성을 인식하여 평안도 도절제사 문귀(文貴)를 파직하고, 그를 대신하여 최윤덕을 평안도 도절제사, 김효성을 도진무, 최치운을 경력으로 각각 임명하였다. 세종은 최윤덕·김효성·최치운 등을 인견(引見)하면서 말하기를, "지난 임인년(세종 4년, 1422) 사이에 우리 여연을 침노하였고, 그 뒤에 홀라온에게 쫓긴 바가 되어 그 소굴을 잃고는 그 가족을 이끌고 와서 강가에 살기를 애걸하기에, 나라에서 가엾이 여겨 우리나라에 붙어 살 것을 허락하였다. 이들을 보호한 은혜가 적지 아니한데 지금 은덕을 저버리고 무고히 쳐들어와서 평민을 죽이고 잡아갔으니, 지극히 흉악한 죄는 베어 용서할 수 없다. 만약 정벌하지 아니한다면 뒤에 뉘우치고 깨달음이 없어, 해마다 반드시 이와 같은 일이 있을 것이다"고 하며, 파저야인을 배은망덕한 무리로 여겨 응징하고자 하였다.

1433년(세종 15) 2월 15일 파저야인에 대한 정벌이 최종적으로 결정되자, 세종은 지대한 관심을 가지고 정벌의 준비에서부터 제반 문제에 이르기까지 직접 관여하였다. 세종은 영의정 황희를 비롯하여 맹사성·권진·최윤덕·허조·안순·조말생·정흠지·최사강 등 9명을 사정전(思政殿)으로 불러 파저야인의 정벌 문제를 논의하였다. 세종은 3월 17일 비밀리에 파저야인 정벌의 명령을 최윤덕에게 내렸다. 4월 10일 평안도 도절제사 최윤덕은 평안도 기병·보병 1만명과 황해도 군마(軍馬) 5천을 강계부에 집결시켰고, 군사를 7개 부대로 나누어 각 부대별로 공격목표를 맡게 하였다. 이때 중군절제사 이순몽은 2,515명의 군사로서 오랑캐의 본거지 이만주의 채리(寨里)를, 좌군절제사 최해산은 2,070명의 군사로서 거여(車餘) 등지를, 우군절제사 이각은 1,770명의 군사로서 마천(馬遷) 등지를, 조전절제사 이징석은 3,010명의 군사로서 올라(兀剌) 등지를, 김효성은 1,888명의 군사로서 임합라(林哈剌) 부모의 채리를, 홍사석은 군사 1,110명으로서 팔리수(八里水) 등지를, 최윤덕은 2,599명의 군사를 거느리고 바로 임합라의 채리를 각각 토벌하였다. 4월 19일까지 9일 동안 동가강·혼하(渾河) 일대의 오랑캐 본거지를 유린하여 남녀 248명을 생포하고 183명을 참살하였으며, 소 110두·말 67필과 각궁(角弓)·환도(環刀) 등 무기류 다수를 노획하는 전과를 올렸다. 파저야인에 대한 대첩의 소식을 접한 세종은 전승보를 종묘에 고하고 근정전에서 연회를 베풀어 정벌에 참여한 장수들을 위로하였다. 파저야인 정벌에 공로를 세운 최윤덕은 우의정에 올랐고, 최치운은 통훈대부 지승문원사(정3품)에 올랐다. 이들이 바로 우리나라 서북방의 국경선을 확립한 4군 개척의 주역이었다.

(3) 사신으로 명나라에 5차례 왕래

조선은 명나라에 정기적·비정기적으로 사절을 파견하였다. 정기사신은 신년을 축하하는 하정사, 명 황제의 생일을 축하하는 성절사, 황태자의 생일을 축하하는 천추사가 있었으나, 1531년(중종 26)에 동지사가 추가되었다. 비정기사신은 명나라에 어떤 사건을 보고하거나 해명할 일이 있을 때 파견하는 계품사, 특별한 요청을 하기 위해 파견하는 주청사, 명의 조치에 감사할 일이 있을 때 파견하는 사은사, 새 황제 등극이나 황태자 책봉을 축하하기 위해 파견하는 진하사, 명 황실에 국상이 있을 때 조문 사절로 파견하는 진위사, 조선에 국상이 발생했을 때 이를 명에 알리기 위해 파견하는 고부사 등이 있었다.

사신은 의정부·육조·대간에서 먼저 선발하여 천거하면 왕이 간택하여 임명하는 것이 원칙이었다. 사신은 대체로 청렴결백하고 명나라에 가서 능히 독자적으로 외교적 현안을 처리할 만한 능력이 있는 가선대부(종2품) 이상의 관원 중에서 문관이 선발되었다. 최치운은 모두 5차례나 명나라에 사신으로 다녀왔다.

정기사신은 출발하기 3개월 앞서 선임하였기 때문에 사행을 준비하는 시간적 여유가 충분히 있었으나, 비정기사신은 으레 이전에 명나라에 파견하였던 사절이 귀국한 후에 급박하게 결정되었다. 조선 국내의 대소사건·반란 등에 대한 해명, 왕위계승에 대한 문제 해명, 만주일대 야인의 동태, 일본에서의 중국인 송환에 관한 것 등을 보고하기 위한 사절이 모두 이에 속하였다. 계품사는 국가의 대체(大體)와 고금의 사변(事變)을 아는 자가 선발되었다. 최치운이 계품사로 파견되었던 것도 이에 정통하였기 때문이다.

1439년(세종 21)에 야인 범찰(凡察)과 동산(童山) 등이 이만주와 서로 약속하고 반란을 도모하자, 세종은 이를 명나라에 통고하여 이들을 억제하도록 청하려고 대신들로부터 사신 몇 사람을 추천받았다. 원래 최치운은 사신에 포함되어 있지 않았으나 세종이 특별히 공조참판으로 승진시켜 파견하였다. 그로부터 2달 후에 최치운은 "범찰 등을 경성지역에 그대로 살게 하여 직업을 안정하도록 하라"는 명 황제의 칙서를 받들고 귀국하였다. 사신이 귀국하면 국왕은 친히 잔치를 베풀어주었는데, 그 직무를 성공적으로 수행했을 경우에는 많은 토지와 노비를 하사하였다. 최치운은 안마(鞍馬) 1필과 토지 30결, 노비 30구를 하사받았다. 1440년(세종 22) 7월에는 여진의 동창(童倉)과 범찰 등이 도망한 사유를 보고하기 위해 계품사로 명나라에 다녀왔다.

(4) 『신주무원록』 편찬

『무원록』은 원나라의 왕여(王與)가 1308년에 송나라의 『세원록(洗寃錄)』과 『평원록(平寃錄)』 그리고 원나라의 다양한 판례 등을 참조하여 살인 사건과 관련된 옥사에서의 시시비비를 명백히 밝히기 위한 목적으로 편찬한 검시 지침서이다. 이 책에는 시간 경과에 따른 사체의 변화로부터 사인(死因)의 규명에 이르기까지 법의학적 감정을 필요로 하

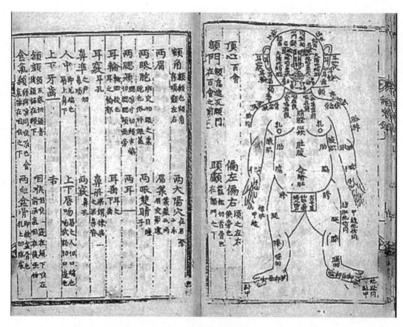

신주무원록(新註無寃錄)

는 각종 사항과 검사 재료, 검안서식(檢案書式) 등이 수록되어 있다.

『무원록』이 우리나라에 언제 전해졌는지는 알 수 없지만, 1419년(세종 1) 2월 형조가 검시의 문안을 주청하는 중에 처음으로 나타난다. 그 후 1430년(세종 12) 2월 율학(律學)의 취재과목에『무원록』의 검시 규례에 의거하도록 했는데, 그 목적은 백성들이 원통한 일이 없도록 형률·법률을 올바르게 쓰기 위한 것이었다. 그런데 그 내용이 너무 어려웠을 뿐 아니라 조선과 다른 중국의 제도에 기초하였다는 점이 책의 활용에 장애가 되었다. 국가에서는 이를 알기 쉽게 풀고 우리 실정에 맞도록 고치려는 지속적인 노력을 하였다. 이에 세종은 1438년 (세종 20) 11월에 최치운 등에게『무원록』의 조선판 간행과 주석 작업을 하도록 명하였다. 최치운 등은『무원록』에 주석을 달고 음훈을 병기하여 1440년(세종 22)에 마침내 『신주무원록』을 완성하였다. 세종은 이듬해 2월 한성부에 명하여 검시장식(檢屍狀式)이라는 공문서 서식을 따로 공포·간행하게 하였고, 다시 각도 관찰사로 하여금 그것을 인쇄하여 각 군현에 반포하게 하였다. 1442년(세종 24)에는 모든 검시법을 『신주무원록』의 규정에 따르도록 하였고, 인명치사(人命致死)에 관한 사건이 있을 때는 그 사체가 있는 곳에서 검증을 행한 뒤에 검시장식에 따라 사체검안서를 만들어 재판하도록 하였다. 최치운이 주해한 『신주무원록』은 옥사와 관련된 검시의 지침서 역할을 하였고, 『경국대전』 단계에 와서는 조선의 공식 법의학서로 규정되었다.

(5) 녹봉제 개정

조선 건국 초에는 고려의 녹봉제를 답습하여 매년 1월과 7월에 녹봉을 지급하였다. 그러나 1월과 7월에 녹봉을 지급할 경우에는 그 사이에 관직에 복무하고도 녹봉을 받지 못하는 문제가 발생하였다. 최치운이 녹봉을 4회로 나누어 1월·4월·7월·10월에 지급하자고 주장한 것도 이 때문이었다. 그의 건의는 마침내 수용되어 1439년(세종 21) 정월부터 시행을 보게 되었다.

이 외에도 최치운은 당시 사대부들의 패륜을 지적하며 윤리를 살려야 한다고 하였다. 그 내용은 사대부가 대체(大體)를 돌아보지 않고 창기에 빠져서 본처를 소박하는 자가 간혹 있는데, 심한 경우에는 창기로 하여금 부엌에서 음식을 책임지게 하거나 혹은 창기가 먹던 음식을 본처에게 먹게 하니, 천하의 천인으로서 도리어 배필의 위에 있게 된다는 것이었다. 그는 사대부의 이러한 행위를 국가에서 비록 절절히 죄인을 심리하나 이를 징계하지 않으므로, 유사(攸司)로 하여금 이러한 사람들을 조사하여 이름을 적어 이조에 문서를 보내 모두 파면하고, 두 번 범했을 경우에는 영구히 등용하지 말 것을 건의하였다.

2) 최응현(崔應賢)

자는 보신(寶臣)이고, 호는 수헌(睡軒)이다. 부친은 치운(致雲)이고, 모친은 강릉함씨 현령 화(華)의 딸이다. 13세에 아버지가 세상을 떠났을 때, 모든 예를 갖추고 3년상을 마치니 마을 사람들의 칭송이 자자하였다. 공은 오로지 학문에만 힘써 1448년(세종 30) 생원·진사시에 입격하였고, 1454년(단종 2) 식년문과에 병과로 급제하여 승문원 부정자 벼슬을 받았으나 노모를 봉양하기 위해 이를 사양하고 강릉훈도를 자청해 낙향하였다. 그 후 저작·전적 등에 임명되었으나 모두 사양하고 나아가지 않았다. 1463년(세조 9) 강원도사에 임명되었으나 노모를 모시기 위해 고을 수령으로 나가기를 요청하여 그 다음해에 고성군수에 부임하였고, 얼마 후 영월군수로 부임하여 어진 정사를 베풀었다. 그 후 사헌부 사성에 임명되었으나 노모를 모시기 어렵다 하여 부임하지 않았다. 1480년(성종 11)에 모친상을 당하여 3년 여묘살이를 하는 동안 한 번도 집에 내려오지 않았다. 3년상을 마치자 그의 효성을 기려 사헌부 집의(종3품) 벼슬을 내렸으나 이를 사양하고 고향으로 돌아왔다. 그 후 예빈시 정(禮賓寺正)을 거쳐 1484년에 승문원 참교, 1487년에 이조·호조참의, 1488년에 충청도관찰사, 1491년에 중추부 동지사, 1495년(연산군 1)에 대사헌, 1499년에 성균관 동지사, 1502년에 한성부 좌윤과 형조·공조·병조참판을 역임하였다.

조선시대의 수령은 국왕이 직접 임명하는 전임(專任)의 지방 행정관으로서 한 고을의 사무를 혼자서 결정하였다. 이에 국가에서는 수령에 대한 적절한 감독과 통제 및 규찰수단이 필요하였던 것이다. 그 기능행사의 일반적인 형태가 관찰사가 수령의 포폄등제를 정하는 것이었고, 수시로 행대(行臺)·경차관(敬差官) 등을 군현에 파견하여 수령의 불법을 적발하기도 하였다. 승문원 참교였던 최응현은 1483년(성종 14) 8월 수령의 불법을 적발하는 임무를 띠고 안동에 파견되었고, 이듬해 12월 안성에 파견되어 안성군수 최옥순이 공물(貢物)을 만드는 자로 하여금 직접 바치게 한 것을 적발하였다.

1484년(성종 15) 7월에는 개성부에서 오래도록 해결하지 못한 옥사 사건을 명쾌하게 해결하였다. 앞서 개성부에 사는 사비(私婢) 종지(終知)가 가산(家産)을 남편의 여동생인 용금(龍今)의 집에 맡겨 두었는데, 마침 용금이 죽자 그녀의 딸 봉금(奉今)의 아들 김영우(金永祐) 등이 종지의 재물을 모두 훔치고는 도둑맞았다고 속여 말하자, 종지가 개성부에 소장(訴狀)을 제출하였다. 이에 봉금 등은 말이 궁하자 도망하여 서울에 와서 송사가 부정하다고 아뢰니, 경기관찰사에게 옮겨서 추국하라고 명하였다. 그런데 추국이 끝나기 전에 봉금 등이 또 아뢰니, 봉상시 정(奉常寺正) 김수손(金首孫)을 보내어 추국케 하였다. 그의 추국 또한 정당함을 잃었다고 하므로 사재감 부정 안호(安瑚)에게 추국케 하였다. 봉금이 또 아뢰어 안호가 공정하지 않다고 책망하였으므로, 이번에는 성균관 사성 최응현을 보내어 추국케 하였다. 최응현이 봉금의 옥사를 추국하여 그 실정을 소상하게 밝히자, 성종은 "최응현을 내가 장차 크게 쓰려고 하는데, 이제 표장하지 않을 수 없다"고 하며 말 1필을 하사하였다.

1488년(성종 19) 8월에는 삭녕 사람 불정(佛丁)이 이손(李孫)을 타살하였는데, 의금부에서는 초검(初檢)과 복검(覆檢)이 각각 다른데도 고살(故殺)로 결정하는 것은 애매한 점이 있다고 하자, 성종은 이를 대신과 승지에게 의논하게 하였다. 그때 심회(沈澮)는 "이손이 죽은 뒤에 검시를 비록 분석해 시행하지는 못하였으나 불정이 타살한 행위를 명백히 문초해 받았으며, 또 맞은 지 9일 만에 죽었으니 타살한 것이 의심할 바 없다. 율에 의하여 논단하자" 하였고, 윤필상·홍응·노사신·이극배·윤호·손순효는 "이제 불정을 신문한 계본(啓本, 임금에게 큰일을 아뢸 때 제출하던 문서 양식)을 보니 애매한 점이 많으므로 고살로 논단하는 것은 온당하지 못하다" 하였다. 그러나 최응현 등은 "이손의 시체의 상처는 이미 검증에서 명확하지 않았으며, 또한 구타할 때의 증거가 없어 고살로 논단하는 것은 불가하다" 하여 마침내 사형을 감하게 하였다.

한편 최응현은 사치풍조의 만연으로 상하의 분별이 문란해지는 것을 개정할 것을 주장하였다. 15세기말부터 16세기 초에 이르러서는 부마·왕자를 비롯하여 부상대고·이서층에 이르기까지 혼인·상장·

삼현비각(三賢碑閣)

저택·복식·음식 등에서의 사치풍조가 만연하면서 사회적으로 큰 문제가 되었다. 공은 "부상대고들이 장송(葬送)할 때에 횃불을 성대하게 베풀고는 참람하게 재상과 맞먹으려 하니, 장송하는 것이 비록 후한 데 따르는 것이 마땅하다고는 하나 상하의 분별은 문란하게 할 수 없다"고 하면서 그 수를 참작해 정하되 제도를 지나치지 못하도록 하였다.

최응현의 활동 가운데 가장 적극적이고 강직한 성향을 잘 보여주는 것은 그가 사헌부의 장관인 대사헌이 되었을 때였다. 정현왕후(성종의 계비이자 중종의 생모)의 족친인 윤탕로(尹湯老)가 성종의 국상 기간인 졸곡(卒哭, 삼우가 지난 뒤에 지내는 제사) 전에 기생과 동거한 사실이 드러났을 때, 대간과 홍문관은 이를 집요하게 탄핵하다가 구금되었다. 이때 최응현은 여타 조정의 관리라 할지라도 졸곡을 마치기 전에 기생과 간음하면 죄를 용서할 수 없는데, 윤탕로가 왕비의 지친으로서 슬픔을 잊고 창기의 집에 묵었으니 대간이 논쟁을 고집하는 것은 당연하다고 하였다. 3개월 이상 대간과 홍문관에 의해 제기된 논박은 윤탕로가 파직된 뒤에도 계속되어 직첩을 환수당하고 경기에 부처(付處)된 뒤에야 일단락되었다. 이에 대해 이목(李穆)은 공의 충직을 가리켜 "권신의 면전에서 정치의 옳고 그름을 간할 때는 서릿발이 해를 뚫을 듯 엄격하여 아무도 그를 얕보지 못했고, 비록 왕의 노여움을 살 줄 알면서도 화복(禍福)을 가려서 마음을 움직이지 않았다"고 하였다.

3) 박공달(朴公達)

자는 대관(大觀)이고, 초년의 호는 강호(江湖)이며 만년의 호는 사지(四止)·사휴당(四休堂)이다. 부친은 장악원정 시행(始行)이고, 모친은 영양남씨 진사 과(薖)의 딸이다.

공의 성품은 강직하고 자세가 단정하였으며, 아무리 춥고 더운 날이라도 의관을 정제하여 위엄을 잃는 일이 없어 모두들 '훌륭한 선비[善士]'라고 칭찬했다. 그의 맑고 조용한 성품은 그의 호 '사지(四止)'의 뜻을 자신이 해석한 글에서 잘 알 수 있다. 즉 "앉는 것은 큰 나무 밑에서 그치고[坐止高陰下], 걷는 것은 사립문 안에서 그친다[步止華門裏]. 먹는 것은 텃밭의 푸성귀에 그치고[所食止園葵], 큰 기쁨은 어린 아이들에게 그친다[大懽止穉子]"라고 하였다.

허균은 우리 강릉에서 조선의 명인석사(名人碩士)가 많이 배출되었다고 하였는데, 그 가운데 "학문과 품행으로 사림에서 칭송된 이는 박공달과 박수량이 사가(史家)의 저술에 기재되어 지금까지도 사람들이 그들의 이야기를 하고 있다"고 하였다.

공은 1495년(연산군 1) 26세 때 생원시에 입격했으나, 수신과 독서에만 힘쓸 뿐 벼슬에는 뜻이 없었다. 일찍이 상진(尙震, 1493~1564)이 관동지역을 순찰할 때 공을 만나보고서 다른 사람에게 말하기를 "구슬 항아리에 담긴 가을물 같다"고 공의 인품을 높이 평가하였다.

1516년(중종 11) 가을에 김정(金淨)이 관동지역을 유람하다가 공을 만나 각자의 성명을 말하자 비로소 친해졌다. 김정이 서울로 돌아가서 공을 조정에 적극 추천하여 1519년(중종 14) 현량과에 천거되었다. 생원 박공달은 7가지 항목 가운데 성품과 행실로 천거되어 홍문관 저작(정8품)을 제수받고 그 후 병조좌랑(정6품)에 이르렀다.

그러나 현량과의 실시는 사림파와 대립하고 있던 훈구파에게 심각한 도전으로 받아들여졌다. 그들은 이 제도가 전통적인 과거 법규에 어긋날 뿐만 아니라, 사림파 세력 강화에 목적이 있다고 보았다. 이에 그들은 인재 천거에 공정을 기할 수 없다며 극력 반대하고 나섰던 것이다. 결국 현량과는 훈구파와 사림파의 대립을 격화시켜 위훈삭제(僞

쌍한정(강원도청)

勳削除)4 문제와 더불어 1519년(중종 14) 11월에 기묘사화를 유발시킨
원인이 되었다. 그리하여 현량과는 폐지되고 급제자는 그 자격이 박
탈되었다.

박공달은 파직되어 강릉으로 돌아와 종질인 박수량과 함께 사천 해
안에 작은 정자를 짓고 그곳에서 유유자적하며 노니니, 고을사람들은
그 정자를 '쌍한정(雙閒亭)'이라 하였다.

---

4 사림파는 중종반정 때 책봉된 정국공신(靖國功臣) 가운데 상당수가 거짓 공훈이니
이들을 골라내어 공신명단에서 삭제할 것을 주장하였다. 이는 당시로서는 훈척의 집권기
반을 붕괴시킬 수 있는 아주 혁명적인 개혁조치였다. 공신에서 삭제된다고 하면 단순히
명단에서만 삭제되는 것이 아니라 그 대가로 주었던 토지와 노비까지도 빼앗기는 것이었
다. 즉 상대세력의 물적 기반을 뿌리 뽑겠다는 것이었다. 이 문제는 중종반정 직후부터
정치적으로 논란이 되어 117명의 공신 가운데 이미 문제가 있던 12명이 삭제되었고, 또
이때 와서 본격적으로 전체 인원의 3/4에 해당하는 76명의 공신이 명단에서 삭탈당하기
에 이르렀다. 이러한 급진적인 개혁은 마침내 훈구파의 강한 반발을 불러일으켰다.

공은 1545년(인종 1) 8월 승문원 교검(정6품)에 임명되었으나 나아가지 않았다. 박민헌(朴民獻)이 강원도관찰사로 있을 때 공의 자득(自得)한 정취를 추모하여 친히 옛 자취를 찾았는데, 쌍한정이 완연히 남아있음을 보고 화공(畵工)을 시켜 그 풍경을 그리게 하여 가지고 돌아갔다. 공의 행적은 『기묘당적(己卯黨籍)』, 『기묘명현록(己卯名賢錄)』, 『동국명현록(東國名賢錄)』 등에 수록되어 있다.

4) 박수량(朴遂良)

자는 군거(君擧)이고, 호는 침암(砧巖)·삼가당(三可堂)이다. 부친은 교수 승휴(承休)이고, 모친은 영해이씨 감찰 중원(仲元)의 딸이다. 그의 성품은 호탕한 데다 거리낌이 없어 격식을 갖추거나 꾸미는 것에는 신경을 쓰지 않았다. 비록 잡인들이 스스럼없이 굴어도 싫어하는 기색이 없었고, 충효의 큰 절조에는 해와 별같이 빛나고 반짝거렸다고 한다. 그리하여 후세 사람들은 그를 일컬어 '훌륭한 선비[善士]'라 하였다.

공은 어려서부터 효성과 우애가 지극하였으며, 학문이 일취월장했는데도 벼슬에 나갈 생각은 않고 오직 산수를 벗으로 삼았다. 하루는 과거에 급제한 고을 사람이 공의 집을 방문하였는데, 모친이 그를 만나보고 칭찬하며 부러워하였다. 공은 "무릇 사람의 자식된 자는 어버이를 기쁘게 해드리는 것이 제일"이라 하여 1504년(연산군 10) 생원시에 입격하였으나, 모친상을 당해 대과에는 응시하지 못하였다. 마침 연산군이 한 달을 하루로 계산하여 3년상을 치루는 단상법(短喪法)을 엄하게 시행할 때, 공은 3년 동안 여묘살이를 하였다.

여묘살이는 분묘 옆에 작은 집을 짓고 탈상할 때까지 분묘를 보살피고 산다는 뜻으로 시묘살이라고도 하였다. 여묘살이의 유래는 중국의 공자 이전 시기까지 거슬러 올라간다. 『논어』 양화장(陽貨章)에 의하면 재아(宰我)가 공자에게 "3년상은 너무 길다면서 1년상으로 하면 어떻겠냐"고 문의하니, 공자는 "자식이 태어나서 3년이 지나야 부모의 품에서 벗어날 수 있기 때문에 최소한 부모를 위해 3년상은 지켜야 한다"고 하였다. 공자가 세상을 떠났을 때 그의 제자들이 3년상을 마치고 돌아갔는데, 자공(子貢)은 그 뒤로도 3년 동안 공자의 묘 옆에 여막을 짓고 추모하였다는 기록이 전한다.

우리나라에서는 고려말 주자성리학의 도입과 함께 유교식 상장례로서 여묘살이가 간혹 거행되었다. 조선 건국 이후에는 국가적 차원에서 사대부들에게 유교식 상장례를 보급해 나갔다. 그 결과 3년상과 여묘살이는 사대부가를 중심으로 점차 확산되어 갔고, 연산군 대에 이르면 사대부가에서 일반적으로 행하는 상장례로 자리 잡게 되었다. 그러나 연산군은 1505년(연산군 11)에 신료들의 완강한 반대를 무릅쓰고 상제를 고쳐 국상(國喪)과 사대부의 친상(親喪)은 달을 날로 계산하여 27개월을 27일 만에 탈상하도록 하였다. 연산군은 이후에도 "왕명은 중한 것이니, 사(私)를 따르고 공(公)을 폐하여서는 안 된다"면서 왕명을 엄중히 준수할 것을 명령을 내렸다. 그러나 박수량은 "차라리 쇠망치로 맞아서 죽을지언정 선왕 때부터 지켜온 법은 어길 수 없다" 하여 여막에 거처하며 3년상을 치렀다. 이 일로 인해 1508년(중종 3) 생시(生時)에 효자정려(孝子旌閭)5를 받았다.

1516년(중종 11) 가을에 김정(金淨)이 금강산을 유람하는 길에 박수

---

5 국가에서 충신·효자·열녀 등의 행실을 널리 알리고 표창하는 일을 말함. 정표(旌表)라고도 한다. 조선의 정표정책은 고려의 것을 계승하여 1392년(태조 1) 7월부터 시작하여 순종 때까지 이어졌다. 정표는 대단한 명예로 여길 뿐 아니라 잡역을 면제받기 때문에 향촌사회에서는 정려를 둘러싼 이해관계가 날카롭게 대립하기도 했다.

량의 집에 들렀다. 공께서는 집이 매우 가난하여 일꾼들 사이에 끼어 손수 새끼를 꼬고 있었으므로 김정은 처음에 그가 주인인 줄을 몰랐다. 김정은 이틀 밤을 묵고 떠났는데, 공에게 작별할 때에 척촉장(躑躅杖, 철쭉나무 지팡이)을 선물로 주었다. 이때 김정은 31세였고, 박수량은 41세였다.

박수량은 1518년(중종 13)에 유일(遺逸, 초야에 은거하는 선비를 찾아 천거하는 인재 등용책)로 천거되었는데, 천거의 명목에는 "천성이 순후하고 지조가 구차스럽지 않으며, 소박하고 말이 적어 꾸밈이 없으며 효행이 있고 뜻이 독실하다"고 하였다. 같은 해 5월 용궁현감에 임명된 공은 중종에게 사은숙배(謝恩肅拜, 임금의 은혜에 감사하며 공손하게 절하는 것)를 올리던 날, 중종이 공에게 "요순시대의 정치를 지금도 다시 할 수 있느냐?"라고 묻자, 공은 "신이 시골에 살았으므로 풀의 본성을 잘 알고 있습니다. 풀이라는 것은 옛날부터 그 맛이 썼으면 지금도 그 풀은 쓰고, 옛날에 단 풀은 지금도 그 맛이 단 것입니다. 풀의 성질이 예나 지금이나 변함이 없는데 우리 인간의 본성이 또한 어찌 예나 지금이 다를 수 있겠습니까? 그러니 요순의 정치를 지금이라 못할 리 없습니다"라고 하였다. 이에 중종은 탄복하여 공을 가상히 여겼다고 한다.

또한 공은 중종이 천거인들을 인견하는 자리에서 "우리나라는 백성의 빈부 차이가 너무도 심합니다. 부자는 그 땅이 한량없이 연해 있고 가난한 자는 송곳을 세울 곳도 없습니다. 비록 정전법(井田法)이 훌륭하다 하더라도 지금은 시행할 수가 없으니, 균전법을 시행하면 백성이 실질적인 혜택을 입을 것입니다." 하였고, 또 "어진 정사는 반드시 경계(經界)를 바로잡는 일부터 시작해야 합니다. 1읍(邑) 안에 수백 결(結)씩 땅을 가지고 있는 자가 있으니, 이대로 5~6년만 지나면 한 읍의 땅은 모두 5~6인의 수중으로 들어갈 것입니다. 이것이 어찌 옳은 일이겠습니까? 지금 이 땅들을 고르게 분배하면 이야말로 선왕(先王)이 남긴 정전법의 뜻이 될 것입니다."라고 하며 균전법을 시행할 것을 주장하였다.

공이 용궁현감으로 있을 때 두 형제가 토지문제로 오래도록 다투기에 그들을 불러 술을 권하면서 타이르기를 "토지는 얻기 쉬우나 형제는 얻기 어렵다. 내가 덕이 없어 너희들이 이렇게 싸우니, 내가 무슨 면목으로 너희들을 다스리는 주인 노릇을 하겠느냐" 하고 눈물을 흘리자, 두 형제는 그 자리에서 크게 깨닫고 마침내 그 소송문서를 불살라 버렸다고 한다. 공께서는 일 처리를 물 흐르듯 하니 관아의 뜰에 밀린 송사가 없었다.

그러나 공은 기묘사화가 일어나자 파직되어 고향으로 돌아왔다. 그때 그의 당숙인 박공달도 파직되어 고향으로 돌아왔다. 박공달은 수량이 먼저 세상을 떠나자 제문을 지어 애통해 하기를 "남북을 가로지르는 한 시냇가에 있는 초가삼간, 쌍한정에 뜬 달은 만고(萬古)에 길이길이 비치리라" 하였다. 문집으로는 『삼가집(三可集)』이 전해진다.

5) 최수성(崔壽峸)

자는 가진(可鎭)이고, 호는 원정(猿亭)·북해거사(北海居士)·경호산인(鏡湖散人)이다. 증조는 치운(致雲), 조부는 응현(應賢), 부친은 생원 세효(世孝)이고, 모친은 철원최씨 승지 철관(哲寬)의 딸이다.

공은 4~5세에 이미 문장을 지을 줄 알았고 10세에 이르러 문장이 대성하였다. 시를 지으면 운율이 이백·두보에 못지않았고, 글을 지으면 문체가 유종원·한유에 못지않았으며, 필법에서는 왕희지의 글씨에 견줄 만 했고, 화법에서는 고개지의 묘수에 못지않았다고 한다. 이처럼 시문(詩文)과 서화(書畵)에 모두 능하였기에 세상 사람들이 공을 칭송하여 '사절(四絶)'이라 불렀다. 기묘사림 가운데 한 사람인 김정(金淨)은 일찍이 최수성의 시를 사랑하여 영원히 이름을 남길 사람이라고 높이 평가하였다.

『동유사우록』에 의하면, 최수성은 조광조와 함께 김굉필의 문하에서 배웠다고 한다. 김굉필은 무오사화에 연루되어 희천(지금의 영변)으로 유배를 가게 되었는데, 때마침 조광조가 평안도 어천찰방으로 부임하는 아버지를 따라갔다가 옆 고을에 유배 중이던 김굉필을 만나게 된다. 최수성이 조광조와 함께 김굉필에게서 동문수학한 것도 이 무렵이었다. 최수성이 김굉필과 학연을 맺게 된 것은 그의 조부 최응현이 김종직·김굉필과 교유관계를 맺고 있었기에 자연스럽게 연결되었다고 생각된다.

최수성의 동문인 조광조를 비롯한 기묘사림이 본격적으로 중앙정계에 진출해서 하나의 정치세력을 이루게 되는 것은 1515년(중종 10) 무렵이다. 이는 그때의 시대상황과 밀접한 관계가 있었다. 그것은 중종 반정을 통해서 정권을 획득한 반정 3공신인 박원종·성희안·유순정이 죽었고, 그 대신 정광필·안당 등 사림에 호의적이었던 비공신세력들이 정국을 주도하였기 때문이다. 더구나 그동안 공신세력에게 주도권을 빼앗겼던 중종 자신이 이제는 주도권을 확보하려고 나서게 된다. 이때 중종은 정치적 입지를 강화하기 위해 자신의 지원세력으로서 사림을 본격적으로 기용하게 되었고, 이로써 사림이 중앙정계에 진출할 수 있었던 것이다. 이에 조광조가 그해 6월에 천거로 조지서 사지(造紙署司紙)에 임명되었고, 이후 김식·박훈 등 사림의 핵심인물들이 정계에 진출하게 되었다.

그런데 이 천거제의 문제는 승진 속도가 빠르지 못하였고, 또한 청요직인 삼사(三司, 사간원·사헌부·홍문관)의 관직에도 임명되지 못하였다. 조선사회를 이끌어 갔던 핵심부서가 삼사였는데, 이 삼사에는 반드시 문과 출신들만 임명되었다. 그러니 아무리 덕행이 있고 능력이 있다고 하더라도 과거를 통해 검증받지 못하면 임명되지 못했다. 따라서 천거제로 들어간 사람들은 제도적으로 권력의 핵심에 접근할 수 없었던 것이다. 이에 조광조는 추천에 의해 임명되었기 때문에 자기의 이상을 펼치는 데 한계를 느끼게 된다. 그래서 그해 가을에 알성시(謁聖試, 임금이 문묘에 참배한 뒤 성균관에서 실시하던 과거)를 보게 되었고, 급제하여 정식으로 관직에 진출하였다. 조광조는 과거에 급제하자마자 임명된 관직이 성균관 사서였고, 그 직후에 사간원 정언(正言)이 됨으로써 삼사에 들어갔다. 이런 식으로 조광조는 초고속 승진을 해서 3년 만에 사헌부 대사헌의 지위에까지 올랐다. 그래서 그 주위에는 많은 사람이 삼사를 중심으로 한 요직에 포진하게 되었던 것이다.

조광조는 성리학적인 이상사회를 이루기 위한 일련의 개혁정치를 추진하였다. 그러나 그가 개혁을 강력하게 추진해 나갈수록 개혁을 추진할 인적 자원을 확충할 필요성을 느끼게 된다. 그 방안으로 제기된 것이 1518년(중종 13)에 조광조가 주장한 새로운 인재등용법인 현량과(賢良科)였다. 현량과는 덕행과 재주를 지닌 학자를 추천에 의하여 등용하는 별시 형태로, 정식 과거를 치러서 문관을 뽑는 것과 똑같은 것이었다. 다시 말해 이전에 문관들은 시험을 통해 선발되었지만 현량과는 학행과 덕행, 성리학적 소양 등으로 선발하는 것이었다.

그때 조광조는 최수성을 현량과에 천거하였다. 조광조가 최수성을 천거한 것은 김굉필과 성수침이 기묘명현(기묘사화로 화를 입은 사림) 가운데 최수성을 최고로 인정한 것에서 알 수 있듯이 그가 학행과 덕행, 성리학적 소양 등을 갖추었기 때문이라 본다. 그러나 최수성은 어떠한 연유인지는 알 수 없지만 현량과에 응시하지 않았다. 그것은 아마 중종대 집권층의 사회적·도덕적인 모순 때문이 아닌가 생각된다. 즉 반정의 주역이랄 수 있는 중종대의 집권층이 연산군 학정의 책임을 져야 할 당사자들임에도 불구하고 오히려 학정을 청산할 개혁세력인양 군림한 것과 밀접한 관계가 있었으리라 짐작된다.

조광조는 현량과를 통해 그 세력이 확대되자 반정공신에 대한 대대적인 위훈삭제를 단행할 것을 강력히 주장하였다. 이 문제는 중종반정 직후부터 논란이 있어 왔는데, 1519년(중종 14) 11월에 와서 사림파는 117명의 공신 가운데 76명이 위훈이라고 주장하여 이들을 공신의 명단에서 삭제시킨다. 이러한 급진적인 개혁은 마침내 훈구파의 강한 반발을 불러일으켰고, 사림에 대한 중종의 견제 심리까지 작용하게 하는 부작용을 낳아 위훈삭제 조치가 결정되고 3일 만에 기묘사화가 일어났다.

훈구대신들은 이들에게 "서로 붕당을 맺어 자기를 따르는 자는 이끌어주고, 자기와 뜻을 달리하는 자는 배척한다"는 죄명을 적용하여 조광조·김정 등에 대해서는 사사(賜死)를, 그 외의 인물에게는 중형(重

刑)을 가하자고 주장하였다. 그러나 정광필·이장곤 등 일부 보수적인 온건파 대신의 만류로 사사 대신 위리안치(圍籬安置)로 결정되었으나, 남곤·심정 등의 계속적인 가죄(加罪) 요청으로 결국 조광조는 사사되고, 김구·김정·김식은 절도안치(絶島安置), 윤자임·기준·박세희 등은 극변안치(極邊安置), 정광필·이장곤·김안국 등은 파직되었다. 이들 대부분은 조광조 등용 이후 정계에 등장하여 사림파의 상호인진(相互引進)에 의해 성장한 신진사류로서 대체로 조광조와 정치적 이해관계를 같이한 인물들이었다.

최수성은 기묘사화에 연루되지는 않았지만 기묘사림에게 화가 미칠 것을 미리 예상하고 있었던 것으로 보인다. 그러한 사실은 다음의 기사를 통해서 알 수 있다.

> 노천(老泉, 김식)이 효직(孝直, 조광조)·원충(元冲, 김정)·대유(大柔, 김구)와 함께 모여서 이야기하는데 공(최수성)이 별안간 밖에서 들어와 오랫동안 서서 인사도 않고 있다가 급히 노천을 불러, "나에게 술 한 잔 주오" 하였다. 술을 곧 주니, 단숨에 들이키고 나서 하는 말이 "내가 파선되는 배에 탔다가 거의 빠져 죽게 되어서 마음이 심히 떨리더니, 이제 술을 마시니 풀린다" 하고, 간다는 말도 없이 곧 가버렸다. 앉은 사람들이 괴이하게 여기니, 효직이 말하기를, "파선되는 배라는 것은 우리를 두고 한 말이다. 다만 자네들이 알아듣지 못한 것이네" 하였다(『대동야승』 권3, 병진정사록).

최수성은 기묘사림을 "파선되는 배"에 비유하고 있다. 얼마 후 기묘사화가 발발하여 그의 동지들이 처형당하는 것을 보고 술과 시·서화·음악 등을 일삼으며 명산을 유람하였다. 그는 가는 곳마다 소나무로 거문고를 만들어 타다가 끝나면 버리고 어느 한 곳에 머물러 살지 않았다고 한다.

기묘사화는 남곤·심정·홍경주가 주도하였으므로 이후 상당한 기간 동안 그들을 주축으로 한 훈구세력이 정국을 주도하게 되었다. 남곤·심정 등은 정권을 잡자, 이전에 조광조 일파를 두둔했다는 이유로 안처겸·문근·유인숙 등을 파직시켰다. 이에 안처겸은 이정숙·권전 등과 함께 남곤·심정 등이 사림을 해치고 왕의 총명을 흐리게 한다 하여 이를 제거하기로 모의하였다. 그러나 그때 그 자리에 참석하였던 안처겸의 친구 송사련이 그의 처남 정상과 함께 남곤·심정에게 이러한 사실을 고변할 것을 모의한 후, 안처겸의 모친상 때의 조객록(弔客錄)과 발인할 때의 역군부(役軍簿)를 가지고 이들이 무리를 이루어 반란을 꾀하려 한다고 고발하였다. 그 결과 안당·안처겸·안처근 3부자를 비롯하여 최수성·권전·이정숙·이충건·조광좌·이약수·김필 등이 체포되어 심문을 받은 다음 역적으로 몰려 처형되었다. 이 사건이 바로 1521년(중종 16)에 일어난 이른바 '신사무옥(辛巳誣獄)' 이다.

최수성이 신사무옥에 연루된 것은 남곤과의 원한에서 비롯된 것으로 보인다. 『임영지』에 의하면, 어느 날 수성이 김식(金湜)의 집에 들렀는데, 그때 마침 남곤이 찾아왔다. 공이 누워서 일어나지 않기에, 남곤이 "저 사람이 누구냐"고 묻자, 노천은 "세상에 숨어사는 최원정이란 사람"이라고 하였다. 남곤이 돌아가자 공이 큰 소리로 노천에게 말하기를, "그대는 어찌 남곤과 같은 간사한 사람들과 교유하는가"라고 하였다고 한다. 『대동야승』에는 다음과 같이 기술되어 있다.

남곤이 일찍이 산수화 한 폭을 가지고 충암(김정)에게 제시(題詩)를 써 달라고 부탁하였다. 공(최수성)이 충암의 집을 방문하여 마침 이것을 보고, 드디어 그 위에다 쓰기를, "떨어지는 해는 서산으로 내리고[落日下西山], 외로운 연기는 먼 수풀에서 일도다[孤煙生遠樹]. 복건을 쓴 서너 사람이 있으니[幅巾三四人], 누가 망천(당나라 시인 왕유의 별장이 있던 명승지)의 주인인고[誰是輞川主]" 하였다. 남곤이 이것을 보고 원한을 품었다(『대동야승』 권19, 해동잡록1 기묘록).

위의 기사에 의하면 남곤이 수성에게 원한을 품은 것은 수성이 붙인 산수화의 제목 때문이었음을 알 수 있다. 이에 대해서는 『최원정화풍남태설(崔猿亭畫 諷南台說)』[6]에 자세히 나타난다. 그 내용을 요약 소개하면 다음과 같다.

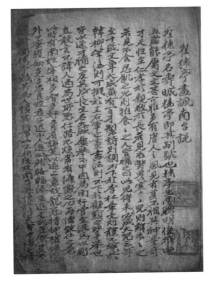

원정은 학문이 뛰어났지만 여러 차례 과거에 낙방하였다가 간신히 음관(蔭官)으로 세마(洗馬)라는 미관말직을 얻는다. 그런데 성격이 강직하여 직언을 서슴지 않아 자주 세상 사람들의 미움을 사게 되고, 그로 인해 승진의 기회가 막힌다. 그때 조정의 권력을 장악하고 있던 남재상(南宰相, 남곤)이 비리를 자행하였으나 아무도 그의 비리를

최원정화 풍남태설

---

6 이 작품은 작자, 연대 미상의 고대소설이기는 하지만 작품의 말미에 원정이 놀던 정자와 그의 후손들이 동네를 지키며 유풍을 지키고 있다는 말이 있는 것을 보면, 이 작품이 실화를 바탕으로 하고 있음을 짐작케 한다. 이에 대해서는 한국정신문화연구원, 『한국민족대백과사전』 22권, 463쪽 참조.

간하지 못하고 도리어 아부만 하였다. 그런데 유독 원정만 그의 사람됨을 천하게 여기고, 그가 행하는 일을 분하게 여기면서 한결같이 상종하지 않았다. 그 때문에 남곤은 마음속으로 원정에 대해 원한을 품어 왔고, 중상할 계획을 갖고 있었다.

이때 원정의 숙부 최세절(崔世節)[7]이 재주는 있었지만 지조 없이 남곤을 찾아다니면서 벼슬을 구한다. 원정은 매양 숙부에게 직간(直諫)하여 "군자와 군자와의 사귐은 두루 미치되 아첨하지 않으며, 소인과 소인의 사귐은 아첨만 하되 두루 미치지 못한다 했습니다. 지금 숙부께서는 군자의 두루 미침은 알지 못하고 오로지 소인들의 아첨만 숭상하니, 무섭고 두려워서 바로 보지 못하는 사람과 업신여기는 사람이 많습니다. 숙부는 마음속으로 부끄럽지도 않으십니까"라고 하자, 숙부는 이 말을 듣고 다시는 원정을 찾아오지 않았다.

그 후 원정이 시를 지어 남곤을 풍자하였는데, 그 시에 "해 저물어 푸른 산 아득도 한데[日暮蒼山遠], 하늘은 차고 강물은 절로 일렁이네[天寒水自波]. 외로운 배여 서둘러 정박해야 하리[孤舟宜早迫], 밤이면 풍랑이 거세질 테니[風浪夜應多]"라고 하였다. 숙부가 이 시를 남곤에게 보이니, 남곤은 한참을 보더니 말했다. "해 저물어 푸른 산 아득도 한데"라는 구절은 세상의 도리가 점점 나쁜 쪽으로 가고 있다는 뜻이

---

7 최응현의 셋째 아들로 1504년(연산군 10) 별시문과에 갑과로 급제하였고, 뒤에 무과에도 급제하였다. 1508년(중종 3) 홍문관에 들어갔고, 1515년 평사를 거쳐 1517년 왕의 명으로 3계급을 뛰어 승진하였으며, 1519년 승지로 발탁되어 왕의 측근에서 보필하였다. 1521년 우승지를 거쳐 이듬해 좌승지에 오르고, 1523년 제주목사에 제수되었으나 병으로 부임하지 못하자 왕은 그를 다시 근무 조건이 좋은 충청도병사를 제수하였다. 1527년 중앙으로 돌아와 홍문관부제학을 역임한 뒤 경연관이 되어 왕에게 경서를 강론하였다. 1530년 경상도관찰사를 거쳐 형조참판이 되었고, 1534년 다시 강원도관찰사로 나가 치적을 올렸으며, 그해 공조참판이 되어 중앙으로 돌아왔다. 그가 제조(提調)로 재임할 때 자격루를 편리하고도 정확하게 개조한 공이 크다.

고, "하늘은 차고 강물은 절로 일렁이네"라는 구절은 군주는 약하고 신하는 강하다는 뜻이며, "외로운 배여 서둘러 정박해야 하리"라는 구절은 세상을 피해 은거해야 한다는 뜻이고, "밤이면 풍랑이 거세질 테니"라는 구절은 조정이 장차 어지러워지리라는 뜻이라 하였다.

남곤은 이 시가 세상을 우습게 보고 조롱하는 뜻이 참으로 통렬하다면서, 그대의 가까운 친척이 아니었다면 의당 죽였겠지만, 자네 얼굴을 보아 이번만은 용서한다고 하였다. 이후 남곤은 최수성을 해치려는 마음이 전보다 갑절로 커졌다. 그럼에도 남곤은 최수성의 그림 풍격을 흠모하여 그의 숙부에게 부탁하여 8첩짜리 그림을 얻는데, 그림마다 남곤을 풍자하고 비판하는 내용이 담겨 있었다. 원정이 완성한 그림의 1첩에는 '낙엽이 가을 골짜기에 쌓여 있다'[落葉藏秋壑]라는 제목이, 다른 1첩에는 '희미하게 져 가는 달이 반산에 비추다'[殘月照半山]라는 제목이 붙여져 있었다.

남곤은 "천금의 보물은 얻을 수 있어도 이 8첩 그림은 보기 어렵다"고 이를 자랑하였다. 그러나 한 무관이 그림은 천하의 명화이나 "그림과 제목을 보니 필시 대감과 사이가 좋지 않은 사람의 그림일 듯합니다. 이 사람은 은밀한 뜻으로 풍자하고 모욕하면서 대감을 나라를 망친 소인에 견주었다"고 하였다. 즉 '낙엽장추학'이란 대감을 남송 말에 나라를 잘못 이끈 소인 가사도(賈似道)에 비유한 것이고, '잔월조반산'이란 왕안석에 비유한 것이라 하자, 남곤은 이 말을 듣고 버럭 성을 내며 "고작 말단 벼슬아치를 지낸 주제에 재상을 풍자하고 모욕하였다"며 원정을 죽이려고 하였다.

그 후 남곤은 송사련 사건의 추관(推官)이 되어 최수성을 추국하도록 청하여 드디어 죽였던 것이다. 최수성이 신사무옥에 연루된 것은 남곤과의 원한에서 비롯되었음을 알 수 있다. 신사무옥이 다른 사화

처럼 정치적 목적이나 정치이념에서가 아니라 남곤·심정 등의 훈구
파 세력들이 그들의 정적(政敵)인 사림계 인사들을 제거하기 위해 정
치적 음모를 동원하였다는 점에서 더욱 그렇게 생각된다.

공은 1540년(중종 35)에 신원(伸寃)되어 의정부 좌찬성 겸 판의금부
사에 추증되고 상절공(尙節公)이라는 시호를 받았으며, 1545년(인종 1)
에 숭록대부 의정부 영의정에 추증되고 문정공(文正公)이라는 시호를
받았다.

충정사(忠正祠)

6) 최운우(崔雲遇)

자는 시중(時中)이고, 호는 학구(鶴衢)·향호(香湖)이며 만년에 도경
(稻景)으로 세상에 알려졌다. 도경이란 "덕을 실천하고 밝은 행실을 한
다"[蹈德景行는 뜻이다. 부친은 강계교수를 지낸 담(澹)이고, 모친은
진주강씨 참봉 준지(俊智)의 딸이다. 담의 동생인 진사 호(浩)가 아들
이 없어 그의 양자가 되었다.

12세 때 김광진(金光軫)[8]에게서 『대학』을 배웠는데, 처음에는 하루

종일 들어도 이해하지 못하였으나 책을 절반쯤 읽고서야 대략적인 뜻을 깨달았고, 거의 1년이 되어서 달통하지 않은 곳이 없었다. 일찍부터 도를 구함이 있어 24세 때인 1554년(명종 9) 도산에 있는 퇴계 이황을 만나 옛 성인의 도의를 듣게 되었다. 율곡 이이와 우계 성혼과는 서로 왕래하며 도덕과 의리의 교분[道義之交]을 맺었다. 송시열은 공을 가리켜 "퇴계에게 도(道)를 묻고 우계에게 덕(德)을 살펴보았으니, 노(魯)나라에 군자가 없으면 여기에서 취하리라"고 하였다. 이 외에도 당대의 유학자인 정탁·정유일·양사언 등과도 교유하였는데, 공과 교유하였던 제현(諸賢)들은 당대의 명사가 아닌 사람이 없었다.

공의 학문은 실천궁행(實踐躬行, 말로 하지 않고 실천하며 남에게 시키지 않고 몸소 행하는 것)을 근본으로 하는 성리학에 심취해 있었다. 일찍이 뜻을 같이 하는 심경혼·김자온·최사결과 함께 오대산과 금강산 등 여러 명산을 두루 유람할 때에도 격물궁리(格物窮理, 모든 사물의 이치를 끝까지 캐서 만물을 관통하는 하나의 이치를 확인하는 것)의 공부를 다 하지 아님이 없었다.

공은 1552년(명종 7)에 생원시에는 입격하였으나 문과에는 급제하지 못했다. 그러나 학문과 덕행으로 10여 차례 천거되었으나 관직에 나간 것은 선공감 감역관, 선릉참봉, 횡성현감이 전부이다. 매번 벼슬을 내릴 때마다 연로한 어머님 봉양 때문에 벼슬을 사양하였다. 설령 어머니의 명이 있어 관직에 나가더라도 얼마 안 되어 고향으로 돌아와 어머니를 봉양하였다.

만년에 횡성현감으로 부임해 갈 때 손곡 이달(李達)은 "갈 길이 이렇

---

8 조선전기의 문신으로 본관은 강릉이고, 1526년(중종 21) 별시문과에 을과로 급제하여 집의(執義)·전한(典翰)·직제학(直提學)을 거쳐 1555년(명종 10)에 병조참판, 1564년(명종 19)에 호조참판을 역임하였다. 형은 허균의 외할아버지인 광철(光轍)이다.

게 험난한데 그대는 먼 길을 다시 오르네. 뛰어난 재주는 옛 글을 회상케 하고 보잘것없는 벼슬 평생 부담될 걸세. 해안에는 매화가 만발하고 산골짜기에는 여기저기 새소리 구성지네. 헤어지는 이 마음 쓸쓸하나 경치에 마음 달래보나 이별의 정 어이 이기리"라는 시를 지어주었다. 횡성현감에 부임한 지 몇 달 뒤 노환을 핑계대고 고향으로 돌아왔다.

공은 풍속교화와 문풍진작에 남다른 노력을 했다. 공께서는 영남과 호남에는 많은 서원이 있는데 강릉에는 서원이 하나도 없는 것을 안타깝게 여겨, 1555년(명종 10)에 함헌과 함께 오봉서원을 건립하여 공자를 배향하고 후학들이 학문을 닦는 곳으로 삼았다. 1600년(선조 33)에 「연곡향약」을 시행할 때, 공은 강릉부 전체를 관장하는 도약정(都約正)으로 향약 운영에서 주도적인 역할을 하였다. 「연곡향약」은 중국의 『주자증손여씨향약』을 수용하여 그 4대 강목을 표방하고 있으면서도 별도로 부록과 별조(別條)를 두어 향촌사회의 질서를 규정하고 있다. 그 내용은 대체로 율곡의 「해주일향약속」과 일치한다.

7) 최수(崔洙)

자는 도원(道源)이고, 호는 춘헌(春軒)이다. 고려시대 평장사를 지낸 입지(立之)의 후손으로, 부친은 교수 여남(汝南)이고 모친은 정선전씨 생원 무(務)의 딸이다. 공의 천성은 강직하여 사사로운 거짓을 용납하지 않았고, 위세와 무력에 굴하지 않았다. 이는 세조 임금이 오대산 어림대(御臨臺)에서 과거를 개최하였을 때 공이 벽불문을 통과한 것에서 알 수 있다.

세조는 1466년(세조 12)에 중궁·세자 등과 함께 강원도 고성 온천을 순행한 후 상원사 낙성식에 참석하였다.9 낙성식을 마친 세조는 이날 행궁(行宮)으로 돌아와서 신숙주·한계희·노사신 등에게 문과 시험장에 나아가서 시험에 참관하게 하였다. 세조가 친히 낸 시험문제는 "임금이 지역을 순행함은 백성의 질고(疾苦)를 알고자 함이다. 이제 강원도를 보건대, 땅이 넓고 사람이 드무니, 어떻게 하면 생활이 부유하고 인구가 많게 할 것인가? 군수(軍需)가 넉넉지 못하니, 어떻게 하면 넉넉히 쌓을 것인가? 땅이 험하고 길이 머니, 나가서 세상에 쓰이고자 하여도 떨치고 나서지 못하는 자가 어찌 없겠는가? 그것을 각각 모두 진술하여 대답하라. 장차 치용(致用)의 학문을 보려고 한다"였고, 좌참찬 최항·중추부동지사 임원준·좌부승지 이영은을 독권관(讀券官)으로 삼았다.

그때 세조는 숭불문(崇佛門)과 벽불문(闢佛門)을 설치하게 하여 무사들에게 철퇴를 들려 벽불문을 지키게 하였다. 모두 숭불문으로 들어왔으나, 공은 조금도 두려워하는 기색 없이 벽불문으로 통과하려 하자 문을 지키고 있던 무사가 철퇴로 내려치려고 하였다. 이에 왕이 급히 명하여 못하게 하였다. 공의 지조가 강건함이 이와 같았다. 그때 문과에서는 진지(陳趾) 등 18인을 선발하였는데, 공은 낙방하였다.

공은 1468년(세조 14)에 별시문과에서 을과로 급제하여 성균관 박사가 되었다. 1470년(성종 1)에 계속된 천둥과 성변(星變, 별의 위치나 별에 생긴 변화)으로 인해 구언(求言, 나라에 재앙이 있을 때 임금이 신하에게 바른말을 널리 구하던 일)하였을 때, 공은 그 원인에 대해 다음과 같이 상소하였다.[10]

---

9 세조는 3월 16일에 서울을 출발하여 금강산의 장안사(長安寺)·정양사(正陽寺)·표훈사(表訓寺)·유점사(楡岾寺)를 순행하고 9일만에 고성에 도착하였다. 낙산사, 강릉 연곡리, 구산역, 오대산 동구(洞口)를 거쳐 윤3월 17일에 상원사에 도착하였다.

10 최수의 상소문은 『임영지』 구지(舊誌)에 그 전문이 수록되어 있다.

첫째는 1456년(세조 2)에 죽은 사육신 원혼(怨魂)들의 해골이 거리에 흩어져도 거두지 않고 영혼이 공중에 떠돌아 다녀 천변이 발생하였다고 하였다. 바라건대 강원감사에게 명령하여 해골을 거두어 다시 장사지내게 하고, 영월군수로 하여금 매년 제사를 지내게 한다면 전화위복이 될 것이라 하였다.

둘째는 강릉 상원사 승려 학열(學悅)의 횡포로 인해 천변이 발생하였다고 하였다. 세조가 상원사와 인연을 맺게 되는 것은 상원사가 명산에 위치한 지덕(地德)이 좋은 명찰로 이름나 있었던 점과 세조의 신임이 두터웠던 신미(信眉)[11]가 상원사에 거주하고 있었던 점이 크게 작용하였다. 1464년(세조 10) 4월에 세조가 병환이 있자 왕비 정희왕후는 경치 좋고 이름난 산천에 원찰(願刹)을 세우려고 내관(內官)을 신미와 학열에게 보내 그 후보지를 묻게 하였다. 정희왕후는 신미의 제자 학열로 하여금 국왕의 치병(治病)을 기원케 하였는데, 뜻밖에도 국왕의 병세가 호전되었다. 세조와 정희왕후는 이에 크게 감동되어 신미의 명산지덕설(名山地德說)에 따라 상원사를 세조의 원찰로 삼았다. 세조는 세종 때 화재를 입은 상원사를 신미에게 특별히 명하여 중창케 하였는데, 이에 소요되는 자재와 경비로 미곡·면포·시우쇠[正鐵] 등을 하사하였다. 1466년(세조 12)에 상원사가 완공되자 세조는 정희왕후·세자(후일 예종)·종친 및 문무관료 등을 거느리고 낙성법회에

---

11 세조 때의 선승(禪僧)으로 본명은 김수성(金守省)이고, 동생은 유생이면서도 숭불을 주장했던 김수온(金守溫)이다. 1464년(세조 10) 2월 세조가 속리산 복천사로 행차하였을 때 그곳에서 사지(斯智)·학열(學悅)·학조(學祖) 등과 함께 대설법회(大說法會)를 열었다. 또한 같은 해에 상원사로 옮겨 왕에게 상원사의 중창을 건의하였고, 이에 왕은 〈오대산상원사중창권선문(五臺山上院寺重創勸善文)〉을 지어 이를 시행하도록 하였는데, 이 권선문에는 그에 대한 왕의 존경심이 그대로 나타나 있다. 세조는 그를 존경하여 혜각존자(慧覺尊者)라는 호를 내렸다.

참석하였다.

상원사의 낙성법회가 있었던 그 이듬해 11월에 세조는 호조에 전지를 내려 강릉부의 산산제언(蒜山堤堰)[12]을 신미에게 내려주었다. 그때 신미가 수빈(粹嬪)[13]의 요청으로 왕실의 원찰인 상원사에 주지로 있었기 때문에 이러한 명령이 있었다. 이에 대해 후일 영사 노사신이 술회한 바로는 처음에 학열이 세조에게 아뢰어 청하였으나 윤허를 받지 못하다가, 신미를 통해 청함으로 세조가 부득이하여 내려준 것이라고 하였다.

산산제언의 주위에는 3,000여 보(步) 되는 땅이 있었는데, 지형의 앞은 낮고 뒤편은 막히고 가운데는 깊고 옆은 높았다. 그래서 물은 담아 채워도 물댈 땅은 500보였고, 그 나머지는 높고 막히어 물을 댈 수 없는 곳이 2,500여 보였다. 이처럼 제언 주위에 물댈 땅이 500보나 되는데도 세조는 제언을 신미에게 사급하였던 것이다. 신미는 그 후 산산제언을 그의 제자 학열에게 주었는데, 학열은 제방을 헐고 그 땅을 개간하지 않고 묵혀 두었다. 학열은 이 땅을 빙자해 제언 아래에 있던 수전(水田) 70여 석을 파종할 만한 민전(民田)을 '도경(盜耕)'이라 칭탁하여 빼앗았다.

홍문관 관원들은 학열이 빼앗은 민전을 그 주인에게 돌려주어야 한다고 수차례에 걸쳐 제기하였으나, 성종은 선왕께서 하사한 것이라 하여 허락하지 않았다. 홍문관 관원들이 억불을 위한 빌미로 기회가 있

---

12 신석동 서쪽 섬석천에 있던 저수지로, 그 위치는 박월동 흐린냇물 아래쪽이라 짐작된다.

13 1437년(세종 19)~1504년(연산군 10). 1455년(세조 1) 세조의 장남인 의경세자의 빈에 간택되어 수빈에 책봉되었으나 세자가 횡사하였다. 1470년(성종 1) 아들 성종이 즉위하여 죽은 남편이 덕종으로 추존되자 인수왕비에 책봉되고, 이어서 인수대비에 책봉되었다. 시호는 소혜왕후이다.

을 때마다 이를 문제로 삼자, 성종은 관원을 파견하여 산산제언의 상황을 조사하도록 명하였다. 조사 결과 산산제언 안에 있는 민전이 사원 소유의 토지에 일부 포함된 것이 확인되자, 성종은 민전을 그 주인에게 되돌려 주라고 하였으나 학열의 청탁으로 실행되지 못했다.

셋째, 학열은 해마다 영남에서 면포 수백 동(同, 1동은 50필)을 실어와 강원도관찰사로 하여금 여러 고을에 강제로 나누어주게 하고 1필당 곡식 2석 5두를 갚게 하였다. 면포를 원하지 않는 백성에게는 결복(結卜)을 계산하여 강제로 나누어주고 가을에 성화(星火)보다 급하게 독촉하여 받아냈다. 기한 내에 면포값을 갚지 못하는 자에게는 이자를 계산하여 받았는데, 그 이자는 면포 1필의 값이 혹 8~9석이나 되었다. 이는 고려시대 이래 어염·잡물과 포화를 강제로 서민에게 대부하여 높은 이자를 취하는 일종의 '번동[反同]'행위였다.[14]

공은 학열의 횡포에 대해 무지한 백성들이 상달한 길이 없어 가슴을 치면서 통읍하며 원망하니, 유사(有司)에게 명하여 제방을 다시 쌓아 물을 가두어 우리 백성들의 땅에 농사를 짓게 하고 번동으로 모아 놓은 염양사(艶陽寺)[15]의 창곡을 군수(軍需)에 충당한다면 인심이 화합하고 천지도 호응할 것이라고 하였다. 그러나 공이 올린 상소에 대한 왕의 답변은 없었다. 공은 1472년(성종 3)에 진잠현감(鎭岑縣監)[16]으로 부임하였으나 병을 얻어 31세에 생을 마감하였다.

---

14 "혹 어염(魚鹽)·잡물(雜物) 같은 것으로 나누어 계산하여 거두는 것. 혹 포화(布貨)를 주고 이자를 받는 것을 시속(時俗)에서 모두 번동[反同]이라 이른다."(『세조실록』 권5, 2년 11월 기축조)고 하였다.
15 강릉 화부산에 있던 절.
16 현 대전광역시 유성구 일대에 있던 군현.

8) 이성무(李成茂)

자는 성시(聖始)이고, 호는 눌재(訥齋)이다. 부는 장밀(長密)이고, 모는 강릉최씨 호장 최하(崔河)의 딸이다. 장밀은 고려말 봉익대부 호부전서를 지냈는데, 고려의 국운이 다하자 '불사이군(不事二君)'의 대의(大義)를 지켜야 한다는 신념으로 처가가 있는 강릉에 퇴거하였다.

장밀은 슬하에 성무·선무·춘무·양무 네 아들을 두었는데, 성무는 강릉 호가리(虎街里, 지금의 옥천동)에서 태어났다. 공은 학문이 높고 효성이 지극하여 고을 사람들이 '백원당(百原堂)'이라 불렀다. 공의네 형제 우애는 남달리 두터웠다. 공은 항상 아우들에게 이르기를 "부모를 섬기는 데는 아무리 몸과 마음을 다한다 하더라도 넉넉하다 할 수 없는 것이니, 우리 형제는 힘을 다해 부모를 즐겁게 하고 마음을 편안하게 모셔야 한다"고 하였다.

공은 일찍이 경서(經書)와 사서(史書)를 널리 섭렵하여 학문이 깊었고 문장도 뛰어났으나 가훈을 이어받아 과거에 응시하지 않고 오로지 독서로 세월을 보냈다. 그러나 송어나 연어 같은 것도 임금에게 진상하기 전에는 감히 먼저 먹지 않았고, 국상을 당했을 때는 부모상과 같이하였다.

부친상을 당해서는 3년 동안 여묘살이하며 의대(衣帶)를 벗지 않고 지성으로 예를 다하였다. 그 후 어머니를 모시는데 효성을 다해 봉양하였다. 어머니가 79세에 이르렀을 때 병상에 눕게 되자, 공은 아우들과 함께 향을 피우고 하늘에 빌기를 "자식으로서 어머니의 목숨을 대신하게 해 달라"고 기원하였더니, 잠시 후에 어머니가 갑자기 깨어나 "꿈에 어떤 사람이 나에게 말하기를 부인의 네 아들의 효성이 이와 같으니, 하늘이 장차 좋은 벼슬을 줄 것이고, 또 부인의 수명을 길게 할 것이다"고 하였다. 조금 있다가 어머니가 잉어회가 먹고 싶다고 하였다. 그러나 때는 매우 추운 겨울이라 잉어를 구할 길이 없었다. 공은 세 아우와 함께 행여나 잉어를 얻을까 하여 냇가에 나갔다. 그러나 얼음이 돌과 같이 굳은지라, 얼음을 두드리며 하늘에 외치기를 "하느님 제발 잉어를 얻게 하여 어머님 병환을 고치게 하여 주십시오" 하니, 갑자기 얼음이 저절로 풀려서 두 마리 잉어가 뛰어나왔다. 그것을 가져다 어머니에게 드렸더니 병이 씻은 듯이 나았다. 이웃 사람들이 감탄해 말하기를, "이 사람의 효는 하늘이 낸 것"이라 하였는데, 그 소문이 조정에까지 알려지게 되었다.

태종은 공의 효행을 가상히 여겨 1417년(태종 17)에 공의 형제들에게 효자정려와 사정(司正) 벼슬을 내리고, 공에게는 사헌부 감찰 벼슬을 특별히 내렸다. 그러나 공은 잉어를 얻게 된 것은 실로 우연한 일이며, 자신은 아직도 효성과 우애의 정이 모자라는데 왕께서 주는 포

영해이씨 2세6효지려

상(褒賞)이 너무나 과분하다고 하여 끝내 벼슬길에 나가지 아니했다. 태종은 이 소식을 듣고 더욱 감복하여 "옛날 왕상(王祥)이 어머니 병에 얼음을 두드려 잉어를 얻었다 하거니와 오늘에 성무 형제가 또한 그러하니 참으로 본받을 일이다" 하면서 눈물을 흘렸다고 한다. 그 후 숙종 때 양무의 후손인 이당과 이민 형제가 효자정려를 받았다. 강릉시 교동 군정교(郡丁橋) 옆에 성무의 4형제와 이당 형제의 효행을 기리는 정려각이 있는데, 이것이 바로 '영해이씨 2세6효지려'(寧海李氏二世六孝之閭)이다.

9) 김담(金譚)

자는 담지(譚之), 호는 보진재(葆眞齋)이다. 부친은 낭장 광복(光輻)이고, 모친은 삼척심씨 군수 희전(希佺)의 딸이다. 공은 1539년(중종 34) 18세 때 초시에 합격하고 복시에 나가려고 할 때, 한 중국인이 공의 관상을 보고 "골상(骨相)은 귀인의 형상이나 벼슬길에 나아가 귀하게 되면 오래 살기 힘들겠다"고 하였다. 이 말을 들은 공은 "내가 만약 일찍 죽으면 부모는 누가 봉양하리오" 하면서 관직에 나아가지 않고 오직 부모 봉양에만 힘썼다.

부친이 병이 났을 때는 대변을 맛보기도 하였고, 아침저녁으로 북두칠성에게 자신의 목숨을 부친의 것과 대신해 달라고 기도하였다. 부친상을 당해서는 슬퍼함이 이를 데 없었고, 제사상에 술잔을 올리면 산 사람이 마시는 것처럼 술잔이 저절로 말랐다. 3년 동안 여묘살이를 하며 죽만 먹었고, 하도 울어 눈에서 피가 나와 눈병이 심해 눈이 안 보이게 되자 공의 아들 경황(景滉)과 경시(景時)는 성심을 다해 아버지 약을 구하러 다녔다. 그러던 중 갑자기 공중에서 3년 묵은 간장을 세 말 먹으면 낫는다는 소리가 들려왔다. 이 소문을 들은 고을 사람들이

다투어 간장을 가져와 며칠이 안 되어 1석이 모였다. 그것을 먹으니 눈병이 씻은 듯이 나았다고 한다. 인종·명종의 국상 때에는 상복을 입고 3년 동안 고기류를 먹지 않았고, 친척이나 친구의 상 때에도 고기류를 먹지 않았다고 한다.

양사언(楊士彦)이 1571년(선조 4) 여름에 강릉부사로 부임하여 공을 강력히 조정에 천거하였으나 공은 어머니를 봉양할 수 없다는 이유를 들어 극구 사양하였다. 때마침 진부면과 대화면에 가뭄과 메뚜기 피해가 심해 민심이 흉흉해지자, 양사언이 억지로 간청하니 공은 진부면에서 2년, 대화면에서 3년간 판관(判官)의 일을 대행하였다. 그로부터 메뚜기가 날아들지 않았고 창고에는 곡식이 넘쳐흘렀다. 이에 대해 양사언은 "하늘이 효자를 먼저 알고 이 효자를 도왔다"고 하였다.

그때 이조에서 임금께 아뢰어 벼슬을 맡을 만한 인재가 있으면 천거하라는 명이 있었다. 양사언이 공을 첫 번째로 천거하니, 어떤 사람이 말하기를 "지금은 천거한 사람이 벼슬길로 많이 나가는데, 김담이 비록 효자이기는 하나 유학(幼學) 신분이니 어떠합니까" 하였다. 이에 대해 양사언은 "효라는 것은 백행(百行)의 근원"이라고 하면서, "효자에 대한 행실을 알아 그 재주를 시험하고 나서 훌륭한 인재를 천거하는 장계를 올리지 않는다면, 장차 현인(賢人)을 숨겼다는 죄를 받게 될 것이다. 신하로써 임금이 주는 녹을 먹으면서 어찌 차마 이렇게 할 수 있으리오" 하니, 사람들이 옳은 말이라고 하였다.

공은 70세 때 모친상을 당했는데, 복상 중에 슬퍼함이 이전의 부친상과 똑같았다. 공이 일찍이 말하기를, "내 평생에 세월을 헛되이 보내지 않았고, 세상을 원망하지도 않았다"고 하였다. 여러 번 은혜와 포상을 입어 동지중추부사의 벼슬을 받았다. 선조 임금이 김담과 그의 아들 경황과 경시에게 정려를 내렸고, 현종 임금이 경황의 아들 한

3세4효지려(三世四孝之閭)

(埠)에게 정려를 내리니 사람들이 '3세 4효(三世四孝)의 가문'이라 칭하였다. 송시열은 "강릉김씨 3세 4효가 나온 것을 원가(袁家)에서 나온 4세 5공(四世五公)[17]에 비유하였다. 이 효자각은 강릉시 노암동에 있다.

10) 박억추(朴億秋)

자는 덕수(德叟)이고, 호는 농헌(聾軒)이다. 부친은 박수량의 동생인 선무랑 윤량(允良)이고, 모친은 강릉최씨 신로(信老)의 딸이다. 공은 박수량의 문하에서 학문과 도의를 익혀 유림의 사표(師表)가 되었다. 효행 또한 지극하여 효자로서 그 이름이 높았다.

공은 부친이 중병으로 누운 지 7년 동안 백방으로 간호를 했으나 효

---

17 중국 후한(後漢) 때 원안(袁安)과 그의 아들 원창(袁敞), 원창의 아들 원탕(袁湯), 원탕의 아들 원봉(袁逢)과 원외(袁隗)는 모두 삼공(三公)을 지낸 명문가였다. 4세 5공은 4세에 걸쳐 5명이 삼공을 지냈다 하여 붙여진 이름이다.

험이 없었다. 그러던 어느 날 과객이 점심을 대접받고 떠나면서 부친 병에는 들오리가 제일이라는 말을 일러주었다. 이 말을 들은 공은 들오리를 잡으려 하였으나, 때는 모든 하천이 꽁꽁 얼어붙은 추운 겨울이라 오리 그림자조차 볼 수 없었다. 공은 혹시나 하고 들판에 그물을 치고 사흘을 지새웠으나 역시 마찬가지였다. 그런데 나흘째 되던 날 아침에 들판으로 나가려고 하는데 갑자기 들오리 두 마리가 대문 밖 우물가에 내려앉았다. 공이 오리를 향해 돌을 힘껏 던졌더니, 어찌된 일인지 오리 두 마리가 모두 떨어졌다. 이를 잡아 아버지께 드렸더니 병이 씻은 듯이 나았다. 공이 오리를 잡았다고 하는 우물인 '타압정(打鴨井)' 옆에는 박억추를 기리는 '농헌 박선생 타압정비'가 있다.

그 후에 부친이 또 병환이 들어 위독하게 되자 공은 손가락을 잘라 피를 입으로 흘려 넣어 수일간 목숨을 연장시켰다. 부친상을 당해서는 애통한 마음에 몇 번을 기절하였고, 예를 다해 상례와 제례를 치렀다.

이상과 같은 사실이 조정에 알려져 명종 때 정려를 받았다. 공은 1563년(명종 18) 효렴과(孝廉科)[18]에 천거되어 사옹원 참봉이 되었다. 그때 사옹원 내에 계회첩도(契會帖圖)가 있었는데, 지금도 그의 후손들이 가보로 전하고 있다. 1566년(명종 21)에 청하현감으로 옮겼다가 1572년(선조 3)에 영평군수, 1578년(선조 11)에 청풍부사를 지내다 1580년(선조 13)에 관직을 사임하고 고향으로 돌아왔다. 세 고을의 수령을 역임하면서 청검(淸儉)과 효제(孝悌)를 실천케 하며 힘써 일하기를 권장하는 것을 근본으로 삼아 민속이 크게 순화되니, 그곳 사람들이 공의 은공을 돌에 새겨 오래도록 칭송하였다.

---

18 한(漢)나라 때 효행이 지극하고 청렴결백한 사람을 군의 태수가 조정에 관리후보로 추천하는 제도.

박억추효자비각

11) 김윤신(金潤身)

자는 덕수(德叟), 호는 괴당(槐堂)이다. 부친은 사정 여명(汝明)이고, 모친은 강릉김씨 평의 지(輊)의 딸이다. 공은 덕성이 두텁고 학문을 좋아하여 4서 3경을 붓으로 베껴 항상 손에서 떼지 않았다.

1468년(세조 14) 생원시에 입격하고, 그 이듬해인 1469년(예종 1) 2월에 강릉인 선략장군 남윤문(南允文) 등과 글을 지어 강릉부 사람 전윤(全崙)에게 주어 상소하게 하였는데, 그 내용은 다음과 같다.

승려 학열은 불사(佛事)를 칭탁하여 오로지 재화(財貨)를 늘리는 것만 일로 삼아 민간에 폐단을 일으키니, 백성들이 심히 고통스럽게 여깁니다. 그리고 또 세조께서 일찍이 본부의 진전(陳田)을 승려 신미에게 내려주셨는데, 신미가 이것을 학열에게 주었습니다. 학열이 이 땅을 개간하는 것을 꺼려하여 마침내 이 전지를 빙자하여 백성들의 수전(水田) 70여 석을 파종할만한 땅을 빼앗아서 백성들이 자못 근심하고 걱정합니다. 게다가 염양사와 영서 진부 사이에 창고를 많이 설치하였는데, 노적(露積)이 있기까지에 이르렀으니 생민(生民)들의 피해가 이루 다 말할 수 없습니다. 엎드려 생각건대, 전하께서 불의한 부(富)를 거두셔서 백성들의 마음을 쾌하게 하소서" 하였다(『예종실록』 권3, 원년 2월 을묘).

위의 기사는 상원사 주지 학열이 불사를 청탁하여 재화 늘리는 것만 일삼아 민간에 많은 폐단을 일으킨 일에 대해 아뢴 내용이다. 당시 학열은 강원도관찰사로 하여금 면포를 여러 고을에 나누어주게 하고, 이를 강제로 민간에게 주어서 면포 1필마다 곡식 2석 5두를 갚게 하되 기한 내에 갚지 못하는 자에게는 이식을 계산하여 받았다. 학열의 이 같은 이식행위는 고려 이래 미곡포화(米穀布貨)를 강제로 서민에게 대부하여 고리(高利)를 취하는 일종의 '번동[反同]' 행위였다. 또 세조는 1467년(세조 13) 상원사에 주석하고 있던 신미에게 강릉부에 있는 산산제언을 사급하였는데, 그 후 신미는 이를 그의 제자 학열에게 주었다. 학열은 주변에 있던 수전 70여 석을 파종하는 땅을 탈점하여 백성들이 자못 근심하였고, 염양사와 진부 사이에 창고를 많이 설치하여 백성들의 피해가 이루 다 말할 수 없다고 하였다. 김윤신은 이상과 같은 학열의 비행을 아뢰었으나, 예종은 학열에게 죄를 묻지 않았다.

공은 1476년(성종 14)에 별시문과 병과로 급제하여 전적(典籍), 주부(主簿), 경상도사를 거쳐 전중감찰(殿中監察)이 되었다. 이때 공은 늙은 부모를 봉양하기 위해 걸귀(乞歸)해 줄 것을 상소하니, 왕이 비답하기를 "내가 듣기로 경은 부친의 5년 장병(長病)에 한 번도 옷을 벗지 아니하고 간호하였으니 어찌 대효(大孝)가 아니며, 경이 나를 위하여 성심을 다하였으니 어찌 충성이 아니겠느냐" 하면서 금성현령(金城縣令)에 임명하여 부모를 봉양하게 하였다.

부모상을 당해서는 예를 다해 치렀으며, 묘소 옆에 여막을 짓고 3년 동안 여묘살이를 하였다. 1490년(성종 21)에 복상을 마치고 사헌부 지평을 거쳐 내직으로 사헌부 장령·집의와 의정부 사인을 역임하였고, 외직으로 파주·원주목사를 역임하였다.

공은 성품이 공명정대하여 가는 고을마다 선정을 베풀어 백성의 칭송을 받았다. 여러 번 큰 고을의 수령을 지냈으나 돌아올 때는 빈손뿐이었고, 집에는 변변한 가재도구 하나 없어 세상 사람들이 '청백리(淸白吏)'라 칭하였다. 만년에 벼슬을 그만두고 고향에 돌아올 때 강릉부사가 향음주례와 향사례를 베풀고 공을 영접하였다. 귀향 후에는 향좌수(鄕座首)[19]가 되어 향령(鄕令)을 지어 문풍교화에 힘썼다.

12) 김열(金說)

자는 열지(說之)이고, 호는 임경당(臨鏡堂)이다. 부친은 진사 광헌(光軒)이고, 모친은 강릉최씨 현감 세번(世蕃)의 딸이다. 공의 부친인 광헌은 1519년(중종 14) 진사시에 입격했으나 기묘사화를 겪고 난 후에 과거의 뜻을 버렸다.

공은 부친을 일찍 여의고 어머니를 모시는데 효도를 다하였으며 형제 간에 우애가 깊었다. 공의 어머니 최씨는 백세를 살았는데, 뜻이 곧고 마음은 온화하였다. 공의 어머니는 자손들에게 항상 훈계하기를 "법도를 지키고 종족끼리 화목하게 지내라"고 하였다. 공은 세 아우와

---

19 조선시대에 악질 향리를 규찰하고 향풍을 바로잡기 위해 지방의 품관(品官)들이 조직한 자치기구였던 유향소(후기에는 향청·향소로 불림)의 가장 높은 임원. 고을의 사족으로 나이 많고 덕망이 있는 사람을 주민들이 선출하였다.

함께 어머니의 뜻을 받들기 위해 성심을 다하였다.

공은 아우들이 열심히 학문을 하지 않으면 이를 타일러 모두가 자기의 지위를 확고하게 세워 사회에 나가 출세하도록 하였다. 성장해서는 손수 혼사를 도맡아 처리하였고, 모두 1리 안팎에 모여 살도록 하여 아침저녁으로 만나볼 수 있도록 하였다. 술이나 음식이 생기면 반드시 함께 모여 나누어 먹었고, 아우가 궁핍하면 형제들이 서로 보태어 도와주었다.

공은 형제들과 더불어 오직 글읽기에만 힘썼는데, 아무리 춥고 덥더라도 반드시 의관을 흐트러지게 하는 일이 없었다. 평생 공부에만 힘써 학문이 깊어 『시경』·『서경』·『주역』·『예기』·『춘추』의 해석문을 만들어 자손들에게 가르쳤는데, 그 정밀한 분별과 조리 있게 통함이 손가락으로 손바닥을 가르치는 듯이 명료하였다. 중종 때 효렴과에 천거되어 평강훈도에 제수되었으나 이를 사양하고 나아가지 않았다. 그 후에도 조정에서 공을 누차 불렀으나 벼슬에 나아가지 않았다.

일찍이 한 현달한 관원이 강릉에서 벼슬하다가 높은 벼슬로 승진해가면서 권세가 혁혁하였다. 공은 비단에다 한 구절을 써서 송어의 배에 넣어 「송어시(松魚詩)」를 그 사람에게 보냈다. 그 시에는 "은비늘 번뜩이며 기력이 왕성하니, 벼슬길 확 트여 높은 곳 오르겠네. 가련하게도 나갈 줄만 알았지 물러날 줄 모르니, 마침내 넓고 푸른 바다를 잃고 말리라"고 쓰여 있었다. 송어의 배를 갈라 이 글을 본 관원은 병을 핑계대고 벼슬을 버리고 고향으로 돌아왔다. 얼마 안 되어 기묘사화가 크게 일어났으나 홀로 화를 면하니, 고을 사람들이 공의 선견지명에 감복하였다고 한다.

만년에 강릉부 서쪽 10리 되는 곳에 별당 한 채를 짓고 그 당호를 '임경당(臨鏡堂)'이라 편액하고, 이를 취해 스스로 호를 삼았다. 제자

임경당   호송설(護松說)

(諸子)의 책과 역사책을 책상과 궤에 가득히 채워 성리(性理)의 깊은 뜻을 탐구하고 강호(江湖)에 머물며 벼슬에 뜻을 두지 않아 그때 사람들이 '김처사(金處士)'라 불렀다. 공은 이곳에서 여러 제자들과 더불어 강회를 열었다.

　김열의 집 앞에는 선친께서 손수 심은 소나무 수백 그루가 있었는데, 공은 아우들과 함께 선친의 뜻을 받들어 이 소나무를 보호하고 기르는데 온갖 정성을 다하였다. 이에 공은 도덕과 의리의 교분(道義之 交)을 맺었던 율곡 선생에게 소나무를 가리키면서 말하기를 "나의 선친께서 손수 심으신 것인데, 우리 형제 모두가 이 집에서 저 소나무를 울타리로 삼고 지내고 있네. 그래서 이 소나무들을 볼 때마다 선친을 생각하곤 한다네. 이러한 소나무를 내 스스로의 능력으로는 지키기 어려울 것 같아 도끼나 낫으로 베고 잘라 후손들에게까지 온전하게 전하지 못하고 없어질까 늘 두려운 마음뿐이라네. 그대가 이를 보호할 수 있는 교훈될 만한 말을 몇 마디 써주면 집안 사당 벽에 걸어 놓고 자손들로 하여금 늘 이를 보게 하여 가슴 깊이 새기게 끔 하겠네" 하니, 그때 홍문관 교리였던 율곡 선생이 「호송설(護松說)」을 지어 주었다.[20]

2. 12향현 배향의 추이

1) 최초의 배향인

강릉 향현사에 최초로 배향된 인물은 1645년(인조 23)에 최치운, 최
응현, 박공달, 박수량, 최수성, 최운우 등 6명이었다. 강릉 최씨가 4명,
강릉 박씨가 2명이다. 최씨 4명 중 최치운·최응현·최수성은 필달(必
達)의 후손이고, 최운우는 문한(文漢)의 후손으로 혈통을 달리한다.

강릉지역의 토성인 최씨 가문(필달계)이 조선왕조에 들어 중앙정계
에 본격적으로 진출하는 것은 1417년(태종 17) 최치운이 문과에 급제

---

20 「호송설」의 내용은 다음과 같다. "그대의 아들이 그대의 뜻을 알고 그대의 손자가
또한 그대 아들의 뜻을 안다면 비록 백대만큼이나 먼 후세까지 이와 같은 마음의 뜻으
로 전한다면 마침내 없어지지 않고 보존될 것이며, 함부로 베어 재목으로 쓰지는 않을
것이네. 어버이에게 효도하고 형제간에 우애가 깊게 되는 것도 선친께서 쓰시다 남겨 놓
은 물건을 보면 자연히 일어나게 되는 것이니 비록 부러진 지팡이나 헤진 미투리라도 오
히려 보배로 간직하고 공경하는 마음이 우러나는 법인데 하물며 선친께서 손수 심은 나
무에 있어서랴!…아버지께서 돌아가시면 그 읽으시던 책을 차마 펴놓고 읽지 못하는 것
은 그 끼친 덕이 손수 쓰시어 읽으시던 책에 고스란히 남아 있기 때문이며, 어머니께서
돌아가시면 손수 쓰시던 그릇으로 함부로 먹고 마시지 못하는 것은 그 은덕이 그릇에 남
아 있기 때문인데 하물며 소나무가 우거져 그늘이 드리운 것은 손수 심고 가꾸신데서 나
온 것이니 이슬과 비에 그 잎이 윤택해지며, 눈과 서리에 그 자태가 의연함을 바라보며
감회가 절로 일어나 훼손될까 두려우며, 잘라질까 슬퍼지는 것이라네. 가지 하나 잎사귀
하나가 비록 작은 것일지라도 위풍이 있고 당당하니 오히려 이 작은 것까지 손상될까 두
려운데 하물며 굵은 가지와 줄기가 손상됨에 있어서랴! 진실로 금수와 같은 마음을 지니
지 아니한 사람이라면 반드시 경계할 줄 알 것이니 그대는 이에 힘쓸진저! 내가 이로 인
해 느낀 바가 있으니 대체로 선친께서 고됨을 무릅쓰고 이루어 놓으신 것은 반드시 백
년 세월을 기약하고 가업을 이루도록 한 것이리라. 자손이 어버이의 덕행을 본받지 못하
면 남기신 유물이 훼손되어 못쓰게 되는 정도가 빨라 한해가 가기도 어려울 것이다. 이
소나무가 선친께서 손수 가꾸어 이만큼 크기까지는 수십 년의 세월이 흘렀을 것이다. 이
렇게 하여 오랜 세월에 걸쳐 자란 나무도 도끼와 낫으로 베어 훼손한다면 하루아침에 모
두 없어져 버리게 될 것이니 가업은 이루기 어렵고 망가뜨리기는 쉬운 것과 무엇이 다르
겠는가! 아! 이것이야말로 바로 그 참된 도리를 깨닫게 하는 까닭이 아니겠는가!"(『율곡
전서』권14).

하면서부터이다. 공의 아들 응현은 생원·진사시와 문과에 급제한 뛰어난 학식을 갖춘 자로서 훈도에서부터 참판에 이르기까지 여러 관직을 거치면서 효와 충을 다한 인물로 평가받고 있다. 최응현은 13살에 아버지가 세상을 떠나을 때 모든 예를 갖추고 직접 상을 차려 마을에서 효자라 칭송받았다. 그 후 문과에 급제하였으나 노모를 모시기 위해 관직을 사양하고 강릉훈도를 자임하였다. 관직에 나아가서는 국왕으로부터 두터운 신임을 받았다. 최응현은 지역의 문풍진작에도 크게 기여하였다. 공은 입신출사를 위해 애쓰는 강릉지역의 유생들이 만든 금란반월회(金蘭半月會)[21] 회원의 스승으로 추앙을 받았는데, 그들을 위해 서문을 써 주면서 벗의 사귐을 다음과 같이 일깨워주었다.

벗에는 두 종류가 있다. 하나는 마음으로 사귄 벗이요[心友], 다른 하나는 얼굴만 알고 지내는 벗이다[面友]. 마음으로 사귄 벗은 친구가 선한 일을 하면 함께 기뻐하고, 그릇된 일을 하면 그 자리에서 질책하며, 서로 귀천을 가리지 않고 환난(患難)을 당하여도 변하지 않고, 분노를 서로 참는 친구라 하였다. 얼굴만 알고 지내는 벗은 자기보다 어질면 미워하고, 허물이 있으면 뒤에서 흉보고, 귀한 자에게는 후하고, 천한 자에게는 박하고, 술자리에서는 친하고, 이해(利害)에서는 다투는 벗이라 하였다(「삼오제기」).

박공달은 김정에 의해 현량과에 천거되어 홍문관저작·병조좌랑에

---

21 금란반월회는 1466년(세조 12)에 창계(創契)되었는데, 회원은 모두 16명이었다. 회원의 준수사항으로는 이른바 '맹약 5장'이 있었다. 그 내용은 "첫째, 기쁜 일에는 축하해 주고 슬픈 일에는 조의를 표한다. 둘째, 좋은 날을 가려 경서를 강론하고 우의를 다진다. 셋째, 잘못이 있는 사람에게는 마주 대해 꾸짖는다. 넷째, 약속을 어기는 사람은 벌금에 처한다. 다섯째, 벌을 받고도 고치지 않는 사람은 회원의 자격을 박탈한다"는 것이었다.

올랐으나 기묘사화가 일어나자 파직되어 고향에 돌아왔다. 그 후 1545 년(인종 1) 8월에 승문원 교검에 임명되었으나 나아가지 않았다. 박수 량은 용궁현감을 지내다 기묘사화가 일어나자 파직되어 고향에 돌아 와 당숙인 박공달과 함께 경학(經學)을 논하면서 세월을 보냈다.

조선전기에 선비가 학문을 익히는 데는 가학(家學)과 사우(師友)관 계가 중요하였다. 사림이 중앙정계에 진출하기 이전 단계에서는 사우 관계 이상으로 가학에 의한 학문 전수가 일반적이었으나, 성종대에 사 림이 중앙정계에 본격적으로 진출하면서부터는 사우에 의해서 그 학 문을 연마하였다. 최응현의 부친인 최치운이 학문과 사상을 형성하는 데 가장 큰 영향을 준 사람이 누구인지는 직접적인 기록이 찾아지지 않아 알 수 없다. 그러나 최응현은 최치운과는 달리 영남지역의 사림 들과도 교유하였음이 찾아진다. 이러한 사실은 최응현으로부터 학문 적으로 가르침을 받은 강릉지역 유림의 결사체인 금란반월회의 일원 이었던 최여림(崔汝霖)이 김종직의 문인인 김굉필 등과 교유한 것이 라든지, 최응현이 김종직의 문인과 시를 주고받은 것 등에서도 확인 된다.

최수성은 김굉필의 문인이면서 조광조·김정 등과 교유하였다. 조 광조 등은 최수성을 현량과에 천거하기도 했다. 조광조 등이 최수성 을 현량과에 천거한 것은 그가 학행과 덕행, 성리학적 소양 등을 갖추 었기 때문이었다. 그것은 김굉필과 성수침 등이 최수성을 기묘명현의 최고로 인정한 데서도 알 수 있다. 그러나 최수성은 어떠한 연유인지 는 알 수 없지만 관직에 나아가지 않았다. 얼마 후 기묘사화가 발발하 여 그의 동지들이 처형당하는 것을 보고 술과 시·서화, 음악 등을 일 삼으며 명산을 유람하였다. 그 후 최수성은 남곤을 비판한 것이 화근 이 되어 신사무옥 때 역적으로 몰려 처형되었다.

최운우는 높은 학식이 있으면서도 관직에 나아가지 않고 학문연구와 문풍진작에 힘썼다. 처음에는 김광진과 퇴계의 문하에서 수학하였고 후에는 율곡·우계와 도의로서 교분을 맺었다. 칠봉 함헌과 함께 오봉서원을 창건하였고, 연곡향약을 지어 널리 시행하였다.

강릉 향현사에 최초로 배향된 6향현 중 최치운과 최응현은 출사해 참판·대사헌에 이르렀고, 박공달·박수량·최운우는 관직에 나아갔으나 기묘사화로 파직되거나 혹은 노령을 핑계대고 관직을 그만두었으며, 최수성은 아예 관직에 나가기조차 않는 등 큰 차이가 있다. 그러나 이들은 효행에서 온 고을의 모범을 보였으며, 조선사회의 지배질서 이념인 성리학이 뿌리를 내리는 과정에서 강릉지역의 문풍진작에 앞장서 온 인물들이었다. 『기묘명현록』에 의하면, 제현(諸賢) 가운데 박공달은 혁과(革科), 박수량은 별과피천(別科被薦), 최수성은 유사(儒士)로 각각 구분돼 기록되어 있는데, 이는 이들이 도학정치를 내세우며 개혁정치를 부르짖던 기묘사림과도 관계되어 있음을 말해준다.

2) 두 번째 배향인

최치운 등 6향현이 배향된 지 37년 뒤인 1682년(숙종 8)에는 최수가 추배되었다. 일찍이 최수는 세조의 호불행위와 상원사 승려의 횡포에 대해 시정해 줄 것을 상소하였다.

3) 세 번째 배향인

최수가 추배된 지 77년 후인 1759년(영조 35)에는 이성무·김담·박억추가 배향되었다. 이들 3명은 모두 효자정려를 받았으며, 그의 후손들도 효자정려를 받아 효자가문을 이룩하였다. 이들이 향현사에 배향된 것은 그들의 효행이 이 고장에서 모범을 보였기 때문이라 본다.

이성무는 어머니가 병이나 잉어가 먹고 싶다고 하였을 때, 그의 동생 춘무·선무·양무와 함께 겨울철에 냇가의 얼음을 깨고 잉어를 구하여 어머니께 드렸더니 어머니의 병이 나았다고 한다. 태종 때 이성무 4형제는 효자정려를 받았고, 이양무의 후손인 이당과 이민은 1703년(숙종 29)에 정려를 받았다. 김담의 효행에 대해서는 강릉부사로 있던 양사언이 공의 효를 기리는 시에서도 하늘이 효자를 먼저 알았다고 할 정도였다. 김담의 아들 경황과 경시, 경황의 아들 한(垾)도 정려를 받았다. 박억추는 생시정려를 받은 백부 박수량으로부터 학문과 도의를 익혀 유림의 모범이 되었으며 효성도 뛰어났다. 공은 1555년(명종 10)에 효자정려를 받았다. 김담·박수량·이성무·박억추의 효행에 대해서는 『동국신속삼강행실도(東國新續三綱行實圖)』에 자세히 기록되어 있다.

4) 네 번째 배향인

1808년(순조 8)에는 김윤신과 김열이 마지막으로 배향되었다. 김윤신은 선략장군 남윤문과 함께 상원사의 작폐를 지적하면서 유교에 근본을 둔 사회질서 확립에 힘썼으며, 후일 관직을 그만두고 향리에 돌아와서는 문풍교화에 힘썼다. 김열은 지극한 효성과 함께 성리학을 깊게 탐구했으며 율곡과는 도의의 교분을 맺었다. 이는 율곡이 김열에게 지어 준 「호송설」에 잘 나타나 있다.

강릉 향현사에 배향된 인물을 살펴보면, 그들의 생존시기가 1390년부터 1605년 안에 있다는 점과 입신출사를 위한 강릉지역 유생들의 결사체인 '금란반월회'와 밀접한 관계가 있다. 가령 최응현은 금란반월회의 스승이고, 최수와 김윤신은 계원이며, 최치운과 최수성은 최응현의 직계 존비속이다. 김열과 김담은 금란반월회 회원인 김지(金墀)의 손자이며, 최운우는 회원 최자점(崔自霑)의 증손이다. 박공달은 회원 박시문(朴始文)의 조카이며, 박수량과 박억추는 박시문의 재종손(사촌형제의 손자)과 재증손(육촌의 손자)이 된다.

12향현에는 군자에서 효자·철인에 이르기까지 실로 다양한 인물이 선정되었다. 물론 대성(大姓)들 사이에서는 자신들의 조상을 향현으로 배향하려는 노력도 일부 반영되었을 것이다. 그러나 이들을 배향하는 과정에서 여타 대성들로부터 큰 반발은 없었던 것으로 보인다. 그것은 추향 과정에서도 중앙의 정표정책에 따라 백행의 근본이 되는 효행에서 뛰어난 인물을 선정했기 때문이라 생각된다.

조선왕조의 정표정책은 1392년(태조 1) 7월에 그 방침을 밝힘으로써 시작되어 순종조까지 계속되었고, 시대별로 차이는 있으나 삼강(三綱)의 변이 있거나 유교적 질서회복을 위해서는 역대 제왕이 직접 나서 정표정책을 적극 추진해 왔다. 따라서 조선시대에 정표된 효행의 다양한 사례들은 많은 사람들을 감동시키고 교화의 일익을 담당함으로써 유교적 인간상을 정립하는데 중요한 역할을 하였다.

조선시대 사족들은 정표되는 자체를 가문의 명예로 인식하였다. 특히 17세기 이후 학문적 경향으로 예학이 발달되고 문벌 의식이 나타나면서 정표자에 대한 제향이 크게 늘어나고 있음을 볼 때, 강릉 향현사의 효행자 배향은 정표정책에 적극 참여하려는 사림들의 뜻이 반영된 것으로 이해된다.

참고문헌

김동찬, 1994「강릉 향현사 연구」『영동문화』5, 가톨릭관동대 영동문화연구소.

박도식, 2001「조선전기 강릉최씨 三賢의 중앙진출과 정치활동」『임영문화』25, 강릉문화원.

＿＿＿, 2003「조선초기 상원사 입안문서 연구」『임영문화』26, 강릉문화원.

＿＿＿, 2004『강릉의 12향현 자료집』, 강릉문화원.

＿＿＿, 2005「최유련 원종공신녹권의 연구」『인문학연구』9, 가톨릭관동대 인문학연구소.

제11장 조선후기 수취체제와 강릉

1. 강릉부의 경제적 조건

조선전기 국가의 수취제도는 토지를 대상으로 하는 전세, 민호를 대상으로 하는 공납, 그리고 16세부터 60세에 이르는 장정을 대상으로 하는 역(役, 군역과 요역)이 국가재원의 주종을 이루었다. 이러한 수취체계는 시간이 흐르면서 토지에 집중 부과되는 현상으로 나타났다. 특히 임진왜란 이후 대동법의 실시에 따라 종래의 공납과 요역이 토지에 부과하는 결세(結稅)로 바뀌었고, 1751년(영조 27) 균역법의 실시에 따라 물납형태의 군역이었던 군포의 일부가 토지에 부과하는 방식으로 바뀌었다. 국가에서는 이들 부세를 수취하기 위한 그 기초작업으로 호구와 토지를 파악하였던 것이다.

먼저 호구의 파악은 현실적으로 생산층과 각종 조세원의 확보라는 측면에서 중요하게 여겨졌다. 조선시대 강릉대도호부의 호구의 변천을 살펴보면 〈표-1〉과 같다.

다음의 표에서 보듯이 조선후기 강릉부의 호구는 조선초기에 비해 적게는 1.5배에서 많게는 4.5배나 증가하였음을 볼 수 있다. 그렇다고 다음의 표에 등재된 인구수가 조선후기 강릉부의 실제 인구수라고 보기가 어렵다.

<표-1> 조선시대 강릉대도호부의 호구의 변천

자 료(편찬년도)	호 수	구수(口數)		
		남	여	계
『세종실록 지리지』(세종 14, 1432)	1,354			4,539
『여지도서』(영조 35, 1759)	2,093	4,661	5,223	9,884
『임영지 속지』(정조 12, 1788)	5,935	10,317	16,226	23,824
『호구총수』(정조 13, 1789)	6,468	17,065	17,259	34,324
『강릉군지』(1897~98년경)	6,165	16,160	12,913	29,073

조선왕조에서는 전국의 호구를 파악하기 위해 3년에 한 차례씩 군현 단위로 호적대장(戶籍大帳)을 작성하여 보고하였다. 그런데 국가의 호구파악은 국내의 전 인구를 빠짐없이 성적(成籍)하기보다는 역역자원의 확보와 신분질서의 확립, 유이민을 방지하는데 역점을 두었기 때문에 당초부터 누락될 소지가 많았다. 게다가 영·유아는 그 사망률이 매우 높았고, 현실적으로도 반드시 파악할 필요가 적었기에 호적에서 누락되는 것이 관례로 되었다. 따라서 호적대장에 등재되는 인구는 당초부터 실제와 크게 다른 일부 인구일 수밖에 없었던 것이다. 1788년(정조 12)에 호조정랑 박일랑(朴一郎)이 『탁지지(度支志)』[1]를 편찬하면서 호적대장에 등재되지 않은 인구를 30% 정도로 파악하고 있는 것은 시사하는 바가 크다고 하겠다.

한편 국가는 누락된 토지를 적발하여 탈세를 방지하고 토지경작 상황의 변동을 파악하기 위해 20년마다 양전(量田)을 실시하였다. 양전을 통해 작성된 토지대장인 양안(量案)은 국가재정의 기초를 이루는

---

1 조선후기 호조의 모든 사례를 내·외편으로 나누어 엮은 책. 내편은 호조·속사(屬司)·직장(職掌)·이예(吏隷)·늠록(廩祿)·관사(館舍)·잡의(雜儀)·고적(古蹟)·사례(事例)를 기록하였고, 외편은 호조 소속의 판적사·회계사·경비사의 문부(文簿)를 기록하였다.

전정(田政)의 기본대장이 되었다. 강릉부의 토지결수는 『세종실록지리지』(1454)에 개간된 땅[墾田]이 5,766결로 논이 1/3이 안 된다고 하였고, 『임영지』속지에는 1786년(정조 10) 무렵 원장부에 논·밭을 합하여 모두 2,710결이라고 하였다. 18세기 무렵 강릉부의 토지결수는 15세기 경보다 절반 이상 줄어든 상태이다. 그리고 조선초기에 비해 논농사의 비중이 크게 증가하였다. 즉 강릉부의 농경지에서 논이 차지하는 비율은 48.3%, 밭이 차지하는 비율은 51.7%에 달하였다.

조선후기에 들어 강릉부의 토지결수가 크게 줄어든 것은 토지대장에서 빠진 은결(隱結)이 증가하였기 때문이다. 『경국대전』에는 20년마다 한 번씩 양전을 실시하여 그 결과를 양안에 등재하도록 되어 있었으나, 양전은 인력·경비 등이 막대하게 소요되는 대사업이라 규정대로 실시되지 못하여 수십 년, 혹은 백 년이 더 지난 뒤에 실시하는 경우가 허다하였다. 특히 조선후기에는 전국적으로 양전이 제대로 시행되지 못함으로써 은결이 크게 증가하였다. 조선후기에 이르러 강릉부의 토지결수가 크게 줄어든 것도 이와 밀접한 관계가 있다고 생각된다.

2. 전세

조선전기의 전세는 세종 때 제정된 공법(貢法), 즉 토지의 비옥도에 따르는 전분6등과 그해의 풍흉에 따르는 연분9등의 법에 따라 1결당 최고 20말에서 최하 4말까지 징수하였다. 이 법은 매우 복잡하여 당시에도 제대로 운용되지 못하고 있다가 16세기 이후에 들어와 크게 변했다. 그것은 연분등제가 현지에서의 판정 보고보다 오히려 중앙정부에서 더 강등되었고, 나아가서 풍흉에 관계없이 토지의 등급에 따라 연분을 일률적으로 적용하여 1결당 4말 내지 6말을 징수하는 것이 관행이었다. 이러한 추세는 대체로 공법 하에서 재상전(災傷田)·진황전(陳荒田)의 인정 절차가 까다로워 하하(下下) 연분책정이 불가피하였다는 사실, 당시 공납과 군역이 대납 혹은 대립으로 토지에 대한 부과로 전환하고 있어 농민의 부담이 커졌다는 사실 등에서 연유한 것이다.

이 하하 연분등제의 관행은 1634년(인조 12)에 영정법(永定法)으로 법제화되었다. 영정법은 전세 징수를 공정히 하기 위해 각 지역별로 토지의 비옥도를 표준으로 고정된 세율을 적용하는 법이었다. 양란 이후 농민이 피폐하고 전 국토가 황폐해진 데도 불구하고 각종 세목이 토지에 가중되어 농민의 유망이 증가하고 있었다. 이 법은 전세의 부담을 감소시켜 백성을 안집시키고, 또 세종조 이래 연분법의 시행과정에서 발생하는 지방관리들의 농간을 막으려는 목적이 있었다. 영정법에서는 세종조의 연분9등법에 전분6등법을 혼입하여 전품(田品)을 9등으로 분류했다. 각 지역별 전품을 보면 경상도는 최고가 상지하전(上之下田)으로 쌀(米) 16말, 전라도·충청도는 최고가 중지중전(中之中田)으로 쌀 12말, 강원도 등은 모두 하지하전(下之下田)으로 쌀 4말씩 수세하기로 규정했다. 이는 『속대전』에 법제화되어 수세액이 매년 1결당 논은 쌀 4말, 밭은 콩(太) 4말로 확정되었다.

영정법의 실시로 조선후기의 전세는 정액세의 성격을 갖게 되었다. 정액세법은 1760년(영조 36)까지의 답험정액세제와 그 후 갑오개혁(1894)까지의 비총정액세제로 대별할 수 있다. 답험정액세제는 매년 호조에서 그해의 작황을 참작하여 연분사목(年分事目)을 각 도에 보내어 군현의 수령과 도의 감사가 행정구역 내의 재실(災實)과 진기(陳起) 여부를 조사하여 중앙에 보고하면, 중앙의 호조는 경차관을 파견하여 이것을 다시 심사하고 조세감면의 대상인 급재결수(給災結數)를 결정하는 제도이다. 반면에 비총정액세제(비총제)는 처음부터 호조가 그해의 도별 작황을 참고하여 조세감면의 대상인 급재결수와 조세징수의 대상인 실결의 총수를 정해 연분사목을 만들어 각 도에 보내면, 감사가 도내 군현의 수령에게서 올라온 보고를 바탕으로 각 고을의 재실 등급을 결정하여 분배하는 제도이다.

그러나 비총제는 실제 농사의 작황에 의한 것이 아니므로, 정부에서 결정하는 급재결수가 실지와 같을 수 없고 너무 많거나 모자라기 마련이었다. 특히 비총제의 실시 목적이 전세수입의 안정적 확보에 있었으므로 연분사목에서 정해진 급재결수는 실제보다 적게 책정되었다. 이에 따라 각 군현에서는 면세를 받지 못한 부분을 보충해야 했고, 이를 위해 재해를 입은 토지나 유래진황전(流來陳荒田, 흉황·재난 혹은 지배층의 수탈로 농민들이 전토를 경작하지 않고 유리 도망하여 발생한 토지)·천반포락전(川反浦落田, 냇물이 다른 길로 터져 흘러서 논밭이 떨어져 나간 토지)·복사전(覆沙田, 모래가 물에 밀려와 덮은 토지) 등 마땅히 면세가 되어야 할 토지에까지 세를 거둘 수밖에 없었다. 이는 조선후기 전정 문란의 한 상징인 백지징세(白地徵稅, 토지를 갖고 있지 않은 백성을 토지대장에 등록시켜 억지로 세금을 거두던 일)의 근본원인이 되었다.

전결세는 비총제에 의해 징수하였기 때문에 각 도별 모든 전답은 기경전(起耕田)과 면세전(免稅田)으로 구분하였다. 기경전은 국가에 직접 조세를 납부하는 전답을 말하고, 면세전은 국가에 조세를 납부하지 않는 전답을 말한다. 기경전에는 출세출부(出稅出賦)·면세출부(免稅出賦)·면부출세(免賦出稅)·면부면세(免賦免稅)가 있었고, 면세전에는 궁방전(宮房田)·각아문전(各衙門田)·관둔전(官屯田)·각묘능원묘위전(各廟陵園廟位田)·각양잡위전(各樣雜位田)·늠전(廩田)·학전(學田)·제전(祭田) 등이 있었다.

기경전은 해마다 줄어들고 있는 반면에 면세전은 늘어나고 있었다. 기경전은 1801년(순조 1)에 802,857결이었는데, 60년이 지난 1861년(철종 12)에 766,299결로 36,558결이 감소된 반면에 면세전은 625,719결에서 655,234결로 29,515결이 증가되었다. 3만여 결이 면세전으로 이동하여 그만큼의 수입이 감소되었다. 그리고 서울과 거리가 가까운 경기·강원·충청도에서는 면세전이 기경전보다 훨씬 더 많았다. 강원도의 경우 1801년(순조 1)에 기경전은 11,088결인데 면세전은 29,226결이었고, 1861년(철종 12)에 기경전은 11,754결인데 면세전은 28,973결이었다.

『여지도서』에 실려 있는 강원도의 전결은 수전이 3,945결 44부 4속이었고, 한전이 11,850결 41부 8속으로 모두 15,795결 85부 12속이었다. 이 가운데 강릉부의 전결은 수전이 833결 2부였고 한전이 607결 93부였다. 강원도 각 군현에서의 수세방법은 다양하였다. 즉 납세의 수단으로 쌀·콩뿐만 아니라 산간이나 해안의 일부지역에서는 면포로써 전세를 대신하는 경우도 많았다. 이렇게 징수되는 전세는 모두 서울로 수송하였다. 그 수송기한은 쌀과 콩은 6월까지 경창(京倉)에 수납하였고, 면포는 다음해 4월까지 호조에 수납하였다.

3. 대동세

조선전기에 각 군현에 분정한 공물은 그 지방에서 생산되는 토산물을 징수하는 것을 원칙으로 하였다. 그런데 토산물이 생산되는 군현에만 공물을 분정할 경우 그 군현은 중앙권력에 의해 항시 집중적인 수탈의 대상이 되었기 때문에 그 지역에서 생산되지 않는 공물을 분정하기도 하였다. 토산물이 나지 않는 군현의 농민들은 공물의 부담을 이행하기 위해 산지에 가서 구입하거나, 혹은 상인에게 그러한 행위를 위임하는 이른바 방납(防納)에 의존하지 않을 수 없었다. 방납인들은 방납을 통해 상당한 이익을 얻었지만, 이를 담당한 농민에게는 가혹한 수탈행위로 작용하여 파산하거나 유망한 자도 적지 않았다.

이 같은 방납의 폐해를 조정하여 농민의 유망을 방지하려는 논의는 16세기 특히 후반부터 자주 있었다. 그 가운데서도 가장 진지하게 검토되었던 방안은 공물을 현물 대신에 쌀로 거두는 수미법(收米法)이었다. 예컨대 16세기 사림계 일부 인사들은 부임지에서 개별적으로 사대동(私大同)을 시행하였고, 율곡 이이와 유성룡은 대공수미법(代貢收米法)을 주장하였다. 이는 징수한 공납미를 정부가 지정한 공납청부업자인 공인(貢人)에게 지급하고, 이들에게 왕실·관청의 수요물을 조달하게 함으로써 종래 관행되던 방납을 제도화시켜 정부의 통제 아래에 두고 이를 통해 재정확충을 도모하려는 의도였다. 이러한 논의는 당장 실현되지 못했지만 임진왜란 후 다시 논의되어 결국 대동법으로 이어졌다.

대동법은 1608년(광해군 즉위년) 이원익의 주장에 의해 경기도에서 먼저 시험 삼아 시행하였다. 이는 종래 각 군현에서 중앙각사에 현물로 바치던 공물 대신 쌀·면포·돈으로 납부하면, 선혜청에서 이를 수괄하여 선혜청 직속의 공인 및 공물각사의 공인에게 공가(貢價)를 지급하여 공물을 상납하게 하는 것이었다.

강원도에서 대동법이 시행되는 것은 1623년(인조 1)이다. 대동법은 일차적으로 공납을 전세화한 제도였기 때문에 강원도 각 군현에 분정된 공물·진상도 토지결수의 다과에 따라 부과되었다. 농민들로부터 거두어들인 대동세는 공물·진상을 마련하기 위한 상납미(上納米)와 지방관아의 제반 경비조달을 위한 유치미(留置米)로 크게 나누어 사용하였다. 강원도의 대동세는 수전·한전을 막론하고 1결당 대동미 16두를 봄·가을로 나누어 징수하여 10두는 본도의 공물·진상가를 중앙에 상납하였고, 6두는 본도에 유치하여 감영과 군현의 경비에 충당하였다. 그러나 토질이 척박한 강원도의 경우 수전과 한전에 대한 결당 16두 부과는 타도에 비해 상대적으로 무거운 것이었다. 그리하여 일찍부터 세율 인하에 대한 논란이 대두되었으나 실현되지 않다가 1709년(숙종 35)에 강원도 일부 군현에서 실시한 양전을 계기로 강원도 26개 군현을 3부분으로 나누어 징수액을 개정하였다.[2]

〈표-2〉 강원도 각 군현의 대동미 징수액

구 분	지 역	부과량	비 고
영동 이량 9읍	삼척, 울진, 평해, 고성, 통천, 흡곡, 양양, 간성, 강릉	14두	삼척은 좁쌀(小米), 기타 읍은 쌀(大米) 징수
영서 이량 8읍	원주, 영월, 평창, 정선, 춘천, 홍천, 횡성, 양구	12두	읍규(邑規)에 따라 좁쌀·쌀 징수
영서 미량 9읍	낭천, 인제, 회양, 금성, 김화, 철원, 이천, 안협, 평강	16두	〃

강원도의 대동미는 종래 1결당 16두를 징수하던 것을 이미 양전을 핸(已量) 영동 9읍과 영서 8읍에서는 14두와 12두를, 아직 양전을 하지 않은(未量) 영서 9읍에서는 16두를 각각 징수하였다. 그 결과 이미 양전을 한 영동 9읍에서는 2두, 영서 8읍에서는 4두씩 감면되었다. 영동 9읍에서 삼척은 대동세를 좁쌀(小米)로 징수하였고, 나머지 군현은 이전과 마찬가지로 쌀(大米)로 징수하였다.

대동법은 일차적으로 공납을 전세화한 제도였기 때문에 강원도 각 군현에 분정된 공물·진상도 토지결수의 다과에 따라 부과되었다. 그

---

2 『강원청사례(江原廳事例)』 설청(設廳)·수조조(收租條).

러나 대동법이 시행되었다고 해서 모든 공물·진상이 쌀·면포·돈으로 납부된 것은 아니었다. 제향(祭享)·공상(供上) 따위의 물종과 삭선(朔膳)·명일물선방물(名日物膳方物)·천신(薦新)·약재(藥材)·인삼(人蔘) 진상은 '임토지공(任土之貢)'이란 명목으로 여전히 현물로 납부하였다.

인삼의 생산지로 알려진 강원도에서는 일찍부터 인삼을 공물·진상으로 납부하였다. 강원도의 공삼액이 얼마나 되었는지는 현존하는 공안(貢案)이 없기 때문에 알 수 없지만, 대동법 시행 초기에는 70근이었다. 그 후 중간에 10근이 감액되어 1708년(숙종 34)에 춘등 30근·추등 20근·납등 10근으로 총 60근이었고, 같은 해 강원감사가 장계를 올려 보고한 것을 계기로 춘등 10근·추등 5근이 특별 감액되어 춘등 20근·추등 15근·납등 10근으로 총 45근이었다. 1721년(경종 1)에 납등 3근이 감액되어 춘등 20근·추등 15근·납등 7근으로 총 42근이었다.[3]

강원도 인삼은 임금에게 바치는 어공용(御供用)으로 쓰일 만큼 품질이 우수하였기 때문에 여러 명목으로 징수되었다. 그런데 시간이 경과하면서 인삼의 생산이 차츰 감소되어 삼값이 폭등함에 따라 농민들의 부담은 더욱 가중되어 작은 고을의 경우에도 연간 공삼액이 100냥을 넘었다. 이를 면포로 환산하면 12동(600필)이었고, 피곡(皮穀)으로 환산하면 2,200석에 달하였다.

국가에서는 강원도 민인의 궁핍화를 촉진하는 인삼의 폐해를 개선하기 위해 여러 가지 대책을 강구하였으나, 삼값이 해마다 폭등하고 재해가 빈번한 당시로서는 일시적인 변통책에 불과하였고 근본적인

---

3 『강원청사례』공삼내력조 및 『만기요람』재용편4 내국어공삼조(內局御供蔘條). 인삼의 중량단위는 10리(釐)가 1푼(分), 10푼이 1돈(錢), 10돈이 1냥(兩), 16냥이 1근(斤)이었다(『만기요람』財政篇5, 度量衡條).

〈표-3〉 영동 9읍의 대동세 및 상정세 부과내용

군현	지목	원전답	속 전	권경속전	아록·공수위전	균청면세전·학위전답	삼화전
삼 척	대동세	14두	14두	14두	14두	14두	돈1,458냥 4전
	상정세	태 1승 포 1필 돈 1냥 5푼 삼가전 1냥 2전	원전답 동	원전답 동	원전답 동	원전답 동	
울 진	대동세	14두	14두	14두	14두		돈 893냥 4전
	상정세	대미 9승 조 5두 4승 돈 3냥 2전	원전답 동	원전답 동	원전답 동		
평 해	대동세	14두	14두	14두	14두		
	상정세	대미 2두 돈 4냥 8전	원전답 동	원전답 동	원전답 동		
고 성	대동세	14두	14두	14두	14두		
	상정세	전미 1두 5승 조 1석 5두 태 1두 5승 돈 1냥	원전답 동	원전답 동	원전답 동		
통 천	대동세	14두	14두	14두	14두	14두	
	상정세	전미 1두 대미 1두 6승 돈 3냥 9전 2푼	원전답 동	원전답 동	원전답 동	원전답 동	
흡 곡	대동세	14두	14두	14두	14두		
	상정세	태 4두 6승 돈 6냥 6전	소두 4두 돈 1냥	속전 동	원전답 동		
양 양	대동세	14두	14두	14두	14두		
	상정세	조 6두 태 1승 전 6냥 4전 8푼	원전답 동	원전답 동	원전답 동		
간 성	대동세	14두	14두	14두	14두		
	상정세	태 1두 조 21두 6승 전 6냥 5전	원전답 동	원전답 동	원전답 동		
강 릉 영 동	대동세	14두	14두	14두	14두	14두	
	상정세	돈 2냥 5전 5푼	원전답 동	원전답 동	원전답 동	원전답 동	
강 릉 영 서	대동세	12두	12두	12두	12두	12두	돈 32냥 7전 5푼
	상정세	돈 2냥 5전 5푼	원전답 동		원전답 동		

해결책이 되지 못하였다. 이에 1754년(영조 30)에 강원도 삼폐를 더 근본적으로 해결하기 위해 상정법(詳定法)을 시행하고 새로이 상정세(詳定稅)를 신설하였다. 『강원청사례』 수조조에 의하면, 강원도 영동 9읍의 대동세와 상정세는 위의 〈표-3〉과 같다.

〈표-3〉에서 보듯이 영동 9읍에서의 대동세는 강릉 영서면(임계면·도암면·진부면·봉평면·대화면·내면)을 제외하고 모두 쌀[大米] 14두였으나, 상정세는 군현과 지목(地目)에 따라 차등 세율을 적용하고 있다. 즉 영동 9읍에서는 원전답(元田畓)·속전(續田)·권경속전(勸耕續田)·아록공수전(衙祿公須田)에서 대동세 14두 외에 약 1석의 상정세를 쌀[米]·콩[太]·벼[租]·면포[布]·돈[錢]으로 징수하였고, 강릉 영서면과 삼척·울진에서는 삼화전(蔘火田, 화전에 삼세를 매기는 것)에서 돈으로 징수하였다. 상정세의 신설은 대동세의 이중적 부과이므로, 대동세의 세율을 인상한 것과 다름없었다.

강릉부는 강원도에서 공삼 부담이 가장 무거웠기에 그 폐해도 가장 심하였다. 강릉부에서 바치는 삼은 55냥이었는데, 채삼이 점점 줄어들어 20여 냥에 불과하여 그 나머지는 인삼상인들이 타처에서 사서 바쳤다. 그런데 삼값이 큰 폭으로 오르자 인삼상인들은 각 군현에서 지급되는 상정(詳定)한 원가 80냥으로 도저히 사서 바칠 수 없게 되었다. 그 때문에 토지를 소유하고 있지 않은 백성을 토지대장에 등록시켜 억지로 세금을 부과하는 백지징세(白地徵稅)와 이웃이나 친인척에게 부과하는 족징(族徵)·인징(隣徵)이 자행되었고, 그 결과 농민의 도산·유이와 전결의 감소 현상이 야기되었던 것이다.

강릉부에서는 1769년(영조 45)과 1772년(영조 48)에 재원 조달책으로서 정부로부터 식리전(殖利錢) 6,100냥을 보조받아 이를 민호에 빌려주었다가 가을 추수 후 3할의 이자를 거두어 삼값에 보충하였다. 그래

도 삼값이 부족하자 756명의 보삼군관(補蔘軍官)을 두어 1인당 1냥 5
전을 징수해서 진상으로 바치는 삼값에 더하여 보충하였다. 보삼군관
의 창설 시기는 확실하지 않지만, 1777년(정조 1) 이전에 이미 이러한
명목이 설치되어 운영되고 있는 것으로 보아 이전부터 각지에서 시행
되고 있었다고 본다.

어린아이를 군적에 올려 군포를 징수하는 황구첨정(黃口簽丁)과 이
미 죽은 사람의 이름을 군적에 올려 군포를 징수하는 백골징포(白骨
徵布)로 상징되는 군폐가 극심한 시기에, 보삼군관의 창설은 군폐를
더욱 조장하는 결과를 가져왔다. 조선후기 공삼은 농민의 부담을 가
중시켜 빈궁의 고통을 안겨 준 최대 요인이었다. 이러한 공삼 문제를
해결하고자 강릉부 우계면 산계리에 사는 고진창(高鎭昌)·이태원(李
泰元) 등은 1780년(정조 4)에 금옥계(金玉契)를 조직하여 100냥씩을 모
아 원금은 그대로 두고 이자를 받아 동민들의 삼세를 납부해주기도 하
였다.

4. 삼수미세

삼수미는 임진왜란 중이던 1592년(선조 25)에 훈련도감 소속의 삼수
병(포수·사수·살수)을 양성할 목적으로 징수하던 세미이다. 이는 전
세의 일종으로 호조에서 주관하였다. 삼수미는 수전·한전을 막론하
고 쌀로 징수하는 것을 원칙으로 하였으나, 강원도·황해도의 한전에
대해서만 좁쌀[小米]로 징수하였다. 산골에 있는 고을 지역에서는 포전
(布錢)의 납부도 허용하였는데, 그 환가율은 쌀로 납부할 경우 1석(15
두)에 포목(布木) 3필, 돈으로 납부할 경우 미 1석에 5냥, 좁쌀[田米] 1
석에 4냥, 황두(黃豆) 1석에 2냥 5전이었다.

그 후 1634년(인조 12)에 실시한 삼남양전(三南量田; 갑술양전을 말함)으로 전결의 대폭적인 증가를 가져옴에 따라 경상·전라·충청도에서는 1결의 부가액을 1두 2승으로 감액하여 수납하였고, 경기에서는 병자호란(1636)을 계기로 삼수미가 면제되었다. 1760년(영조 36)에는 호조의 세수 부족을 보충하기 위해 국왕의 교지에 따라 각종 면세지에도 삼수미가 부과되었다. 이 개혁으로 마위전(馬位田)과 훈련도감의 둔전(屯田)을 제외한 궁방전과 영아문전을 비롯한 모든 면세전에 대해서도 삼수미가 부과 징수되었다. 삼수미의 수세액을 나타내면 다음과 같다.

〈표-4〉 삼수미의 수세액

구 분	1769년(영조 45)		1784년(정조 8)	
도 명	쌀[米]	좁쌀[小米]	쌀[米]	좁쌀[小米]
충청도	10,843석		도별 수세액 미상	
전라도	17,562석			
경상도	17,428석			
황해도	2,422석	9,398석		
강원도	1,163석	936석		
합 계	49,418석	10,334석	51,152석	11,703석
	59,752석		62,855석	

1769년(영조 45)의 삼수미는 도별로 그 수세액이 명시되어 있으나, 1784년(정조 45)의 것은 5도의 총액수만 쌀[米]·좁쌀[小米] 별로 표시되어 있다. 삼수미의 세수규모는 6만여 석에 달하였는데, 이 가운데 강원도의 쌀과 좁쌀은 모두 2,099석이었다.

5. 군역

군역은 16세부터 60세에 이르는 모든 양인 남자를 대상으로 부과되었다. 그래서 군역을 양역(良役)이라고도 하였다. 군역을 진 자들은 정병(正兵, 혹은 호수[戶首])과 봉족(奉足, 혹은 보인[保人])으로 구성되었다. 정병들은 중앙과 지방의 각 군영에서 번차(番次)에 의해 상번 내지 유방하였고, 보인들은 정군을 경제적으로 보조하기 위해 보포(保布)를 부담해야 할 의무가 있었다.

그러나 이러한 원칙은 16세기 이후 태평세월이 계속됨에 따라 번상 정병들이 군사활동보다 각종 토목공사에 동원되었고, 고된 노역에 시달린 정병들은 돈을 주고 다른 사람을 사서 대신 입역시키는 대립 행위를 하게 된다. 그런데 점차 대립가(代立價)가 폭등하여 농민들이 고통을 받게 되자, 정부에서는 개인적으로 이루어지는 대립을 금지하고 번상보병에 한하여 수포제(收布制)를 실시하였다. 이로써 번상보병은 직접 번상하지 않고 군역세로서 가포(價布)만 지방관에 납부하면, 지방관은 이를 병조로 올려 보냈다. 병조에서는 가포를 각 역처(役處)에 보내어 노동자를 고용하였던 것이다.

이러한 가운데 1592년(선조 25) 4월에 임진왜란을 맞게 되었다. 임진왜란이 발발하자 20여 일만에 서울이 함락되는 등 참패를 면치 못했다. 당시 일본군은 병력이나 전술·무기 등이 조선보다 우세하였기 때문에 일본군을 물리치기 위해서는 전반적인 군사제도의 개편이 불가피하였다. 정부는 이에 대한 대책으로 1593년(선조 26) 10월에 훈련도감을 설립하였다. 훈련도감은 군인들이 가족을 거느리고 서울에 상주하면서 군무를 수행하는 상비병체제로 운영되었다. 이렇게 설립된 훈련도감은 19세기 후반까지 약 300년 동안 국왕의 시위와 서울의 경비 방어에 중심적인 역할을 담당하였다.

훈련도감은 군인 각자가 무기와 군장, 말 등을 마련해야 하는 종래의 병농일치제와는 달리 모든 군수물자를 확보하여 군인에게 지급해 주는 병농분리제에 입각해 운영되었다. 이러한 군수물자를 확보하기 위해 정부와 훈련도감은 여러 방면으로 노력하였다. 정부는 평안도와 함경도를 제외한 전국 각처에서 삼수미세를 징수하여 도감 군인들에게 1개월에 9~12두의 급료를 지급하였고, 또 각 지방에 거주하는 포보(砲保)로부터 군포를 징수하여 군인들에게 9~12필에 이르는 면포를 지급하였다.

훈련도감 설치 이후 정부는 계속되는 정치적·군사적 위기 속에서 중앙군영들을 잇달아 설치하였다. 1624년(인조 2)에는 이괄의 난을 계기로 서울과 경기의 경비를 강화하기 위해서 총융청을 설치하고 경기 내의 군인을 여기에 소속시켜 남양·수원·장단 등 경기지역의 제진(諸鎭)을 통솔케 하였다. 또 2년 뒤에는 남한산성에 수어청을 설치하고 광주 및 그 부근의 제진을 정비하였다. 계속해서 1652년(효종 3)에는 북벌계획에 따라 각 도의 정군들이 교대로 번상하여 근무하는 어영청을 설치하였고, 1682년(숙종 8)에는 도성수비를 목적으로 정병(기병)과 훈련도감군의 일부를 주축으로 금위영을 설치하였다. 이로써 5군영 체제가 완성되었던 것이다.

강원도에는 5군영 중 총융청을 제외한 4군영의 군액이 각 고을별로 배정되어 있었는데, 여기에 소속된 군병은 모두 12,784명이었다. 이 가운데 강릉부의 군병은 훈련도감 소속 포보가 191명, 어영청 소속 보인이 125명, 금위영 소속 보인이 486명으로 모두 802명이었다.

한편 지방군이었던 속오군은 유성룡의 건의로 황해도 지역에서부터 편성이 시작되었고, 임진왜란 중에 진관체제가 복구되면서 전국적인 편성이 이루어졌다. 속오군체제가 시행되면서 각 지방의 주민은 대부분 속오군에 편성되었다.

조선후기의 군역제는 조선전기의 병농일치제와는 달리 병농분리의 용병제를 추진하여 정병(精兵)을 양성하려는 것이었으나, 재정을 확보하지 못함으로써 번상병과 용병이 함께 편성되기도 하였다. 이때 병역을 지지 않는 자들은 대체로 1년에 포 2필을 내는 납포군(納布軍)으로 편성되었다.

그런데 군포를 징수하는 기관은 5군영만이 아니라 중앙의 관청 혹은 지방의 감영·병영 등도 각각 군포를 배당받아 거두었다. 즉 군포의 징수는 일원적인 체계를 갖추지 못한 상태에서 다양한 통로로 거두어지고 있었다. 이로 말미암아 한 사람의 장정이 이중 삼중으로 수탈당하는 경우가 적지 않았고, 그들이 바치는 군포도 소속기관에 따라 2필 혹은 3필을 내야 하는 등 일률적이지 못했으며, 1필의 길이도 5승포 35척·6승포 40척 등으로 일정하지 않았다.

한편 정부는 재정 부족을 타개하기 위해 군포의 액수를 증가시켰으며, 군포를 수납하는 과정에서 실무를 담당한 수령·아전들도 농간과 횡포를 부렸기 때문에 양역의 피해는 더욱 극심하였다. 17세기 이후의 인징·족징과 함께 백골징포·황구첨정 등의 폐해는 여기서 비롯된 것이었다.

양정 중에서도 양반 사대부가의 자제들은 대부분 군역에서 벗어났지만 농민들은 과도한 군역의 부담과 그에 따른 폐단에 대비하여 자구책을 마련하려 하였다. 농민들의 대응은 크게 두 가지로 나타났다. 하나는 신분변동을 통해 양역에서 완전히 벗어나는 피역의 방법이었고, 다른 하나는 양역에 고중(苦重)과 경헐(輕歇)의 차등이 있음을 이용하여 보다 헐한 역으로 투속해 역의 부담을 줄이는 방법이었다.

전자의 방법은 일반 백성들 중에서도 경제력을 갖춘 부유한 백성이 주로 이용하였다. 그들은 국가에 곡식을 바치고 양역에서 빠져나가거나 혹은 교생·군관·충의위로의 '모속(募屬)' 혹은 '모칭유학(冒稱幼學)'의 방법을 택하기도 하였고, 조상의 신분을 위조하는 환부역조(換父易祖) 등의 방법으로 양반신분을 칭하여 군역 부담에서 벗어나기도 하였다. 농민들이 신분변동을 이용한 또 다른 형태는 스스로 노(奴)로 입속하는 방법이 있었다. 후자의 방법은 과도한 양역에서 벗어나기 위해 일반적으로 사모속(私募屬)의 형태로 편입하는 자들이 많았다. 그 결과 양역 부담은 가난한 농민층에게로 더 한층 집중되어 그들의 파산과 유망을 촉진시켜 농민들의 저항을 일으킬 만큼 심각한 상태에 도달하였다. 이에 위기의식을 느낀 지배층은 새로운 대책을 마련하려 하였고, 그 과정에서 수습 방안이 논의되었다.

효종조 이래 양역의 폐단을 해소하기 위해 대두된 주장이 이른바 '양역변통론(良役變通論)'이다. 여기에는 양인농민뿐 아니라 양반층에게도 군역세를 부담시키는 것을 전제로 양반에게도 포를 징수하는 호포론(戶布論), 전결에서 포를 징수하는 결포론(結布論), 무위도식하는 자에게 포를 징수하는 유포론(遊布論), 인구 단위로 돈을 징수하는 구전론(口錢論)의 대변통론과 군비지출을 줄이기 위한 군액의 감축·군영의 축소 등의 소변통론이 제기되었다. 이러한 양역변통론은 양반층의 이해관계가 얽혀서 정부 내에서 대립만을 거듭한 채 별다른 결정을 보지 못하다가 1750년(영조 26)에 양인·농민의 군포 부담을 반으로 줄이자는 감필론(減疋論)을 기반으로 한 균역법(均役法)이 제정·실시되기에 이르렀다.

균역법으로 인해 농민들이 연간 2필씩 바치던 군포는 1필로 줄어들었고, 반감된 군포수입에 대해서는 결작미(結作米)와 어염선세(漁鹽船

稅), 은여결세(隱餘結稅), 선무군관포(選武軍官布) 등을 통해 보충하게 되었다. 결작미는 평안도와 황해도를 제외한 전국의 토지마다 1결당 쌀 2두(혹은 돈 2전)를 부과 징수하는 것이었고, 어염선세는 종래 왕실에 속해 있던 것을 정부재정으로 돌린 것이며, 은여결세는 전국의 탈세전을 적발하여 수세하는 것이었고, 선무군관포는 양민으로서 여러 가지 방법으로 군포 부담에서 벗어났던 사람들을 선무군관으로 편성하여 다시 포(布)를 걷는 것이었다. 『여지도서』에 의하면 강릉부에 부과된 군포는 포가 7동 16필, 선염분곽세가 719냥, 선무번이 342냥이었다.

강릉부의 어장(漁場)·선세(船稅)·삼선(杉船)은 1발[把]⁴당 1냥, 통선(桶船)은 1발당 7전 5푼이었다. 염세(鹽稅)는 봄과 가을에 절반씩 나누어 납부하였다. 철분(鐵盆, 소금 굽는 가마)은 48좌(座)였는데, 1좌당 6냥씩이었다. 곽세(藿稅: 미역을 따는 사람에게 받는 세금)는 105냥 6전이었다. 균역군관(均役軍官)은 192명이었는데, 1명당 1냥 5전씩 받아들였다. 선무군관은 177명이었는데, 1명당 2냥씩 받아들였다.

조선후기 강릉부내 양역의 총수는 4,666명이었는데, 이는 경안(京案, 중앙군의 군적)에 올라 있는 군병, 읍안(邑案, 읍의 군적)에 올라 있는 군병, 외안(外案, 감영·병영·수영의 군적)에 올라 있는 군병이었다. 경안에는 15종의 명목에 1,831명, 읍안에는 13종의 명목에 1,392명, 외안에는 19종의 명목에 1,443명이 속해 있었다.

균역법은 신분제 하에서 양반은 군역을 지지 않는다는 원칙을 고수하면서 토지 소유자에게는 결작을 징수하고, 왕실에서는 어염선세를

---

4 "우리나라 말에 양쪽 팔을 펴서 그 한도를 1발[把]이라 하였다"(『경세유표』권14, 均役事目追議一 魚稅). 1발은 대개 10재[尺]인데, 그 길이는 1.5m이다.

빼내고, 양인 상층에게는 포를 징수함으로써 일반 농민의 군포 부담을 반감시킨 것이었다. 따라서 균역법 실시 직후 농민의 부담은 가벼워졌고 농민의 불만도 다소 누그러졌다. 그러나 토지에 부과되는 결작미 부담이 전호농민에게로 돌아가고 정부의 군액책정이 급격히 많아짐으로써 농민 부담은 다시 가중되었다.

조선후기 전결세의 기본세목은 전세·대동세·삼수미세·결작 등이 있었다. 이러한 기본세목 외에 각종 부가세가 존재하였다. 부가세는 본래 전세의 수납으로부터 상납에 이르기까지 소요되는 각종 경비를 충당하기 위한 것이었다. 『속대전』에는 가승미(加升米)·곡상미(斛上米)·창역가미(倉役價米)·이가미(二價米)·창작지미(倉作紙米)·호조작지미(戶曹作紙米)·공인역가미(貢人役價米)의 7종을 법적으로 규정하고 있다. 가승미는 세곡을 징수할 때 장차 축날 것을 예상하여 거두는 쌀, 곡상미는 쥐나 새 등에 의한 손실이 있을 것을 구실 삼아 거두는 쌀, 창역가미는 경창에 출입할 때의 수수료, 이가미는 선박에 싣고 내릴 때 인부의 품삯으로 거두는 쌀, 창작지미는 경창에 수납할 때 종이값 명목으로 거두는 수수료, 호조작지미는 호조에서 종이값 명목으로 거두는 수수료, 공인역가미 호조와 경창에 전속된 공인의 품삯을 지급하기 위해 거두는 쌀이었다.

지방 관아에서도 여러 가지 명목의 부가세를 징수하였다. 『목민심서』에는 각 군현에서 전세를 수납할 때 근거로 삼는 것이 계판(計版, 당년에 징수할 각종 세와 부과세액을 정해 놓은 명세서)이라고 하였다. 계판은 전세의 수납 관아를 기준으로 국납(國納)·선납(船納)·읍징(邑徵)으로 구분되었다. 국납은 전세미·대동미·삼수미·결작 등을, 선납은 국납에 따르는 각종 부가세를, 읍징은 해당 고을의 잡다한 용도에 쓰이는 지방의 부가세를 일컬었다.

조선후기의 전결세는 기본세를 비롯해 크고 작은 부가세가 40여 종에 달하였다. 여기에다 같은 수세 대상의 토지라 하더라도 실제 경작되고 있는 출세출부(出稅出賦)·면세출부(免稅出賦)·면부출세(免賦出稅)·면부면세(免賦免稅)의 토지 종류가 있어 결세의 종류와 부담이 서로 달랐다. 또한 전결세는 지역에 따라 쌀·면포·돈으로 납부하였으며, 상납 관청과 시기도 서로 달랐다. 전세는 다음해 6월을 기한으로 해서 상납하였고, 대동세는 봄과 가을에 반씩 분할 상납하였다. 전세는 호조, 대동세는 선혜청, 결작은 균역청에 납부하였고, 삼수미는 호조가 관리하는 군자감 별영에 납부하였다.

6. 환곡

환곡은 본래 농민을 구제하고 농업의 재생산을 보장하기 위한 방편의 하나로 마련된 것이었는데, 한편으로는 군량미로 활용하여 묵은 곡물을 새 곡물로 바꾸기 위한 목적을 겸하고도 있었다. 그러나 창고에 보관된 곡물이 썩거나 쥐가 먹는 등 자연 결손이 생기고 곡물이 제대로 환수되지 않아 원곡이 차츰 감소되어 갔다. 처음에는 무이자로 운영하다가 환곡을 운영할 때의 손실분이나 부족분을 보충한다는 명목으로 약간의 '모곡(耗穀)'을 징수하기 시작하였으며, 16세기에 들어서는 관행적으로 10%의 모곡을 징수하기 시작하였다. 모곡은 자연적 감소를 보충한다는 의미에서 생긴 명칭이었으나 실제로는 이자와 다를 것이 없었다.

환곡에서 징수하는 10%의 이자는 국가재정의 주요 수입원이 되었다. 이것은 왜란과 호란을 치르면서 재정이 극도로 어렵게 된 17~18세기에 이르러 크게 확산되어 갔다. 17세기 청나라의 침입 이후 국가

체제를 재정비하는 가운데 자연재해에 대처하고 있었던 상평청·진휼청을 상설해서 운영하고, 재정상의 필요에 의해 이들 기관이 환곡을 운영하게 되었다. 상평청·진휼청의 환곡은 그 이자의 4/5를 원곡에 보충함으로써 자체 증가의 구조를 가지고 있었다.

한편 17세기 후반에는 비축 곡물을 확보하기 위해 공명첩(空名帖, 받는 사람의 이름을 기재하지 않고 발행한 백지 임명장)을 활용하고 있었다. 정부는 공명첩을 국가재정을 소비하지 않고 재정을 확보할 수 있는 방법으로 인식하고 있었다. 공명첩을 발급하여 마련한 곡물은 모두 무상분급하는 것이 아니라 그 절반을 비축해 두고자 하였다. 그리하여 17세기 후반 이후 진휼에 대비한 곡물을 확보하기 위해 공명첩을 판매하여 마련하는 첩가곡(帖價穀)이라는 새로운 환곡이 등장하게 되었다. 이렇게 비축된 곡물은 빈번히 발생하는 자연재해시의 무상분급의 재원으로 활용되었다.

18세기 전반에도 자연재해에 대비하기 위해 새로운 환곡이 다수 설치되고 있었다. 흉년을 대비하기 위해 평상시에 곡물을 비축하자는 논의 속에서 등장한 것이 군작미(軍作米)였다. 군작미는 군포 납부 대상자에게서 군포 대신 쌀을 징수하여 곡물을 비축한 것이었다. 군작미는 풍년이 들었을 때 곡물을 비축하기 위해 새로운 환곡으로 탄생하였다. 17세기 후반 이후부터 18세기 전반에는 흉년에 대비한 각종의 환곡이 설치되어 환곡의 종류가 증가하였다.

그러나 흉년에 대비한 환곡 이외에도 지방의 감영·통영·병영·수영 등과 중앙아문의 호조·상진청·비변사 등에서 재정보충을 위해 환곡을 운영하였다. 균역법 시행 이후 균역청의 환곡 운영은 중앙아문이 환곡을 운영하는 계기가 되었다. 그 후 장용영·총융청·사복시·주자소·수어청·병조·형조·한성부 등이 비용 조달을 목적으로 환곡을 설치하여 운영하였다.

18세기에 들어서 환곡이 급증하고 그 운영목적이 각기 달랐기 때문에 환곡의 운영방식도 다양해 질 수밖에 없었다. 18세기 전반기에 환곡의 중심을 이루는 곡물은 호조곡과 상진청곡이었는데, 이들 곡물은 절반만을 나누어주는 반류반분(半留半分)으로 운영되었다. 호조곡은 군자곡(軍資穀)·창원곡(倉元穀)·원회곡(元會穀) 등으로 불렸는데, 이는 지방에서 제사 비용과 각종의 휼전(恤典) 및 제반 비용으로 사용하였다. 상진곡은 호조곡과 마찬가지로 휼전 및 제반 비용에 사용되었을 뿐만 아니라 그 이자의 일부를 수령이 사용하고 있었기 때문에 지방관의 입장에서 보면 호조곡과 크게 다를 바가 없었다.

곡물의 절반만을 나누어주는 반류반분곡과 더불어 환곡 운영의 기본을 이루는 것은 보유한 곡물 전부를 나누어주는 진분곡(盡分穀)이었다. 진분곡은 주로 지방 감영에서 마련하여 재정에 충당하고 있었다. 감영곡은 중앙아문의 곡물인 '원회(元會)'와 대비되어 '별회(別會)'라고 불리었다. 별회는 임진왜란 이후 명나라 군사의 군향을 조달하고 남은 곡물로 설치한 것으로, 중앙재정과 관련이 없는 지방재정에 사용되었다. 이처럼 별회는 중앙재정과 직접적인 관련이 없었기 때문에 국가에서 어사를 파견하여 곡물을 조사할 때에도 원회부(元會付)와 상진청 곡물만을 조사하고 순영·통영에서 관리하는 곡물은 각 영에서 자체적으로 검사하고 있었다.

이처럼 지방 환곡은 정부에서 마련한 것이 아니었고, 또한 그 용도가 재정보충에 사용되었기 때문에 정부에서 일률적으로 감축할 수 없는 형편이었다. 지방재정에 대한 배려가 없는 상황에서 지방 환곡의 증가는 당연한 것이었고, 이 과정에서 환곡의 증가와 그 폐단이 야기될 수밖에 없는 상황이었다.

18세기 환곡의 운영은 보유한 곡물의 절반은 창고에 남겨두고 절반을 나누어주는 반류반분(半留半分), 보유한 곡물의 2/3는 보관하고 1/3분을 나누어주는 이류일분(二留一分), 보유한 곡물을 모두 나누어주는 진분(盡分) 등이 있었다.

18세기의 환곡은 다양한 방식으로 운영되었으나 재정에 보충하는 환곡이 증가하면 환곡의 분급률을 확대해 나갔다. 그 원인의 하나는 가분(加分)의 시행이었다. 가분은 정부의 승인을 얻어 창고에 남은 환곡을 추가로 나누어주는 것을 말한다. 가분의 시행과 함께 18세기 후반에 설치된 환곡에서 진분곡이 급격히 증가하고 있었다. 중앙아문 진분곡의 경우 영조 연간에 증가하기 시작하여 정조 연간에 급증하고 있었다. 특히 정조 연간에는 중앙아문의 진분곡이 외아문곡의 약 2배 정도 설치되었다. 이는 중앙아문에서 재정을 보충할 목적으로 환곡을 새로이 설치하여 운영한 결과였다.

1786년(정조 8)에 편찬된 『임영지』 속지에 의하면, 조선후기 강릉부의 전체 환곡은 호조에서 관리하는 환곡인 원회(元會)가 50,296석, 감영에서 관리하는 환곡인 별회(別會)가 2,330석, 공명첩을 발급하여 흉년에 대비해 마련한 환곡인 첩별비진곡(帖別備賑穀)이 2,355석, 지방재정을 보충하기 위해 운영한 감영의 환곡인 영곡(營穀)이 120석이었다.

1787년(정조 11) 강릉부의 전체 환곡은 59,927석 5두 6승 4작이었다. 이 가운데 군자창에서 1년에 지출한 곡물이 88석 10두 5승 5홉이었고, 여러 가지 이유로 걷지 못한 곡물이 17,858석 1두 8홉 4작이었다. 창고에 남아 있는 곡물은 42,069석 4두 5승 6홉이었는데, 그 가운데 쌀이 735석 7두 4승 2작이고 잡곡이 41,333석 12두 1승 5홉 8작이었다. 강릉부에서의 환곡 운영은 보유한 곡물의 절반만을 나누어주는 '반류반분'으로 운영되었다.

참고문헌

『강원청사례』(서울대학교 규장각, 청구번호 奎15231, 1881).

『임영지』(필사본), 『증수임영지』.

강원도사편찬위원회, 2012 『강원도사』 6(조선후기).

문용식, 2000 『조선후기 진정과 환곡운영』, 경인문화사.

박도식, 2011 『조선전기 공납제 연구』, 혜안.

_____, 2012 「조선후기 강릉부 우계면의 蔘貢 관련 完文 연구」 『고문서연구』 40, 한국고문서학회.

_____, 2015 『조선전기 공납제의 운영』, 태학사.

이정철, 2010 『대동법; 조선 최고의 개혁』, 역사비평사.

이철성, 2003 『17·18세기 전정 운영론과 전세제도연구』, 선인.

정연식, 1993 『조선후기 '役摠'의 운영과 良役 變通』, 서울대 대학원 박사학위논문.

제12장 조선후기 사회변동과 강릉

1. 사회변동의 요인

우리는 흔히 역사발전의 지표로 농업생산력을 말한다. 역사의 전 과정은 인간의 부단한 노력에 의하여 농업생산력이 발전했는데, 특히 17세기 이후 농업생산력의 발전은 이전 시기보다 훨씬 빠른 속도로 발전하였다.

먼저 논농사에서는 이전까지 논에 직접 볍씨를 뿌리는 직파법이 일반적이었으나, 이제는 모판에서 모를 가꾸어 본 논에 옮겨 심는 이앙법이 전국적으로 보급되었다. 조선전기에 이앙법은 경상도 북부와 강원도 남부 일부의 지역에서만 부분적으로 실시되었다. 그러나 17세기 이후 이앙법을 실시하면 노동력이 감소한다는 사실이 알려지면서, 이앙법은 삼남지역을 중심으로 빠르게 보급되었다. 가령 1619년(광해군 11)에 펴낸 『농가월령』에는 "벼를 재배하는 데는 보통 4차례의 제초작업을 실시하는데, 이앙법을 실시하면 2차례만 실시하면 된다"고 하였다.

이앙법을 실시하면 노동력이 감소할 뿐만 아니라 1년에 두 번 농사를 지어 수확량을 증가시킬 수도 있었다. 직파법을 실시하면 3월에 씨앗을 뿌려 8월에 수확하므로 1년에 한 번밖에 농사를 지을 수 없었다. 그러나 이앙법을 실시하면 모판에 모를 재배하다가 가을보리를 수확하고 난 후 5월에 본 논에 모를 옮겨 심을 수 있기 때문에 1년에 두 번 경작하는 것이 가능하였다. 그리하여 서유구는 『임원경제지』에서 "이 앙을 실시하면 노동력이 감소하고, 모를 옮겨 심는 과정에서 부실한 모를 제거할 수 있고, 나아가 모를 심는 땅과 본 논에 옮겨 심는 땅의 지력을 모두 이용할 수 있으니 그 이익이 크다"며 이앙을 적극적으로 권장하였다.

밭농사에서는 밭고랑과 밭이랑을 만들어 밭고랑에다 종자를 파종하는 견종법(畎種法)이 발달하였다. 그리하여 토지이용방식이 조선전기의 1년1작에서 2년3작 내지 2년4작식의 윤작체계로 바뀌어 감으로써 생산력이 높아졌다.

논농사와 밭농사에서의 농업생산력 발전은 수리시설의 보급, 농기구의 개량, 농우(農牛)보급의 확대, 시비법의 발달 등에 기인한 것이었다.

조선후기 농업생산력의 발전은 농업경영에도 많은 영향을 미쳤다. 경제변화를 잘 이용하는 농민이나 지주들은 농업기술의 발전으로 절감된 노동력을 경영규모의 확대에 사용하였다. 이들은 자기 가족만으로 농사를 짓기도 했으나, 한편으로는 농촌의 임노동자를 고용하기도 하였다. 왜냐하면 그 많은 땅에 농사짓는 일을 자기 가족들만으로는 할 수 없었기 때문이다. 이처럼 지주와 부농이 임노동자를 고용해서 많은 토지를 경작하게 되자 가난한 농민층은 점차 토지경영으로부터 배제되어 갔다.

이러한 농업경영의 변동은 지주제를 더욱 확대시키는 계기가 되었다. 18세기 이후 토지의 상품화가 진전되어 토지매매도 활발해져서 지주·부농·상인들이 토지를 크게 늘려갔다. 경제변동에 잘 대처하지 못한 영세농민은 부세 부담, 고리대 부담, 관혼상제 비용에다가 농사의 흉작까지 겹쳐 헐값에 자신의 토지를 내놓았고, 지주·부농·상인들은 이를 틈타 토지를 매입해 늘려감으로써 토지소유의 양극화 현상이 이루어졌다.

　몰락농민의 다수는 다시 지주-전호 관계의 전호로 전락되기도 하였지만, 토지에서 유리된 농민들 가운데 일부는 농업 고용인으로서 지주·부농의 농업경영에 고용되거나 광산·수공업 촌락의 임노동자로 전화되었고, 또 다른 일부는 도시로 가서 상업에 종사하거나 임노동자가 되었다. 반면에 부농들은 자가소비를 위한 생산단계에서 벗어나 인삼·담배·면화·채소·과일·약재 등과 같은 여러 가지 상업작물을 재배하여 장시에 판매함으로써 부를 축적할 수 있었다. 이와 같이 조선후기에는 농업생산력의 발전을 바탕으로 농촌사회가 급속히 분화되어 갔으며, 그것은 중세사회를 전반적으로 동요시켰다.

2. 상업의 발달

　조선전기에 상인은 크게 서울을 비롯하여 도시에서 성장하고 있던 좌상(坐商)과 육로를 이용하여 물품을 판매하던 육상(陸商) 그리고 배를 이용하여 교역활동을 하던 선상(船商)으로 구분할 수 있다. 좌상은 대개 시전상인(市廛商人)을 말하고, 육상과 선상은 전국을 무대로 교역활동을 하던 행상(行商)을 말한다.

　정부에서는 건국 초기부터 억상책(抑商策)의 일환으로 상인의 활동을 크게 제한하였다. 그리하여 행상에게는 일종의 영업허가증이라고 할 수 있는 노인(路引)을 발급하였고, 노인이 없는 상인의 상업활동은 금지시켰다.

　육상은 육로를 이용하여 여러 지역을 돌아다니며 물건을 판매하였기 때문에 대개 가볍거나, 크기가 작은 갓·놋그릇·가죽신·빗·바늘·분(粉) 등과 일상생활에 필요한 저고리·솜·농기구를 취급하였다. 선상들이 취급하는 물품은 주로 곡물이었다. 15세기 후반 이후 전국적인 차원의 곡물 유통망이 갖추어짐에 따라 선상들의 활동은 더욱 활발해졌다. 선상들은 곡물뿐만 아니라 소금이나 어물·미역 등을 지역 간의 가격 차이를 이용하여 이들 물품이 생산되지 않는 지역에다 운반하여 판매함으로써 많은 이익을 남길 수 있었다.

이와 달리 장시(場市)는 농민·수공업자 등 직접 생산자가 생산물의 일부를 일정한 날짜와 장소에서 '있는 것을 가지고 없는 것과 바꾸는 [以有易無]' 새로운 형태의 농촌의 정기시를 말한다. 장시는 장문(場門)·향시(鄕市)·허시(墟市) 등으로 불렸는데, 조선전기에는 주로 장문으로 일컬었다.

장시는 15세기말 농업의 선진지역이었던 전라도 지역에서 발생하여 전국으로 확산되었다. 당초 정부에서는 상업을 적극 통제·독점하기 위해 장시를 폐지하려고 하였으나, 농민들의 잉여물자가 늘고 유통이 활발해지는 한편 일부 농민이 흉년으로 몰락하여 장시에 몰려왔기 때문에 정부로서는 무조건 금지하거나 조종할 수 없었다. 그리하여 16세기 전반에는 "모든 도에 모두 장시가 개설되고 있다"거나, 혹은 "방방곡곡에 장이 서지 않는 곳이 없다"고 할 정도로 전국 각지에 확산되어 있었다.

장시는 임진왜란을 거치면서 더욱 확산되어 18세기 말에 이르러 조사된 숫자만 해도 무려 1,000개가 넘었다. 강원도의 장시수는 『동국문헌비고』에 68개로 나타나고 있다. 당시 강원도의 군현수가 26개인 것에 비추어 볼 때 군현당 평균 2.6개 정도의 장시가 개설되고 있었다. 조선후기 강원도 영동 9읍의 장시수를 표로 나타내면 다음과 같다.

<표-1> 조선후기 영동지역의 군현별 장시수

시기 군현	1770년 (동국문헌비고)	1803년 (만기요람)	1830년대 (임원경제지)	1853~56년 (여도비지)
강 릉	6	6	4	6
양 양	5	5	2	4
삼 척	4	4	3	4
울 진	3	3	3	3
평 해	2	2	2	2
통 천	2	2	2	2
고 성	2	2	1	2
간 성	2	2	1	2
흡 곡	1	1	2	1
계	27	27	21	26

위의 표는 조선후기 영동 9읍의 장시 분포상황을 나타낸 것인데, 군현별로 개설되어 있는 장시수는 평균 3개 정도에 달한다. 장시가 가장 많이 개설된 곳은 강릉부였다. 강릉부에는 영동면의 읍내장·연곡장·우계장과 영서면의 대화장·진부장·봉평장이 개설되어 있었다.

장시 성립 초기의 개시일수는 1개월에 2차례 개설되는 15일장이었다. 그러나 16세기 중엽에 이르면 1개월에 3차례 개설되는 곳도 증가하여 지역에 따라서는 10일장도 생겨났다. 물론 10일장이 개설되는 곳은 교통이 편리하고 물산이 풍부한 지역들이었다. 각 지역의 장시는 18세기에 이르면 대부분 한 달에 6차례 열리는 게 대부분이었다. 흔히 5일장이었다. 『동국문헌비고』에 실린 1,062개 장시 가운데 5일장은 91.1%를 차지하고 있으며, 『임원경제지』에 실린 1,052개 장시 가운데 5일장은 86%를 차지하고 있는 것으로 나타난다. 5일장은 군현마다 보통 3개소에서 많으면 4~5개소로 서로 다른 날짜에 번갈아 열렸으므로 그 지역사람들에게는 상설시장과 같은 역할을 했다. 또한 보통 30~40리 거리를 표준으로 하여 산재된 장시의 망을 이루어 행상이 각 장시를 두루 돌아다니면서 활동하기에 알맞았다. 강릉부 영동면의 장날은 읍내장이 2·7일, 연곡장이 3·8일, 우계장이 4·9일이었고, 영서면의 장날은 봉평장이 2·7일, 진부장이 3·8일, 대화장이 4·9일이었다.

장시에서 거래된 물품은 쌀·콩·보리·조·기장·메밀 등의 곡물류, 면포·면화·삼베·모시·비단 등의 직물류, 농기구·왕골자리·삿자리·놋그릇·가죽신·의복·신발·갓·갓끈·빗·바늘·분(粉) 등의 수공업 제품, 조기·청어·준치·민어·굴 등의 수산물, 소·말·돼지·닭 등의 축산물, 감·밤·대추·배·사과 등의 과일, 배추·파·마늘·무우·오이·참외 등의 채소류, 호랑이·사슴·노루 등의 가죽류였다.

그러면 영동지역의 각 장시에서는 어떤 물품이 거래되었을까? 『임원경제지』에는 각 장시에서 거래된 물품들이 수록되어 있어 이를 파악하는데 많은 도움이 된다. 이를 표로 나타내면 다음과 같다.

〈표-2〉 영동지역의 장시에서 거래된 물품

구분	거래 물품
강 릉	미곡, 면화, 면포, 삼베[麻布], 명주(明紬), 미역[海菜], 어염(魚鹽), 모과(木瓜), 배[梨], 밤[栗], 대추[棗], 감[柿], 송아지[牛犢]
양 양	미곡, 면포, 마포, 방어(魴魚), 명태[北魚], 대구, 어염, 과물(果物), 종이[紙地], 송아지
삼 척	마포, 어염, 송아지
평 해	미곡, 면포, 마포, 어염, 송아지
통 천	면화, 면포
고 성	면포, 마포, 미역, 어염, 짚신
간 성	면포, 마포
울 진	면포, 마포, 어염
흡 곡	면화, 면포

영동지역의 각 장시에서 유통된 물품수를 보면, 강릉이 13개로 가장 많고, 그 뒤를 이어 양양이 10개, 평해·고성이 5개로 나타난다. 장시

에서 거래된 물품은 쌀, 면포, 면화, 마포, 명주, 어염, 송아지, 종이, 과일 등이었다. 이 가운데 가장 많이 거래된 물품은 면포(8곳)이고, 그 다음이 마포(7곳), 어염(6곳) 순이다. 특히 면포는 전국 325개 군현 중 253개 군현에서 거래될 정도로 중요한 상품이었는데, 강원도에서는 26개 군현 중 24개 군현에서 거래되었다. 미곡은 영동 9개 군현 중 강릉·양양·평해에서만 거래되었고, 명주와 종이는 강릉과 양양에서만 거래되었다. 장시에서 가장 많이 거래된 물품은 주식으로 여겨진 미곡, 백성들이 가장 많이 입었던 면포, 부식으로 큰 비중을 차지한 어물 순이었다.

어물은 바닷가의 어장에서 어획기에 일시적으로 거래되었지만, 지방의 장시에서는 상시적으로 거래되었다. 어물은 강원도 26개 군현 가운데 20곳에서 거래되었는데, 3곳만 구체적으로 기록되어 있다. 해안에 위치해 있는 양양에서는 방어·대구·말린 명태 등의 바다고기가, 내륙에 위치해 있는 이천(伊川)과 회양에서는 말린 명태와 민물고기인 열목어가 각각 거래되었다.

지방의 포구는 그 주변 지역에 물산을 공급하고 지역 특산물을 수집하는 중간지로서 역할을 수행하였다. 포구는 보부상과 그 지역 장시를 통해 물품을 공급, 판매하는 기지였다. 포구는 전국적으로 존재하였는데, 주로 강과 바다가 만나는 곳에는 대포구가 발달하였다. 그 가운데 서울의 경강포구, 충청도 은진의 강경포, 전라도 나주의 영산포와 영광의 법성포, 경상도 김해의 칠성포와 창원의 마산포, 함경도 덕원의 원산포 등은 전국에서 유통이 가장 활발한 포구였다. 특히 창원의 마산포는 중심포구에 수천 척의 선박이 정박할 수 있었으며, 경상도 지역뿐만 아니라 전국 해상유통의 중심포구였다. 18세기 후반 이후에는 원산에서 고저-장전-간성-양양-강릉-삼척-죽변-평해를 거쳐 포항-부산-마산을 잇는 뱃길이 개설되면서 창원의 마산포에서 함경도와 영동지역의 어물과 마포가 유통되었다. 영동지역에서의 상품유통 상황을 보면 함경도에서는 어물을 구입하였고, 경상도에서는 곡물이나 목면을 사들이고 어물을 파는 형태였다. 강릉지역의 포구로는 주문포·연곡포·견조포·안인포가 있었다.

3. 천주교의 유입

우리나라에 천주교가 최초로 유입된 시기는 이수광이 『지봉유설(芝峯類說)』에서 마테오 리치(Matteo Ricci)가 지은 『천주실의(天主實義)』를 소개하면서이다. 이후에도 북경을 왕래하는 사신들에 의해서 조선에 소개되었으나 본격적인 단계에 이르지는 못하였다. 그 새로운 계기가 마련되는 것은 1784년(정조 8) 서울 수표교 부근에 있던 이벽의 집에서 이벽이 이승훈에게서 영세(領洗)를 받으면서이다. 일반적으로 이 사건을 조선교회의 창설로 보고 있다.

조선에서 천주교를 처음으로 수용한 계층은 이익(李瀷)과 그의 문인인 남인학자들이었다. 이들은 중국에서 전래된 한문 서학서를 통해 천주교에 접근하기 시작했다. 처음에 정부는 천주교 유포에 대해 방관하는 자세를 취했으나 점차 교세가 확장되어 가자 전통적인 유교윤리를 혼란하게 한다는 점을 내세워 사교(邪敎)로 규정하고 금령을 내렸고, 북경으로부터의 서적 수입을 금하였다. 1791년(정조 15)에는 전북 진산(珍山)에서 모친상에 신주(神主)를 없앤 윤지충(尹持忠)을 사형에 처하였다. 이 사건을 다루던 조정에서는 왕의 명령에 의해서 이제 서학도들을 선비의 반열에 끼워주지 않게 되었다. 이 사건 이후 양반 출신 신도들은 상당수가 천주교를 포기하고 유학의 입장으로 다시 돌아갔다. 이에 따라 천주교를 신봉하는 사람들의 신분적 특성에도 큰 변화가 일어나 1791년 이후에는 교회의 지도층이 양반으로부터 중인 이하의 신분층으로 이동되어 갔다. 그리하여 19세기가 시작될 무렵에 정부 당국자들은 서학도들 가운데는 무지몽매한 서민이나 아녀자들이 주류를 이루고 있는 것으로 파악하게 되었다. 이는 영동지역의 경우에도 마찬가지였다.

> 본인은 근본 강원도 영동 해변 출생으로서 어려서 부모를 잃고 가세가 극빈하여 어려서 공부도 못하고, 가정교육도 잘 받지 못하여 무식한 중에 이 회보를 여러 교형에 소개하오니 용서하시며 보시기 바랍니다(『경향잡지』).

강원도 영동지역의 무명씨(無名氏)는 해변 출신으로 어려서 부모를 잃고 가세가 극빈하여 교육을 받지 못한 것으로 보아 분명 특수층이 아닌 일반 서민이라 생각된다.

정조가 왕위에 있는 동안 남인인 채제공(蔡濟恭)이 정부의 요직을 차지하고 서학을 묵인하는 방향으로 이끌었기 때문에 큰 박해는 없었다. 그러나 순조가 즉위하고 대왕대비 김씨(영조의 계비 정순왕후)가 수렴청정을 하면서 천주교에 대한 혹독한 박해가 가해졌다. 대왕대비 김씨는 교서(敎書)를 내려 서울과 지방에 5가작통법을 엄격히 세워서 그 통 안에 사학(邪學)을 믿는 자는 통장(統長)이 관청에 고발하여 징계케 했고, 끝내 뉘우치지 않으면 반역죄를 적용하여 사형에 처하게 했다. 이 같은 조치에 의해 이승훈・이가환・정약종 등과 주문모가 사형에 처해졌고, 정약전・정약용은 유배에 처해졌다. 이 사건이 바로 1801년(순조 1)에 일어난 신유박해이다. 이때의 박해는 정권을 잡은 노론벽파가 정적을 제거하기 위한 의도도 개재해 있었다.

1866년(고종 3)에는 전국에 걸쳐 대대적인 박해가 가해졌는데, 이것이 바로 병인박해이다. 그때의 참혹상에 대해 박제경(朴齊絅)은 『근세조선정감(近世朝鮮政鑑)』에서 다음과 같이 전하고 있다.

이때에 와서 나라 안을 크게 수색하니 포승에 묶인 자가 길에서 서로 바라보일 정도였고, 포도청 감옥이 만원이 되어서 이루 재결(裁決)할 수도 없었다. 그중에는 어리석은 백성, 어리석은 아낙, 어린 아이들, 철없는 자가 많았다. 포도대장이 민망하게 여겨서 배교한다는 맹세를 하도록 타일렀으나 신도들은 듣지 않았다. 이에 형장(刑杖)으로 때려서 기어코 회개시키고자 하니 피부가 낭자하게 터지고 피가 포도청 위에까지 튀어 올랐다. 신도들이 문득 환호하기를 혈화(血花)가 몸에서 나니 장차 천당에 오르겠다고 하였다. 포도대장도 어떻게 할 수가 없어 드디어 감옥 안에다 묶어 놓고 차례대로 목 졸라 죽였다. 죽일 때마다 배교하겠는가를 물었는데, 비록 어린 아이들조차도 그 부모를 따라서 천당에 오르기를 원하였다. 대원군이 듣고서 다 죽이도록 명하고 어린 아이들만 용서하였다. 시체를 수구문 밖에다 버려서 산같이 쌓이니 백성들이 벌벌 떨며 위엄 있는 명령을 더욱더 두려워하였다.

병인박해 당시 희생된 신자의 수가 얼마나 되는지 정확히는 알 수 없으나, 조선에서 전교사업을 맡고 있던 파리외방전교회에서 발간한 책자에 의하면 8천여 명에 달하였다고 한다. 그중에는 강릉 출신의 순교자도 찾아진다.

① 심 스테파노는 본래 강릉 굴아위에 살았다. 무진년(1868) 5월에 경포교(京捕校)에게 붙잡혀 지금 풍수원에 사는 최 바오로와 함께 갇혔다가 치명하였다. 나이는 29세가 된 줄은 알지만 치명한 곳은 자세히 모르겠다(『치명일기』).

② 심 스테파노라고 하는 사람은 강원도 강릉 굴아위 지방에 살다가 무진년(1868)을 당하여 나이는 49세였다. 그해 5월 초5일에 굴아위에 사는 사람으로서 천주교 신자가 아닌 사람들이 정자에 모여 함께 자리에 앉기를 청하므로, (심스테파노가) 이 안토니오와 함께 놀다가 그 자리에 참여하였더니, 이때 뜻밖에도 경포교 앞잡이로 다니는 놈이 여러 교졸을 데리고 와서 '저 사람이 안토니오'라고 하였다. 그러자 포교가 묻기를 '안토니오 주인이 누구시오' 하니, 스테파노가 나서며 '내가 주인이요'라고 하니, 포졸이 일시에 달려들어 결박하려 한즉 스테파노가 말하기를, '우리는 결박하지 않아도 도망할 사람이 아니다. 그러니 우리를 집으로 들어가게 해서 남에게 진 빚과 여러 상관되는 일을 처결한 뒤에 가산을 적몰(籍沒)하라'고 하였다. 그리하여 집에 돌아와 이들이 말한 대로 빚쟁이에게 빚을 갚은 후에 가산을 적몰하게 했다. 때문에 편한 마음으로 포도청에 가 갇혀 있었다. 하루는 유직이(留直, 감옥을 지키는 간수)가 말하기를, '스테파노는 오늘 밤에 죽게 될 것이다. 그러니 옷을 갈아입히자'고 하였다. 그럼에도 스테파노는 희희낙락하며 웃음으로 지내니, 그 활발한 거동은 옥중일지라도 초연하였다. 유직이 말대로 과연 그날 치사하였다. 이와 같은 대견한 일은 그때 같이 갇혔다가 살아나온 원주 풍수원에 사는 최 바오르와 스테파노의 아들 심 바오로는 충주 돈담이 지방에 살았으므로 이런 사정을 자세히 말하더라(『병인치명사적』).

①은 1895년에 조선교구 제 8대 교구장으로 임명된 뮈텔 주교가 쓴 『치명일기(致命日記)』에 수록되어 있고, ②는 1925년에 발간된 『병인치명사적』에 수록되어 있다. 이상의 내용을 정리하면, 심 스테파노(본명 심능석)는 1868년(고종 5) 5월 5일에 강릉 굴아위[1]에서 이 안토니오

---

1 강릉시 성산면 위촌 2리에 있는 마을로, 고래처럼 생긴 바위[鯨岩]에서 유래하였다

(본명 이유일[李惟一])와 함께 경포교에게 체포되어 서울 포도청으로 잡혀간 뒤 49세의 나이에 처형되었음을 알 수 있다.[2]

강원도에 천주교가 유입되는 경로는 남한강 유역의 광주·양근 지역, 강원도 남쪽 접경지역인 제천, 근기지역의 입구인 횡성을 경유하였다고 할 수 있다. 왜냐하면 광주와 양근은 한국 천주교의 요람지이며, 제천과 횡성은 초기 천주교도들이 박해를 피해 자유를 찾아든 신앙의 은신처인 배론[舟論] 사적지와 풍수원 본당이 있기 때문이다. 그런고로 강원도의 전교는 강원도 북쪽과 남쪽의 길목인 이들 지역을 반드시 통과해야만 가능했을 것으로 짐작된다. 즉 충청·전라도 출신의 천주교도들은 제천에서 영월을 경유했을 것이고, 경기도 출신의 천주교도들은 풍수원을 경유하여 영동지역에 이주했을 것이다. 그리고 경기도 남한강 유역의 천주교도들은 직접 북한강을 거슬러 와서 영동 북부로 이주했을 것이다.

영동지역에 천주교가 유입되는 것은 병인박해 때 전라·충청·경기 지역의 교인들이 박해를 피해 이곳에 이주해 오면서이다. 이에 대해서는 다음의 자료에서 확인된다.

영동교우로 말하면 5·60년 전 병인군란 풍파 시에 전라, 충청, 경기도 교

고 한다(김기설, 1992 『강릉지역 지명유래』, 267쪽).

2 심 스테파노의 신상에 대해서는 『좌포도청등록』(무진년 5월 11일자)에서 다양한 정보를 얻을 수 있다. 그의 이름은 심능석(沈能錫)이고, 횡성 태생이다. 1838년경 광주에 사는 박성고(朴性辜)에게서 천주교를 배웠으며, 영세와 작호는 샤스탕(Chastan) 신부에게서 받았다. 1845년(헌종 11)경에 용인 산의실(山義室)로 이사하였다가, 1862년경 강릉 계촌(季村)으로 이주하여 경포교에게 잡히기까지 약 7년 동안 살았다. 심 스테파노가 치명한 나이에 대해 『박순집 증언록』과 『병인치명사적』에는 49세, 『좌포도청등록』에는 50세로 기록되어 있는데, 아마 49세라 생각된다. 따라서 『치명일기』의 29세는 49세의 착오라 본다.

우들이 피난차로 영동에 넘어와서 겨우겨우 삶을 이어 나가는 교우들이오 (『경향잡지』).

신앙의 자유를 찾아 심산유곡으로 이주하게 된 천주교도들은 그들만의 독특한 집단촌락을 형성하게 되었고, 이들 집단촌락을 거점으로 초기 공소(公所)가 자연스럽게 설립되었다. 이에 대해서는 1900년에 영동지역의 공소 전역을 방문하여 성사(聖事, 신자들에게 하느님의 특별한 은총을 베풀어 주는 종교의식)를 집례한 기록인 『뮈텔일기』[3]가 주목된다. 뮈텔 주교는 1900년 10월부터 12월까지 약 2개월에 걸쳐 강원도를 탐방하였다. 그는 경기도 여주군에서 출발하여 원주-춘천-홍천-횡성을 거쳐서 영동지역에 있는 공소를 방문하였다. 그때 횡성의 풍수원에서 영동지역에 이르는 공소의 현황 실태를 정리해 보면 대략 다음과 같다.

풍수원(횡성군)-금두(갑천면)-도새울(공근면)-창봉(공근면)-황달모루(둔내면)-서내(평창군 봉평면)-향교터(방림)-물푸레(평창면)-하일(평창면)-산너미(미탄면)-태화(대화면)-고인돌(진부면)-대관령-금광리(강릉시 구정면)-명지골(양양군 현북면)-장승골(양양군 서면)-쉬일(양양읍)-정바위(양양군 강현면)-싸리재(속초시 상도문리)-회약골(고성군 토성면)

영동지역에는 강릉에서 속초에 이르는 해안로에 인접한 지역에 7개의 공소가 있었음이 확인된다. 영동지역 최초의 공소는 강릉시 구정

---

3 『뮈텔일기』는 제8대 조선교구장이었던 뮈텔(Mutel, 민덕효)이 교구장에 임명되던 날 (1890.8.4)부터 사망하기 직전인 1932년 12월 31일까지 쓴 일기이다.

면 여찬리의 삼정평 공소이다. 1900년 뮈텔 주교가 방문할 때에는 이미 삼정평 공소가 폐쇄되어 있었지만, 그 지역은 백만여 평 되는 넓은 들을 긴 폐쇄적인 지형을 이루고 있을 뿐만 아니라 구산역에 인접해 있었다. 구산역은 영동에서 영서로 넘나드는 길목에 위치한 역로의 요충지였다. 삼정평 공소는 교통의 요충지일 뿐만 아니라 은둔생활이 가능한 폐쇄적인 지형 조건을 갖추었고, 들이 넓어서 농지개간이 가능했으며, 옹기도 쉽게 제작할 수 있었다.[4] 그 후 삼정평 공소에 거주하던 교도들이 점차 금광리 공소로 이주함에 따라 삼정평 공소는 폐쇄되었다.

---

4 『뮈텔일기』, 1900년 11월 23일자에는 "…구산(丘山)에서 우리는 큰 길을 벗어나 삼정평(三井坪) 옛 공소로 가기 위해 오른쪽 길로 접어들었다. 삼정평에는 최근 2명의 교우가 다시 살러왔다.…계속해서 길을 가서 10리에서 금광 옹기 마을에 도달했는데, 이 마을은 강릉읍에서 15리 거리에 있다. 이곳에는 약 100여 명의 교우들이 살고 있는데 농사를 짓는 사람들도 있으나 대부분은 옹기를 굽고 있다"고 한다.

영동지역의 공소는 천주교 유입 경로인 횡성에서 평창-강릉-양양-고성에 이르는 주요 역로와 간선도로를 따라 요소요소에 형성되었다. 그리고 신앙과 신변의 보장을 받을 수 있는 지형적인 조건과 함께 지속적인 전교를 가능하게 하는 경제문제도 보장받을 수 있는 곳에 집단촌락이 형성된 것은 당연하다고 하겠다. 집단촌락을 이룬 천주교도들은 적게는 수십 명에서 많게는 수백 명씩 모이게 되었는데, 이들의 신앙생활과 전교를 위해서 공소가 설립된 것은 자연스런 결과였다.

당시 공소는 교통과 정보의 통로인 도로와 역로를 포함하고 있으면서도 신앙의 자유와 신분을 보장받을 수 있는 폐쇄적 지형을 끼고 형성되었다. 이 같은 조건을 충족하기 위해서는 화전이 가능한 지역, 옹기를 제작할 수 있는 지역이 집단 이주지로 적합했다. 특히 옹기를 굽기 위해서는 흙, 물, 땔나무와 인력이 확보되어야 하는데, 영동지역은 이를 모두 충족시킬 수 있는 적임지였다.

4. 서민의식의 성장

인간의 의식은 개인적이고 소박하며 소극적인 데서부터 집단적이고 체계적이며 적극적인 데로 발전해 간다. 특히 '저항의식'은 현실에 대해 관심을 갖는 데서 싹튼다. 따라서 현실에 대해 아무런 관심이 없이 수동적 피지배자에 머물러 있는 한 그런 의식은 생겨나지 않을 것이다. 현실에 관심을 갖게 되면 자연히 자신의 처지와 형편에 대해 각성하게 되고 나름대로의 현실의식을 갖게 된다.

조선후기에 들어 서민들의 의식이 성장하는 데는 지식을 습득하기가 쉬워지고 생활의 폭이 넓어진 것이 주요한 계기가 되었다. 서민들은 부분적으로 향교에 들어갈 수 있었고, 또 서당이 늘어나 교육을 받을 수 있는 기회가 차츰 확대되었다. 특히 서울에서는 소설책 등을 돈을 받고 빌려주는 세책점(貰册店)이 등장하여 지식을 접할 수 있는 길이 넓어지고, 지방에서는 장시의 발달로 농민들이 장시에 모여 세상 물정을 접할 수 있는 기회가 늘어났다.

농민들의 의식은 공동노동을 통해서도 성장하였다. 두레조직은 수전농업 지역에서 이앙법이 보급되고 있던 상황에 조응하여 발달한 공동 노동조직이었다. 농민은 두레나 초군(樵軍) 같은 노동조직을 만들어 함께 일함으로써 점점 굳게 결속하였다. 더불어 일하는 과정에서 농민들은 공동의식이 성장하여 서로 비슷한 생각을 가지고 행동을 같이하게 되었다. 강릉지역에서 무형문화재로 전수되고 있는 농악도 이러한 두레조직과 밀접한 관계가 있었다. 현재 강릉에는 운정동의 농악대와 사천면의 농악대가 조직화되어 전승되고 있다.

한편 이전부터 두드러지게 나타난『정감록(鄭鑑錄)』과 같은 비기류나 미륵신앙, 남조선설 등과 같이 이상사회를 꿈꾸는 사상도 현실을 부정하고 새로운 세상을 바라는 농민들의 의식을 자극하였다. 여기에 천주교 등의 외래사조도 농민들의 의식 변화에 영향을 주었다. 보편적인 구원자로서의 천주 관념은 제한적이나마 일반인들의 의식 속에 현실체계를 부정하고 평등한 사회를 바라는 욕구를 확산시켰다. 농민층의 의식은 자체적으로 성장하는 한편, 이러한 여러 갈래의 사조로부터 영향을 받으면서 더욱 고양되었다.

18세기에 들어서면서 농촌사회의 분화가 진전되고 신분제가 동요함에 따라 평민과 천민 가운데 재산을 모아 '요호부민(饒戶富民)'으로 등장하는 사람이 생겨났는데, 이들 가운데는 경제력을 배경으로 새로이 향안(鄕案, 지방에 거주하는 사족의 명단)에 오르는 자들도 있었다. 이들을 당시에는 '신향(新鄕)'이라 불렀다.

이런 단계에서 출세가 허용되고 보장된 사람은 불만 없이 지배집단으로 진출하였지만, 신분적·경제적·관념상의 제약 등으로 인하여 현실권력에 접근하는 것이 허용되지 않고 자신의 열악한 처지와 형편을 개선할 방도가 없는 사람의 경우는 당연히 현실에 대해 불만을 갖게 되었다. 이러한 욕구와 현실 사이의 갈등이 때로는 해학이나 체념으로 표현되었던 것이다.

조선후기에 사회상과 서민들의 사회 비판의식이 잘 반영되어 있는 것은 판소리와 탈춤이 있다. 본래 판소리에는 춘향가·심청가·흥보가·수궁가·적벽가·변강쇠타령·배비장타령·옹고집타령·강릉매화타령·무숙이타령(왈짜타령)·장끼타령·가짜신선타령(또는 숙영낭자전) 등 열두 마당이 있었다. 고종 때 신재효가 춘향가·심청가·흥보가·수궁가·적벽가·변강쇠타령 등 여섯 마당을 정리하였으나, 현재는 춘향가·심청가·흥보가·수궁가·적벽가 등 다섯 마당만 남아 있다.

전반적으로 판소리에는 서민들의 신분상승 의식이 표출되어 있다. 춘향가에서 춘향, 심청가에서 심청, 흥보가에서 흥보가 그러하다. 춘향가에서 춘향이 어사의 정실부인이 되는 것은 신분상승을 가시화한 것이고, 심청가에서는 심청이 황후가 되고 심봉사가 국구(國舅, 임금의 장인)가 되고 곽씨부인은 부부인(府夫人, 왕비의 어머니)으로 추증되는 등 서민들로서는 바라기 어려운 신분상승이 작품 속에서 이루어지고 있다. 흥보가에서 흥보의 치부(致富)는 서민들의 경제력에 의한 신분상승의 의지와 희망을 표현한 것이다. 판소리에는 또한 서민들의 사회비판의식이 잘 나타나고 있다. 판소리에 나타나는 이 같은 신분상승이나 비판의식은 부를 통해서 신분상승을 이룩할 수 있었던 서민들의 시각이 표현된 것으로, 당시 서민들의 욕구와 부합되는 내용이어서 크게 인기를 얻을 수 있었다.

강릉지역의 판소리로는 「강릉매화타령」이 있었다. 이는 1992년 「매화가」 원본이 발견되면서 실상이 세상에 알려졌다. 그 내용은 강릉부사의 책방(고을 수령이 사사로이 임명하여 비서 일을 맡아보던 사람) 골생원이 강릉의 기생 매화를 만나 즐겁게 지내는데, 서울에 와서 과거를 보라는 부친의 편지가 온다. 서울에 온 골생원은 과거시험 답안에 매화를 그리워하는 시를 써내고 낙방하여 강릉으로 돌아온다. 강릉부사는 거짓으로 큰길가에 매화의 무덤을 만들고, 골생원에게 매화가 죽었다고 한다. 골생원은 그 거짓말에 속아 매화의 무덤에 가 통곡하고, 매화의 초상화를 그려 껴안고 지낸다. 그러다가 황혼 무렵에 부사의 지시로 매화는 귀신으로 변장해 골생원과 만난다. 다음날 매화는 골생원을 나체로 경포대로 유인하고, 골생원은 매화와 함께 자신들의 넋을 위로하는 풍악에 맞추어 춤을 추다가 부사에게 자신이 속았음을 깨닫게 된다.

한편 탈춤은 상업이 발달된 도시를 중심으로 상인층의 지원을 받아 성립되었는데, 주로 장시에서 공연되어 서민들과 직접 연관되어 있었다. 탈춤은 양반사회에 대한 풍자와 비판을, 그리고 서민들의 애환과 감정을 잘 드러내 보여준다.

강릉단오제 때 무언극의 형식으로 펼쳐지는 '강릉관노가면극'은 우리나라의 다른 가면극에서 볼 수 있는 양반에 대한 신랄한 풍자나 저항의식보다는 춤과 동작 위주로 이루어져 있다. 강릉관노가면극의 등장인물은 양반광대, 소매각시, 장자마리 2명, 시시딱딱이 2명이다.

양반은 배꼽까지 내려오는 긴 수염을 기르고, 담뱃대와 부채를 가지고 위엄을 부린다. 소매각시는 하얀 얼굴에 쪽진 머리를 하였으며 양쪽 볼에 연지를 찍었다. 장자마리는 일명 '보쓴놈'이라 부르는데, 머리

강릉관노가면극(강원도청)

부터 자루 모양의 장삼 비슷한 것을 땅에 끌리도록 쓴다. 또한 허리에
는 둥근 대를 넣어 두 손으로 안고 춤을 춘다. 옷에는 여기저기 해초
를 달았다. 시시딱딱이는 무서운 모습의 벽사가면을 쓰고 손에는 칼
을 들었다. 입술은 두껍고 1자 5푼 이상 깨졌고, 코는 울뚝불뚝하며
빽빽하게 얽고 붉은 칠, 검은 칠을 한 아주 무서운 탈이다.

　관노가면극의 내용은 장자마리의 연희 개시, 양반광대와 소매각시
의 사랑, 시시딱딱이의 훼방, 소매각시의 자살 소동, 양반광대와 소매
각시의 화해 등 모두 다섯 마당으로 진행된다.

참고문헌

강릉시사편찬위원회, 1996 『강릉시사』(상), 강릉문화원.

김대길, 1997 『조선후기 장시연구』, 국학자료원.

김용섭, 1990 『증보판 조선후기농업사연구』(Ⅱ), 일조각.

김정호, 1994 「영동지역 천주교 수용에 관한 연구」『영동문화』 5, 가톨릭관동대 영동문화연구소.

방동인, 2012 「강릉의 천주교 순교자 심 스테파노」『강릉지역과 천주교』(천주교 춘천교구 교회사연구소 제3회 학술심포지움), 천주교 춘천교구.

이규대, 2009 『조선시기 향촌사회 연구』, 신구문화사.

장정룡, 1989 『강릉관노가면극연구』, 집문당.

제13장 근대의 강릉

조선은 1876년의 개항으로 세계 자본주의 경제의 한 고리로 편입되고 이후 급격한 변화를 경험하게 되었다. 이제까지 비교적 일국사적 발전을 계속해 왔던 조선은 개항을 분기점으로 하여 더 이상 세계사의 조류에서 벗어나 존재할 수 없게 되었다. 그러나 문제는 그러한 국제사회에의 편입이 강제로 이루어진 것이었고 조선에 부여된 국제사회에서의 지위도 예속적·종속적이었다. 불평등조약으로 상징되는 이러한 위치는 조선의 국권을 침해하고 세계무대에서의 정당한 시민권의 행사를 부정하는 것이었다.

이러한 상황은 우리 민족의 각 성원들에게 외면할 수 없는 과제를 부여하였다. 그것은 한마디로 제국주의 국가들의 침략 앞에 제약받고 있는 조선의 자주권을 회복하고 더 나아가 근대화를 이룩하여 세계무대에서 정당한 대접을 받는 것이었다. 이러한 시대적 과제에 대해 각 사회집단은 다양하고 상이한 해결방안을 제시하였다. 이는 각 집단이 처해 있었던 사회적 위치의 차이 및 그에 따른 근대화에 관한 전망의 상이에서 연유하는 것이었다. 이후 조선의 각 사회집단들은 근대화의 방안을 둘러싸고 긴장 내지 갈등관계에 돌입하였던 것이다.

1. 정부의 개화정책 추진

개항 이후 개화사상을 주창하는 일부 개화론자들은 일본을 통해 새로운 문물을 수용하여 한국이 근대적 국가로 발전할 것을 지향하면서 적극적인 개화정책을 앞장서 추진하였다. 이러한 정치상황 속에서 개화론은 외세로부터 국권을 수호하려는 방향으로 전개되었으며, 소수의 개화지식인뿐만 아니라 일반 민중으로까지 확산되어 조직적으로 추진되었다.

박규수·오경석·유홍기(본명 유대치) 등은 양반제자들을 모아 그들에게 개화사상을 불어넣어 주었다. 그 결과 1870년을 전후하여 박규수의 집에는 김옥균을 비롯하여 박영교·박영효·서광범·서재필·홍영식·유길준 등이 함께 모여 각종 서적을 읽으면서 개화사상을 받아들이게 되었다. 20대였던 이들은 1870년대 말에 '개화당'이란 세력을 형성하였다. 이들은 신분에 얽매이지 않고 청으로부터 독립을 추구하며 일본의 메이지유신[明治維新]을 모델로 한 변법론적이고 급진적인 개혁을 추진하였다.

한편 김윤식·어윤중·김홍집·민승호·김만식·민영익 등은 조정의 요직에 있으면서 청의 양무운동(洋務運動)을 본보기로 한 점진적인 체제와 제도개혁을 추진하여 서양의 우수한 군사·과학기술과 문물을 받아들여 수용하되 유교적 질서와 그 사상은 전통적인 것을 지킨다는 동도서기론(東道西器論)을 내세웠다. 이러한 논리는 중국에서 '중체서용론(中體西用論)', 일본에서 '화혼양재론(和魂洋才論)'으로 표현되었으며, 19세기 중엽 서세동점의 정세 속에서 대내적으로 사회모순이 심화되어 체제변혁의 요구를 맞고 있던 한·중·일 동아시아 3국이 상황의 타개를 위해 내세웠던 서구문명의 수용논리였다.

정부는 개항 이후 서양의 근대문물을 받아들이는 개화정책을 추진하기 시작하였다. 1880년 12월에 개화정책을 전담하는 기구인 통리기무아문의 설치는 그 첫걸음이었다. 이는 전제왕권 하의 종래의 의정부나 6조와는 달리 중요한 대내외 정책을 토의·결정하고 그것의 집행을 지도·통제하는 권한을 가진 것이었다.

이와 함께 중앙군인 5군영을 2영으로 통합하여 구식군대라 칭하고 근대적 군사훈련을 받는 신식군대인 별기군을 설치하였다. 1881년에는 일본에 신사유람단을 파견하여 메이지유신 이후 급속히 발전하고 있던 근대적 문물을 시찰하게 하는 한편, 청나라 텐진에 영선사를 파견하여 무기 제조법과 근대적 자연과학을 배우게 하였다.

이러한 일련의 개혁정책에는 당연히 근대적 문물에 대한 지식이 있는 인사들이 필요하였으므로 개화파들이 자연히 정부 안의 여러 직책에 임용되기에 이르렀다. 개화파들은 개혁사업을 통해 고종에 접근하여 그를 개명시켜 근대적 개혁에 앞장서도록 하려고 하였다.

정부의 개화정책의 추진 과정에서 가장 주목할 것은 민인을 계몽하고 교육하는데 가장 중요한 도구인 신문의 발행이었다. 최초의 개화신문은 1883년 10월에 창간된 『한성순보』이다. 이 신문에는 '내국기사'와 외국의 상황을 알려 주는 '각국근사(各國近事)' 기사가 실렸다. '내국기사'는 관보·사보(私報)·시치탐보(市直探報)를, '각국근사'는 당시 강대국과 약소국 사이의 전쟁이나 분쟁, 근대적인 군사장비나 국방방책, 개화문물 등을 중점적으로 소개하고 있다. 후자는 대체로 청에서 간행된 신문·잡지·서적에 나와 있는 기사를 그대로 옮긴 것이었다. 이 신문은 관청은 물론 민간에서도 볼 수 있도록 배포되어 국민들에게 세계정세를 알리고 근대문물에 대한 지식을 전파하였다.

신문과 함께 조선 민인들에게 개화사상을 심어주고 정부의 개화정책을 홍보하는데 가장 효과적인 또 하나의 수단은 교육이었다. 그때 근대교육의 주체는 조선정부나 경향 각지의 지식인이 아니라 지방에서 활동하는 서양선교사들이었다. 1883년에 반관반민(半官半民)의 성격을 지닌 원산학사가 개설되었고, 1886년에 관립학교인 육영공원과 1888년에 사관학교인 연무공원이 설치되었지만, 조선 민인을 근대적 지식인으로 변모시키는데 가장 큰 공헌을 한 것은 역시 서양선교사들이 세운 사립학교였다.

서양선교사들이 세운 사립학교를 대표하는 것으로는 1885년에 아펜젤러가 세운 배재학당, 1886년에 스크랜턴 대부인이 세운 이화학당과 언더우드가 세운 경신학교 등이 있었다. 이들 학교에서는 각종 근대 지식과 사상을 가르쳤으며, 이들 학교의 졸업생들 가운데 상당수가 개화운동과 구국운동 및 독립운동에 앞장서게 되었다.

조선의 개화정책 추진이 가져온 문명사적 전환 과정이 강원도에서도 자연스럽게 일어나게 되었다. 그러한 변화상을 서술하면 아래와 같다.

첫째, 개항 이후 정부의 개화정책에 따라 강원도에서는 많은 개화서가 유행하였다. 개항 후 강원 지식인들이 가장 쉽게 접한 개화서는 정부가 직접 인쇄하여 민간에 널리 퍼트린『조선책략(朝鮮策略)』과『이언(易言)』이었다. 이 서책들은 자강과 부강 및 국권의 자주를 달성하려면 국제교류를 활발히 하고 근대적인 학문과 기술을 배워야 한다는 점을 강조하면서 서양의 정치제도를 곁들여 소개하고 있었다. 또한『중서견문(中西見聞)』·『태서견문(泰西見聞)』·『만국공법(萬國公法)』등의 서책이 민간에 유행하였는데, 이들 서책은 서양과 중국의 근대화 발전상을 소개하는 인문지리서이거나 서양과의 근대적 국제관계를 추진해 나갈 때에 필요한 국제법 지식을 담고 있었다.

둘째, 개항 후 정부의 개화시책에 따라 강원도에 서양종교가 점차 확산되어 나가기 시작했다. 이미 천주교는 1860년대에 횡성지역에서 다수의 신자를 확보하고 있었는데, 선교의 자유가 확보되자 급속히 세력을 확대해 나가기 시작했다. 강릉지역에도 일찍부터 천주교가 유입되었다. 강릉지역에 천주교가 유입되는 것은 1866년(고종 3) 병인박해 때 전라·충청·경기지역의 교인들이 박해를 피해 이곳에 이주해 오면서이다. 천주교와 달리 뒤늦게 강원도에 전해진 개신교는 1897년 12월에 미국 남감리교 선교부의 강원도 선교 결정으로 1898년 4월에 나봉식과 정동렬이 춘천지역 선교를 시작하여 퇴계동(퇴송골)에서 예배를 드리면서 영향을 미치기 시작했다. 강릉지역의 개신교 전파는 미 남감리회 소속의 하디(R. A. Hardie) 선교사에 의해 시작되었다. 의사 겸 목사였던 하디는 벽제 사람인 윤성근을 자신의 매서인(賣書人) 겸 전도인으로 채용하여 1901년에 강원도를 다섯 차례나 순회하면서 교회를 세웠는데, 이때 강릉중앙교회가 설립된 것으로 보인다.

셋째, 정부의 개화시책에 따라 강원지역에 근대시설과 기술이 들어오기 시작했다. 1891년을 전후하여 가평 근처를 지나가는 북로전선의 지선을 통해 춘천에도 전보분국이 설치되었다.

개화사상이 강릉을 중심으로 하는 영동지역에서 어떤 양상으로 전개되었는지는 확실치 않다. 비록 강릉지역이 개화사상의 형성과 발전에 중심에 있었던 것은 아니었지만 미미하나마 그 영향을 받았을 것이라 생각된다.

2. 위정척사운동의 전개

위정척사란 "정학(正學)과 정도(正道)를 지키고 사학(邪學)과 이단(異端)을 물리친다"는 뜻이다. 위정척사론은 역사적 환경에 따라 그 성격과 역할을 달리하였다. 따라서 위정의 의미와 척사의 대상도 그때마다 바뀌었다.

성리학을 정통사상·유일사상으로 신봉했던 조선사회에서 위정이란 정학인 성리학을 수호하는 것이고, 척사란 성리학 이외의 모든 종교·사상을 배격하는 것이었다. 이 경우 척사의 대상은 불교는 물론이고 같은 유학인 양명학도 포함되었다. 그러나 조선후기에 천주교가 들어오자 그것이 또 다른 척사의 대상이 되었다. 이때의 위정은 성리학의 정통성 수호라는 범위를 넘어 천주교로 인해 위협받는 전통적 동양사상과 전통사회의 문화 전체를 지키려는 이론으로 확대되었다. 그런데 중국의 아편전쟁 이후 서세동점의 조류는 종교적 단계에서 무력 침략으로 바뀌고, 조선에서는 정부의 탄압을 받은 일부 천주교도들이 외국 함대를 불러들이게 되자 이제 척사는 서양을 배척하는 운동으로 바뀌게 되었다. 대원군 정권을 뒷받침한 척사론의 기반은 바로 이것이었다.

1860년대 서양의 충격이 종교적 차원에서 군사적 차원으로 전환된 병인·신미양요 때 위정척사론의 배격의 대상은 서양 침략국가였고 수호의 대상은 중화문화의 보루로서의 조선왕조였다. 1870년대 개항 전후기에는 일본이 서양의 여러 열강과 본질적으로 같다는 '왜양일체론(倭洋一體論)'에 의거하여 일본도 배격의 주요 대상이 되었고, 1880년대의 초기 개화운동기에는 개화파도 배격의 대상이 되었다.

1881년 김홍집이 일본에서 가져온 『조선책략』이 유포된 후, 위정척사운동은 그 절정에 달하게 된다. 그 내용은 러시아의 남진을 막기 위해 조선이 "중국과 친하고[親中國] 일본과 결합하고[結日本] 미국과 연합[聯美國]"해야 한다는 것이었다. 그때 이만손은 「영남만인소(嶺南萬人疏)」를 올려 민씨정권에 심대한 타격을 가하였고, 강원도 유생 홍재학은 개항이 곧 주화라는 인식으로 '주화매국(主和賣國)'하는 관료를 처단하라고 역설하였다. 이른바 '신사위정척사론'으로 불리는 이 상소운동은 대원군의 재집권을 부추기는 계기를 마련해 주는 결과를 가져와 이재선을 중심으로 고종의 폐위와 명성황후 살해를 목적으로 하는 정변을 꾸미게 하였다. 이 계획은 비록 실패했지만 임오군란(1882)이 일어나게 하는 한 동기가 되었다.

위정척사론은 역사 무대가 바뀜에 따라 강력한 반침략운동을 주도하는 이론적 근거로 발전하여 갔지만 그것이 가지는 제약성도 확연하였다. 즉, 대내적으로는 봉건적 사회질서를 유지하는 보수적 성격으로 일관하였으므로 근대적 민권이나 교육 및 언론문제 등에 대한 이해가 결여되어 민주주의적 국정개혁안을 제기하지 못하였고 국권수호에만 한정될 뿐이었다. 이 같은 한계성은 그 뒤의 의병항쟁에서도 그대로 나타난다.

위정척사론의 당면 문제에 대한 현실적 대응책은 밖으로는 서양의 종교와 상품, 침략과 개화의 물결을 막기 위해 서양세력을 물리치고 서양과 일체의 관계를 단절해야 한다는 양이쇄국책(洋夷鎖國策)이었고, 안으로는 성리학적인 전통체제를 강화하여 국가기강을 바로잡아 민심을 결속시켜야 한다는 체제강화책이었다.

강원도에서는 이항로의 병인위정척사운동(1866) 영향에서 비롯하여 병자위정척사운동(1876), 신사위정척사운동(1881)에 화서학파 강원도인들이 대거 참여하였는데, 특히 춘천에 거주하던 중암 김평묵의 문인이었던 홍재학이 1881년(고종 18)에 신사위정척사의 상소를 올렸다가 능지처참 당하고 가산은 모두 몰수되었다. 상소문의 내용은 당시의 개화정책을 통박하고, 김홍집·이최응 등의 중신들뿐만 아니라 국왕까지 정면으로 공격하는 것이어서 그때 세인들을 놀라게 했다.

강원지역 유생들의 척사활동은 김평묵의 문집인 『중암집(重菴集)』의
「대경기강원양도 유생논양왜정적 잉청절화소(代京畿江原兩道儒生論洋
倭情迹仍請絶和疏)」에서 그 단서를 찾을 수 있다. 강원지역의 유생들
은 이른바 왜양일체론의 입장을 견지하면서 정부 개화파의 개항 입장
을 반대하였으며, 강릉지역 유생들의 기류도 이와 상통하는 것이었다
고 할 수 있다. 이러한 유생들의 척사론은 1880년(고종 17)에 외교와
통상을 추진할 12사로 구성된 통리기무아문이 설치되고 개화자강책이
구체화되면서 고양되었다. 가령 『나암수록(羅巖隨錄)』에 수록되어 있
는 홍재학을 소두(疏頭)로 하는 강원도 유생들의 척사상소가 통리기무
아문의 폐지와 정부의 개화정책을 비난하고 국왕을 통박한 것은 이를
말해준다고 하겠다.

강원지역 유생들의 척사론은 국왕과 당로자들을 격렬하게 비판하는
경향을 띠고 있었다. 이러한 경향은 일반 민중의 지지를 얻고 있었던
것으로 보인다. 강릉지역 유생들의 척사론 또한 이와 궤를 같이하였
다고 생각된다. 이는 1881년을 전후한 시기에 영동지역에서 작성되었
을 것으로 추정되는 『위척록(衛斥錄)』에서도 찾아진다. 이는 척사론자
들의 상소문을 수록한 필사본이다. 이 필사본이 강릉지역 유생들 사
이에서 폭넓게 보급되었을 것으로 보이며, 그들 사이에 윤독되면서 크
게 영향을 주었을 것으로 짐작된다.

3. 동학농민전쟁의 전개

동학은 심화되고 있던 봉건체제의 모순과 열강의 침략 위기 속에서
1860년 최제우에 의해 창시되었다. 동학은 유·불·선 등 이전의 여러
사상을 집약시켰다고 볼 수 있는데, 중요한 것은 그 집약에 체계성이

있고 또 세련성을 갖춤으로써 저급한 수준의 민간신앙이 아닌 종교의 단계로 승화시켰다는 점이다. 동학이 사람들에게 큰 영향을 미친 것은 사람이 곧 하늘이라는 '인내천(人乃天)' 사상이었다. 당시의 양반신분제도 아래에서 소외되고 억압받으며 경제적으로 착취당하고 있던 사람들에게 평등을 의미하는 이 말은 대단한 호소력을 가지는 것이었다. 자연히 사람들은 동학으로 몰려갈 수밖에 없었던 것이다. 이에 위협을 느낀 지배층은 동학을 사교(邪敎)로 지목하고 1864년 교조인 최제우를 세상을 어지럽히고 백성을 속인다는 '혹세무민(惑世誣民)'의 죄목으로 참형에 처했다. 이와 함께 동학도에 대한 탄압도 심화되자 2대 교주였던 최시형은 산 속으로 숨어 다니면서 포교를 하였다.

최시형이 동학에 입교한 시기는 동학의 창시자인 최제우가 본격적으로 동학의 가르침을 전파하기 시작하던 해인 1861년 6월경이다. 그는 동학에 입교한 이래 1898년 4월 5일에 체포되어 6월 2일에 처형되기까지 38년 동안 동학교단을 지켜온 인물이었다. 그는 최제우가 처형된 이후 사실상 동학의 최고지도자가 되어 동학교리의 체계화, 교단조직의 재건 및 지역적 기반의 확대, 경전의 집성, 동학의 각종 제도와 의례의 확립, 정기적 수련제도의 실시를 통한 지도자 양성 등 동학 교단사에 많은 업적을 남겼다.

강원도에 동학이 전래되는 것은 1863년 3월경에 최제우의 제자 이경화(李慶化)가 영월 소밀원 근처로 정배(定配)되면서이다. 그는 정배되어 있는 동안 그 일대를 중심으로 동학을 포교하였다고 한다. 그 후 최시형은 최제우의 신원운동을 내걸고 접근해 온 이필제(李弼濟)와 함께 1871년 3월에 경상도 16개 지역의 동학도 약 500명을 동원하여 영해에서 동학 최초의 교조신원운동(敎祖伸寃運動)을 일으킨 직후 주모자로 지목되어 관병의 집요한 추격을 받는 몸이 되자, 1860년대 이래 동학조직 재건활동의 중심지였던 경북 영양군 일월면 용화리 상죽현(윗대치)을 탈출하여 영월 소밀원으로 일시 피신해 왔다. 이로써 영월 지역은 1870년대 동학의 재건과정에서 대표적인 비밀포교지가 되었던 것이다.

정선지역의 동학 비밀포교지로는 무은담과 갈래산 적조암 등이 있다. 정선지역이 동학교단과 연관을 맺는 것은 1871년 3월 영해 교조신원운동과 같은 해 8월 이필제의 문경작변의 실패로 인해 경상도 북부지역의 동학조직이 와해되고 동학 지도부에 대한 관의 지목과 체포령이 내려지자, 단양·영월 등지로 피해 다니던 최시형과 소수의 동학교도들이 1872년 4월 무은담에 있는 정선접주 유시헌(劉時憲)의 집으로 피해 오면서였다. 그리하여 이곳 무은담은 1870년대 이래 동학교단의 주요 비밀포교지가 되었고, 이곳에서 동학의 새로운 종교의식인 설법제(說法祭)·구성제(九星祭)·개접례(開接禮)를 행할 수 있었던 것이다. 적조암은 1872년 10월에 최시형이 몇몇 교도들과 이곳에 입산하여 49일간 수련을 한 뒤 동학교단의 중요한 수련장소이자 비밀포교지의 하나가 되었다.

1870년대에 영월·정선지역을 중심으로 한 동학의 포교활동이 점차 뿌리를 내리고 교세가 확장됨에 따라 최시형은 1880년(고종 17) 6월 인제에서 『동경대전』과 다음해 6월 단양에서 『용담유사』를 간행하여 동학교도들에게 경전을 중심으로 포교활동을 펼치게 된다. 최시형이 포교활동을 적극적으로 펼친 결과 1890년대 초에 이르면 동학의 포교조직은 급속도로 불어나고 그 세력은 신장되었다. 이러한 세력 신장을 바탕으로 동학교도들은 1892년(고종 29) 1월에 열린 '삼례집회'에서 억울하게 죽은 최제우의 죄를 벗기기 위해 교조신원운동을 전개하였다. 교조신원의 뜻을 이루지 못하자 이듬해에 손병희를 포함한 동학

대표 40여 명이 한양에 올라와 경복궁 앞에 엎드려 상소하는 복합상소(伏閤上疏) 운동을 전개하였다.

두 차례에 걸쳐 신원운동을 전개하였던 동학교도들은 자신들의 요구가 받아들여지지 않자, 1893년 3월에 충청도 보은과 전라도 금구의 원평에서 각각 대규모 집회를 개최하였다. 보은집회는 교단 중심의 북접이, 원평집회는 전봉준 계열의 남접이 주도한 것으로 알려져 있다.

보은집회에서는 교조신원의 구호를 넘어 탐관오리의 축출, 일본과 서양세력을 배척한다는 '척왜양창의(斥倭洋倡義)'의 구호까지 등장하였다. 그러나 지도부 안에서 강경파와 온건파 사이에 봉기를 일으키는 문제를 둘러싸고 이견을 보이다가 좀 더 기다려 보자는 교단 중심의 북접 온건파의 의견이 받아들여져 보은집회는 해산되었다. 원평집회에 모여 보은의 동정을 관망하다가 봉기를 적극 주도하려 했던 남접 강경파들도 결국 북접이 보은집회를 해산시키자 이들과 연대를 모색하며 다음 시기를 기약한다는 뜻에서 일단 해산하였다.

농민들의 불만은 1894년 1월 고부민란(古阜民亂)이 직접적 계기가 되어 농민전쟁으로 전개되었다. 고부민란이 일어난 원인은 고부군수 조병갑의 탐학 행위에서 비롯되었다. 조병갑은 1892년 고부군수로 부임한 후 만석보(萬石洑)의 고율수세를 비롯하여 온갖 부당한 세금을 거두어들이면서 농민들을 착취했다. 그의 학정이 계속되자 고부농민들은 1893년에 동학접주인 전봉준의 도움을 받아 조병갑에게 민장(民狀)을 제출하여 시정을 요구했지만 받아들여지지 않자, 봉기를 준비하였으나 조병갑의 전근 명령으로 취소하였다. 그러나 1894년 1월에 조병갑이 고부군수로 다시 임명되자 전봉준은 1천여 명의 농민을 이끌고 고부관아를 습격하여 탐학한 이서배를 징치하고 양곡을 몰수하여 주인에게 돌려주었다. 그리고 무기고를 격파하여 농민군의 무장을 강화하였다. 농민군의 기세에 놀란 정부는 책임을 물어 조병갑을 체포하여 의금부로 압송하고, 대신 박원명을 고부군수로 임명하여 이들을 설득·회유하였고 장흥부사 이용태를 안핵사로 파견하여 농민군을 평정하도록 하였다.

그러나 이용태는 농민봉기의 원인을 올바로 규명하여 수습하지 않고 모든 책임을 농민들에게 전가하였고, 게다가 무고한 백성을 동학교도로 몰아 재물을 약탈하고 목숨을 빼앗는 등 갖은 횡포를 자행하였다. 이로 인해 민심은 다시 극도로 흉흉해졌다. 이에 전봉준을 비롯한 지도자들은 1894년 4월 보국안민(輔國安民, 나라 일을 돕고 백성을 편안하게 함)을 위해 봉기하라는 통문을 발송하자, 고부 일대의 각 군에서는 8천여 명의 농민군이 봉기하였다. 이것이 이른바 제1차 동학농민전쟁이다.

당시 농민군은 많은 행동강령과 격문을 발포하였다. 그 내용은 "사람을 함부로 죽이지 말고 가축을 잡아먹지 말라. 충효를 다하여 세상을 구하고 백성을 편안케 하라. 일본 오랑캐를 몰아내고 나라의 정치를 바로 잡는다. 군사를 몰아 서울로 쳐들어가 권신귀족을 모두 제거한다"는 것이었다.

농민군이 백산에 대규모로 모이자 정부는 우선 전주감영 군사로 하여금 진압하도록 하는 한편, 홍계훈(洪啓薰)을 양호초토사로 임명하여 800여 명의 경군(京軍)을 이끌고 출동하도록 하였다. 농민군은 황토현 전투에서 감영군을 격파하고, 이어서 장성에서는 홍계훈의 경군도 격파하고 마침내 전주에 무혈입성하였다. 그러나 농민군이 전주성을 점령한 이후 전쟁을 둘러싼 주변상황이 크게 달라졌다. 자력으로 농민군을 진압하지 못한 정부는 전주성을 함락한 다음날 청나라에 출병을 요청하였고, 이어 5월 5일에 청군이 아산만에, 5월 6일에 일본군이 인천에 각각 상륙하여 민족적 위기가 고조되었다. 이러한 상황에서 농민군은 5월 8일 정부와 이른바 '전주화약(全州和約)'을 맺게 되었다.

농민군은 전주화약을 맺는 과정에서 전주성 철수의 조건으로 폐정개혁안을 제시하고 국왕에게 아뢰어 시행할 수 있도록 해줄 것을 요청하였다. 그래서 이후 전라도 각지에 집강소(執綱所)를 설치할 수 있는 합법적인 근거를 마련했던 것이다. 집강소의 활동이 기존 수령의 활동과 다른 점은 두 가지였다. 하나는 조선후기의 가장 큰 모순이었던 양반신분제를 타파하는데 앞장선 점이고, 다른 하나는 경제적 수탈과 불평등 관계를 시정하려고 한 점이다.

그러면 집강소 활동을 하던 농민군이 왜 또 다시 2차 봉기를 일으켰을까? 그것은 그때 전개되던 국내정치 상황의 변화와 밀접한 관련이 있었다. 청·일 양군이 조선에 출병하자 농민군은 사태의 심각성을 인식하고 관군과 전주화약을 맺은 다음 집강소 활동에 치중하면서 사태의 추이를 예의주시하고 있었다. 조선정부도 일본의 철군을 요구하고 교정청(校正廳)을 설치해 스스로 개혁을 추진하며 일본의 내정개혁 요구를 거절했다. 이에 일본은 6월 21일 새벽에 무력으로 경복궁을 점령하여 민씨정권을 무너뜨리고 대원군을 앞세워 새 정권을 수립하였다. 이 사건을 '경복궁쿠데타' 또는 '갑오왜란'이라 한다. 이어 성립된 새 정권은 군국기무처(軍國機務處)를 설치하고 그곳을 중심으로 갑오개혁을 추진해 나갔다. 한편 쿠데타 직후인 6월 23일 일본 해군은 아산만 풍도에 있던 청군 함대를 공격함으로써 청일전쟁을 일으켰다.

일본군의 경복궁 점령과 청일전쟁은 농민군으로 하여금 심각한 민족적 위기의식을 느끼게 했다. 농민군은 이런 변화에 따라 6월말부터 재무장에 들어갔으나 여전히 관망하는 태도를 유지하고 있었다. 그러나 8월 평양전투에서 일본군이 청군에 대승을 거두고 나서 노골적으로 조선의 내정에 간섭을 해오자, 남접의 전봉준이 재차 봉기를 위해 9월 14일 삼례로 모이고 동학교단을 중심으로 한 북접이 9월 18일 청산으로 모이라는 최시형의 교명이 있으면서 재차 봉기하였다. 이것이 이른바 제2차 동학농민전쟁이다. 1차 농민전쟁이 반봉건투쟁의 성격이 강했다면, 2차 농민전쟁은 반외세·항일투쟁의 성격이 강했던 것이다.

강원도에서의 동학농민전쟁은 2차 농민전쟁 시기인 1894년 가을부터 시작되었다. 동학농민전쟁보다 30여 년 앞서 1862년 전국 72개 군현에서 반봉건 농민항쟁이 일어났을 때 강원도에서는 농민항쟁이 한번도 일어나지 않은 채 잠잠했다. 그러나 개항 이후 사회모순이 깊어지면서 강원도에서도 1884년부터 1894년까지 크고 작은 민란이 8개 지역에서 30여 회 이상이나 일어나 전국에서 가장 높은 빈도를 보이고 있다. 이는 이 지역의 봉건적 모순이 극한 상황에까지 이르고 있었음을 반영하고 있다. 이러한 양상을 살펴볼 때 민란으로 다듬어진 강원도 농민들의 반봉건 의식은 일찍부터 전파된 동학의 조직과 합세하여 농민전쟁으로 승화되었던 것이다.

1894년 여름부터 가을 사이에 충청도와 전라도 등지에서 동학농민군의 움직임이 시작되자 강원도에서도 영월·평창·정선·원주 등 4읍의 농민군이 곳곳에 접(接)을 설치하고 세력을 결집하며 활동하기 시작하였다. 강릉에서는 평창군에 사는 오덕보(吳德甫)가 1894년 8월에 많은 농민군을 이끌고 신리면(주문진)으로 들어와 머물면서 접을 설치하고 연곡면·신리면 일대에서 포교활동을 시작하였다.

강원도에서의 농민전쟁은 크게 두 세력에 의해 전개되었다. 하나는 홍천대접주 차기석을 중심으로 홍천 일대에서 활약한 영서 중부 내륙 세력이고, 다른 하나는 관동대접주 이원팔을 중심으로 원주·영월·

평창·정선을 기반으로 활약한 영서 남부세력이다. 후자는 강원도뿐만 아니라 경상도 북부와 충청도의 단양·충주지역 그리고 경기도에서도 활약하였다.

이 가운데 먼저 활동을 시작한 농민군은 영서 남부세력이었다. 강릉부의 공격을 준비하고 있던 이들 농민군은 9월초에 이르러 충청도 제천·청주 등지의 농민군과 평창에서 합세하여 세력이 수천 명으로 불어나자 대화면으로 진격하였다. 그들의 일부는 대화면 모로치(毛老峙)를 넘어 진부면에 도착하여 각지로 돌아다니며 포·총·말·창검·미투리[麻鞋]를 징수하였다. 이들 물품이 없으면 돈으로 대신 거두었는데, 총 1자루는 10냥, 창 1자루는 2냥, 미투리 1켤레는 5전으로 호(戶)마다 내는 돈이 3~4냥에 이르렀다고 한다.

농민군은 9월 3일에 대관령을 넘어 구산역에서 하룻밤을 묵고, 9월 4일에 강릉부사가 교체되면서 자리가 비어있는 틈을 이용하여 강릉읍에 들어왔다. 수천 명의 농민군은 "시천주조화정 영세불망만사지[侍天主造化定 永世不忘萬事知, 천주님을 모시고 조화를 정하니 그 은혜를 영원히 잊지 못하리라]"라는 13자의 주문을 외우면서 시내를 행군하였는데, 양반들에게서 억울한 일을 당하고 눌려 있던 백성들이 속속 모여들었다. 강릉읍을 점령한 농민군은 각 점막에 나누어 거처하였고, 이때 아전들은 먼저 들어온 수백 명의 농민군에게 술과 쇠고기를 미리 준비하여 대접하였다. 또 질청[作廳]의 아전들은 각 마을의 요호(饒戶)에게서 쌀과 돈을 거두어 여러 점막에 비용으로 나누어 주었고, 한 사람마다 1끼에 1되씩을 주어 먹게 하였다. 농민군은 저녁이 되자 구산역에서 수백 명이 내려와 합류하였다.

9월 5일 농민군은 강릉읍 동문에 "삼정(三政)의 폐단을 개혁하고 보국안민한다"는 방문을 내걸고, 삼정을 임의로 삭감하고 요호를 불러들여 재산과 전답문서를 빼앗았으며, 아전들을 잡아 옥에 가두고 민간의 송사를 처결하였다. 이들은 다음날 영동 일대의 최대 지주이자 대표적인 사족 가문이었던 정동면(지금의 경포) 선교장의 전 승지(承旨) 이회원(李會源)의 집을 습격하겠다고 선언하였다. 9월 7일에 읍리(邑吏) 정시중(鄭始中)과 최희민(崔熙民) 등은 도사(都事) 최윤정(崔允鼎)과 함께 농민군을 공격할 계획을 은밀히 세우는 한편, 선교장에도 이 사실을 알려주었다. 이회원은 곧바로 농민군들이 점심과 저녁거리로 쓸 백미 100석과 돈 300냥을 보내 농민군을 안심시키는 한편, 각 마을로 사람을 보내 반농민군을 결집시켰다. 점막과 관아 건물에 나누어 숙식하고 있던 농민군은 비가 억수같이 쏟아지는 밤 8시경에 도사 최윤정이 지휘하는 8개 읍의 대소민인 4~5천명의 기습을 받았다. 불시에 습격을 당한 농민군은 20여 명이 현장에서 죽었고, 부상을 입고 도주하다가 죽은 자도 다수 있었으며, 또 총 7자루·창 157자루·말 3필을 빼앗기고 대관령을 넘어 평창으로 물러났다.[1]

그때 정선에는 3천여 명의 동학군이 집결해 있었고, 평창의 후평에는 1천여 명의 동학군이 집결해 있었다. 정선군수는 이미 서울로 도망친 상태였고, 농민군은 이방의 목을 베고 백성들에게서 군수물자를 보완하며 "강릉에 가서 9월의 원수를 갚겠다"고 선언했다. 정선 여량의 농민군은 지왈길(池曰吉)·이중집(李仲集)의 지도 아래 강릉부의 임계

---

1 당시의 상황에 대해 『증수 임영지』에는 "고종 갑오년(1894)에 동학의 무리들이 스스로 일컫기를 도인(道人)이라 하고 나라를 보호하고 백성을 편안하게 한다고 하면서 영월·평창·정선 세 고을에서 나타나 무리를 모으니 9월 4일 무리 수천 명이 본부에 들어와 군비에 쓴다며 평계대고 민간 재물을 토색질해 가니 그 피해가 극심하였다. 그때 승지 이회원(李會源)과 권광현(權光顯)·원세중(元世重)·최희민(崔熙珉)·정헌중(鄭憲重)·최윤정(崔允鼎)·김진영(金振永) 등이 토벌할 것을 모의하고, 고을 장정들을 불러 모아 각기 머리에는 흰 수건을 두르고 허리에는 큰 띠를 매어 그들과 구별이 쉽도록 하고 밤을 틈타 습격하니 사상자를 많이 내고 잔당들은 제각기 흩어졌다. …"고 전하고 있다.

등지에서 요호부민들을 공격하며 활동하기도 하였다. 그러자 순무영 (巡撫營)에서는 강릉대도호부사 이회원을 정부에 '관동소모사(關東召募使)'로 추천하여 농민군들을 공격하게 하였다. 평창의 후평에 집결하고 있던 농민군은 11월 5일에 이시모리 요시나오(石森吉猶) 대위가 이끄는 일본군 후비보병 제18대대의 1개 중대와 격전을 벌였으나 100여 명의 희생자를 내고 정선 등지로 흩어졌다.

정선의 여량으로 들어간 농민군은 11월 6일에 강릉의 중군 이진석과 조철승이 이끄는 토벌군과 접전하여 10여 명이 전사하였고, 접사(接司) 이중집 등 5명은 체포되었다. 이중집·임순철·김윤언 등 3명은 즉시 총살당하였고, 나정백·정만천은 산골짜기 농민으로 부득이 가입하였다가 돌아왔다는 이유로 귀향·조처되었다. 그리고 농민군 가옥 70여 호는 흩어진 농민군이 돌아와 뒤에 근거지가 될까 두려워한 토벌군에 의해 불태워졌다. 그 후 영월·평창·정선에서 활동하던 농민군 가운데 일부는 토벌대에 밀려 삼척 상·하장면 쪽으로 숨어들어 갔고, 삼척 도상면 유천동의 농민군과 정선 대전 및 궁전곡의 농민군이 합세하여 정선과 삼척의 경계를 왕래하여 활동하였다. 11월 25일에는 강릉부를 점령하는데 참가했던 정선 여량의 농민군 지도자 지왈길이 잡혀 참수당하였고, 삼척 하장면에 숨어있던 농민군도 최윤수의 공격을 받아 모두 흩어지게 되었다.

이상에서 보듯이 강원도에서의 동학농민군은 1894년 8월 이후 영월·평창·정선 등지에서 봉기하여 강릉관아를 점령하는 등 1만여 명이 활약하였으나, 정부군과 일본군 그리고 민보군의 추격과 토벌로 더 이상 활동을 지속할 수 없게 되었다. 그러나 순무영에서는 동학농민군이 거의 다 패산된 뒤에도 후환을 근절시키기 위해 이에 가담한 행적이 드러난 자를 용서하지 말고 사형에 처하라는 전령을 내렸다.

강원도에서의 동학농민군 봉기에 나타났던 몇 가지 주목되는 점을 들어보면 대체로 다음과 같이 요약된다. 첫째, 강원도 농민군의 봉기는 1894년 가을 삼남지역에서 농민군의 2차 봉기 시기에 일어났는데도 농민군의 지향은 반봉건적 모순에 치중된 1차 봉기와 그 성격을 같이하는 것이었다. 사족과 요호층에 대한 징치는 바로 농민군의 반봉건적 지향을 잘 보여준다고 하겠다. 농민군이 사족과 요호층을 주로 공격하여 재물을 빼앗았던 것은 그들이 조선후기 이래 점점 심화된 봉건적 모순 속에서 봉건적 특권을 이용하여 갖은 모리를 행하던 계층이었기 때문이다. 이렇게 볼 때 강원도 농민군의 봉기는 일본에 대한 적대감보다는 봉건적 모순에 시달리는 농민의 고통을 그대로 반영하여 일어난 것이었다. 강원도 지역에서 반외세 감정이 그 다지 두드러지지 않았던 것은 개항장이 없고 산악지대가 많은 탓에 일본상인 등의 침투가 별로 없었기 때문이다. 강원도 농민전쟁의 지향이 주로 반봉건에 맞춰질 수밖에 없었던 요인도 바로 강원도의 지역적 조건에 따른 것이라 하겠다.

　둘째, 강원도 동학농민군을 토벌한 부대의 주축세력은 원주에 있던 순군영에서 파견된 순중군과 각 지역의 유림세력을 중심으로 형성된 민보군이었다. 삼남지역에서는 일본군이 모두 지휘권을 장악하고 있었지만, 강원도에서의 농민군 토벌의 지휘권은 순군영에서 파견된 순중군이 장악하였다. 그러나 관군은 삼남지역과 마찬가지로 부실한 상태였다. 그때 반농민군의 지도층을 형성하고 있었던 것은 각 향촌사회의 기반을 장악하고 있던 보수지배층이었다. 유림세력을 위시한 향촌사회의 보수지배층이 반농민군의 주도층이었다면, 반농민군의 하부 구성원은 일반 민정 외에 각 고을에 산재해 있던 포수들이었다. 그때 강원도에는 곰과 호랑이를 잡는 포수가 집마다 즐비하였다. 일찍이 병인·신미양요 때 큰 역할을 한 바 있는 강원도 포수는 실제 전투력을 갖춘 층이었다. 이 때문에 반농민군에서 이들을 징집하고자 함은 당연한 것이었다. 동학농민군 측에서도 이들의 중요성을 인식하여 각 면에서 포수 모집에 적극적이었다.

강원도의 동학농민전쟁에서는 일본군의 개입이 미미하였다. 제2차 농민전쟁 당시 일본군은 농민군을 전라도 서남 방면으로 몰아가는 포위작전을 전개하였다. 그것은 삼남지역의 농민군이 강원도로 넘어가지 못하게 하는 것뿐만 아니라 또한 철저히 다른 농민군과의 연계를 차단시키려는 것이었다. 일본군이 강원도지역으로 농민전쟁이 확산되지 않도록 한 것은 바로 러시아를 염두에 두었기 때문이다. 농민군이 강원도 산악지대를 통해 함경도 산악지대까지 침투해 들어간다면 러시아 측에서는 이를 빌미 삼아 조선 사정에 개입해 들어올 여지가 있었다. 아직까지 청일전쟁을 마무리하지 못한 일본군 입장에서는 러시아 개입은 청나라와 동학농민군 이외에 러시아라는 또 하나의 적과 싸워야 하는 것이므로 강원도 이북 지역으로 파급되는 것을 지극히 염려하였던 것이다. 이러한 사정으로 인해 강원도지역에서 일본군의 참여는 농민군의 패색이 어느 정도 짙어진 이후에 이루어졌고, 여기에 참여한 일본군의 규모도 중대 수준이었다.

셋째, 강원도의 동학군은 대체로 동학의 접주(接主)·접사(接司)·성찰(省察) 등이 영도자로 나섰다. 그중에는 강릉부 임계면의 이동익(李東益)과 평창의 박재호(朴在浩)와 같이 진사 신분으로서 동학군의 수령으로 활동했다. 동학군은 일본군과 관군의 섬멸작전에 의해서 많은 전사자가 속출하였고, 이외에도 체포된 대부분이 학살당하였다. 그러한 중에도 정부군은 동학군의 위협에 못 이겨서 가담했던 자에 대해 잘 타일러서 귀화시키기로 했었다. 동학군의 주요 인물의 가호(家戶)

나 근거지는 흔히 소각되거나 파괴되었다. 진사 이동익의 경우에는 그의 가산·집물(什物)·전답문권(田畓文券) 등을 모두 압수당했다. 그런데 그러한 것이 아무런 명령계통 없이 진중에서 자행되거나 교졸배·무뢰배에 의해서 귀화한 자를 침어하는 경우가 많았다. 정부군의 행군 중에 동학군이 버리고 간 총기는 관고(官庫)에 수납되지 않고 사유물화된 반면에, 동학군에게 탈취당한 총·창의 값은 면민에게서 받아내기도 하였다.

참고문헌

강원도사편찬위원회, 2013 『강원도사』 7(근대).

박맹수, 1995 「강원도지방의 동학비밀포교지에 관한 연구」 『춘천문화』 10, 춘천문화원.

박준성, 1995 「1894년 강원도 농민군의 활동과 반농민군의 대응」 『동학농민혁명의 지역적 전개와 사회운동』, 새길.

이광린, 1988 『한국사강좌』 5(근대편), 일조각.

정은경, 1995 「1894년 강릉부에서의 향회운영과 참여세력의 동향」 『同大史學』 1, 동덕여대 국사학과.

한국근현대사학회, 2010 『한국 근대사 강의』(개정판), 한울아카데미.

한국근현대사회연구회, 1998 『한국근대 개화사상과 개화운동』, 신서원.

한국역사연구회, 1991~97 『1894년 농민전쟁연구』(1~5), 역사비평사.

제14장 일제의 침략과 강릉지역의 국권수호운동

1904년 러일전쟁에서 승리한 일본은 1905년 7월에 '가쓰라-태프트 밀약'을 통해 미국으로부터 한국에 대한 종주권을 인정받았으며, 8월에 '제2차 영·일동맹조약'을 통해 영국으로부터도 한국에 대한 지도 감리 및 보호의 권리를 인정받았다. 같은 해 9월 5일에는 '포츠머스 조약'을 통해 한반도에서 가장 강력한 경쟁자였던 러시아로부터도 마침내 한국에 대한 지도·감리 및 보호의 권리를 승인받았다. 열강들로부터 한국의 보호국화에 대한 승인을 얻어낸 일제는 이어서 한국에 보호조약을 강요하기 시작했다.

일제가 한국의 보호국화에 관한 기본방침을 확정한 것은 1904년 5월 31일의 내각회의에서였다. 이 회의에서는 한국의 국방 및 재정의 실권 장악, 그리고 외교의 감독과 조약 체결권의 제약 등을 통한 한국에 대한 보호권 확립을 결정했다. 이 같은 결정에 앞서 이미 1904년 2월 10일 러시아에 대해 정식으로 선전포고를 하고, 뒤이어 2월 23일 일본군 1개 사단이 서울에 진주하며 위협을 가하는 가운데 "한국정부는 시정개선에 대해 일제의 충고를 허용한다"는 '한일의정서(韓日議定書)'를 강압적으로 체결하고 내정간섭의 길을 열었다. 그 후 한일의정서 시행세칙을 내세워 군사행동과 토지의 점령·수용을 자의적으로 단행했으며, 8월 22일 '한일 외국인 고문초빙에 관한 협정서'(제1차 한일협약)를 체결하게 하고 군사·재정·외교고문을 파견했다. 1905년 2

월에는 협정에도 없는 경무고문과 학부참여관을 파견하여 한국의 내정을 장악해 나갔다. 이 같은 정지작업을 거쳐 일제는 러일전쟁에서 승리한 여세를 몰아 한국을 보호국화하는 데 박차를 가했다.

일제의 한국에 대한 보호조약 체결은 1905년 11월 일본 추밀원 의장 이토 히로부미(伊藤博文)가 한국에 파견되면서 본격화되었다. 11월 9일 서울에 도착한 이토는 고종을 알현하고, 보호조약의 강제체결을 위해 회유와 협박을 거듭했다. 고종이 순순히 응하지 않자, 이토는 11월 17일에 한국정부의 각료들을 일본 공사관으로 불러 보호조약을 승인하게 했다.

일본 군인들이 무력시위를 벌이는 공포 분위기 속에서 열린 이 회의에서도 결론을 내지 못하자, 다시 궁중으로 회의장소를 옮겼다. 고종이 참석하지 않은 가운데 열린 궁중의 어전회의에서도 의견의 일치를 보지 못하자, 이토는 헌병사령관까지 대동하고 들어와 다시 회의를 열고 대신들 한 사람 한 사람에게 찬성 여부를 물었다. 이에 참정대신 한규설, 탁지부대신 민영기, 법부대신 이하영 등은 반대의 뜻을 분명히 했으나, 학부대신 이완용, 군부대신 이근택, 내부대신 이지용, 외부대신 박제순, 농상공부대신 권중현 등은 약간의 수정을 조건으로 찬성했다. 이토는 조약체결에 찬동한 5대신(을사5적)만으로 회의를 다시 열고, 외부대신 박제순과 특명전권공사 하야시의 이름으로 을사늑약을 강제로 체결했다.

1905년에 폭력적인 을사늑약으로 조선이 일본의 보호국이 되자 국권을 회복하기 위한 범민족적 저항은 크게 두 가지 형태로 진행되었다. 하나는 일제에 맞서서 무력으로 투쟁하여 국권을 되찾으려는 의병항쟁이었고, 다른 하나는 실력을 양성하여 뒷날의 독립을 기약하는 애국계몽운동이었다. 전자가 지역의 유생·농민층에 의해 주도된 것

이라면, 후자는 개화파의 전통을 계승한 도시의 지식인들에 의해 주도
된 것이었다.

1. 의병항쟁

의병은 나라가 외적의 침입으로 위급할 때 국가의 명령이나 징발을
기다리지 않고 민중이 스스로의 의사에 따라 외적에 대항하여 싸우는
구국 민병을 말한다. 한말의 의병항쟁은 크게 보아 세 단계를 거쳐 발
전해 갔다. 첫 단계는 1895년에 일어난 을미의병, 두 번째 단계는 1905
년에 일어난 을사의병, 세 번째 단계는 1907년에 일어난 정미의병
이다.

1) 을미의병

한말 의병항쟁의 효시는 1895년 일제가 자행한 명성황후 시해사건
과 단발령을 계기로 일어난 을미의병으로 소급된다. 을미의병의 발단
은 단발령이 직접적 원인이었다. 단발의 경우 그 자체만 본다면 근대
화의 상징적 몸짓이라 할 수 있다. 왜냐하면 단발은 활동상 건강상 편
리할 뿐만 아니라 근대적인 짧은 머리 모양을 할 때 근대적인 정신이
그 안에 깃든다고 보았기 때문이다. 그러나 "우리의 신체와 머리털과
피부는 부모께 받은 것이니, 감히 손상하지 않는 것이 효도의 시작이
다身體髮膚 受之父母 不敢毀傷 孝之始也"라고 배워왔던 성리학자나 그
세례를 받고 살아왔던 대부분의 백성들에게 단발은 너무나 갑작스러
운 충격이어서 받아들일 수 없었던 것이다.

그런데 1894년에 일본군대가 경복궁을 점령한 사건인 '경복궁쿠데
타'와 한 나라의 왕비를 참혹하게 살해한 사건인 '을미사변'을 계기로

의병이 활발히 일어났던 것이 아니라 단발령을 계기로 의병이 본격적으로 일어났다는 것은 초기 의병항쟁의 성격과 관련해서 시사하는 바가 크다. 이는 국가와 민족이 걸린 문제라기보다 개인적인 문제가 인간을 행동하게 만든 직접적인 계기가 되었다는 것이다. 그렇다고 국가의식이나 민족의식이 없었다는 것은 아니다. 경복궁쿠데타와 을미사변이 주었던 자극은 비록 즉각적인 반발은 없었다 하더라도 어느 틈엔가 저변에서 민족의식을 확산시켰던 것이다. 따라서 을미의병의 계기가 단발령이었다고 해도 그 저변에는 민족의식이 깔려 있었던 것이다.

이 시기의 의병은 일본에 대한 대항보다도 정부에 대한 대항이라는 성격이 강했다. 그때 집권하고 있던 김홍집 내각은 명성황후가 시해되었는데도 그 사실조차 공포하지 못하게 하였고, 또한 이 사건과 일본인은 무관하다고 선언해서 우리 백성들의 분노를 자아내게 했다. 그래서 당시의 내각은 의병항쟁의 직접적인 목표가 되었던 것이다. 그런 정권에서 반포한 단발령은 타는 불에 기름을 끼얹는 격이었다.

을미의병에서는 보수적인 양반유생들이 지도부를 구성하였다. 보수적인 양반유생들은 그 대부분이 동학농민군 토벌에 참여했던 민보군을 기반으로 의병을 일으켰다. 이들은 조선후기 사상계를 지배하고 있던 이른바 위정척사의 사상적 전통 위에서 현실을 인식하고, 그 논리에 따라 반제국주의 투쟁을 전개하는 선구적 역할을 수행하였던 사족 가문 출신의 유생들이었다. 이들은 향촌사회의 보수적인 지배층으로서 사회·경제적인 기득권을 차지하고 있었을 뿐만 아니라, 학문적·지연적·혈연적 기반에 기초한 치주망(緻蛛網)처럼 얽힌 연계관계 위에서 조직적인 동원이 가능하였다. 이서층의 경우에도 사회·경제적 성장 기반 위에서 의병에 참여하고 있었다.

을미의병 당시 영동지역에서의 의병활동은 민씨척족이 강릉지역으로 파견한 민용호(閔龍鎬)의 관동창의진(關東倡義陣)을 중심으로 전개되었다. 경남 산청 출신인 그는 보부상으로 추정되는 인물이다. 그는 1895년(고종 32)에 을미사변으로 명성황후가 시해되었다는 비보를 듣고 복수를 다짐하며 11월 25일에 통문을 돌려 유림의 분발을 촉구하였고, 이어 단발령이 공포되자 경기도 여주에서 의병을 일으켰다. 이듬해 1월 13일에 무장사람 송형순(宋炯淳) 등과 함께 여주를 떠나 문막을 거쳐, 1월 15일 원주에 당도하여 그곳에서 목천사람 이병채(李秉埰)와 횡성사람 안성호(安聖鎬) 등과 함께 군사를 규합하고 의병진의 전열을 가다듬어 갔다. 1월 17일 원주를 떠나 1월 29일 강릉진입을 눈앞에 두고 대관령에서 의병진의 진용을 갖추었다. 의병대장은 민용호, 좌군장은 김원섭(金元爕), 우군장은 이병채, 전군장은 강우서(姜禹瑞), 후군장은 박한옥(朴漢玉, 일명 朴雲瑞)이었다.

민용호는 강릉을 의병의 근거지로 삼기 위해 의병을 이끌고 강릉에 들어오려고 했으나, 강릉에는 이미 권익현(權益顯)·심홍택(沈鴻澤) 등 토착유생들이 주축이 된 의진(義陣)이 편성되어 있었다. 이에 민용호는 1월 30일 강릉성 밖의 홍제평(지금의 홍제동)까지 나아가 강릉부의 토착의진에 글을 보내어 '부중의진(府中義陣)'을 인정하는 동시에 그곳의 동정을 살피고 있었다. 이는 민용호가 원주에서 의병을 일으킨 뒤 아무런 세력기반이 없는 강릉으로 진출하였다는 점에 기인한다. 게다가 민용호 의병부대는 수백 명에 불과하여 강릉의진보다 전력상 열세였을 뿐만 아니라 강릉 진출의 명분을 찾을 수 없었다.

이러한 상황 속에서 때마침 강릉부 내에 단발령이 공포되었다는 사실이 알려지자, 민용호는 곧바로 강릉의진이 '토적복수(討賊復讐, 적을 토벌하여 국모의 원수를 갚음)'를 목표로 한 진정한 의병이 아니라 개화파의 사주를 받은 사이비 의병이라 판단하고 "의병을 가탁하고 개화를 행하는 자는 그 죄가 왜적보다 심하고, 명분을 속여 백성을 모집하는 자는 그 악이 역적보다 더하다"고 성토하는 격문을 돌렸다. 이로써 민용호는 강릉 진출의 명분을 확보할 수 있었다. 이 같은 격문을 접한 '부중의진'에서는 2월 1일 권익현·심홍택 등이 강릉부민들과 함께 경무서 및 순검청을 부수고 친일 개화정책의 핵심인물로 지목되어 온 경무관보 고준식(高俊植)을 잡아 민용호에게 인계함으로써 민용호는 그날 즉시 강릉에 입성할 수 있었다.

이렇게 강릉에 무혈로 입성한 민용호는 토착세력을 흡수하기 위한 조처로 먼저 도사(都事) 이승학(李承學), 유학(幼學) 김노원(金魯元)·심홍택(沈鴻澤)·정규섭(丁圭燮), 감찰(監察) 이승찬(李承燦), 영리(營吏) 최돈익(崔燉翼)·김양선(金養善)·임익상(林翼相), 오위장(五衛將) 정헌중(鄭憲仲)·김인수(金仁洙), 유학자 권인규(權仁圭) 등을 의진에 편입시켰다. 민용호가 강릉의 토착세력을 회유, 포섭한 것은 앞으로 이들의 협조나 토대의 구축 없이는 강릉지역에서 의병활동을 기대할 수 없었기 때문이다. 또한 민용호는 개화파 인물로 강릉 진출에 최대한 장애가 된 경무관보 고준식의 죄명을 밝혀 효수하였다. 그러나 그때 관찰사 이위(李暐)와 참서관 박승혁(朴承爀) 등은 백성들에게 신망을 얻고 있어 그대로 두었고, 최범식(崔範植)·이운하(李澐夏)·최인섭(崔仁燮) 등의 관인들을 의진의 참모로 받아들였다.

민용호 의병부대가 강릉의 토착의진과 합진한 이후 가장 먼저 한 일은 민심을 얻기 위한 노력과 함께 격문을 발표해 의진의 단합을 촉구하였다.

오늘날 이 거의(擧義)는 모두가 나라를 위한 것이니, 거사에는 비록 일의

선후가 혹 있을지 모르나 의리에는 피차의 구별이 있을 수 없다. … 별도의 진
을 설치한 것은 진실로 무슨 마음에서인가? 그 결과를 예측할 수 없으니, 만
약 미혹에 빠져 이 이치를 깨닫지 못하고 머뭇거리게 되면 장차 강릉은 일순
간에 낙오되어 오랑캐의 수중에 들어가리라(『관동창의록』, 행장, 297쪽).

이와 아울러 민용호 의병부대는 강릉을 거점으로 활동범위를 넓히
고 일본인의 출입을 막기 위해 주문진·강동진 등 남북으로 12진에
걸쳐 육지와 해안에 봉수장(烽燧將)과 망해장(望海將)을 두었다. 또 무
사청(武士廳)을 설치하여 도령장(都領將)에 김노원(金魯源), 부총장(副
摠將)에 최한식(崔漢寔), 좌두령장(左杜領將)에 강동오(姜東五), 오영도
총독(五營都摠督)에 권익현(權益顯) 등을 임명하고, 예빈소(禮賓所)를
이승학(李承學)이 담당하도록 하는 등 복잡한 사령으로 인한 번거로움
을 피해 척후(斥候) 임무를 원활히 수행하고, 각처에서 몰려오는 인재
를 영입하는데 힘썼다. 나아가 의병 관하의 여러 고을에는 일본인을
잡기 위한 별진(別陣)을 두었고, 그 밖의 고을에는 의병을 파견해 부근
의 사정을 탐색케 했다.

민용호 의병부대는 2월 7일에 의병을 모집하기 위해 북으로는 함남,
남으로는 경북까지 소모사를 파견해 많은 호응을 얻었다. 평강 출신
의 의병장인 참봉 최문환(崔文煥)을 진북장(鎭北將) 겸 함경도소모사
로 임명해 의병활동이 미약하던 관북지역에 파견해 주민들의 의병 동
참을 호소케 하였다.

민용호 의병부대는 3월 초순 원산 공격에 나서기 전까지 주변세력
을 규합하고 의병을 모으는 등 전력강화에 힘썼다. 그 가운데 산포수
는 의병진의 실질적인 전투력이었다. 을미의병에서 출신 배경이 다양
했던 산포수들은 유생들의 창의정신과는 달리 자신이 가진 전투능력

에 따른 대가만 있으면 그 보수에 따라 행동했던 용병적 성격을 띠고 있었다.

　강릉의병장 민용호는 군사들에게 매일 쌀 2되와 엽전 30문을 지급하였다. 민용호는 군용(軍用)이 부족하자 무사청을 폐지하고자 하였지만, 무사들이 모두 떠나려 하지 않았기 때문에 급료를 30% 감하였다. 또 그는 포령장(砲領將)에게 포군의 급료를 50% 깎겠다고 제시한 끝에 40%를 삭감하는 선에서 마무리 지었다(민용호, 『복재집』, 278~279쪽).

　즉 을미의병 당시 대부분의 의병진은 포군들에게 일정한 보수를 지급하고 있었다. 산포수가 종속적인 관계임에도 불구하고 급료의 지급이 충분치 않으면 의병진의 대오는 제대로 통제될 수 없었고, 그에 따른 의병진 내에서의 대립과 갈등이 지속적으로 나타나고 있다.

　한편 민용호는 2월 21일에 여러 장수들과 객사에 들어가 망곡(望哭)을 하고, 다시금 복수보형(復讐保形, 국모의 원수를 갚고 의리를 지킴)과 살신보국(殺身報國, 죽음으로 나라에 은혜를 갚음)의 항쟁의지를 새롭게 가다듬었다. 이어 도사 민동식(閔東植)과 전석영(全錫永)이 여주에서 온 것을 계기로 의진을 개편하여 전석영을 중군장, 이영찬(李永燦)을 좌군장, 심홍택을 우군장으로 삼았다. 이때 삼척에서도 유생 김헌경(金憲卿)이 의병을 일으켰으므로 전군장(前軍將) 강우서를 보내 합류를 설득하여 중군(中軍)으로 삼았다가, 얼마 후 삼척 유진장(留陳將)으로 삼았다. 또 진사 이우열(李佑烈)을 양양 유진장에, 이명렬(李明烈)을 양양 수성장에, 진사 최용각(崔龍珏)을 간성 유진장에 각각 임명했다. 이 무렵에는 상인으로 가장해 정탐활동을 하던 일본군 111명을 붙잡아 처형했다.

최문환은 2월 29일에 관북의 중심지인 함흥으로 들어가 그곳의 참서관 목유신(睦裕信)과 주사 피상국(皮相國)·홍병찬(洪丙贊) 등의 친일 개화관리를 처단하고, 함흥을 장악하고 인근 고을마다 의소(義所)를 설치하는 등 한때 대단한 세력을 갖추었으나 5월 말경에 강릉으로 내려와 본진에 합류하였다. 당시의 군비조달은 강릉부호인 도사 최희구(崔熙球)와 승지 이해수(李海洙)로부터 거금을 기부 받아 충당하였다.

민용호 의병부대는 영동지역에서만 활동한 것이 아니라 함경도 방면으로 들어가 그곳 의병들과 합세하였고, 나아가 서북지역의 의병과 연합해 서울로 진공하려는 계획도 세웠다. 민용호가 이끄는 관동의진은 군사(軍師) 박동의(朴東儀)의 주장에 따라 3월 4일 아침에 총병력 2,380명이 출정하였다. 이는 의병항쟁 사상 최초의 전국 연합의진이었다. 이에 앞서 오영도총독 겸 북읍소모사 권익현을 선발대장으로 하여 안변 일대를 점거하고 원산항의 적정을 탐지하도록 했으며, 의진의 근거지인 강릉은 이병채를 유진장으로, 민동식을 수성장으로 삼아 지키도록 하였다.

민용호 의병부대는 북진하여 3월 9일 고성에 도착해서 유진장 권형원(權亨源)이 잡아놓은 일본인 8명의 목을 베었고, 14일 통천에 도착해 앞서 파견돼 있던 권익현의 선발부대와 합류하였다. 양양 의병장 이정재(李正宰)와 신무섭(申懋燮)은 의병 130명을 이끌고 민용호 의병부대에 합류하였다.

민용호 의병부대는 3월 17일에 개항장인 원산 공략을 목표로 집결지인 안변의 신평에 도착해 세 길로 나누어 진격하는 작전계획을 세웠다. 민용호 의병부대와 일본군과의 전투는 3월 19일 선평장에서 일본군의 기습으로 시작되었다. 일본군은 갑자기 내리는 진눈깨비로 화승총을 쏠 수 없는 악천후를 이용하여 선제공격을 감행하였다. 전투에 참여한 일본군은 원산수비대 병력과 원산에 정박하던 군함 다카오호(高雄號)에서 파견한 육전대(陸戰隊) 등 모두 150여 명 정도였는데, 이들이 천여 명의 의병과 격전하였다. 기습을 받은 의병은 결사항전을 벌였으나, 일기불순으로 전투가 계속될수록 전황은 의병측에 불리하게 돌아갔다. 민용호는 하늘을 원망하면서 원산항을 뒤로 한 채 퇴각하지 않을 수 없었다. 이날의 전투에서 의병측은 군사 박동의가 전사하고 수십 명의 사상자가 발생하였다.

일단 통천으로 퇴각한 민용호 의병부대는 회양과 양구를 거쳐 3월 29일 한계령을 넘어 양양에 도착하였다. 민용호 의병부대는 4월 3일 일단 강릉 연곡에 유진(留陣)하였다가 다음날 강릉부중으로 들어가려 했으나, 강릉유진장 이병채는 "패군의 장수는 성에 들어올 수 없다"며 민용호의 입성을 거부하고 나왔다. 이병채는 민용호와 함께 원주 거의 때부터 동참한 관동창의군의 핵심인물 가운데 한 사람이었다. 그러나 이병채는 군정을 바꾸고 재물을 약탈하는 등 많은 폐단을 드러냈고, 특히 3월 16일에는 관청을 습격하여 관찰사 이위를 축출하고 공금 7천금을 탈취함으로써 주민들로부터 큰 반발을 샀다. 이에 유생들이 주축이 되어 동문 안에 별도의 의소(義所)를 세우고 이병채 의진과 대치하게 되었다. 이 소식을 접한 민용호는 양양에서 배를 타고 연곡으로 급히 내려왔다. 민용호는 연곡에서 이병채와 대치하였으나, 민심이 자신에게 불리하게 돌아감을 깨달은 이병채가 얼마 뒤 스스로 민용호에게 투항함으로써 이 사건은 일단락되었다. 민용호는 대진(大陣)을 이끌고 원산공략을 위해 북정(北征) 길에 오른 지 꼭 한 달 만에 강릉으로 귀환하였다. 이후 민용호는 강릉을 중심으로 전력을 강화하는 데 진력하였다.

이병채 사건은 민용호 의병부대의 재지적 기반이 없었다는 근본적

강릉 대공산성

인 취약점에 기인하는 것이었다. 민용호 의병부대는 편제 구성의 자체가 견고하지 못하였고 언제나 불안하였다. 그것은 의진의 구성이 외부에서 유입되어온 세력을 근간으로 하여 강릉의 토착세력을 아우르고, 나아가 인근지역의 의병세력을 흡수한 연합적인 성격이 강하였기 때문이다. 이러한 상황에서 이들을 공고히 묶을 수 있는 어떤 내적 연계도 없었던 까닭에 의진 내부에서 알력과 갈등이 생겨날 가능성은 상존하고 있었다.

민용호 의병부대가 군세를 강화해 원산 공격의 재기를 노리던 중 새로 부임한 관찰사 서정규(徐廷圭), 참서관 조관현(趙觀顯), 중대장 김홍권(金鴻權)·맹일호(孟一虎)·이석범(李錫範) 등이 관군을 이끌고 한계령과 양양을 거쳐 연곡으로 기습 공격해 왔다. 민용호 의병부대는 강릉 대공산성(大公山城)[1]에서 관군과 공방전을 벌인 끝에 관군 19명

---

1 대공산성은 강릉시에서 서쪽으로 약 20㎞ 지점에 위치한 높이 2m, 둘레 3㎞ 정도의

을 사로잡는 등 피해를 입혔으나 역부족으로 임계로 퇴각했다. 그 후 백복령과 북평을 거쳐 삼척 갈야산성에 진을 치게 되는데, 강릉의 관군이 계속 쳐들어오자 통리재를 넘어 정선, 임계를 거쳐 북상을 시작하였다.

4월 중순 이후 중대장 김홍권이 이끄는 관군이 강릉지역에 파견되어 의병 진압에 나서고, 일본군도 민용호 의병부대를 끈질기게 추적하는 데다 탄환·화약·양곡 등의 부족과 전쟁에 시달린 백성이 불만을 터뜨리는 등 의병활동이 어렵게 되었다. 특히 백성들이 의병을 가리켜 관동을 파멸의 지경에 몰아넣는 '백의적(白衣賊)'이라는 비난까지 하자, 민용호는 최중봉·성익현·민동식·이병채·한중보·이호성·차윤옥·권대형 등과 대책을 마련하는 한편 「관동창의소 포유문(關東倡義所布諭文)」을 발표해 동요하는 민심을 수습하려고 노력하였다.

그러던 중 5월 14일 양양에 주둔해 있는 관군에 대한 공략작전을 편 결과 중대장 김홍권 이하 80여 명의 관군을 사살하는 대승을 거두었으나, 장마로 인해 강릉으로 후퇴했다. 이 양양전투는 민용호 의병부대가 거둔 최후의 승전이었다. 그러나 곧이어 벌어진 연곡전투에서 중군장 최중봉이 전사함으로써 민용호 의병부대의 전력은 큰 손실을 초래하게 되었다. 최중봉의 전사 소식을 들은 민용호는 군중에 3일 동안 복을 입게 하고, "유유한 하늘이시여, 어찌 달포가 넘도록 비를 계속 내리시는가"라고 탄식하면서 삼척·울진으로 물러났다. 7월 하순까지 장마는 계속되었고 의병들은 그동안 계속된 전투로 인해 피로가

석성(石城). 보현사에서 서북 방향 약 2km지점, 해발 1,131m의 곤신봉에서 동북 방향으로 약 1.5km 지점에 위치해 있다. 이 산성에 대한 최초의 기록은 『세종실록지리지』에 '파암산석성(把巖山石城)'으로 나타난다. 그 후의 지리지 기록에는 모두 '보현산성'으로 기록되어 있으나, 『문화유적총람』에만 '대공산성'으로 기록되어 있다.

극도로 쌓여 더 이상 항전이 불가능한 지경에 이르자, 8월 초순 민용호는 마침내 북행대장정(北行大長征)을 결심하게 된다.

민용호가 압록강을 건넌 것은 10월 5일이었다. 민용호는 휘하 의병을 이양희에게 맡겨놓은 채 청나라의 원조를 기대하고 서간도 통화현(通化縣)을 지나 심양(瀋陽)으로 들어갔다. 이로써 민용호는 1896년 1월 중순 원주에서 거의한 지 약 10여 개월에 걸친 항전 끝에 사실상 의병을 해산하기에 이르렀다.

을미의병 당시 강릉 출신 권인규(權仁圭)[2]는 일본에 의해 을미사변이 자행되고 단발령이 공포되는 사태를 보고 비록 나이 들고 병들었으나 목숨 바쳐 '도이(島夷, 섬오랑캐)'를 물리칠 것을 맹서하였다. 그의 거의 논리는 철저한 위정척사론에 기반하고 있었다. 그는 의병을 일으키는 것을 '척사부정(斥邪扶正)', 즉 사도를 물리치고 정도를 바로 세우는 행위로 보았다. 그는 죽음을 무릅쓰고 의병을 일으키는 행위는 의리를 실천하는 것으로 하늘의 도움으로 절대로 죽지 않을 것이라면서 의병에 참여할 것을 호소하였다.

처음에 권인규는 민용호 의병부대에 참여하여 의병투쟁을 전개하였다. 그는 민용호 의병부대에서 주로 격문과 포고문 등을 작성하여 의병의 당위성을 피력하였다. 민용호 의병부대에서 나온 그는 「창의포고문」을 발표하여 민용호 의병부대인 '관동9군 도창의소(關東九郡都倡義所)'가 설치된 사실을 널리 알리고 의병에 참여할 것을 다음과 같이

---

2 1843년(헌종 9)~1899년(고종 36). 강릉 초당 출신으로 본관은 안동, 호는 동빈(東濱)·소운(巢雲)·소은(巢隱)이다. 그는 민용호가 이끌던 관동창의군(關東倡義軍)에 참여하여 각종 격문과 창의문, 포고문, 효유문 등을 작성하여 선포함으로써 의병투쟁의 당위성을 설파하고 민중의 동참을 적극적으로 호소하였다. 그의 의병활동은 자손들에게 이어졌는데, 아들 종해(鍾海)는 정미의병 때 강릉에서 거의하여 활발한 활동을 하였고 손자 기수(基洙)는 1919년 3·1운동에 참여하였다가 옥중에서 숨을 거뒀다.

호소하였다.

아! 우리 5백년 대소 신민들아, 저 왜놈의 극악함은 어찌 차마 더 말할 수 있겠는가? 강산에는 아직도 2릉(성종의 선릉과 중종의 정릉)의 원수가 남아 있고, 천지에는 또 8월의 변고(을미사변)가 일어났다. 비록 그놈들의 배를 쪼개고 그 놈들의 간을 씹지 못할망정 또 고개를 숙이고 머리를 깎으며 그놈들의 호령을 따른단 말이냐?

권인규는 일본을 임진왜란의 원수이며, 국모(명성황후)를 시해한 '섬오랑캐'라면서 철저한 척왜론적 인식을 견지하였음을 볼 수 있다. 그는 우리가 원수를 갚지도 못했는데, 또 고개를 숙이고 단발령과 같은 그들의 정책을 따를 수 없음을 분명히 밝혔다. 권인규의 이 포고문은 그가 민용호를 만난 직후인 12월 말에 발표했던 것으로 보인다. 이는 그가 「민용호에게 보낸 편지」에서

오직 타고난 양심은 일찍이 하루도 의(義)를 잊은 적이 없으므로, 요즘 창의통고문을 마련하여 길거리에 써 붙이고 대소민인과 왕래하는 나그네들을 타일러서 의(義)를 따르는 자의 마음을 고동시켜 격려하고 분발하게 하였는데 혹시 들어보셨습니까?

라고 창의통고문을 사방에 써 붙였음을 밝히고 있는 데서 알 수 있다. 권인규는 1896년 설을 쇠고 민용호 의병부대에 다시 참전하였던 것으로 보인다. 그는 이때 관서와 관북지역의 사민들에게 의병에 동참할 것을 호소하는 「창의통문」을 돌렸다. 여기에서 그는 관서는 기자의 첫 교화를 받은 예의의 고장이요, 관북은 이성계가 왕업의 기초를

닦은 곳이라면서 이 난세를 당하여 한번 죽어 대의(大義)를 이룰 것을 주창했다. 또한 그는

　　슬프다! 사람이 죽고 사는 문제가 제일 큰 것이지만, 그러나 머리 깎고 살면 살아도 역시 욕이요, 의(義)를 안고 죽으면 죽어도 역시 영광이다. 하물며 여러분께서는 모두 공자·맹자를 외우고 법 받는 처지이니, "자기의 몸을 희생하여 인을 이룬다[殺身成仁]"는 말이 있지 않은가? 또 "삶을 버리고 의를 취한다[舍生取義]"는 말이 있지 않은가? 인을 이루고 의를 취하는 것이 바로 이때이니 부디 힘쓸지어다.

라면서 '살신성인(殺身成仁)'과 '사생취의(捨生取義)'의 정신으로 의병에 동참할 것을 호소하였다.

　권인규는 또한 각 항구에서 일본에 빌붙어서 생활하는 자들에게 「효유문」을 발표하였다. 그는 이 「효유문」에서 "우리 땅에 머물러 있는 왜놈은 남은 종자도 없이 모조리 섬멸해야 한다. 그리고 이른바 대신들로 왜놈의 심복이 된 자와 수령들로서 백성을 협박하여 머리를 깎게 하는 자는 용서할 수 없다"면서 일제와 그에 빌붙은 부일개화파를 철저히 처단해야 할 것을 밝혔다. 아울러 그는 의병이 거리에 넘치고 있으며, 의병이 가는 길에 일제와 붙어 협력하는 자는 목숨을 부지할 수 없음을 경고하였다. 이어서 의병에 합세하여 일제를 격퇴하는 데 합력할 것을 다음과 같이 부르짖었다.

　　오늘의 의거는 충성을 위한 울분이 치밀어 올라 사생을 헤아리지 않고 왜적을 쳐 없애기로 다짐한 것이니, 도(道)마다 의병이요 읍(邑)마다 의병이다. 의병이 있는 곳에는 하늘이 돕고 귀신이 도울 것인데, 저 왜놈들은 죄악이 하

늘에 사무쳐서 하늘이 명하여 죽일 것이다. 그러게 되면 우리 동포로서 왜놈을 끼고 우환을 만든 자는 어찌 밝은 하늘 아래에서 목숨을 보존할 수 있겠는가? 너희들의 타고난 양심으로 하여금 우리 선왕께서 남기신 은택을 생각하여 의병이 가거들랑 창을 거꾸로 들고 귀순하여 함께 추한 무리를 쓸어버리고 영원히 이 산하를 깨끗이 하자. 아! 5백년 역사를 가진 우리 선왕의 유민들이여.

한편 권인규는 「민용호에게 보낸 편지」에서 다음과 같은 자신의 방책을 제시하여 의리에 입각한 의병정신에 입각하여 의병투쟁을 지도해 나갈 것을 권유하였다.

① 일의 대소를 막론하고 의리로 미루어 나갈 것.
② 사람을 쓰면 반드시 심지가 깨끗하고 충의가 돈독한 자를 택하여 소임을 맡길 것.
③ 영리를 일삼는 협잡배들은 일체 쓰지 말 것.
④ 재정 마련은 공정하게 하고 경중을 헤아려 우열을 따지며 사의(私意)로써 후박(厚薄)을 두지 말 것.

그러나 민용호 의병부대는 원산의 선평전투에서 일본군에게 참패하고 말았다. 권인규가 1896년 음력 2월 「유진장 이병채에게 보낸 편지」가 남아 있는데, 바로 이 선평전투 직후 보낸 것으로 보인다. 그는 편지에서 "북진(北陣)의 첩보를 밤낮으로 크게 기대했는데, 마침내 후퇴했다는 기별을 들으니 하늘이 의사(義士)를 돕지 아니하여 그런 것인가? 아니면 인사가 잘못되어 그런 것인가? 책상을 치며 크게 소리치자 피눈물이 허공에 쏟아집니다. 그러나 승패는 병가의 상사이니 한 번의 실책으로 기운을 잃지 말고 더욱 분발하여 덕으로써 인심을 무마하고 의로써 사기를 고동시켜 뒷일을 튼튼히 하며 오늘 한 번의 실패가 후일 백전백승의 복선(伏線)이 될 것을 어찌 알겠습니까?'라고 하여 승패는 병가의 상사이니 기운을 잃지 말고 인심을 회복하여 재기를 도모하도록 격려하였다.

2) 을사의병

을사의병은 1905년 '을사늑약'이 계기가 되어 그 이듬해 본격적으로 일어났다. 을사의병은 을미의병과는 달리 국권침탈에 대한 저항의 성격이 강했다. 일본은 조선을 보호하여 자립할 수 있게 만들어 준다고 하면서 여러 가지 제도를 바꾸었지만, 그 실상은 일본의 침투를 막는 전통사회의 제도들을 없애고 그 자리에 일본의 제도를 갖다 심는 것이었다. 그것도 아주 취약한 일본자본가를 돕기 위해 그들에게 특혜를 주는 대신에 조선의 토착자본가에게는 궤멸적 타격을 줄 조치를 일방적으로 시행하는 것이었다. 철도·통신·화폐제도는 근대화의 상징일지는 모르지만 조선인들에게는 몰락을 가속화시키는 것에 지나지 않았다. 그때 유생의병장들의 사고방식도 단순히 봉건체제나 윤리를 유지해야 한다는 차원에서 벗어나 국제질서 속에서 조선이 독립국가로서 대우받아야 하며, 그러기 위해서는 이 국가를 지켜야 한다는 차원으로 발전하였다. 을사의병은 이러한 민족적 과제에 동감하는 농민층·상인층의 호응을 받아 전국적으로 확대되어 갔던 것이다.

이 시기의 의병봉기 역시 최익현(崔益鉉)·기정진(奇正鎭)·허위(許蔿) 등 저명 유생들에 의해 시작되었으나 문제가 없었던 것은 아니었다. 가령 화서 이항로의 제자로 당시 대표적인 유학자였던 최익현은 전북 태인에서 의병을 일으켰으나, "일본군이면 모르되 국왕이 보낸 군사와는 싸울 수 없다"고 하며 항복하고 말았다. 이 사건은 아직도 봉건적인 이념의 굴레를 벗어나지 못했다는 사실을 잘 보여주고 있다.

강원도에서는 1906년 3월경에 삼척에서 전 도사 김하규(金夏奎, 河奎)가 의병을 일으켰으며, 전 현감 황청일(黃淸一)이 가담하여 더욱 의세를 떨쳤다. 황청일은 강릉 출신으로 일찍이 민용호 의병부대에 참가한 바 있었고, 을사의병 때는 삼척의 김하규 의병부대와 영해에서 재기한 신돌석(申乭石) 의병부대에 호응하여 일본군을 격파하기도 하였다. 그러나 1906년 5월 하순 김하규·황청일 등이 관군에게 패하여 차례로 체포되었다. 이들은 평리원의 재판을 거쳐 그해 9월 황주의 철도(鐵島)에 유배되었다.

이 무렵 최도환(崔道煥)은 양구에서, 김현규(金顯奎)는 울진에서, 박장호(朴長浩)는 홍천·강릉에서 각각 의병을 일으켰다. 박장호는 경기도 가평 출신으로 홍천군 서석면 생곡리(피리골)에서 상당 기간 우거하였다. 그는 이항로·유중교의 문인으로 1906년에 서석면 풍암리에서 기병하여 홍천지역을 중심으로 독립된 의병부대를 이끌고 활약하였다.

3) 정미의병

일제는 1907년 6월 헤이그 밀사사건을 계기로 고종을 강제로 퇴위시키고, 정미7조약(한일신협약)을 체결하여 한국의 내정과 외교권의 대부분을 통감부가 장악하였다. 더 나아가 군대를 해산하여 한국민의 저항을 무력화시키려 하였다. 이에 해산 군인들을 중심으로 대규모로 의병항쟁이 일어나게 되었다.

고종의 퇴위는 군주를 외세가 마음대로 갈아치웠다는 점에서 의병을 일으키는 명분을 제공했으며, 해산된 군인들이 의병에 참여함으로써 그때까지 전혀 군사적인 경험이 없었던 사람들에 의해 움직여지고 현대식 무기의 보급이 없었던 의병진영의 전력을 급상승시키는 결과를 가져왔다. 그리하여 의병들의 투쟁은 전쟁단계까지 들어가게 되었던 것이다.

정미의병 단계에 이르러서는 새로운 양상들이 많이 나타났다. 우선 의병의 지도부는 양반유생들로만 구성된 것이 아니고 다수의 평민도 의병장이 되었다. 의병 지도부의 구성을 보면 약 25%만 양반이었고, 나머지는 상민·군인출신이었다. 가장 적극적으로 투쟁에 참여한 부류는 개항 이후 급격한 상품화폐경제의 발달로 몰락하여 행상으로 연명하거나 화적(火賊)으로 살아가고 있다가 의병대열에 참여한 사람들이었다. 또한 그 이전의 의병은 학통을 중심으로 일어나 지역적인 구분이 명확하게 나타났던 한계를 지니고 있었으나, 이때에 이르면 각 지역간의 연합전선, 대규모 부대에 의한 연합작전 등이 이루어지고 있었다.

정미의병 당시 강원도 의병부대의 활동지역은 크게 춘천지역, 원주지역, 금성지역, 울진지역, 강릉지역권으로 구분할 수 있다. 춘천지역에서는 박선명(朴善明)·민긍호(閔肯鎬) 의병부대가, 원주지역에서는 민긍호·김치영(金致永)·이강년(李康秊) 의병부대가, 금성지역에서는 허위(許蔿)·김영준(金永俊) 의병부대가, 울진지역에서는 이강년·신돌석 의병부대가, 강릉지역에서는 박화남(朴華南)·최돈호(崔燉鎬) 의병부대가 활발한 활동을 하였다. 특히 민긍호는 춘천·원주·강릉지역을 이동하며 단연 발군의 활약을 보였다.

일제는 1907년 8월 1일 병사들을 기만해서 훈련원에 집합시켜 대한제국 군대의 해산식을 강행하였다. 그러나 일제의 군대해산에 대해 한국군은 복종하지 않고 봉기하기 시작하였다. 시위대 제1연대 제1대 대장인 박승환(朴昇煥)이 일제의 한국군 해산에 항의하여 권총으로 자결한 것을 신호로 제1연대 제1대대 병사들이 해산을 거부하고 봉기하였다. 봉기한 군인들은 미리 병영을 포위하고 있던 일본군과 8월 1일 오전 8시부터 11시 40분까지 무려 3시간 40분 동안 치열한 전투를 벌인 다음, 시내로 나와 남대문과 서소문 사이에서 탄환이 떨어질 때까지 일본군과 치열한 시가전을 전개하였다. 그들은 탄환이 떨어져 더 싸울 수 없게 되자 시민들의 지원을 받으며 성밖으로 나가 의병부대에 합류하였다.

일제는 서울 시위대의 해산에 뒤이어 지방 진위대도 차례로 해산시켜 나갔다. 진위대 제5대대인 원주진위대(참령 이하 장교 10명, 하사졸 251명)의 해산 예정일은 8월 10일이었고, 원주진위대 소속의 강릉분견대와 여주분견대의 해산 예정일은 8월 13일이었다. 그러나 원주진위대는 이에 불복하여 8월 5일 민긍호를 중심으로 항쟁의 기치를 들었다.

민긍호 등은 많은 농민들과 포수들이 장터에 모일 것으로 생각하여 원주읍 장날을 봉기일로 택하였다. 그들은 장교와 병사들을 모두 집합시킨 후 봉기를 선언하였다. 그리고 장교들을 위협하여 봉기에 동의한 대대장 대리 정위(正尉) 김덕제(金德齊) 만을 남겨두고 봉기에 반대한 6명의 장교들을 체포하는 동시에 장꾼과 읍민들 중에서 호응자를 모집하였으며, 무기고를 열어 병사들은 물론 봉기에 호응한 장꾼과 읍민들에게도 무기 약 1,600정과 탄환 약 4만발을 분배하여 대오를 편성하였다. 이에 민긍호 의병부대가 탄생하였던 것이다.

원주진위대의 봉기와 민긍호 의병부대의 편성은 서울 시위대가 8월 1일에 봉기한 바로 뒤이은 것으로서, 지방 진위대의 봉기로서는 최초였고 규모가 가장 큰 것이었다. 이 때문에 원주진위대의 봉기와 민긍호 의병부대의 편성은 다른 진위대 병사들의 봉기와 의병부대에의 합류에 결정적 영향을 미쳤다. 뿐만 아니라 중부지방을 비롯한 각 지방에서 민간인들의 연이은 의병봉기에도 큰 영향을 미쳤다.

이와 같이 군대해산에 반발하여 봉기한 원주진위대가 의병부대에 합류하자, 1907년 후반기부터 1908년 전반기에 이르기까지 강원도와 충청도 지역의 의병 활약상이 두드러지게 나타났다. 강원도 지역의 상황에 대해 황현은 『매천야록(梅泉野錄)』에서 "그때 동협(東峽, 강원도) 의병이 날로 번성하여 지방관리들이 모두 달아나니 관을 비운 곳이 19군이다"라 하였고, 그리하여 "이 해에 관동 인민은 의병을 궤향(饋餉)으로써 감자가 절종(絶種)에 이르렀다"고 하였다. 특히 민긍호의 말에 의하면 "강원도내에는 의병단체가 32개나 있고, 모두 그의 지휘하에 있다"고 하였듯이 당시 강원도 일대에서 민긍호 의병부대의 활약은 대단하였다.

민긍호는 자신이 직접 지휘하여 강릉을 습격하기로 하고, 앞서 강릉수비대 앞으로 "일본군이 먼저 쳐들어 올 것을 기대하고 있다"는 편지를 보내서 응전해 올 것에 대비하였다. 이에 놀란 일본군은 강릉수비대 이외에 일본 해군육전대(海軍陸戰隊) 1개 중대를 강릉에 상륙시켜 합동으로 강릉을 지키도록 조치하였다. 민긍호 의병부대는 약 1천 명의 병력으로 1907년 11월 27일 새벽에 강릉읍을 공격하였다. 민긍호 의병부대는 우선 일본군의 저항을 분쇄하면서 제1단계 작전으로 강릉읍의 외곽 서북방과 남서방 고지를 점령하는데 성공하였다. 이에 민긍호 의병부대는 강릉읍을 서·남·북 3면에서 포위하여 내부를 점령하려고 증파된 일본군 육전대와 3시간에 걸쳐 치열한 접전을 벌였으나, 일본군의 완강한 저항으로 강릉읍 점령에는 실패하고 일본군에게 심대한 타격만 준채 외곽으로 철수하였다. 다음날 민긍호 의병부대는 재차 강릉읍을 공격하여 2시간에 걸친 격렬한 전투를 전개하였지만,

일본군 육전대의 결사적인 저항에 막힌 데다 탄환이 고갈되어 더 이상 전투를 수행할 수 없게 되자 부득이 양양 방면으로 철수하였다.

강원도에서의 의병항쟁은 8월 5일 원주에서, 11일 강릉에서 각각 봉기하여 확산되어 갔다. 그리하여 8~9월에는 원주를 중심으로 횡성·홍천·춘천·주천·평창·정선지역과 강릉을 중심으로 고성·간성·양양·삼척·울진의 해안선을 잇는 지역에서 봉기가 활발하였다. 이러한 봉기의 기세는 더욱 고조되어 11월에 이르러 의병활동이 강원도 내의 전 지역으로 확산되었다.

그때 강릉에서는 권인규의 아들 권종해(權鍾海)가 가장 활발한 활동을 했다. 그는 1907년 7월 고종황제가 양위한 후에 "이제는 결사 항전할 때가 되었다"는 결심을 굳히고, 8월 1일 일제에 의해 군대해산이 강행되자 원주병영에 가서 특무정교 민긍호·의무도통 이중희(李重熙)·지휘관 김덕제(金惪濟)를 찾아 항일구국운동의 전개에 대해 모의하였다. 그는 이들에게서 무기 1,800 자루를 얻어 의병소모장(義兵召募將)이 되어 관동 일대에서 의병 소모활동을 전개하는 한편, 강릉읍 공격전에 참여하는 등 일본군에게 큰 타격을 주었다. 그는 1908년 2월부터 그가 모집한 의병을 거느리고 이강년의진과 합류해 3월에 백담사 전투에서 일본군과 싸워 큰 공을 세웠으며, 그 후 인제 운두령 전투와 정선군 북면의 단림(丹林)전투에서 일본군과 싸워 큰 전과를 올렸다. 일본군은 이에 대한 보복으로 6월 6일 강릉 초당에 있는 권종해 집을 습격해 어머니 김씨를 타살하고 둘째 아들 증수(曾洙)를 총검으로 찔러 살해하고 가옥을 전소시켰다.

권종해는 1909년 4월 양양에서 활동하는 등 끈질긴 항쟁을 계속하였다. 나라가 망한 후에는 중국 동북지방으로 망명하여 서울의 김종익과 함께 의군부를 조직하여 유격장으로 활동하였다. 그는 1913년 그

동안 그를 따르던 무리를 해산하면서 "하늘의 뜻인가? 신의 뜻인가? 동군(東郡)의 책의(翟義)[3]가 충성이 부족함이 아니었음에도 패망을 당하고 계산(稽山)의 이릉(李陵)[4]이 용맹이 부족함이 아니었음에도 결국 함몰(陷沒)을 맞았다. 대장부가 태어나서 세상에 이익을 주지 못하고, 죽어서 후세에 이름을 전하지 못할 것이라면 차라리 산천초목과 함께 썩는 것이 나을 것이다"라고 한탄하면서 따르던 동지들을 고향으로 돌려보내고, 대관령 서쪽 삼정리(三亭里, 현 평창군 대관령면 횡계리 소재)에 초가집을 짓고 당호(堂號)를 성파(惺坡)라 하고 이곳에 은거하였다.

강릉군 신리면(주문진)의 김해석(金海石)은 강릉과 양양을 중심으로 의병을 소모하여 80여 명을 거느리고 고성·회양 등에서 활동하였다. 이밖에도 연곡면의 신인로(辛仁老)는 김용상(金龍商)의 휘하로 들어가 인제·횡성에서, 우상옥(禹相玉)은 정봉준(鄭奉俊)의 종사관으로 충청북도에서, 신리면의 농민 정광칠(鄭光七)은 양양의 김성오(金成五) 휘하에서 각각 활동하였다. 특히 정선 출신의 최돈호는 강릉군 구정면 용수동에서 의병 150여 명을 모아 봉기해 1907년 11월 28일 민긍호·한갑복 등과 600여 명의 의병으로 강릉읍을 습격하기도 했다. 또 간성 출신 주광석(朱光錫)은 박화남(朴華南)·박내익(朴乃益) 등 천여 명을

---

3 전한(前漢) 말기 동군 태수(東郡太守)였던 책의는 왕망이 섭정을 할 때 유신(劉信)을 세워 천자로 삼고 스스로 대사마(大司馬)라 칭하며 기병(起兵)하였다가 뜻을 이루지 못하고 죽었다.

4 한나라 무제(武帝) 때의 장군이었던 이릉은 군사 5천을 거느리고 흉노를 대비하고 있다가 보병 부대를 이끌고 나가 준계산(浚稽山)에서 선우(單于)의 군대 수천 인을 격살(擊殺)하였는데, 결국은 후속 부대의 지원이 없어 중과부적으로 흉노에게 항복하고 그곳에서 살다가 죽었다. 이릉을 변호하다가 무제의 노여움을 사서 사마천(司馬遷)이 궁형(宮刑)을 당한 것으로도 유명하다.

이끌고 강릉읍에 쳐들어오기도 했다.

정미의병의 절정은 1907년 12월에 전국 13도 1만여 명의 의병이 모여 창의군(倡義軍)을 결성하고 이인영을 총대장, 허위를 군사장으로 한 서울진공작전이었다. 그러나 총대장 이인영이 부친의 타계 소식을 듣고 급거 귀향하고, 대신 전군을 통솔한 허위가 거느린 선발군이 후발 본대가 도착하기도 전에 미리 대비하고 있던 일본군의 저지로 실패로 끝났다. 여기서도 신분의식에서 벗어나지 못하고 국가의 존망보다 개인의 윤리가 우선시되는 모습을 볼 수 있다.

서울진공작전은 비록 실패로 끝났지만 의병전쟁은 공세적 성격을 띠며 전국적으로 확대되어 갔으며, 일제는 이에 대응하여 병력을 급속히 증강하고 대대적인 '토벌작전'에 나서게 되었다. 그럼에도 1908~1909년은 의병항쟁이 오히려 절정에 달하여 일본군과 의병 사이에 300회 이상의 교전이 있었다고 한다.

이러한 활발한 의병투쟁이 있었기에 일제가 조선을 식민지화하는 작업 자체가 그만큼 늦어질 수밖에 없었고, 나아가 우리의 국권을 끝까지 지키려는 저항의식이 살아 있었기 때문에 식민지가 되어서도 민족해방운동을 끈질기게 전개해 나갈 수 있었던 것이다. 말하자면 의병항쟁의 정신과 경험이 일제 강점기에 민족해방운동의 중요한 동력이 되었던 것이다.

2. 애국계몽운동

애국계몽운동은 을사늑약을 계기로 전개된 실력양성에 의한 국권회복운동을 지칭하는 역사적 용어이다. 실력을 양성하여 국권을 회복하려고 했던 이 운동은 개항 이후 근대적 자본주의 국민국가를 건설하려고 노력해 온 개화자강파 계열의 인사들에 의해 추진되었다. 이들은 각종 단체를 조직하고 계몽강연·언론활동·정치운동·교육구국운동·민족산업진흥운동·청년운동 등을 전개하였다. 이러한 계몽운동은 갑신정변·갑오개혁 등을 거치면서 심화된 개화파의 개혁이념과 독립협회의 조직적인 운동의 경험을 기반으로 한 것이었다.

애국계몽운동에 참여한 사람들은 그 사업을 전개하는데 수많은 학회를 설립하고, 신문과 학회지를 발행하여 여기에 자신들의 주장을 발표했다. 『황성신문』·『대한매일신보』는 이들이 발간하여 애국계몽운동의 주장을 발표한 대표적 신문들이었다. 1907년 3월 강릉지역에서 국채보상운동이 전개될 당시 금학동의 나재환(羅在桓)이 수년간 『황성신문』을 구독한 것으로 보아 강릉지역도 애국계몽운동의 영향을 어느정도 받았으리라 생각된다.

이러한 신문에는 다양한 논조의 글들이 실렸는데, 그 기조는 문명개화론에 입각한 '자강론(自强論)'이라고 할 수 있다. 이들은 청을 통해 들어온 사회진화론의 영향을 강하게 받아 우승열패·약육강식의 원리가 지배하는 것으로 보고, 약한 조선이 강한 일본에게 지배를 받는 그 자체를 어쩔 수 없는 현실로 받아들였다. 그러므로 이들에 의하면 우리나라도 강자가 되어 세계무대에서 제대로 대접받기 위해 무엇보다 먼저 해야 할 일은 실력을 양성하는 것이었다. 그 방안으로 제시된 것이 바로 '교육'과 '식산(殖産)'이었다. 애국계몽운동가들은 국력을 배양하기 위해 일차적으로 교육구국운동을 전개하였다. 박은식은 우리나라가 국권을 잃은 것은 일찍이 신지식을 배워서 힘을 기르지 못했기 때문이라 보고, 국권을 회복하려면 신교육을 진흥시키는 것이 제일 중요하다고 설파하였다.

교육의 진흥이 국권회복의 지름길이라고 생각하였던 애국계몽운동가들은 신교육의 발전과 사립학교의 설립을 통해 실력배양과 민족의식을 고양하고자 하였다. 그리하여 이 시기에 전국적으로 무수한 사립학교가 설립되었다. 일제의 보고에 따르면 사립학교가 한때 거의 5,000개에 달하였고, 학생수는 20만 명에 달하였다고 한다. 1개 군에 20개에 가까운 사립학교들이 설립되었던 것은 바로 교육을 통해 근대화로 나아가고, 일제에 빼앗긴 국권을 회복할 수 있는 실력을 기를 수 있다고 믿었기 때문이었다. 그때 강릉지역에 설립된 사립학교는 초당의숙(草堂義塾), 우양학교(遇陽學校), 동진학교(東進學校), 화산학교(花山學校) 등이 있었다.

초당의숙은 1906년 몽양 여운형이 국민계몽을 위해 초당의 갑부였던 최용집(崔溶集)의 후원으로 강릉시 초당동에 설립되었다. 교과목은 국어, 영어, 한문, 산술, 지리, 역사, 체육 등이었다. 초당의숙에서는 영어에 중점을 두었다는 점이 특이하다. 그래서 초당의숙을 일명 '영어학교'라고 불리기도 하였다. 영어에 중점을 둔 것은 먼 후일을 기약하려는 여운형의 깊은 뜻이 담겨져 있다고 하겠다. 이 학교에서는 매년 송정 혹은 초당 솔밭에서 연합대운동회를 개최하여 학생들 간의 단합과 민족의식 고취에 크게 이바지하였다. 운동회에서는 그때만 해도 생소한 축구·야구경기를 하였고, 겨울철에는 스케이트 등을 하여 심신단련을 도모하였다. 특히 주목되는 것은 이들 학교의 학생들이 국가, 청년가, 운동가, 행보가 등의 노래를 부르면서 애국심을 고취시켰다고 한다. 동진학교와 공동으로 개최한 연합토론회는 항일정신의 고취와 토론문화를 향상하는데도 크게 기여하였다. 그러나 1908년 8월 일제의 '사립학교령'이 반포된 후 연합운동회를 감시하던 순사와 충돌한 사건이 빌미가 되어 1909년에 폐교되었다. 폐교된 후 여운형이 서울로 돌아가자 그의 제자들은 노동야학회인 창동회(昌慟會)를 조직하여 낮에는 일터에서 일을 하고 밤에는 야학활동을 이어갔다. 이들이 1919년 3·1운동 때 농민만세운동에 핵심적인 역할을 하였다.

우양학교는 1906년 강릉시 위촌리에 설립되었다. 동진학교와는 자매관계를 맺고 있어, 주로 동진학교의 교사들이 출장 강의하거나 동진학교 갑반 학생들이 교대로 교습하였다. 이 학교 졸업생들은 동진학교의 갑반에 편입하였던 것으로 전해진다. 교과목은 동진학교 을반과 비슷했으며, 그 수준은 초급과정이었다.

동진학교는 1908년에 선교장 주인이었던 이근우(李根宇)가 설립하였다. 수업 연한은 3년이었고, 학급은 갑·을반으로 편성되어 있었다. 갑반은 먼저 을반에 입학하여 공부하다가 후에 갑반으로 승급하였다. 전체 학생수는 100명이 넘었고, 입학자격은 연령에 제한 없이 누구나 입학이 가능하였으며, 20세 전후의 학생들이 많았다고 한다. 교과목은 국어, 일어, 지리, 역사, 산수, 체육이었는데, 이 가운데 국어와 조선역사가 강조되었다.

동진학교 교사 및 관계자들

화산학교는 1909년에 정현동(鄭顯東)이 강릉향교에 설립하였는데, 그 재정은 향교재산으로 충당하였다. 화산학교는 유림들이 설립한 근대학교라는 점에서 주목된다. 교과목은 국어, 한문, 일어, 지리, 역사, 산수, 체육이었는데, 이 가운데 국어와 한문, 역사교육을 중시하였다. 이 학교는 1911년에 폐교되고 양잠전업소로 전환되었다.

이 밖에도 옥가리(지금의 옥천동)에 설립된 영주학교(瀛州學校), 망상면에 설립된 망상학교(望祥學校), 모산하(茅山下, 지금의 유산동)에 설립된 모산학교(茅山學校), 주문진에 설립된 신리학교(新里學校)가 있었다.

한편 1907년부터 1908년 사이에 전개된 국채보상운동은 일제로부터 빌린 차관을 국민의 모금을 통해 상환하여 재정적 자립을 이루자는 애국계몽운동의 한 방법이었다. 일제는 1904년의 고문정치 이래 한국의 경제를 파탄에 빠뜨려 일본에 예속시키기 위한 방법으로 한국정부로 하여금 일본으로부터 차관을 도입하게 하였고, 통감부는 이 차관을 한국민의 저항을 억압하기 위한 경찰기구의 확장 등 일제침략을 위한 투자와 일본인 거류민을 위한 시설에 충당하였다. 이로 말미암아 1907년 한국정부가 짊어진 외채는 총 1,300만원이나 되었다. 그때 대한제국 1년의 총 세입액이 1,318만 9,300원이고 세출액은 1,396만 3천원이었다. 이와 같은 적자 예산으로 거액의 차관을 갚는다는 것은 극히 어려운 실정이었다.

이에 서상돈은 1907년 1월 대구에서 국민의 힘으로 나라빚을 대신 갚아 국권을 회복하자며 국채보상기성회를 결성하고, 『황성신문』·『대한매일신보』의 적극적인 지원을 받아 이 운동을 추진하였다. 남자들은 금연과 금주를 통해, 부녀자들은 가락지·비녀를 모아 그 성금으로 내는 등 이 운동에 적극 참여하였다. 그때 사회의 최하류 계층에 속했던 기생들은 애국부인회를 만들어 의연금을 모금하였다.

대구에서 시작된 국채보상운동은 곧 전 국민의 호응을 받아 전국적으로 퍼져나갔다. 당시 강릉지역에서는 뜻있는 인사들이 향교에 모여 의연금을 내기로 의논을 모아 각 동리의 매 호에 1환 50전씩을 걷기로 통문을 발송했으나, 한편에서는 국채보상금을 강제로 내는 것에 대한 이의가 제기돼 논란 중에 있었다. 이에 대해 강릉군 내부주사 최종락(崔鍾洛)은 강릉유생들에게 편지를 보내 국채보상금을 강제로 각 동리에서 분배하는 것이 온당치 못하다며 중지하라고 하였다.

이러할 때 강릉군의 관기로 있다가 물러난 퇴기 초옥·경선·신춘·춘앵·금선·월선·금향·옥선 등 8명이 국채보상금으로 6환 50전을 모아 황성신문사에 보냄으로써 국채보상운동 확산에 불을 지폈다. 당시의 1환은 100전이었다. 강릉기녀가 국채보상금을 가장 먼저 기탁한 사실은 지역사회뿐만 뿐만 아니라 전국적으로 화제거리가 되었다.

1907년 3월 27일자 『황성신문』 2면에는 '강릉팔선(江陵八仙)'이라는 제목으로 보도되었는데, 그 내용은 가장 신분이 낮은 기녀들의 충만한 애국사상이 국채보상운동에 선구가 되어 칭찬할 일이라고 하였다. 같은 날 신문 3면에는 강릉지역 국채보상 의무금 명단 첫머리에 강릉의 이조이(李召史) 1환이 실려 있다.

당시 수년간 『황성신문』을 구독하고 있던 금학동의 나재환은 신문에 게재된 「국채보상취지서」를 읽고 이웃 동리의 동지와 더불어 의연금을 모금하였다. 그는 산황리의 조병억(曺秉億) 등 14인이 모금한 신화 16환 50전을 황성신문사에 보냈고, 1환을 황성신문사에 보내 국채보상금 모금에 더욱더 권면하라고 격려하였다. 이근우는 국채보상회를 발기하고 취지서를 작성하여 주민에게 절실히 권유하고 수금을 하였다. 그는 황성신문사의 경비에 보용하라고 4환을 보냈다.

강릉지역에서의 국채보상 의연금 출연을 종합하면, 1907년 3월부터 기녀를 비롯하여 참봉·주사·동몽 등 100여 명이 국채보상운동에 참여하여 구화 약 70원과 신화 38환 25전을 모금하였다.

참고문헌

강원도사편찬위원회, 2013 『강원도사』 7(근대).

강원의병운동사연구회 편, 1987 『강원의병운동사』, 강원대학교 출판부.

김상기, 2013 「한말 국채보상운동의 전개와 이념」 『충청문화연구』 10, 충남대학교 충청문화연구소.

박민영, 1990 「강릉의병장 민용호의 생애와 거의논리」 『윤병석교수화갑기념 한국근대사논총』, 지식산업사.

_____, 1991 「민용호의 강릉의병 항전에 대한 연구」 『한국민족운동사연구』 5, 한국민족운동사연구회.

_____, 1998 『대한제국기 의병연구』, 한울.

방동인, 2000 「영동지방의 민족교육운동-강릉지방을 중심으로-」 『강원문화사연구』 5, 강원향토문화연구회.

이상찬, 1997 「1896년 의병장 민용호의 실체」 『규장각』 20, 서울대학교 규장각 한국학연구원.

이송희, 2011 『대한제국기의 애국계몽운동과 사상』, 국학자료원.

조동걸, 1992 『한말 의병전쟁』, 독립기념관.

최기영, 2003 『한국 근대 계몽사상 연구』, 일조각.

제15장 일제시대 강릉지역의 항일운동

1. 일제의 강점과 무단통치

일제는 1910년 8월 29일 한국을 강점하자마자 그들의 무력을 전국에 거미줄같이 배치하여 총칼로 위협하면서, 우선 한국인의 독립사상과 그 양성활동을 없애기 위해 모든 한국인의 언론·출판·집회 활동을 금지시키고 모든 사회단체·교육단체들을 강제 해산시켰다. 이에 따라 한말에 설립되었던 모든 애국계몽운동 단체들은 해산되었다. 그리고 『대한매일신보』·『황성신문』·『제국신문』·『만세보』 등을 비롯한 모든 신문과 『소년』·『한반도』를 비롯한 모든 계몽잡지, 그리고 기타 모든 한국인의 언론기관들이 폐쇄 당하였다. 물론 일제는 한국인의 모든 종류의 집회와 강연회·토론회·연설회 등을 철저히 금지하였다. 일제는 조선총독부의 기관지인 『매일신보』와 그 영문판인 『The Seoul Press』, 일본인 거류민회의 기관지인 『경성일보』만을 남겨 놓았다. 일제의 이러한 폭압조치에 의해 한국인은 자기의 의사를 발표할 기관을 모두 박탈당하고 뜻이 있어도 말을 할 수 없는 처지에 놓이게 되었다.

한편 일제는 한국인의 사상 속에 들어가 있는 한말 애국계몽운동의 영향을 조직적으로 배제하기 위해 한국인들이 저술한 한국 역사서와 교과서를 모두 몰수하고 사용 금지시켰으며, 한말에 간행된 모든 애국계몽 서적들을 '금서(禁書)'라는 딱지를 붙여 발매 금지시키고 이를 압수하여 소각시켰다. 일제는 그 대신 일본인이 저술한 교과서와 저작으로 대체하였다.

또한 일제는 1910년 강점과 동시에 모든 학교에서 한국인의 민족교육을 중지토록 긴급조치를 내린 다음, 1911년 9월에 이른바 '조선교육령'을 제정 공포하여 한국인의 민족의식과 독립사상을 말살하고 한국인을 일본의 식민지 노예로 만들기 위한 식민지 교육을 본격적으로 강행하기 시작하였다. 이 법령이 노린 것은 한국인들이 한말에 애국계몽운동의 일환으로 설립한 무려 2,250개(1910년 7월말 현재)에 달하는 사립학교와 각종 학교를 식민지 통치권력으로 빼앗아 일제의 관공립학교로 개편하고, 한국인을 '일본제국의 충량한 신민'으로 만들도록 식민지 노예교육을 실시할 것을 법제화한 것이었다.

일제는 이러한 폭압정책을 강행하면서 한국인들이 독립을 염원하여 조금이라도 동요하는 기색이 있는 경우, 이를 잔혹하게 압살하기 위해 식민지 무단통치체제를 더욱 강화하였다. 일제는 함경도 나남과 서울 용산에 사단본부를 둔 육군 2개 사단을 전국에 분산 배치하여 상주시키고, 경상도 진해와 함경도 영흥만에 일본 해군요새사령부를 설치하여 중포병대대(重砲兵大隊)를 상주시킴으로써 한국을 완전히 일제 정규군의 지배 하에 두어 총검으로 탄압하였다. 한국인에게는 '총포급화약류단속법(銃砲及火藥類團束法)'을 제정·공포하여 어떠한 무기도 가질 수 없도록 완전 무장해제를 철저히 강요·집행하였다.

일제는 여기에 다시 본래 군인에 대한 경찰업무 만을 하는 헌병으로 하여금 일반 한국 민간인에 대한 경찰업무를 담당하도록 하는 헌병경찰제도라는 것을 만들어 실시하고, 한국인의 저항을 근저에서 철저히 탄압하기 위해 헌병경찰에게 특수하게 사법권까지 부여하였다.

그리하여 일제는 1910년 12월부터 한국인들에게 정식재판을 거치지 않고 헌병분대장이나 경찰서장이 3개월까지의 징역이나 100원까지의 벌금을 즉결하여 집행하도록 사법권을 주어 한국인을 탄압하는 제도와 도구로 사용하였다. 아무리 식민지체제라 할지라도 사법관의 재판을 거치지 않고 일개 헌병분대장 또는 경찰서장의 즉결로서 한국인에게 징역형을 가하는 것은 근대법에서 있을 수 없는 야만적 제도였다.

나아가 일제 조선총독부는 1912년 3월에 '조선태형령'을 제정 공포하여 3개월 이하의 징역 또는 구류에 처할 자, 100원 이하의 벌금 또는 과료에 처할 자에게 일제 헌병경찰이나 경찰서장이 필요한 경우 형(刑) 1일 또는 벌금 1원을 태(笞) 1대로 환산하여 집행할 수 있도록 하였다. 일제 헌병경찰은 이 태형제도를 최대로 악용했으며, 한국인들은 특히 일제의 태형을 어떠한 형벌보다도 싫어하고 두려워하였다. 그 이유는 보통 1인에게 태 70대를 쳤는데 극히 적은 수의 태형으로도 막심한 고병(苦病)이 따를 뿐 아니라 귀가한 후에도 상처를 수개월 치료해야 하므로 농사일 등 작업을 할 수 없었고, 많은 수의 태형을 당하면 목숨을 잃거나 적어도 불구가 되었기 때문이다.

일제는 이러한 무단폭압의 방법으로 한국인이 법률을 위반한 일이 없는 경우에도 단순히 위험성이 보인다거나, 혹은 단순히 그들의 눈에 거슬리거나 기분을 상하게 했다는 이유만으로도 한국인을 수시로 헌병분견소와 경찰관주재소에 연행해 태형을 가하거나 3개월 징역에 처하였다. 한국인의 이러한 무권리한 상태는 전 세계에 걸쳐서 일제의 식민지 한국에서만 존재했던 최악의 특이한 처지였다. 일제강점기의 한국인은 이제 어느 곳에서 어떠한 트집으로 일제 헌병경찰에 끌려가서 그들의 자의적 판단에 의해 인신의 사망과 불구를 당하게 될지 항상 불안에 떨게 되었다. 또한 태형의 집행으로 많은 사망자가 속출했으므로 이제 한국은 일제 헌병경찰에 의한 공포의 도가니가 되었다.

일제는 이러한 무단폭압 체제를 만들어 놓고 한국내의 독립운동세력과 민족자주세력을 아예 뿌리부터 뽑아버리려고 획책하였다. 그러나 일제의 야만적인 탄압은 한국인의 독립운동을 소멸시키지 못했다. 일제의 독립운동에 대한 야만적인 탄압은 지도적 독립운동가들과 민중과의 연계를 차단하는 결과를 겨우 가져왔을 뿐이다. 다수의 지도적 독립운동가들은 국외로 망명하여 합법적 독립운동을 전개하거나, 혹은 국내에 남아 소규모의 비밀결사를 조직하여 독립운동을 전개하였다.

당시 한국인의 민중 사이에는 의병항쟁과 애국계몽운동이 배양한 독립운동 역량이 광범위하게 축적되어 있었다. 의병항쟁에 대해서는 일제의 저평가된 통계에 의거해서도 1907년부터 1913년 사이에만 141,936명이 참가하여 2,869회의 전투를 벌였으며, 1907년 8월부터 1909년 말까지 일본군과 전투하다 전사한 의병수가 16,700여 명, 부상당한 의병수가 36,770여 명에 달하였다. 나머지 의병들은 의병항쟁이 퇴조하고 종언을 고한 후에 전국 각지에 분산하여 해산했거나 귀순하여 농민이 되었지만, 의병무장 투쟁을 전개했던 강렬한 애국정신을 간직한 채 농민들 속에 은닉해서 폭발의 기회를 기다리게 되었다고 볼 수 있다.

또한 한말 애국계몽운동이 국민들과 청소년들에게 배양한 애국주의는 1910년 이후에도 국민들 사이에 축적되어 더욱 퍼져 나갔다. 애국계몽운동 당시에 배양한 수십만에 달하는 10여 세의 애국소년들은 1918년경에 20세 내외의 애국청년들로 성장하여 일제의 식민지 노예교육을 거부하며 다음 세대의 청소년들을 감화시켜 민족독립운동 역량을 더욱 증대시켜서 축적하였다. 뿐만 아니라 이렇게 증강되어 축적된 독립운동 역량은 일제의 야만적 식민지 무단탄압과 민족말살정책을 9년간 경험하고는 자주독립이 얼마나 귀중한 것인가를 체험을 통해 절감하고, 일제에 대한 적개심에 불타서 독립운동의 기회를 더욱 절실히 기다리게 되었다.

일제의 국권침탈 이후 강릉지역에서의 항일운동은 3·1만세운동, 신간회와 근우회의 강릉지회 활동, 강릉공립농업학교의 독서회가 중심이 되어 전개하였다.

2. 강릉지역에서의 3·1만세운동

1919년 3·1운동은 서울을 비롯하여 평양·진남포·안주·의주·선천·원산 등지에서 동시에 일어났고, 계속해서 기독교·천도교 관계 민족대표 대부분의 출신지역인 평안도·함경도·황해도의 주요도시로 확대되었다. 그리고 3월 10일을 전후해서는 경상도·전라도·강원도·충청도로 확대되어 전국적 규모로 확산되었다. 3월 6일에는 만주의 서간도에서, 13일에는 북간도에서 다시 시베리아 연해주, 나아가 미주지역까지 파급되었다. 운동은 4월까지 지속되었고, 지역적으로도 도시 등 교통이 발달한 곳으로부터 차츰 농촌이나 산간벽촌으로 전파되는 형태로 전개되었다. 그리고 시간이 갈수록 운동에 참가하는 계층과 숫자가 확대되면서 운동의 양상도 평화적 만세시위에서 폭력적 투쟁으로 발전하였다.

3월 상순에는 경기도·평안도·함경도·황해도의 도시를 중심으로 한 기독교·천도교의 조직력이 강한 지역에서 시위가 주로 전개되었다. 이는 초기에 33인의 종교적·인적 관계에 의해 독립선언서 등이 배포되면서 사전 준비작업이 진행된 결과였다. 그러나 전체적으로 볼 때 이들과 연계되어 운동이 전개된 지역은 그다지 많지 않았으며, 그

것도 초기 시위에 한정되었다. 따라서 3월 이후 지속된 전국의 운동은 통일적인 지도부에 의해 조직되고 지휘되기보다는 33인과 단절된 가운데 지역마다 고립분산적으로 전개되었다.

3월 중순 이후에는 운동이 중남부지역 일대로 확대되어 전국적 규모로 확산되었고, 도시뿐만 아니라 농촌에서도 만세시위가 일상화되었다. 또한 지역사회의 식자층만이 아니라 노동자・농민・중소상공업자 등 대규모 군중이 광범하게 봉기하였고, 그 시위 횟수도 증가하였다. 운동의 형태도 독립선언식이나 만세시위에서 점차 폭력적 형태로 발전해 갔다. 특히 3월 하순부터 4월 상순까지의 시기는 동시다발적이고 격렬한 투쟁이 지속되어 운동은 최고조에 달하였다.

강릉지역에 3・1만세운동의 소식을 최초로 전한 사람은 초당리에 사는 최돈옥(崔燉玉, 23세)이었다. 그는 고종황제의 장례에 참례한 후 탑골공원의 독립선언 식장에 참석하였다가 그 현장에서 지역의 독립운동을 확산 전개하라는 지시를 받고 「독립선언서」를 소지하고 다음 날 귀향길에 올랐다. 그는 고향에 돌아온 즉시 창동회[1]의 지도자이며 야학회의 교사였던 최이집(崔頤集, 22세)과 최진규(崔晋圭, 32세), 그리고 유도진흥 동지회원이며 청년회 지도자인 최선재(崔善在, 25세)・조대현(曺大鉉, 24세)・최선근(崔善根, 25세)・김진숙(金振淑, 23세)・정식화(鄭軾和, 35세) 등과 모의하여 만세운동을 계획하였다.

강릉지역에서 만세운동이 처음 일어난 것은 4월 2일이었다. 이날의 만세운동을 주도한 자는 강릉공립보통학교 4학년 졸업반 학생인 이명의(李明儀, 20세)・신수봉(申守奉, 22세)・최봉규(崔鳳圭, 18세)・김영

---

1 창동회는 초당의숙이 폐교된 이후 여운형이 떠나자, 이 학교 출신 학생들과 지역인사들이 중심이 되어 조직한 마을의 협동조직체였다. 회원은 30여 명이었다.

강릉 3·1독립만세운동기념탑

두(金榮斗)·이택수(李澤壽, 16세)와 3학년 재학생인 이준모(李俊模, 16세)·권춘만(權春萬, 15세) 등이었다. 그때 김춘경(金春卿) 교사와 주모자의 대표인 이명의는 강릉 장날인 4월 2일에 장꾼들이 많이 모일 것으로 예상하고 독립선언서와 태극기를 제작하는 등 만반의 준비를 하였다. 그러나 같은 반 급우인 심○○의 밀고로 인해 만세운동의 주도세력이 체포됨으로써 최초의 만세시위는 수포로 돌아갔다.

이 일로 인해 이들 주모자급 학생들은 강릉경찰서에 잡혀가 모진 고문을 받으며 3일간 조사를 받았다. 이명의는 주모 학생으로 지목되어 태(笞) 90대와 퇴학 처분을, 신수봉은 퇴학 처분을, 다른 학생들은 엄중 경고를 받았다.

강릉보통학교 학생 지도자들의 체포로 청년회에 대한 감시와 예비검속이 강화되자 강릉청년회원과 감리교 신도들은 교회 지하실에서 태극기를 만들어 2일 오후 4시경 장터에 나가 태극기를 장꾼들에게 나누어주며 안경록(安慶錄) 목사를 선두로 대한독립만세를 소리높이 불렀다.[2] 이에 놀란 일경(日警)들이 달려와 만세운동을 저지하자 "적아! 오늘부터 조선에서 물러가라! 우리는 자유민임을 세계만방에 표명하노라!" 하며 소리 높여 외치며 대항하였다. 일경들이 국상 중에 입은 백립(白笠)을 풀어헤치는 것은 물론 갖은 욕설을 하며 체포하려고 하자, 이들은 더욱 분발하여 "이 놈들 국상 중에 백립까지 증오시키고 파열하니 이렇게 무례한 만행이 어디 있단 말이냐" 하며 저항하였다. 이때 일경들은 총검으로 위협하며 10여 명을 체포 연행하였다.

4월 2일의 만세운동에 참여한 인원에 대해 강원도 장관의 보고문에는 "작일(昨日) 강릉시장에서 7~8명이 구한국기(舊韓國旗)를 지(持)하고 독립만세를 고창하니 20여 명이 화창(和唱)하였으며 타군중은 참가하지 않고 해산 주모자 취조 중"이라고 하였는데, 보고서에서 나타난 주모자는 안경록이었고 20여 명만이 호응하였다고 한다. 그리고 김정명(金正明)의 『명치백년사(明治百年史)』와 『조선독립운동』(Ⅱ)에는 50여 명이라 했으나 이날이 많은 사람들이 모이는 장날임을 고려해 볼 때 참여한 인원은 100여 명이 넘었을 것으로 보인다. 이날 주모자로 체포된 최선재·조대현은 징역 10월, 최선근은 징역 6월, 최돈옥·김진숙은 징역 4월을 선고받았다.

---

2 지금까지 알려진 바에 의하면 2일의 만세운동이 애초에 함께 계획했던 강릉공립보통학교 학생들과 강릉청년회의 경찰 조사로 인한 불참으로 강릉 감리교회 단독으로 전개되었다고 하였다. 그러나 『미일신보』 1919년 4월 24일 3면 기사에 의하면 강릉청년회의 중심 인물로 활약했던 최선재, 조대현, 최선근, 최돈옥, 김진숙 등이 4월 2일 오후 4시에 있었던 만세운동의 주모자로 체포되어 각각 징역 10월부터 4월까지 언도 받은 것으로 되어 있다. 따라서 2일의 만세운동은 감리교회와 강릉청년회가 함께 전개하였다는 사실이 밝혀지게 되었다.

이날의 만세운동이 큰 호응을 얻지 못하였던 것은 강릉의 감리교회가 아직까지 대중적 기반을 가지고 있지 못한 이유도 있겠지만, 강릉보통학교 학생들의 불참과 주동학생들의 체포와 함께 청년회원에 대한 감시와 예비검속으로 인해 일반인에 대한 홍보가 미흡하였기 때문이라 생각된다.

4월 4일의 만세운동은 해마다 이때쯤 초당·송정·포남·운곡·옥천의 5개 마을 주민들이 모여 그들이 경작하는 논으로 들어오는 물길을 수리하는 하평보(下坪洑, 지금의 강릉의료원 앞) 작업하는 날을 거사일로 삼았다. 이날의 만세운동은 초당 창동회의 최이집·최진규가 주도하였고, 박장실(朴章實)·최영방(崔永邦)·김봉공(金鳳公)·유옥일(柳玉一) 등이 중심이 되었다. 이들은 초당의 야학학생들을 동원하고 청년회원이며 초당의숙 졸업생인 최돈제를 통해 감리교회 신도들과 함께 교회에서 태극기를 제작하였다. 초당의 야학학생들은 비록 정규학교의 학생들은 아니었지만 초당의숙 이후 초당에서 내려오는 민족정신의 영향을 받아 어떤 학생들보다도 항일의식이 강하였다. 이들 야학학생들은 선창부(先唱部)와 해산 방지부(防止部)를 비밀리에 조직하여 농민들이 하평보 작업을 마치고 도수로 정비작업을 하며 내려오다가 경찰서와 가장 가까운 장터 부근(옛 강릉극장 앞)에서 시작하기로 하였다. 작업대열의 중심이 장터 부근에 이르렀을 때 선창부가 대한독립만세를 부르자, 각 요소에 배치되어 함께 작업을 하던 선창부와 해산방지부 회원들이 감추어 두었던 태극기를 꺼내 나누어주면서 대한독립만세를 소리 높여 불렀다. 창동회원들이 이어 호응하며 만세를 부르니 그 소리가 시내를 진동하였다. 하평보 보수작업에 나섰던 농민들도 그동안의 만세운동 상황을 어느 정도 알고 있었으므로 괭이·삽·가래를 휘두르며 만세를 부르며 장터로 향하니 장내에 있던 사람들도 이에 합세하여 만세를 불렀다. 이때 만세시위에 참여한 사람은 400명이 넘었다고 한다.

당시 강릉에 주둔하고 있던 중대 병력의 일본 수비대와 경찰이 출동하여 이를 무력으로 진압, 해산하는 과정에서 수십 명의 부상자가 발생하였다. 초당의 권국보는 일경과 가래자루를 맞잡으며 실랑이를 벌이다가 일경을 넘어뜨려 군중의 환호를 받기도 하였다. 다음날 일경은 주모자와 조직원 30여 명을 검거하여 심한 고문을 가하였다. 이 일로 인해 주동자 최이집과 최진규는 강릉지청에서 재판을 받고 원산 감옥에서 6개월 동안 복역하였으며, 박장실·최영방·김봉공은 태 90대를 언도받고 유옥일은 기소유예 처분을 받았다. 그리고 초당리의 권복수(權復洙)는 현장에서 참혹한 태형을 당하였다.

4월 2일과 4일의 만세시위로 만세운동의 열기는 강릉군내의 주변 마을로 들불처럼 번져갔다. 구정·주문진·성산·사천·왕산·연곡·강동·옥계·현남 등지에서는 수십 명 혹은 수백 명이 모여 독립 만세를 부르고 횃불 시위를 하다가 해산 당하였다. 특히 망상(지금의 동해시)에서는 오후 8시경부터 수천 군중이 등불과 횃불을 들고 태극기를 흔들며 만세를 부르며 시위하였다. 4월 5일의 만세운동에 대해 『3·1운동비사』에는 수천 군중이 참여하였다고 한다. 이러한 점으로 미루어 보아 이날에 상당히 많은 인원이 만세운동에 참여한 것으로 보인다.

강릉에서 가장 큰 규모로 전개된 만세운동은 4월 7일의 만세운동이다. 이날의 거사는 강릉공립보통학교의 졸업생들과 감리교회 청년들로 구성되었던 강릉청년회를 주체로 최선호(崔善浩)·정식화(鄭軾和)가 중심이 되어 전개되었다. 몇 차례 만세운동의 전개로 자신감을 얻게 된 강릉지역의 만세운동 추진 세력들은 그동안의 경험을 바탕으로 장날인 7일에 강릉의 모든 지역에서 본격적으로 만세운동을 전개하려고 계획하였다. 이에 대응해 일제는 군과 경찰을 동원하여 장을 철시(撤市)케 하고, 성내리 감리교회 옆에 감시초소를 설치하여 장보러 오는 사람들을 시내로 들어오지 못하게 하는 등 삼엄하게 감시하였다. 그럼에도 만세운동은 예정대로 추진되었다.

연일 계속된 시위로 지도급 회원들이 대부분 체포되자, 강릉청년회에서는 만세운동 추진본부를 옛 강릉시청 앞 교차로 부근에 있던 이윤식(李允植)의 상점으로 옮겨 태극기를 만들었다. 또한 시내 연락처는 조대현과 최선호의 상점으로 정하고 창호지와 곶감꽂이로 4월 6일에 태극기 500여 매를 만들어 다음날 만세시위에 대비하였다. 그날 밤 일부 청년들은 군중을 동원하기 위해 흩어지고, 나머지는 이윤식의 집과 감리교회에서 잠을 잤는데, 밤중에 경찰의 습격을 받아 태극기는 압수당하고 청년들은 체포되었다. 이 같은 사실을 모른 채 이튿날 태극기를 가지러 갔던 청년들은 비로소 경찰이 습격했다는 것을 알고, 이때 잡혀가지 않은 최선호·정식화 등은 다시 장터에서의 만세운동을 계획하고 추진하였다. 이들은 장터 옆에서 셋방을 얻어 상점을 하던 최선근의 집에 모여 급히 100여 장의 태극기를 만들어 장터 군중들에게 뿌리며 젊은 청년과 함께 만세를 불렀다.

그동안의 만세운동을 통해 그 의미를 비로소 알게 된 군중들은 이날 적극적으로 시위에 참여하여 모두 만세를 불렀다. 장터(지금의 강릉 중앙로타리 광장)에 있던 난전상인들도 장사는 아랑곳하지 않고 만세운동에 합세하였다. 이렇게 규모가 늘어난 만세시위대는 100m 정도 떨어진 경찰서(지금의 임영관 자리)로 향하여 "구속된 인사를 석방하라", "일본은 당장 조선에서 물러가라"는 구호를 외쳤다. 이때 경찰에 연행되어 조사를 받기 위해 대기하고 있던 100여 명의 군중도 이에 호응하여 만세를 불렀다고 한다. 그러나 4월 5일 이후 증강된 중대 규모의 군대와 경찰에 의해 가는 길에 제지되고 말았다. 5일 이후 대폭 증강된 일본군 수비대와 경찰은 시위 군중을 향해 공포를 쏘며 제지하였다. 이때 강릉군수 이택규(李宅珪)와 김모 경부(警部)는 군중과 수비대 사이에서 "총은 쏘지 마라, 선량한 사람들이다."라고 외치며 만류하였다고 한다.

군중들은 강릉군수의 설득과 주모자들이 체포되어 구심점을 잃는 바람에 흩어지게 되었다. 특히 이날 일제는 군경을 동원하여 장을 열지 못하게 하고 장보러 들어오는 사람들을 시내로 들어오지 못하게 하는 등 사전 방지에 심혈을 기울였으나 12시에 장터에 나온 사람들과 노점상들까지 가세하여 경찰서로 행진하자 일제는 총검으로 제지하였다.

한편, 부근 마을로 나간 일부 청년들은 장꾼들을 계몽 인도하여 계획을 바꾸어 화부산, 남산, 월대산 등지에 올라 만세를 불렀다. 또 안목, 강문 해상에서 고기잡이 하던 어부들도 이에 호응하여 만세를 불렀다. 이날은 낮 12시경부터 오후 3시경까지 온 읍내와 산과 바다가 만세소리로 뒤덮였고 일본 군경은 동서남북으로 뛰어다녔다고 한다. 이날 참여 인원은 일본측 기록에 의하면 200여 명이라고 하였으나, 산 위의 시위 군중까지 합하면 실제로는 1,000여 명이 넘는 것으로 추정된다. 이날의 시위 사실을 보고한 강원도 장관의 전화 보고문에 따르면, "7일 강릉시장의 폐시(閉時)를 방지할 목적으로 50~60명의 군중이 만세를 창(唱)함으로써 군수(郡守), 경찰서장 설유해산(說諭解散)시키다"라고 하였다.

연일 계속된 강릉의 만세운동은 4월 8일에도 있었다. 이러한 사실은 일본측 기록인 「본 조선군 사령부의 보고」에 일본군 수비대가 경찰과

협력하여 해산하였다고 기록되어 있음으로 볼 때 소규모 운동이 아니었다고 짐작된다. 얼마 안 되는 기록이지만 5월에도 상당히 대규모적인 만세운동이 있었던 것으로 보인다. 이는 일제가 국제여론의 악화를 우려해 가능한 한 은폐·축소하려고 하였기 때문이다.

이상에서 살펴본 바와 같이 강릉지역에서의 3·1만세운동은 4일에 걸쳐 최소한 6회의 만세운동이 있었고, 특히 4일의 운동은 농민운동으로서 주의를 끈다. 그러나 4일 동안 전개된 만세운동의 규모가 이웃한 양양과 비교할 때 비록 규모는 작았지만, 춘천·원주에 비하면 규모가 큰 것이었다. 그때 춘천·원주·강릉에는 중대 규모의 군대가 주둔하고 있었다는 점을 고려한다면 강릉의 만세운동은 규모가 큰 것으로 볼 수 있다.

일본측 기록에 의하면, 강릉의 만세시위에 참여한 인원은 1만여 명에 달하였다고 한다. 당시 강릉 인구가 71,468명이었던 점에 비추어 볼 때 상당한 인원이 만세운동에 참여하였다고 하겠다. 4일 동안의 만세운동을 통해서 검거된 자는 142명이었고 부상자는 82명으로 나타나 있으나, 실제의 수는 이보다 많았다. 검거자 중에는 시위에 직접 관계하지 않고 시국을 이야기하다가 잡혀간 사람도 있었다. 예컨대 성남면 내곡리의 최돈영(崔燉映) 같은 청년은 최승규(崔昇圭)·최용식(崔溶植) 등과 손병희의 독립운동 취지에 찬동한다는 등의 불온한 언동을 하였다 하여 보안법 위반으로 잡혀 경성지방법원에서 태 90대의 언도를 받기도 했다. 4일간의 강릉지역 3·1만세운동을 주도한 대부분의 주동자들은 재판을 받고 복역을 하였으나, 당시 강릉은 함흥지원의 관할로 되어 있어 대부분의 재판기록을 찾아 볼 수 없다.

3. 신간회와 근우회의 강릉지회 활동

1920~30년대 초 민족해방운동은 대체로 두 갈래의 큰 흐름으로 파악될 수 있다. 하나는 민족주의운동이며, 다른 하나는 사회주의운동이다. 이 두 갈래의 큰 흐름은 민족운동의 이념·방법·주도세력 등에 따라 다시 여러 갈래로 나누어질 수 있다. 1926년 말 현재 조선 내에 350여 개의 사상단체가 존재하였다는 사실은 당시 민족운동의 복잡함을 잘 말해준다. 이러한 상황을 극복하고 좌파 민족주의자들과 사회주의자들의 민족협동전선으로 창립된 것이 신간회(新幹會)였다.

1927년 2월 신간회가 창립된 후 전국에서 지회가 설립되기 시작하였다. 지회가 본격적으로 설립되기 시작한 것은 1927년 5월부터이다. 이후 1927년 말까지 100여 개의 지회가 설립되었는데, 이는 당시 신간회에 거는 민족적 기대가 어떠했는지를 잘 말해준다. 강릉지역에서는 그해 10월 5일에 신간회 강릉지회 설치 추진위원회를 개최하게 된다. 이때 준비위원으로 선출된 사람은 최준, 전성묵, 최선재, 송세호, 조근환, 장동균, 이상각 등이었다. 이들 가운데 최선재와 이상각은 강릉 3·1만세운동 당시 강릉청년회에서 활동했던 인물이다.

이들 7인의 신간회 강릉지회 설치 추진위원들은 그해 12월 3일에 60여 명의 회원을 모아 신간회 강릉지회 설치 창립총회를 열었다. 그때 송세호의 개회사에 이어 임진호의 신간회 설립취지 설명이 있었고, 이어서 이윤식과 송세호를 각각 의장과 부의장으로 하는 임시 집행부를 구성한 후 회관과 예산에 관해 토의하였다. 이날 각처에서 온 축전과 전문이 70여 통에 달하였다. 특히 신간회 양양지회와 삼척군 청년동맹에서 참가한 내빈이 열렬한 축사를 하였고, 본부에서 임원이 참가하기로 했으나 교통관계상 참가하지 못한 경우도 있었다(『조선일보』, 1927.

12.8). 출범 당시의 신간회 강릉지회의 임원은 다음과 같다.

회　장 : 이원재
부회장 : 이한봉
　　　　 : 방　훈, 송세호, 임진호, 김재진, 정윤시, 조근환, 최선재, 이상각, 김종상,
간　사　정호태, 전성묵, 최　준, 조승환, 장동균, 강창희, 이응룡, 김봉진, 한성제,
　　　　이윤식

신간회 강릉지회에서는 창립총회가 끝난 후 제 1회 간사회의를 개최하고 업무를 다음과 같이 분담하였다.

서무부총무간사	이윤식, 상무간사 최　준, 간사 김봉진
재무부총무간사	조승환, 상무간사 전성묵, 간사 강창희
문화정치부총무간사	정윤시, 상무간사 임진호, 간사 이응룡
조사연구부총무간사	이상각, 상무간사 김재진, 간사 김종상
출판부총무간사	정호태, 상무간사 방　훈, 간사 장동균
선전부총무간사	최선재, 상무간사 조근환, 간사 한성제
특별부 간사	조세호

신간회 강릉지회는 같은 해 12월 11일에 열린 간사회에서 「재만동포 만주에서 구축당함」이란 기사 보도와 관련하여 강릉경찰서장에게 항의단을 파견하였고, 이어서 다음 해인 1928년 2월 13일에 '신간회 강릉지회 총무회'를 개최하여 전국대회 금지 관련 등 7건을 결의하였다. 1929년 8월 22일에는 '신간회 강릉지회 강연회'를 개최하려 했으나 경찰의 금지로 간담회로 변경하여 개최하였다. 같은 해 12월 10일에는 '강원도 신간회 지회 도연합회'를 강릉지회 회관에서 개최하기로 결정했으며, 1930년 12월 20일에는 '강릉 신간회대회'를 개최하여 전체대회 대의원을 선거하였다. 아울러 '재강 사회단체 망년좌담회'를 12월 28일 오후 7시에 열기로 결정하면서 이승만(李承萬)을 비롯한 8명의 준비위

원을 선출하였다. 이때 선출된 임원들을 보면 다음과 같다.

집행위원장 : 이원재
집행 위원 : 이상각, 정윤시, 최선재, 이승만, 강재선, 정인화, 박영대, 함재홍,
　　　　　　최종필, 최돈호, 서광훈, 김유경
집행위원 후보 : 이창연, 심연옥, 전광현, 최은순, 김진석, 강익선
검사 위원   : 이한봉, 최 준, 박영석, 최돈제

이러한 조직개편은 당시 신간회 중앙회의 위원장제의 도입에 영향을 받은 것으로 보인다. 이들 중 집행위원인 최선재와 이상각, 검사위원인 최돈제와 이한봉은 강릉 3·1운동에 참여했던 인물들이고, 최종필·강익선·정윤시는 1930년부터 시작되는 강릉공립농업학교의 항일학생운동을 지도했던 인물들이다.

이들은 같은 날 집행위원회를 개최하고 활동 부서를 결정했는데, 그 부서는 다음과 같다.

서기겸서무부장 이상각, 상무 강재선, 부원 최선재
회계겸재무부장 최돈호, 상무 함재홍, 부원 박영대
　　조직부장 정윤시, 상무 최종필, 부원 이승만
　　조사부장 서광훈, 상무 김유경, 부원 정인화

이후 신간회 강릉지회는 1931년 5월 신간회 중앙본부가 일제의 탄압과 사회주의 계열의 해소론에 따라 민족해방을 위한 새로운 변신을 시도하려는 뜻에서 자체 해산을 결정함으로 인해 전국의 지회와 더불어 해산되었다.

한편 여성운동계에서는 1927년 2월 신간회 본부가 결성되자 같은 해 5월에 신간회의 자매단체 성격을 띤 근우회(槿友會)를 조직하였다.

근우회에는 여성운동의 양대 흐름을 이어온 민족주의 여성계의 김활란 등과 사회주의 여성계의 정칠성 등 각계각층의 여성운동계의 인사가 참여하였다.

근우회가 창립된 후 전국에서 지회가 설립되기 시작하였다. 근우회의 강릉지회는 7월 26일 오후 4시에 포교당에서 설립되었다. 김남숙이 개회사를 하고 회원점명(會員點名)이 있은 후 임시집행부로 의장 최숙자, 부의장 김남숙, 서기 전봉자를 선출하고, 각 우의단체로부터 보내온 축문, 축전 낭독과 규약을 통과시키고 위원을 선출한 후 토의안건은 위원회에 위임하였다. 그때 집행위원은 위원장 최숙자를 비롯하여 김환자·전봉자·김남숙·최경집·주인걸·손영숙·함정순·전학자·노숙경·김기숙·손혜옥·황탄실·김옥현·김영자·김숙향·정덕남·이택선 등 17명이었다. 집행위원회를 개최하고 토의를 한 후 부서를 결정하였다. 부서 및 임원은 다음과 같다.

근우회 강릉지회의 부서 및 임원

부 서	부 장	부 원
서부재정부	김남숙	전학자, 김기숙
선전조사부	손영숙	주인걸, 황탄실
교 양 부	전봉자	최경집, 정덕남
정치연구부	김환자	김숙향, 손혜옥
후 보	김영자, 김옥현, 이택선	

강릉지회는 1928년 8월 10일부터 20일까지 화기부인수예강습회를 개최하였고 관북수재구제회(關北水災救濟會)에 참가하여 활동하였다. 1929년 7월 27일부터 29일까지 근우회 제2회 전국대회에 33명의 중앙집행위원 가운데 강릉지회의 최숙자와 최선애가 선출되어 참석한 것으로 보아 강릉지회의 위상이 높았음을 짐작할 수 있다. 그러나 일제

의 감시와 탄압으로 기념식이나 지회의 일상 활동, 강연회, 토론회 등이 금지되었으며, 광주학생운동에 조사단을 파견하고 격문을 준비하는 과정에서 허정숙 등이 검거되기도 하였다.

1928년부터 조선여자기독교청년회연합회(YWCA) 등을 중심으로 기독교여성운동을 추진했던 유각경·김활란·황에스터·최은희 등이 근우회에서 퇴진하자 근우회는 사회주의운동가들의 독무대가 되었다. 여기에 자금난까지 겹쳐 1930년부터 근우회 운동에 대한 자체 비판이 높아지기 시작했으며, 각 지회간의 연계가 점차 무너져갔다. 1931년 2월 주을지회(朱乙支會)에서 처음으로 해체론이 제기된 이래, 스스로의 역량 부족과 일제의 탄압 등으로 인해 근우회는 끝내 정식 해산 발표도 없이 해체되고 말았다.

4. 강릉공립농업학교의 항일운동

1930년대 학원의 일반적인 비밀결사조직은 '독서회'였다. 강릉공립농업학교의 독서회는 1929년 5월 1일에 북경대학에서 수업하고 돌아온 권오훈(權五勳)의 옥천동 집에서 권혁남(權赫南) 등 9명이 모여 결성하였다. 그 목적은 주로 사회과학 계통의 서적과 반제국주의의 서적을 공동으로 구입하여 돌아가면서 읽고 모일 때마다 토론회를 열어 모임의 조직을 확대하고 항일민족전선을 강화시켜 나가는데 있었다.

강릉공립농업학교 독서회에서는 특히 민족의식이 투철한 회원을 별도로 뽑아 당시의 전국적인 비밀결사조직이었던 '반제국동맹'에 가입시켜 핵심요원으로 만들기도 하였다. 강릉공립농업학교의 독서회를 적극 지도했던 인물은 권오훈 이외에도 그때 신간회 강릉지회에서 활동하던 정윤시와 신간회 강릉지회의 간사이며 강릉청년연맹에서 활동하던 최종필 등이 있었다.

강릉공립농업학교 독서회의 첫 번째 활동은 1929년 11월 광주학생 항일운동이 있은 후 그 영향이 전국적으로 파급되던 1930년 1월 하순에 중앙학생 항일투쟁본부로부터 접선이 된 배석린(裵錫麟)과 노화경(盧和敬)이 교내의 학생들 책상 위에 「격(檄)! 피압박민족(被壓迫民族) 조선청년학생(朝鮮靑年學生) 제군(諸君)에게」라는 격문을 살포한 사건으로부터 시작되었다. 1월 31일 밤에는 강릉시 전역에 광주학생항일운동의 발단을 기록한 2장의 긴 격문이 살포되었다. 강릉경찰서에서는 이 두 가지 격문 살포사건이 연관이 있다고 여겨 강릉시 전역에 경계망을 펼쳐 엄중한 수사를 벌였다. 그 결과 강릉시 격문 살포의 주모자로 강릉중앙감리교회에서 예배를 드리던 강원목공조합장 강덕상(姜德祥)과 공모자 박승만(朴承萬) 등이 체포되고, 강릉공립농업학교 격문 살포와 항일 시위를 계획한 주모자로는 재학생 배석린과 노화경이 체포되어 강릉경찰서에 구금된 후 10여 일간 많은 고초를 겪고 풀려났다. 결국 이 사건은 사전에 그 계획이 발각되어 행동화되지는 못했지만 강릉공립농업학교 학생들의 민족주의 사상을 크게 자극하여 3차례에 걸친 항일동맹휴학운동이 일어나는 계기를 마련해 주었다.

그 후에도 독서회는 1930년 7월의 1차 동맹휴학운동과 9월의 2차 동맹휴학운동을 주도하였다. 그러나 김남두(金南斗)와 김태선(金泰善) 등 14명의 학생들이 퇴학당함으로써 독서회의 활동은 일시 중지되었다.

강릉공립농업학교의 독서회가 재건된 것은 1932년에 와서이다. 그때 3학년 재학 중이던 최건영과 심양섭이 중심이 되어 강릉공립농업학교에도 항일투사가 있음을 널리 알리고자 10여 명의 인원으로 독서회를 재건하였다. 회원은 3학년 2명, 2학년 9명, 1학년 2명으로 조직되어 있었다.[3] 이들은 3대 강령까지 정해 놓고 본격적인 활동을 전개하였다. 그 강령은 다음과 같다.

① 사회과학 및 일반 서적을 윤독하여 사회견문을 넓힌다.
② 일제 식민교육정책을 반대한다.
③ 일본 제국을 타도하고 조선 독립을 쟁취하는 데 앞장을 선다.

이들은 매주 회합을 갖고 토론회를 열었는데, 3월 1일, 5월 1일, 6월 10일, 11월 3일 등 뜻 있는 날에 애국전단을 요소에 붙이고 학생들의 민족적 자극을 촉진하였다. 특히 1932년 11월 3일 광주학생항일운동의 기념일에는 최건영의 하숙집에 모여 기념행사를 구실로 한 투쟁방법을 생각한 끝에 11월 3일 전교생에게 호소문을 보내기로 하고 밤을 이용하여 광주학생의 애국정신을 본받아 우리들도 최후까지 싸워 승리를 쟁취하자는 내용의 격문을 교내에 붙여 학생들의 민족의식을 일깨웠다.

이 독서회는 다음 해 6월 20일부터 적극적인 반제활동(反帝活動)을 전개하게 되는데, 이것이 바로 3차 동맹휴학운동이다. 사건의 발단은 일본인 교사의 조선인에 대한 민족적 무시와 경멸 때문이었다. 1·2차 동맹휴학운동 때와는 달리 학교의 체제가 어느 정도 정비된 이후에 발생한 3차 동맹휴학운동에서는 항일민족의식이 가장 강하게 나타났으며, 결국 3차 동맹휴학운동의 결과 그해 7월초 김천회·박병천 등 13명의 회원이 퇴학처분을 받았다.

그러나 이 독서회는 그 뒤에도 계속해서 농촌운동과 항일계몽 등의

---

3 3학년 : 최건영(崔建永)·심양섭(沈亮燮), 2학년 : 이동언(李東彦)·김형도(金炯道)·김혁래(金赫來)·김창회(金昌會)·박병천(朴丙天)·김천회(金天會)·권오걸(權五傑)·권혁인(權赫仁)·최호섭(崔鎬燮)·박연교(朴年敎), 1학년 : 염재근(廉在根)·박용태(朴容台).

활동을 전개하였으나, 그해 10월에 권오훈이 관계하고 있던 '강릉농민동맹', '가두노동조합' 등의 조직이 일제에 적발되면서 강릉공립농업학교의 독서회 '반제국동맹'도 적발되었다. 결국 그해 11월 28일에 15명의 회원이 서대문형무소에 수감되었고 독서회는 활동을 중지하게 되었다.

1934년부터는 '토요회'가 다시 강릉공립농업학교 내에 새로운 서클(circle)로 조직되어 그 뒤를 이어받았으나, 권오훈 계통의 조선공산당 재건동맹 하부조직들이 2차로 일경에 포착되어 체포되면서 토요회 회원 역시 수업 중에 체포되었다. 1930년부터 1933년까지 4년 동안 맥을 이어 오던 강릉공립농업학교의 항일학생운동도 계속된 전국적인 반제동맹 가입자 색출 및 검거 선풍에 따라 15명에 달하는 독서회 회원들의 구속으로 그 종말을 보게 되었다.[4]

참고문헌

강릉시사편찬위원회, 1996 『강릉시사』(상), 강릉문화원.

강릉항일운동"얼"선양회, 2010 『강릉지방 항일독립운동사』.

강원도사편찬위원회, 2013 『강원도사』 8(일제강점).

기념탑건립 추진위원회, 1999 『강릉지방 3·1독립만세운동사』.

유동희, 1997 「강릉지방 3·1만세운동에 관한 연구-주동인물을 중심으로-」 『영동문화』 7, 가톨릭관동대학교 영동문화연구소.

조동걸, 1972 「3·1운동 때 지방인의 참여문제-양양과 강릉의 경우-」 『춘천교대

---

4 이때 구속된 사람은 다음과 같다. 2회 : 김성렬(金聖烈), 3회 : 최건영·심양섭, 4회 : 이동언·김형도·김혁래·김창회·박병천·김천회·권혁인·최호섭·박연교, 5회 : 염재근·박용태, 6회 : 민병태(閔丙台).

논문집』 9집.

최홍준, 1993 「1930년대 강릉지역 조선공산당 재건운동 연구」『북악사론』 3, 국
　　민대학교 국사학과.